■ 현대성서주석

요한계시록

목회자와 설교자를 위한 주석

Revelation

INTERPRETATION

지음/M. 유진 보링
(M. Eugene Boring)

한국장로교출판사

요한계시록

목회자와 설교자를 위한 주석

총편집자 제임스 루터 메이스
구약 편집자 패트릭 D. 밀러
신약 편집자 폴 J. 악트마이어

요한계시록

저자 : **M. 유진 보링(M. Eugene Boring)**

· 텍사스기독교대학교 브리스코 석좌교수
· 브라이트신학교 은퇴교수
· 현 Society of Biblical Literature 회원
· 현 International Q Project 회원

한 · 미 공동 주석편집 / 번역위원회 편

번역위원 : **소기천**

· Claremont Graduate University, Ph. D.
· Claremont School of Theology, M. A. T. S.
· 장로회신학대학교 신학대학원, M. Div.
· 연세대학교 대학원 신학과, Th. M.
· 장로회신학대학교 신학과, Th. B.
· 현 장로회신학대학교 신약학 교수
· 현 Society of Biblical Literature 회원
· 현 International Q Project 연구 및 집필위원
· 현 예수말씀연구소 소장

이 책은

미국장로교출판사인 Westminster / John Knox Press와의

정식 계약에 의해 번역, 출판되었다.

M. Eugene Boring

Revelation

INTERPRETATION

A Bible Commentary for Teaching and Preaching

INTERPRETATION / 현대성서주석

요한계시록

초판발행 2011년 8월 20일 / 2014년 3월 30일 2쇄발행
저자 : M. 유진 보링(M. Eugene Boring)
번역 : 한·미 공동 주석편집 / 번역위원 : 소기천

기획 · 편집
기획 · 편집인 : 박노원
미국장로교총회(PCUSA) 한국어자료개발실 김춘자
Rev. Grace Choon Kim
Curriculum and Resource Development, Korean Adult, CMD
100 Witherspoon St. Louisvill, KY 40202-1396, USA
Tel (502)569-5478, 5484 / Fax (502)569-8329, 8263

발행
한국장로교출판사
발행인 : 채형욱
주소 / 110-470 / 서울특별시 종로구 연지동 135
한국교회100주년기념관(별관)
전화 / (02) 741-4381 / 팩스 (02)741-7886
등록 / No.1-84(1951. 8. 3.)

ISBN 978-89-398-0248-3 / 978-89-398-0231-5(세트)
Printed in Korea

값 20,000원

한국어판 발간사

새로운 천년이 시작되는 첫해인 2000년 아침에, 한국교회는 현대성서주석시리즈라는 뜻깊은 축복의 선물을 받게 되었다.

한국장로교출판사는 새로운 천년을 맞아 수년 간의 준비와 노력 끝에, Westminster/John Knox 출판사에서 절찬리에 발간되고 있는 Interpretation/현대성서주석시리즈를 번역하여 출간하게 된 것을 자랑스럽게 생각하며, 그 기쁨을 여러분과 함께 나누고 싶다. 이 주석 시리즈는 교회에서 성경을 해석하는 이들에게는 훌륭한 안내자로서, 성경을 가르치고 설교하는 이들에게는 풍부한 말씀의 샘으로써 큰 기여를 하게 될 것으로 믿는다.

이 주석 시리즈의 특징은 역사적 연구와 신학적 이해를 결합시키고, 이를 오늘날의 삶과 신앙에 다양한 방식으로 접근시키는 데에 있다. "21세기 성서해석의 결정판"이라고 불려질 현대성서주석시리즈는 한국교회뿐만 아니라 해외에서 목회하는 한인교회를 위해서도 크게 공헌할 것으로 확신한다.

전 43권으로 발행되는 방대한 주석서를 번역함에 있어서 한국장로교출판사는 먼저 저자들과 상의하여 역자를 선정하기도 하였고, 전문적으로 성서신학을 공부한 분들을 중심으로 번역위원을 구성하였다. 번역작업에 있어서 원서의 어떤 부분은 한국장로교출판사의 신학적 견해와 일치하지 않는 내용이 있음에도 불구하고, 원문에는 충실하였음을 밝힌다. 이렇게 함은 저자들과 Westminster/John Knox 출판사와의 약속에 의한 것이다.

또한 내용에 있어서는 신학적 흐름이 한국의 그것과 다를 수 있으며, 전통적인 입장과는 차이를 보이는 학자들의 견해라도 하나의 학문적인 자료로서 소개되고 있다는 점을 염두에 두기 바란다. 그럼에도 불구하고 이런 학자들의 연구 결과는 목회자들의 설교강단을 풍요롭게 하는 데 적지 않은 도움을 줄 것으로 기대한다.

이 귀중한 작업은 한국장로교출판사 전임 사장 김봉익 목사와 미국장로교총회 회중사역부 김춘자 목사의 노고가 없었다면 이루어질 수 없는 일이었기에 두 분에게 깊은 사의를 표한다.

이 현대성서주석시리즈를 통해서 교회사역의 주요 부분인 설교와 성경공부를 성공적으로 이끌어 갈 수 있기를 기대한다. 또한 새로운 천년을 맞은 한국교회의 강단에, 그리고 선교 21세기의 복음사역에 큰 공헌이 될 수 있기를 간절히 소망한다.

한국장로교출판사
사장 **채형욱** 목사

한국어판 기획 편집에 즈음하여

Interpretation/현대성서주석은 현재 미국의 교회와 신학계를 대표하는 세계 유수의 성서학자들이 오늘의 교회와 목회자들을 위해 각고의 노력을 기울여 집필한 주석 시리즈이다. 이처럼 큰 연구 성과를 오랜 준비 기간을 거쳐 번역, 출간하게 된 기쁨을 한국의 교회와 모든 목회자들과 함께 나누고 싶다.

이 새로운 주석 시리즈는 성경본문의 각 구절들과 낱말들을 일일이 다루기보다는 성경을 가르치고 설교하는 데 사용되는 본문의 단원들을 차례대로 다룸으로써, 설교와 성경공부를 중심으로 하는 목회사역을 성공적으로 준비하는 데 많은 도움을 줄 것이다. 아울러 이 주석은 성경본문이 말하고자 하는 것이 무엇인지를 잘 이해하게 함과 동시에, 그러한 이해를 가지고 오늘날의 삶과 신앙이 안고 있는 문제들과 더불어 대화를 나눌 수 있게 해 줄 것이다. 이로 인하여 오늘날의 교회와 그리스도인들은 성경본문이 오늘의 신앙과 삶에 어떤 의미를 주는지를 분명하게 깨달을 수 있을 것이며, 그것을 자신의 일상적인 삶에 적용하는 데 큰 도움을 얻을 수 있을 것이다.

바라기는 이 주석 시리즈로 인하여 한국교회 강단의 영적인 깊이가 더해지고, 말씀이 더욱 풍성하게 되기를 소원한다. 그리하여 강단마다, 교회마다 생수의 강이 흐르고 생명의 떡을 배설하는 잔치 자리가 되기를 희망한다. 또한 이 성서주석이 한국교회는 물론이고 전 세계에 흩어져 있는 이민 한국목회자들과 그들의 설교와 성경공부 사역에 생명력을 불어넣을 것을 기대한다.

이 번역서는 성서원문에 충실하고자 했으며, 우리말 성경은 개역한글판을 사용하였다. 그리고 때로는 시대적 요청에 맞추어 개역개정판을 사용하기도 하였다. 이 주석의 번역위원들은 국내외의 탁월한 번역가들인 동시에 전문적인 성서학자들이다.

이 주석 시리즈의 번역과 출판은 한국장로교출판사가 1992년에 미국장로교출판사인 Westminster /John Knox Press와 정식으로 계약하여 오늘에 이르렀다. 이 주석의 기획과 편집은 미국장로교총회(PCUSA) 회중사역부 내의 한국어자료개발실 김춘자 목사와 한국장로교출판사 전임 사장 김봉익 목사가 공동으로 추진하였으며, 모든 실무 작업은 한국장로교출판사 편집부에서 수고해 주었다.

그리고 무엇보다도 이 시리즈의 번역사업을 추진함에 있어서, 미국장로교총회 교육부에서 수고하다가 은퇴하여 지금은 '카이로스 연구원'의 책임을 맡은 최창욱 목사와 역시 미국장로교총회 한미목회 총무인 김선배 목사의 도움이 컸다. 이 두 분의 도움에 힘입어 한국장로교출판사는 미국장로교총회 회중사역부 한국어자료개발실과 공동으로 이 주석 시리즈를 기획, 편집, 번역, 출판하기로 협의하여 이제까지 그 작업을 진행하여 왔다. 그동안 협력해 준 번역위원들과 수고한 모든 분들께 마음 깊이 감사를 드린다.

2000년 1월 일

Interpretation / 현대성서주석 한·미 공동기획·편집인

박노원·김춘자

한국어판을 위한 서문

현대성서주석시리즈(*Interpretation : a Bible Commentary for Teaching and Preaching*)를 한국 독자들에게 소개하게 된 것은 영광이며 특권으로 생각한다. 본 주석 시리즈의 편집자들과 저자들은 한국장로교출판사가 본 주석 시리즈에 대해 관심을 갖고 한국어판을 출판하기 위해 기울인 헌신적인 작업을 감사히 여기고 있다.

이 주석의 한국어판을 한국장로교출판사가 출판하는 것은 적절한 일이다. 이 주석은 원래 미국장로교(PCUSA) 안에서 계획하고 준비되었다. 비록 본 주석의 저자들은 다양한 교단의 배경을 갖고 있으나 그 성격과 의도는 전적으로 장로교단이 결정했다. 이 주석은 교회의 예배와 성경공부 모임에서 설교하고 가르치는 일에 있어서 성경이 얼마나 중요한 비중을 차지하는지를 단적으로 입증하고 있다. 이 주석은 성경이 우리에게 하나님의 백성이 무엇을 믿어야 하며, 하나님은 당신의 백성들이 어떻게 살기 원하는지를 가르친다는 확신을 바탕으로 준비되었다.

성경에 대한 이러한 확신과 성경의 가르침에 대한 신뢰는 한국장로교회의 특성이다. 이러한 확신은 한국과 미국의 장로교회를 공부하는 교회로 만들 것이다. 미국교회에서 이미 그 유용성이 입증된 본 주석이 한국에서도 성경공부에 공헌할 수 있기를 간절히 소망한다. 각 주석의 저자들은 디모데후서 3 : 16 이하의 말씀이 얼마나 옳은 말씀인지를 보여 주려고 노력했다 : "모든 성경은 하나님의 감동으로 된 것으로 교훈과 책망과 바르게 함과 의로 교육하기에 유익하니 이는 하나님의 사람으로 온전케 하며 모든 선한 일을 행하기에 온전케 하려 함이니라". 이러한 의도가 한국에서 본 주석을 통하여 이루어지기를 기도한다.

제임스 루터 메이스
총편집자
사이러스 맥코믹 히브리어 / 구약학 명예교수
버지니아 유니온 신학교

Preface for the Korean Edition

It is an honor and a privilege to present *Interpretation : a Bible Commentary for Teaching and Preaching* to Korean readers. The editors and authors of the commentary series are grateful to the editors of the Publishing House of the Presbyterian Church of Korea for their enthusiastic interest in Interpretation and for their devoted work in producing a Korean version.

It is fitting that the Interpretation commentary should be sponsored in Korea by the Publishing House of the Presbyterian Church. The series was planned and developed in the context of the Presbyterian Church in the United States of America. Though its authors come from different churches, it is a thoroughly Presbyterian project in character and purpose. The commentary is a witness to the vital importance of the Holy Scriptures for the gathering and instruction of the Church of Jesus Christ through preaching and teaching. The foundation of the series is the conviction that the Bible provides the knowledge of what the people of God are to believe about God and what kind of life God requires his people to live.

This confidence in the Bible and reliance on its illumination is characteristic of the Presbyterian Church in Korea. It is a confidence that binds the Churches in Korea and in America into a community of study. I earnestly hope that these volumes, which have proved so useful in the American Church, will also prove fruitful for the study of the Bible in Korea. The authors of the individual commentaries have sought to show how the Scripture is "profitable for teaching, for reproof, for correction, and for training in righteousness that the man of God may be complete, equipped for every good work"(2 Timothy 3 : 16f.). I pray that this purpose will be fulfilled in the use of the commentary in Korea.

James Luther Mays
General Editor
Cyrus McCormick Professor Emeritus
of Hebrew and the Old Testament
Union Theological Seminary in Virginia

요한계시록

요한계시록

차 례

▶ 주 석

시리즈 서문

이 주석 시리즈는 성경 각 권들에 대한 해석을 담고 있다. 이 시리즈는 현대적인 강해 주석을 원하는 학생과 교사, 목회자, 사제 등의 필요에 부응하고자 만들어진 것이다. 이 책들이 역사비평적인 주석이나 설교학적인 보조자료들을 대신할 수는 없을 것이다. 오히려 이 시리즈의 목적은 제3의 자료 — 곧 성경본문들에 대한 역사적이고도 신학적인 작업의 통합된 결과를 보여 주는 주석 — 를 제공하는 데에 있다.

본래적인 의미에서 볼 때 해석 작업이라는 것은 본문, 해석자, 그리고 해석을 필요로 하는 사람 등을 포함한다. 여기서 말하는 본문은 '예언자들과 사도들'의 시대 이후로 전해 내려오는 성경의 기록을 가리킨다. 본문은 신앙생활을 가르치고, 그것에 생기를 불어넣고, 또 그것을 인도하려는 목적으로 읽혀진다. 해석자는 본문에 충실하면서도 교회에 유익한 해석을 만들어 내려고 애쓰는 사람이다. 이 시리즈는 성경을 신앙 공동체에서 가르치고, 설교하고, 연구하려는 사람들을 위해 쓰여진 것이다.

이 시리즈의 주석은 일반적으로 강해적인 에세이 형태를 취하고 있다. 그것은 성경을 사용할 때 생겨나는 여러 필요들과 질문들에 비추어 기획되고 쓰여진 것이다. 본 주석 시리즈는 효과적인 강해를 위해 현대적인 학문 연구의 통찰들과 결과들을 충분히 활용하였다. 해석자들은 주석가들로서,

그리고 신학자들로서 이 시리즈를 집필하였다. 그들의 작업은 본문이 말하고자 하는 것을 취급함과 동시에, 그것이 신앙과 생활에 주는 의미를 분별하려는 목적을 가지고 있다. 그러므로 강해는 한 해석자의 통일된 작업의 결과이다.

본 시리즈는 표준개역성경(Revised Standard Version)을 주석의 기초로 삼고자 한다(한글판에서는 '개역한글판' 또는 '개역개정판'을 사용하였다－편집위원회 주). 이 영문 번역판의 일반적인 용이성으로 번역본문을 다시금 반복할 필요가 없게 되었으며, 주석 공간을 확보하는 데에도 도움을 주었다. 본 주석은 해당되는 책의 특성에 맞도록 각각의 본문을 세분화하였다. 이 시리즈의 주석은 낱말이나 구절의 의미를 낱낱이 밝히는 방법보다는 모든 본문들을 전체로 취급하는 방법을 취하고 있다.

이 시리즈의 저자들은 자신에게 맡겨진 책들을 강해하는 데 필요한 것들에 맞추어 본 주석서를 기획하였다. 성경의 각 책들은 그 성격이나 내용, 배열 등에 있어서 서로 다르다. 그들은 또한 나름대로 교회의 예전(liturgy)이나 사상, 경건 등에서 사용하는 방식에 있어서도 서로 다르다. 저자들은 주석 방법이나 강조점, 주석 공간의 활용 등에 대한 결정을 내림에 있어서 개개 책들의 독특성이나 용례를 고려하였다. 이 주석 시리즈는 저자들로 하여금 그들의 해석 결과를 가장 잘 드러나게 하는 형식을 개발하도록 허용하였다.

저자들과 편집자들은 이 시리즈가 성경본문들을 바르게 설명하고 적용하는 주석이기를 바라며 또한 성경본문들의 의미와 중요성을 제대로 다루는 훌륭한 해설서이기를 희망한다. 물론 성경 각 권들에 대한 모든 주석은 집필자 자신의 방법론과 그의 독특한 교회관과 세계관을 반영한다. 그것은 달리 집필될 수도 있고, 또 마땅히 그러해야 할 것이다. 따라서 이 시리즈에 있는 해석은 그것이 어떤 종류의 것이든 간에 개별적인(각각의 독특성을 갖고 있다－편집위원회 주) 것이다. 그것은 어디까지나 본문에 대한 다양한 해석들 중의 하나에 지나지 않는다. 그러나 교회 안에서 성경을 해석하는 일에 종사하는 모든 이들은 다른 사람들이 성경본문을 어떻게 읽고, 어떻게 해석하는가를 통해서 그들 나름대로의 도움과 자극을 받을 필요가 있다. 만일에 이 주석 시리즈가 그런 식의 해석작업에 이바지하고 또 그것을 자극한다면, 이 시리즈를 준비하고 출판하는 목적을 충분히 이루었다고 볼 수 있겠다.

편집자 일동

저자 서문

요한계시록은 예배 중에(1 : 3에 관한 주석을 보라.) 단숨에 크게 낭독하는 것을 듣도록 마련된 책이다. 이런 방식은 선택 사항이 아니다. 묵시문학은 전체적으로 이해해야지 단순하게 한 절 한 절씩 이해되어서는 안 된다. 요한계시록은 전체 이야기의 맥락 속에서 각 부분이 담고 있는 메시지를 전달하려는 행동반경을 가진 드라마, 곧 내러티브(이야기)로 구성되어 있다.

요한계시록과 마찬가지로, 이 주석서도 단 한 개의 문서처럼 읽히고 이해되도록 쓰였다. 요한계시록에서 각각의 구절들을 독립적으로 이해할 수 없는 것처럼, 이 주석서도 각각의 단원들을 전체 주석과의 연관성 없이 '그저 훑어보는 식으로' 사용될 수 없다. 성서를 가르치고 설교하는 책임을 가진 사람은 대충 설교 거리를 찾으려 한다든지 토요일 저녁에 급히 주석서를 둘러본다든지 요한계시록에 관한 강해서를 슬쩍 훔쳐본다든지 해서는 안 된다. 쉽게 이득을 얻으면 쉽게 잃어버리는 결과만을 낳게 될 것이다.

그래서 이 주석서는 광대한 서론을 먼저 달았으며, 아주 긴 추론 부분('숙고')을 두고 있다. 바로 이 점에서 우리는 왜 요한계시록이 유사한 자료들을 어지간히 긴 단원들로 묶었는지 알 수 있다. 곧 요한계시록은 2~3장에 일곱 교회의 메시지, 봉인, 나팔, 대접 등으로 묘사된 일련의 재앙들을 한 조각씩 먹을 것이 아니라 전체를 하나의 정식 메뉴로 먹어야 한다는 사실을 우리에게 일깨워 주고 있다. 요한계시록에서 설교와 교훈은 보다 작은 단원으로 취급되고 있지만, 보다 큰 단원의 어떤 본문을 통해서 말씀을 전하는 일과 가르치는 일은 어떻게 그 단원이 전체적으로 이해될 것인지 혹은 그 단원이 신학적으로 어떻게 구성되었으며 어떤 기능을 하는지 주위를 기울여야 한다.

요한계시록은 주요 주제들을 서로 짜 맞추고 각각의 주제를 수없이 반복하는 방식으로 기록된 책이다. 그러나 이 주석서를 쓰면서 매번 등장하는 주제를 그때마다 다시 반복해서 쓸 수는 없었다. 그래서 어떤 주제들을 '숙고'라는 항목으로 하나로 묶었으며, 다른 주제들은 그 주제들이 처음으로 등장할 때 혹은 가장 중심적인 단원에서 등장할 때 집중적으로 다루었다. 그러므로 요한계시록의 앞부분을 주석할 때, 보다 많은 분량이 할애되었다. 곧 다른 본문에 등장하는 설교와 가르침을 주석할 때, 이미 앞부분에서 다룬 내용이나 주제가 등장할지라도 그냥 넘어간 경우가 많은데, 이 경우에는 독자들이 앞부분으로 다시 돌아가서 전체적으로 요한계시록의 모든 주제를 연결하면서 내용을 파악해 나가야 한다.

요한계시록은 적당히 넘어갈 수 없고, 또한 적당히 수긍하고 지나칠 수 없는 아주 중요하고 포괄적인 언어로 기록된 책이다. 다양한 동료들, 특히 나를 반대하는 이들이 가진 관점까지도 토론하고 많은 영적인 고뇌를 겪은 후에, 나는 이 책에서 인간 존재가 직면할 수밖에 없는 '포괄적인' 현존재의 문제를 가능한 한 계속해서 취급하고자 하였지만, 이 주석서는 여전히 남성 지배적인 시각과 전통적인 성서 언어로 하나님을 탐구하였기에 어느 정도 한계를 그대로 지니고 있다. 나는 하나님께서 단지 남성(혹은 여성)의 하나님이라고만 믿지 않는다. 나는 하나님에 관한 우리의 모든 언어가 은유적이라고 생각한다. 나는 우리가 사용하는 언어가 사람에게 상처를 줄 수 있는 생각의 틀(mind-set)로 창안되고, 표현되고, 보강될 수 있다고 생각한다. 나는 언어적으로 혹은 다른 방식으로 여성들을 억압하거나, 혹은 가부장적인 사회 전통을 이어 가고 싶지 않다. 하나님을 개인적인 언어로 알아 가는 것이 신학적으로 그 무엇보다도 중요한 일이기 때문이다.

특히 이러한 인식은 요한계시록과 같이 구약성서로부터 많은 구절들을 불러오고 있는 문서를 주석할 때는 아주 중요하다. 구약성서의 많은 구절을 암시하고 있는 요한계시록의 본문을 주석할 때, 어떻게 구약성서의 그 구절이 요한계시록에서 새롭게 이해되고 있는지를 살피는 일은 아주 중요하다. 예를 들면, '아이'라는 단어는 대충 '아들'이라는 뜻으로 이해하는 경우가 태반이다. 나 역시도 이렇게 이해하기도 하지만, 하나님을 남성 중심적인 사고방식으로 이해하려는 생각에서 벗어나려는 노력이 우리에게 필요하다. 이 점에서 원래 성서가 말하려는 것이 무엇인지를 살피는 노력이 있어야 하는데, 바로 이러한 점에서 성서가 설교와 가르침을 통하여 우리에게 주고자 하는 메시지를 제대로 들으려는 것이 이 주석서가 추구하는 주요 방향이다.

나는 이 주석서를 쓰면서 감사한 일들이 너무나도 많다. 먼저 필립스 대학교의 대학원에 있는 동료들과 텍사스 기독교 대학교의 학생들에게 감사한다. 나는 그들과 더불어서 지난 20년 넘게 많은 클래스에서 요한계시록을 연구하였다. 특별히 나는 나의 동료들인 종교학부의 로날드 플라워, 브라이트 신학대학원의 요셉 제터에게 감사한다. 그들은 이 주석서의 초고를 주의 깊게 읽고 평가를 해 주었다. 이 주석서의 시리즈를 편집한 폴 악트마이어와 제임스 루터 메이스에게 감사한 것은 아주 먼 길을 걸어오는 동안에 나를 격려해 주었으며, 마침내 예상보다 아주 늦게 완성된 본 주석서를 기꺼이 받아 주었다. 에드워드 맥마흔과 라나 비어드에게도 감사한 것은 이 주석서를 꼼꼼하게 고쳐 주면서 많은 도움을 주었기 때문이다. 이 주석서를 개인적으로 나와 아주 절친한 동료들인 프레드 크래독, 클락 길핀, 레오 퍼듀, 케네디 로렌스에게 헌정한다. 잠언 18 : 24와 27 : 17에 표현된 지혜가 그들에게 구현되어 있었기에, 비록 설익었지만 이런 합작품이 나올 수 있었다.

1989년

M. 유진 보링

한국어판 저자 서문

요한계시록이 첫 독자들에게는 이해되었을 것이다. 요한은 주후 1세기 말경에 소아시아에 있는 그리스도인들에게 그들이 이해할 수 있었을 뿐만 아니라 그들이 이해하였던 방식으로 요한계시록을 기록하였다. 그는 자신의 메시지를 묵시문학적 언어와 이미지로 표현하였다. 그는 당시의 역사적 상황과 종교-정치적 위기 속에 살고 있었던 독자들에게 요한계시록을 기록하였다. 오늘날의 터기 서부 지방에 있었던 당시의 그리스도인들은 자신들의 상황 속에서 무슨 일이 일어나는지, 누가 그들을 위협하고 있는지, 박해하는 세력은 누구인지를 알고 있었다.

그들은 로마 제국의 종교가 몇몇 그리스도인들에게 일종의 성스러운 애국심을 자극하여 하나님께서 주신 거룩한 권세로 간주되고 있다는 사실을 알고 있었고, 또한 다른 그리스도인들은 로마 제국과 식민주의적인 권세를 숭배하는 것을 유일한 하나님이신 예수와 이스라엘의 하나님에 대한 우상과 타락이라고 간주하였다. 그들은 예수를 주님으로 고백할 것인지, 아니면 황제를 주님으로 고백할 것인지 혹은 문화적 종교와 그리스도교 신앙을 함께 묶어야 하는지 결정해야 한다는 사실을 알고 있었다. 그들은 교회의 안팎에서 자신이 걸어가는 길이 하나님께서 원하시는 길이라고 주장하는 아주 첨예한 소리들이 있다는 사실도 알고 있었다. 만일 그들이 예수의 진정한 제자들, 곧 유일하신 하나님을 신실하게 예배하는 자들과 종들이 되기를 원하였다면, 어떻게 그들이 어느 음성을 들을 것인지 또한 어느 말이 하나님의 말씀을 중개하는 것인지 몰랐을까?

요한계시록은 첫 독자들에게 이해되었을 것이다. 그들은 요한계시록을 믿을 것인지 아니면 거부할 것인지 혹은 요한계시록이 하나님의 말씀을 중개하는 것인지 아닌지 결정해야만 했다. 그러나 그들은 요한계시록을 이해하였다. 적어도 그들 중에 대부분은 21세기의 사람들에게는 낯설고, 거리가 멀고, 또한 상관이 없는 듯 보이는 요한계시록의 이상한 이미지도 이해하였다. 그들은 아무런 주석서나 연구에 도움이 될 만한 모임도 필요치 않았다. 모든 서신들과 마찬가지로, 요한계시록은 최초로 보내진 사람들에게 아무런 문제없이 이해되었다.

요한계시록은 주후 95년에 소아시아의 그리스도인 독자들에게 직접적으로 보낸 서신이다. 혹시 유대 묵시문학적 이미지에 친숙하지 않았던 사람들은 동료 그리스도인들로부터 어느 정도의 설명이 필요했고, 실제로 내용을 분명히 하기 위해 설명을 한 경우가 있었는지도 모른다. 왜냐하면 요한계시록의 독자들은 95년에 "이 문서가 우리를 위해 기록되었다."라는 사실을 알고 있었기 때문이다. 시간이 흘러갔고 역사적 종교적 위기도 지나갔기에, 요한계시록은 더 이상 후대의 독자들에게 직접적으로 말하지 않는다. 195년에는 요한계시록을 처음 전해 받은 사람들이 아무도 살아 있지 않았기에, 모든 사람들이 요한계시록에 대한 설명을 필요로 하였다. 그리고 계속해서 1195년, 1995년, 2009년에도 요한계시록에 대한 설명이 필요하다.

"이 문서가 과연 우리를 위해 기록된 것인가? 이 책이 여전히 우리에게 직접 말씀하고 있는가?"라는 질문을 현대의 그리스도인 독자들은 계속해서 물을 것인가? 그 대답은 '예'와 '아니요'로 양분된다. '아니요'로 대답하는 경우는, 우리가 95년에 소아시아의 교회에서 살고 있지 않기 때문이다. 그러나 또한 '예'로 대답하는 경우는, 우리가 이 문서를 전달받은 똑같은 교회 곧 모든 세계와 세기에 걸쳐서 존재하는 하나님의 유일한 교회의 전통에 속해 있기 때문이다. 모든 세기를 통틀어서 교회는 새로운 세대의 신앙 공동체에 속한 성도들을 위해 신성한 문서들을 해석해 왔다. 그러므로 그리스도교 공동체에 속한 사람들은 진심으로 "이 책은 우리를 위해 기록된 것이다."라고 계속해서 고백할 것이다. 여기서 '우리'라는 말은 1세기로부터 오늘날까지 이어지는 모든 우주적 교회를 의미한다. 만일 우리가 이 책을 이해하기 원한다면, 우리는 원래의 메시지를 멀리서 듣도록 우리를 도와주는 교회가 우리에게 주고 있는 설명을 들어야 한다. 달리 말하자면, 우리는 종종 원래의 의미와 거의 상관이 없어 보이는 우리 자신의 후대 해석까지도 읽어야 한다.

이러한 해석의 과정은 계속될 것이다. 한국과 북미주에 살고 있는 우리 모든 그리스도인들은 모든 시대를 걸쳐서 교회에 의해 훈련받은 사람들이다. 이 작은 책이 이러한 계속되는 과정 속에서 미력하나마 그 일익을 담당하기를 소망하며 간절히 기도한다. 나도 한국교회의 지도자들이 이러한 일을 담당하고 있는 것을 기쁘게 생각하며, 한국의 그리스도인들이 그리스도교 공동체의 안팎에서 요한계시록에 관심을 가지고 있는 모든 독자들로 하여금 이처럼 이상하고 위험천만한 책을 하나님의 말씀으로 굳게 믿고 올바르게 해석하도록 돕기 위하여 노력하고 있다는 사실을 칭찬하고 싶다.

나는 한국의 그리스도인들에게서 배운 바가 많으며, 또한 한국에서 온 많은 제자들도 내 클래스에서 배웠다. 특별히 나는 한국인 동료이자 친구들을 알고 있다(나는 특히 밴더빌트 대학교의 동기생이었던 최순국, 텍사스 기독교 대학교의 학생이었던 김안드레, 브라이트 신학교의 동료이었던 이디모데를 생각하고 있다). 무엇보다도 나는 1991년 이래로 세계성서학회가 후원하는 국제 Q 프로젝트에서 소기천 교수와 함께 연구하고 있는 것을 아주 기쁘게 여기며, 또한 그가 많은 시간을 들여서 열정적으로 이 책을 한국어로 번역해 준 것에 너무나도 감사하다. 이 책은 요한계시록에 나타나 있는 예수 그리스도의 복음을 좀 더 깊이 이해하고자 하는 교사들이나, 목회자들이나, 말씀을 사모하는 남녀 평신도에게 귀중한 열매를 맺게 할 것이며, 또한 우리는 서로 "구원하심이 보좌에 앉으신 우리 하나님과 어린 양에게 있도다"라는 말씀에 동참한 "각 나라와 족속과 백성과 방언에서 아무도 능히 셀 수 없는 큰 무리"(계 7 : 9－10)에 속한 것을 깊이 감사한다.

다시 한번 이 책을 번역하는 일을 훌륭하게 완성한 소기천 교수의 커다란 수고에 심심한 감사를 드린다. 아내인 엘리자베스와 나는 세계성서학회가 모일 때마다 클레어먼트 대학교의 고대와 기독교 연구소(IAC)가 주관하는 오찬에서 여러 차례에 걸쳐 소 교수와 교제하는 시간도 가진 적이 있다. 앞으로 그가 계속해서 감당하는 모든 일이 다 형통하기를 기원한다. 아마도 우리는 매년 미국에서 개최되는 세계성서학회의 국제 Q 프로젝트를 통해서 서로 계속해서 만나게 될 것이다.

주님의 평안을 빌면서
2009년 7월 28일

브리스코 석좌 신약학 명예교수
철학박사 M. 유진 보링

Author's Preface to Korean Edition

Revelation was understood by its first readers. John wrote to and for the Christians in Asia Minor, near the end of the first century CE. He wrote in a way that they could understand, and they did understand. He expressed his message in apocalyptic language and imagery. He addressed a historical and religio–political crisis in which the readers lived. The Christian believers in what is now western Turkey knew what was happening in their situation, and who was the threatening or persecuting power. They knew that the religion of the empire was considered the holy power of God by some Christians — a kind of sacred patriotism — and that other believers saw the worship of the emperor and imperial power as idolatry and the abandonment of the God of Israel and Jesus, the one God. They knew they would have to decide whether to confess Jesus as Lord or Caesar as Lord, or whether there was a way to combine cultural religion and the Christian faith. They knew there were competing voices, in and out of the church, proclaiming their way as the way of God. If they wanted to be authentic disciples of Jesus, faithful worshippers and servants of the one God, how could they know which voice to follow, which words mediated the Word of God? There were various voices claiming to speak for God. They did not need a panel discussion. They needed a revelation.

Revelation was understood by its first readers. They had to decide whether to believe it or not, whether or not it mediated a word from God. But they understood it. At least, most of them understood its strange imagery which seems to alienating, off-putting, or irrelevant to the twenty-first century. They needed no commentaries or study groups. Like all letters, it was understood by those to whom it was originally addressed.

In 95 CE, Revelation spoke directly to the Christian readers of Asia. Well, perhaps some, who were not familiar with Jewish apocalyptic imagery, needed an explanation, from their fellow Christians, and clarifying explanations were given, for in 95 CE the readers of Revelation knew, "This document is written to us." Time passed, the historical and religious crisis passed, and Revelation no longer spoke directly to its later readers. In 195 CE, no one lived in the original situation to which Revelation was addressed. Everyone needed an explanation. And so in 1195 CE, 1995 CE, 2009 CE. Can modern Christian readers still say, "This document was written to us, this book still speaks directly to us?" No and Yes. No : We do not live in 95 CE churches of Asia Minor. But also, Yes : We belong to the same church to which this document was addressed, the one church of God that exists around the world and through the centuries. In every century, the church has had to interpret its sacred texts to each new generation of believers. There is a real sense in which those who belong to the Christian community can still say, "This book was written to us" — but the "us" means the universal church, from the first century until today. If we will understand this book, we must hear the explanations that the church gives us, to help us come within hearing distance of its original message. Otherwise, we read in our own later interpretations, which often have little to do with the original meaning.

This process of interpretation continues. We all, Christians in North America, Christians in Korea, are instructed by the church through the ages. It is my hope and prayer that this small book will continue to play a role in this ongoing process, and I am glad to commend it to a Korean readership, to Christians who struggle to interpret this strange and potentially dangerous book as the Word of God — and to all interested readers, inside and outside the Christian community.

I have myself learned from Korean Christians — from Korean students in my classes, from Korean colleagues and friends(I think especially of Soongook Choi, my roommate at Vanderbilt, Andrew Kim, a student at Texas Christian University, and Tim Lee, colleague at Brite Divinity School). Above all, I am very pleased to have worked in the International Q Project at the SBL with Professor Ky-Chun So since 1991, and am also very grateful that he has expended the time and energy to translate this volume into Korean. May his work bear fruit, as teachers, pastors, and insightful laymen and laywomen come to a deeper understanding of the good news of Jesus Christ as presented in John's Revelation, and as we realize a deeper mutual appreciation of belonging to that "great multitude that no one could count, from every nation, from all tribes and peoples and languages," who join their voices as one to say "Salvation belongs to our God who is seated on the throne, and to the Lamb"(Rev. 7 : 9-10).

Sincere thanks again for Professor Ky-Chun So's hard work in completing the translation of this book. My wife, Elizabeth, and I remember that we had enjoyed several times with him at the IAC luncheon of Claremont Graduate University at the SBL. All the best to him in his continuing work. Perhaps we will see each other at the International Q Project of the SBL in USA every year.

Sincerely,
28 July, 2009

I. Wylie and Elizabeth M.
Briscoe Professor of New Testament Emeritus
M. Eugene Boring, Ph. D.

약 어

Apoc. Abram.	Apocalypse of Abraham
Apoc. Bar.	Apocalypse of Baruch
Apoc. Elijah	Apocalypse of Elijah
As. Mos.	Ascension of Moses
Baba B.	Baba Batra, Talmud
Bar.	Baruch
Ber.	Berakot
Esdr.	Esdras
Gos. Bart.	Gospel of Bartemaeus
JB	Jerusalem Bible
Jub.	Jubilees
KJV	King James Version
LXX	Septuagint
Mart. Isa.	Martyrdom of Isaiah
NEB	New English Bible
Ps. Sol.	Psalms of Solomon
RSV	Revised Standard Version

Sanh.	Sanhedrin
Sib. Or.	Sibylline Oracles
Sir.	Sirach
T. Sanh.	Babylonian Talmud, Sanhedrin
Test. Asher	Testament of Asher
Test. Benj.	Testament of Benjamin
Test. Dan.	Testament of Daniel
Test. Gad	Testament of Gad
Test. Jos.	Testament of Joseph
Test. Judah	Testament of Judah
Test. Levi	Testament of Levi
Test. Mos.	Testament of Moses
Test. Reub.	Testament of Reuben
Test. Sim.	Testament of Simeon
Test. Sol.	Testament of Solomon
TEV	Today's English Version
Tob.	Tobit
Wis. Sol.	Wisdom of Solomon
1QM	War Scroll
1QH	Hymns of Thanksgiving
4QpIs	4Q Isaiah Pesher

서 론

우리들이 살고 있는 이 세상에서 신실하게 하나님의 음성에 응답하는 삶을 살고자 하는 생각을 가진 그리스도인들은 어떻게 해야 요한계시록에 있는 하나님의 음성을 들을 수 있겠는가? 독자가 통찰력과 올바른 인식을 갖고 요한계시록을 읽기 위해 필요한 기본 정보는 이 주석서의 논제를 담고 있는 아래의 두 개의 문장으로 요약될 수 있다.

1. 성경의 마지막 '책'인 요한계시록은 지난 1세기 무렵 소아시아에 살고 있으면서 아주 위험한 종교적, 정치적 상황에 처해 있던 그리스도인들에게 어느 한 그리스도인이었던 예언자가 계시적인 언어와 상징적인 묘사를 사용하면서 써 보낸 하나의 목회서신이다.

2. 다른 성경의 내용을 연구하는 것과 마찬가지로 요한계시록을 이해하는 데 일반적으로 다소의 어려움이 있겠지만, 요한계시록은 이해될 수 있으며 또한 이해되어야 한다. 왜냐하면 요한계시록은 종교, 역사, 문화에 지대한 영향을 끼쳐 왔으며, 또한 현시대의 교회가 절실히 필요로 하는 메시지를 담고 있기 때문이다.

이상의 환상에 관한 두 개의 문장은 앞으로 우리들이 하나하나 탐구해 나가려고 하는 요한계시록 이해에 대한 10가지 논제들을 포함하고 있다.

성경의 마지막 '책'

성경이 다양한 신학을 담고 있는 '책들'을 '모아 놓은 문고'이기는 하지만, 전체적으로 보아 성경은 또한 한 개의 이야기로 구성되어 있는 책이다. 이해에 도움을 줄 수 있도록 다소 무리하게 단순화시켜 보면, 성경은 하나님께서 저자이면서 또한 연출가, 감독, 주인공이 되신 5개의 막으로 이루어져 있는 이야기 형식의 드라마로 볼 수가 있다.

1. **창조(창)** : 하나님께서 모든 것들을 현재 있는 그대로 창조하셨다.
2. **언약(출-말)** : 피조물들이 반역하는 인간에 의해 망가졌을 때, 하나님께서 하나님의 대리인이요 증인이며, 앞으로 올 하나님의 구원 약속을 책임질 이스라엘이라는 한 민족을 만드셨다.
3. **그리스도(마-요)** : 하나님께서 구원과 화해를 이루기 위해 직접 메시아 곧 그 아들의 인격 속에 오셨다.
4. **교회(행-유)** : 하나님께서는 이미 모든 사람들을 위해 이루어진 그의 구원 사역에 대한 증인이며 대리인이 되도록 하기 위해 모든 민족들로부터 하나의 포괄적인 공동체를 만듦으로써 이스라엘의 사명을 교회 속에서 계속 이어 나가셨다.
5. **달성(계)** : 하나님은 합법적으로 하나님의 왕국에 속한 창조세계가 사실상 "우리 주 그리스도의 왕국이 되며 또한 그가 세세토록 왕 노릇 하실 때"까지 가치 있는 결론을 향하여 역사를 이끌어 가실 것이다(계 11 : 15).

최후의 전쟁과 최후의 심판 광경들을 포함하고 있는 창조 과정 전반에 걸쳐, 하나님께서 하시는 미래의 공정한 규칙 제정에 관해서 생생하지만 때로는 우스꽝스러운 모습들 속에서, 요한계시록이라는 '책'은 이 드라마의 성공적인 피날레를 묘사하고 있으며, 또한 그렇게 함으로써 이 '책'은 교회에 의한 정경화 과정의 마지막 단계에서 성경의 마지막 책으로의 그 적절한 위치에 놓이게 되었다.

요한계시록을 그리스도교의 성경에 포함시키는 작업이 순조롭게 이루어진 것은 아니었다. 요한계시록은 쓰인 순간부터 논쟁거리가 되어 왔다.

우리들은 이 요한계시록의 본래 수신자였던 일곱 교회에 있던 각 사람들이 이것을 인증된 그리스도교의 가르침으로 받아들였다고 가정하지 말아야 한다. 왜냐하면 이 교회들에는 요한과 그의 메시지를 거부하면서 경쟁관계에 있었던 예언자들과 교사들이 포함되어 있었기 때문이다(계 2 : 2, 6, 14 - 15, 20 - 23). 그러나 이 편지를 많은 그리스도인들이 받아들였으며, 수십 년 이내에 주교들과 순수 소아시아 출신의 지도자들뿐만이 아니라(160 - 190년에 사데의 주교로서 요한계시록에 대한 주석서를 쓴 멜리토), 애굽(215년경에 죽은 알렉산드리아의 클레멘트), 북아프리카(220년경에 죽은 테르툴리아누스), 로마(무라토리아 정경), 그리고 남부 갈리아(177 - 202년의 이레니우스)에 있는 다른 그리스도교 지도자들에 의해 권위 있는 그리스도교의 가르침으로 인용될 정도로, 이 편지는 아주 폭넓게 퍼져 나갔다.

그러나 아직도 의문거리들과 논쟁거리들이 발생하고 있다. 몬타누스(Montanus)라는 2세기의 그리스도교 지도자는 교회가 이미 성령의 마지막 시대에 접어들었다고 가르침으로써 많은 흥분을 불러일으켰으며, 또한 어떤 이는 세상의 종말이 가까이 왔고 새 예루살렘이 현재의 터키에 있는 페푸자(Pepuza) 근처의 동네에서 일어날 것이라고 예언하였다. 그와 그를 따르는 종파의 사람들은 그들의 관점에 대한 근거를 요한계시록으로부터 이끌어 냈기 때문에, 요한계시록은 '주류' 그리스도인들 사이에 불명예스러운 것으로 전락되었다. 그러나 이것이 교회 역사상에서 요한계시록이 몇몇 사람들에 의해 잘못 이용되었기 때문에 배척받은 마지막 사건은 아니었다. 반몬타누스파(anti - Montanist)인 '알로기'(Alogi)는 요한계시록이 실제로 오류들을 포함하고 있고 사도에 의해 쓰이지 않았다는 근거를 대면서 요한계시록을 사용하기를 거부하였으며, 로마 교회의 영향력 있는 장로였던 가이우스는 요한계시록은 영지주의적인 이단자 세린투스(Cerinthus)에 의해 쓰였다고 주장하는 선언문을 쓰기도 했다(약 210년). 약 250년경 알렉산드리아 주교 디오니시우스(Dionysius)는 요한계시록의 언어와 어법에 대해 주의 깊게 연구하였으며, 요한복음을 기록한 동일한 저자가 요한계시록을 쓰지 않았다는 결론을 맺고, 따라서 요한계시록은 사도적이지 않다고 주장하였다. 그가 내린 결론에 의하면, 요한계시록에 대한 문자적인 해석이, 특히 '천년'에 대해 그리스도교 신앙의 영적인 본질을 왜곡시키는 것이라는 주장과 더불어서 교회 안에서 요한계시록을 사용하는 것을 반대하고 있던 알렉산드리아 그리스도인들에게 도움이 되는 근거를 제공하였다. 그러므로 늦게는 4세기까지, 성서라고 주장하는 그리스도교 문서들을 유세비우스(Eusebius, 340년에 죽음.)가 '수용', '거부', 그리고 '논쟁' 등으로 분류하였을 때까지, 요한계시록은 아직도 '논쟁 중'인 것으로 분류되었다. 예루살렘의 시릴(Cyril, 315-386년)은 이보다 훨씬 더 부정적이었으며, 정경 책 목록으로부터 요한계시록을 삭제한 채 공적이든 사적이든 이 책의 사용을 금하였다.

요한계시록이 공식적으로 정경으로 받아들여진 이후에도, 많은 그리스도인들은 요한계시록을 성경의 일환으로 취급하는 것을 주저하였다. 마르틴 루터가 요한계시록을 그의 성경 속에 포함시켰을지라도, 그의 관점에서 볼 때 요한계시록은 신학적으로 적합하지 않았기 때문에, 요한계시록의 기능적인 정경으로서의 입지를 거부하였다. 마찬가지로 스위스의 개혁가 쯔빙글리(Ulrich Zwingli)도 요한계시록을 "성서적인 책이 아니다."라고 선언하면서, 이것을 바탕으로 그리스도인들을 교육하는 것을 거부하였다. 깔뱅(John Calvin)은 26권의 신약성경 책에 대한 주해서를 쓰면서 요한계시록을 그의 성서해석에 있어서 침묵의 장으로 남겨 두었다. 현대 신학자들이 신약성경을 교회의 믿음과 삶을 위한 복음의 의미에 대한 규범적인 증언으로 취급하고 있다고 하더라도, 불트만(Rudolf Bultmann)은 요한계시록을 주변적이며 부차의 것으로 격하시키고 있는 학자들 가운데 하나의 예에 불과하다. 오늘날까지 로마 천주교와 기독교의 성구집 속에는 최소한의 요한계시록 문구들만이 포함되어 있으며, 그리스정교회 성구집은 아예 이러한 문구들을 완전히 삭제해 버렸다. 반면에 초기의 여러 세기에 걸쳐서, 이를 테면 이레니우스(Irenaeus)와 아우구스티누스(Augustine)로부터 시작하여 미국의 월터 라우센부쉬(Walter Rauschenbusch)와 폴 미니어(Paul Minear), 그리고 독일의 주교들인 한스 릴제(Hans Lilje)와 에드워드

로제(Eduard Lohse)에 이르기까지, 많은 그리스도교 사상가들은 요한계시록이, 특별히 이례적인 시기 속에서 교회의 삶과 사명을 위한 방향과 본질을 제공해 주는 정경적인 역할에 부합된다는 사실을 지적하였다.

이 간략한 (요한계시록의) 역사에 관한 스케치는 여전히 우리들과 함께하고 있으며, 또한 우리들에게 즉각적인 주의를 요하는 요한계시록의 두 가지 측면에 관해 정리하고 있다.

1. 요한계시록은 초기 그리스도교계에서 만들어 낸 방대한 분량의 문서들 가운데서 정경화 과정을 견디어 내고 그리스도교 공동체를 위한 성서가 된 상대적으로 몇 안 되는 문서들 중의 하나이다. 믿음의 관점에서 볼 때, 이 느리고도 신중한 과정은 하나님의 성령께서 효율적으로 일하신 과정이었다. 이러한 과정은 요한계시록을 짧은 문서 목록 (가운데 하나), 즉 이것을 통해 그리스도교 공동체가 하나님의 말씀 듣기를 기대하는, 그리고 이 속에서 예수 그리스도를 통한 구원의 의미에 대한 순전한 그리스도인들의 선언을 듣기를 원하는, 그리고 어떻게 하나님의 뜻을 따라 사는지에 대한 가르침을 얻기 위해서, 또한 세상과 우리 자신들의 운명에 대한 보증을 받기 위해서, 이 짧은 문서 목록 가운데에 위치하게 하였다.

2. 초기부터 많은 그리스도인들은 이러한 결정에 대해 불편해 하거나 아니면 실제로 단지 이 결정을 거부해 버리기도 하였다. 이러한 망설임들이 사소하거나 피상적인 반대들을 근간으로 하지는 않았다. 이러한 망설임들은 요한계시록이 교회 안에서 하나의 그리스도교적인 책으로 기능할 수 있는지에 대한 심각하고도 깊은 의문을 나타내고 있다. 일부 사람들이 취한 이러한 유보적인 입장은 요한계시록이 어리석은 사람이거나 그리스도교의 한 분파적인 입장이거나 또는 반그리스도교적으로 해석되었을 때 발생했던 실제적인 위험들을 바탕으로 하고 있다. 비록 각각의 성경책들이 잘못 해석될 수 있는 가능성에 노출되어 있기는 하지만, 성경의 그 어떤 부분도 요한계시록과 같이 온갖 종류의 환상에 대한 위험한 해석을 위한 이와 같은 행복한 사냥터를 제공해 주지는 못했다. 실제로 요한 자신의 세대에서부터 현세대에 이르기까지 모든 세대에 걸쳐 어떤 사람들은 요한

계시록을 자신들의 시대 곧 세상의 마지막 날들을 예언하고 있다고 이해해 왔다.

그러나 한편으로는 요한계시록이 그리스도교의 어느 한 책으로 채택되어 사용되는 데 있어서 유보적인 면들을 야기한 것이 단지 이 책이 어떻게 이해되어 왔는가에만 관련된 것은 아니다. 이 책을 사려 깊게 읽은 독자들은 또한 이 책 속에서 타인들을 위한 사랑과 용서, 화해를 가르치고, 그렇게 살았던 사람들에게 제자도와 믿음을 통합하는 것이 얼마나 어려운 것인지를 발견한다. 요한계시록에서 악의 도성인 바벨론이 용서를 받지 못하고, 대신에 그녀가 지은 죄의 갑절을 받는다(계 18 : 6). 순교자들은 복수를 위해 울부짖고 있다(계 6 : 10). 짐승의 표를 받은 사람들은 "거룩한 천사들 앞과 어린 양 앞에서 불과 유황으로 고난을 받을 것"이다(계 14 : 10). 이것은 박해자들에 대한 예수 자신의 반응과는 대비되고 있으며(눅 23 : 34), 예수의 추종자들의 반응과도 대비되고 있다(예를 들면, 행 7 : 60). 요한계시록에는 계속되는 잔인한 장면들이 하나님과 천상의 군대들, 그리고 그리스도 자신에 의해, 그들의 적들에 대해서만이 아니라 우주에 대해서도 저질러지고 있다(계 6 : 1-8 ; 8 : 7-9 : 21 ; 16 : 1-20). 이와는 대조적으로 복음서의 예수께서는 다른 빰을 돌라 대며, 원수들을 사랑하며, 그들의 박해자들을 위해 기도하라고 사람들을 가르친다(마 5 : 38-39, 44). 그리고 예수께서는 이 가르침을 그 자신의 삶과 죽음을 통해 구체적으로 보여 주었다. 그러나 요한계시록에서 때때로 구원이 하나님의 은혜를 바탕으로 한 것이 아니라 사람들 스스로의 행위를 바탕으로 하여 이루어지는 것 같다('은혜'라는 단어는 이 편지의 의례적인 인사말 부분 외에는 요한계시록 어느 곳에서도 나오지 않고 있다).

요한계시록에 대한 이러한 반대나 거부(拒否)들은 실제로 존재한다. 그렇다고 해서 이러한 위험 요소들 속에 에워싸여 있지만, 한편으로는 어떠한 위험 요소들을 갖고 있지도 않은 이 책을 단지 그냥 홀로 남겨 둘 것인가? 아니다. 이 책을 그렇게 놔두어서는 안 된다. 이에 대한 여러 가지의 다른 이유들이 앞으로 설명될 것이지만, 이 서론 부분에서는 단지 요한계시록이 정경이라는 사실, 곧 정경으로써의 신분에만 주의를 기울이는 것으로도 충분하다. 하나의 정경을 갖고 있다는 것이 어떤 것인지에 대한 부분적인 의미는 성경이 우리들 각자의 입맛에 맞는 것들을 선택하는 카페테리아로 취급되지 않는다는 사실이다. 우리들은 성경을 성령께서 인도하시는 신앙 공동체의 유일한 공동의 지혜로써 전체적으로 받아들이고 있다.

목회서신

우리들은 요한계시록이 우리들이 가진 성경 안에 포함되어 있기 때문에 그것을 공부한다. 그러나 요한은 요한계시록을 '성경의 마지막 책'으로 쓰지 않았다. 이것은 그가 이미 알고 있는 그리스도인들을 위해, 그리고 목회자적인 책임감을 느꼈던 그리스도인들을 향해 쓴 편지였다. 그러나 우리들이 말하는 '편지'라는 단어는 하나의 개인적인 서신만을 의미하는 것은 아니다. 이 편지(요한계시록)는 개인적인 수신자에게 쓴 것이거나, 조용하게 읽히기 위해 쓰인 것이 아니라 소아시아에 있는 교회들에서 예배드리는 도중에 큰 소리로 읽히기 위해 쓰인 것이다(계 1 : 3). 우리들은 원래의 독자들이 조용하게 개인적으로 묵상하거나 곤혹스러워 하면서 편지의 각 쪽들을 응시하는 모습의 그림을 그려서는 안 되며, 그와는 반대로 찬양과 기도를 위한 공동체 모임에서 예배 진행자에 의해 읽히는 것을 듣고 있는 모습의 그림을 그려야 한다. 요한계시록의 비유적 표현, 즉 그림은 때로는 현대의 독자들에게 괴이하게 보이기는 하지만, 바쁜 생활을 하는 하나님의 사람들을 위한 예배 도중에 성경이 낭독되는 것을 듣는 것에 습관화된 사람들에게 친숙한 이미지의 전승으로부터 대부분 취한 것들이다. 원래 ("들음으로 읽는 사람들"〈hearer – readers, 청·독자〈聽·讀者〉들〉이라고 부르는 것이 더 적합할 수 있는) (요한계시록) 독자들의 경험으로부터 무엇인가를 포착하기 위하여 현대 교회의 회중이나 어떤 수업의 클래스나, 또는 학습 모임들은 교회 예배당이나 다른 예배 처소에 같이 모여 찬양도 하며 기도도 하다가, 좋은 목소리를 가진 한 낭독자에 의해 요한계시록 전체가 낭독되는 것을 들을 것을 권하고 싶다. (이러한 목적으로 볼 때 요한계시록은 그렇게 긴 내용을 가진 것은 아니다. 요한계시록은 정확히 이렇게 들려지도록 쓰인 것이다!) 요한계시록에 포함되어 있는 많은 부분들은 마음의 눈앞에 요한계시록의 장면들이 펼쳐지면서, 귀와 상상에 의해 가장 잘 인식될 수 있도록 되어 있다. 라디오 드라마가 유행하던 시대를 기억하고 있는 사람들은 이와 같은 설명을 곧바로 알아듣고 높이 평가할 것이며, 또한 TV에 의해 특징지어지는 우리의 시각 중심 세대들은 그들의 청각을 통한 상상에 의해 인식될 수 있는 풍부한 잠재력에 대해 색다른 마음으로 놀랄 수 있을 것이다.

요한의 예언자적인 권위를 인정하는 사람들은 그 편지의 내용을 진지하게 받아들였을지 모르지만, 그들은 아직 요한계시록을 '성경의 마지막 책'으로 간주하지 않았다. 그들은 요한계시록을 전혀 한 권의 '책'으로 간주하지 않았다. (22 : 18에서 '책'으로 번역된 헬라어는 biblion이며, 그것은 단순히 '문서'를 의미한다. 이는 '서신'에 대한 동의어로써 우리는 그 단어를 특별히 상용한 경우가 많다.) 비록 내가 요한계시록을 하나의 '책'으로 언급하는 관례를 따르고 있기는 하지만, 이것은 요한계시록뿐만이 아니라 신약의 모든 서신들에 대해서도 일반적으로 잘못된 명칭이다. 요한계시록은 로마인들에게 보낸 서신(로마서)처럼 성경 중에서 하나의 '책'이 된 것과 마찬가지로, 동일한 의미의 단지 하나의 '책'이다. 어떤 문서에 대하여 올바른 장르를 인식하는 것은 그것을 이해하는 데 있어서 매우 중요하며, 따라서 책과 서신을 명확히 구분하는 것은 중요하다. 어떤 책의 저자는 일반 독자, 곧 '청중'을 설정하고 쓴다. 그러나 그 저자는 개인적으로 그 책을 읽게 될 독자층을 구체적으로 알지 못한다. 그러므로 책은 대중적인 문서이다. 어떤 책이든지 저자는 특별한 사람이지만, 그 독자층은 서로 막연한 관계에 있기에 저자와 독자들은 서로 알지 못한다. 책은 마치 미식 축구팬들이나 의대 학생들처럼 특별한 독자층을 겨냥할 수 있다. 그렇다고 해도 이 책이 특별한 사람들에게 보내진 것은 아니다. 의사소통 형식으로써 실제 편지의 독특한 점은 일반 책과는 달리 저자와 독자, 둘 모두가 특별한 사람들이라는 사실이다. 실제 편지는 독자들의 상황에 대하여 특별한 상황들을 전제하고 있으며, 이러한 것들에 대해 특별하게 언급하고 있다.

왜 예언자 요한은 그의 메시지를 전달하는 매개체로써 예언자들에게 있어서 널리 쓰이지 않은 편지 형식을 선택하였을까? 요한은 바울적인 교회들(the Pauline churches)의 전통을 따르고 있으며, 그리고 바울의 편지 형식과 예배에서 편지를 활용하는 것에 영향을 받고 있다. 요한은 그의 편지가 모인 회중에게 읽히기를 기대하고 있으며(1 : 3), 그 후에 그 회중들은 성만찬이 거행되기를 기대하고 있다. 따라서 거기에는 그 책의 전반에 걸쳐서 메시아 향연의 상(象)이 매우 특별하게 함축되어 있다(참고. 예를 들면 3 : 20 ; 19 : 9). 어떤 바울 서신들의 결론 부분과 마찬가지로(참조. 고전 16 : 21, "친필로 너희에게 문안하노니"), 요한계시록의 결론 부분(22 : 6 – 21)은 성찬 예식을 향한 변화에 대해서 무엇인가를 암시하고 있다. 요한은 소아시아에 있는 교회들에서 사용되고 있는 편지 형식에 나타나 있는 전통에 영향을 받고 있다. 그러나 요한은 바울의 편지 형식을 모방하기보다는 바울이 했던 것과 똑같은 방식으로 편지 형식을 사용한다. 즉, 요한은 그 자리에 없기 때문에 편지의 독자들인 회중들에게 대면하여 말할 수 없었던 어떤 중요한 것을 가지고 있다. 바울의 경우에서와 같이, 요한의 편지는 요한이 개인적으로 그 자리에 있지 않기 때문에 사용할 수밖에 없었던 대안이다. 이것은 그가 비록 그곳에 없었지만, 그가 있었던 것과 같았다는 사실이다.

요한계시록이 하나의 편지라는 사실은 요한계시록을 이해하는 데 중요하다. 구체적인 주소를 가지고 있는 것은 편지의 특징이다. 편지로써 요한계시록은 일반적인 대중을 위해 쓰이지 않았다. 그것은 1세기 그리스도교 속에서 전형적인 상황들을 알리는 일반적인 회람의 편지도 아니었다. 그것은 특별한 장소, 시간, 상황 속에 있는 특별한 그리스도인들을 위해 쓰였다. 그리고 그것은 우리를 위해 쓰이지 않았다. 마치 고린도인들에게 보내는 바울의 첫 번째 편지가 우리를 위해 쓰인 것이 아닌 것처럼, 소아시아에 있는 일곱 교회들에게 보내는 요한의 편지도 우리를 위해 쓰인 것이 아니다. 만일 우리가 1세기의 고린도가 처한 상황의 특이한 점들을 알지 못한다면 우리가 분명히 바울을 오해했을 것처럼, 요한계시록이 직접적으로 우리를 위해 쓰였다는 사실을 가정하며 우리가 그것을 읽는다면, 우리는 요한계시록을 오해하게 될 것이다. 만일 우리가 요한계시록을 이해하기를 원한다면, 첫 번째 원칙은 요한계시록의 원청·독자들(its original hearer-readers)로서, 그리고 그들의 상황 속에서 요한계시록을 읽어야만 한다.

원청·독자들은 그 상황을 직접 경험하였으므로 그에 대한 어떠한 설명도 필요하지 않다. 참으로 원청·독자들에게 명백한 것을 설명하는 것은 편지가 갖고 있는 본래의 힘을 빼앗는 일이다. 원청·독자들이 아닌 그 후의 독자들이 그것을 이해하기 위해서는 그 원청·독자들이 처했던 상황들에 대해서 알려 주어야만 한다. 후세대들이 역사적 전통을 따라서 경전 문서들을 이해할 수 있도록 도와주는 것은 장차 올 그리스도교 공동체, 곧 교회의 임무이다.

서신으로써 요한계시록은 어떤 '사상'이나 '일반적인 원리들'을 수집한 것이 아니라 특별한 상황 속에 보내진 특별한 메시지이다. 여기에 신학적으로 중요한 어떤 것이 있다. 요한계시록의 메시지가 지닌 역사적 특수성(The historical particularity)은, 일반적으로 성서가 지니고 있는 역사적 특수성과 마찬가지로, 성육신에 대한 근본적인 그리스도인의 확신에 상응한다. 복음의 핵심적인 선언은 하나님을 일반적으로 계시하는 것이 아니며, 심지어 인간성 안에서도 아니라, 오히려 하나님께서는 특별한 시간과 장소에서 공생애를 사시고 특별히 로마의 십자가 형틀에서 죽으셨고, 특히 아람어를 말하신 유대인인 예수 안에 확실하게 자기 자신을 계시하셨다는 사실이다. 곧 성육신을 통해서 절대자이신 하나님께서는 말씀이 육신이 되어(요 1 : 14) 한계를 지닌 상대자로 오신 것이다. 성서에서, 하나님의 말씀은 여전히 역사의 상대성들을 통하여, 즉 특별한 사람들의 이야기들이나 규정들을 통하여, 특별한 성인의 이야기들이나 격언들을 통하여, 특히 역사적인 상황들 속에서 살고 있는 그리스도인들을 향한 특별한 그리스도교 지도자들의 편지들을 통하여 우리에게 전해진다. 교회가 다양한 초기 그리스도교 저술들을 선택하는 정경화 과정에서, 그리스도 사건의 의미에 대한 신빙성 있는 증거를 가진 그러한 문서들이 그러한 문학 장르들만이 한 시대를 묶는 적절한 도구들로 포함되었는데, 즉 역사적으로 규정화된 계시, 즉 복음들과 서신들의 적절한 수단들이었던 것들로 조건 지어졌다.

우리의 신약경전이 (누가복음의 제2부로써 사도행전을 포함하여) 복음서들을 구성하는 것은 우연이 아니다. 그리고 신약경전은 이야기나 편지라는 역사적인 형태 속에서 예수의 계속적인 음성을 포함하며, 편지라는 역사적인 특별한 지위 속에서 예수를 통해 하나님께서 행하시는 교회의 메시지를 전한다. 성서 해석에서 성경의 말씀은 가르침이나 설교를 통하여 동시대적인 것이 되며, 모든 해석들은 가설적이며, 상대적이며, 역사적인 연구의 '모호함'을 공유하며, 하나님의 말씀은 여전히 역사적 심판들에 대한 상대성을 통하여 온다. 역사적인 성서연구가 지니고 있는 상대적이며 아무런 결론도 내리지 않는 특성에는 결코 어떤 절대적인 확실함이 없고, 어떠한 책임도 없다. 역사적 존재의 한정적인 유한성에 의해 오염되지 않는 절대자를 갈망하는 것은 성육신을 무시하는 것이며, 또한 성서를 중요하지 않은 것으로 만드는 행동이다. 역사 속에서 행하시는 하나님의 이 '특별한 사건'은 십자가 사건의 일부이며(고전 1 : 23 ; 갈 5 : 11), 그리스도교 신앙에서 본질적인 것이다.

성서 해석은 성서가 역사 속에서 하나님의 전능한 활동들을 나타내기 때문에 역사적으로 방향이 맞추어져야만 한다. 이것은 요한계시록을 이해하는 일이 원청·독자들(original hearer–readers)이 처해 있던 역사적인 상황에 관한 어떤 것을 이해하려는 시도를 포함한다. 그러한 역사적인 상황은 무엇이었는가?

위기에 처한 1세기 소아시아에 있는 그리스도인들에게 쓰인 것

'소아시아'는 지금의 터키가 있는 곳의 서쪽 해안에 위치해 있는 로마 지역의 이름이다. 그리스도교의 교회들은 첫 세기의 50년 동안 바울과 그의 동역자들에 의해 그곳에 설립되었으며, 바울적인 그리스도교 전승의 결과로 90년에는 요한계시록의 시대까지 확장되었다. 에베소(계 1 : 11 ; 2 : 1 - 7)는 바울 사역의 중심지였다(참조. 행 19장). 그러한 바울의 편지 형식은 그의 제자들에 의해서 계속적으로 사용되었다. 에베소서는 그 지역에서 선두격인 교회에게 보내졌으며, 골로새서는 라오디게아에 있는 교회를 언급하고 있다(골 4 : 16 ; 참조. 계 1 : 11 ; 3 : 14 - 22). 이러한 모든 사실들은 다양한 방법으로 해석되는 바울의 그리스도교가 소아시아에 있는 교회들 가운데서 계속적으로 중요한 영향을 끼쳐 왔음을 보여 준다.

66~70년대 로마인들과 유대반역자들(또는 사람의 관점에 따라, 자유의 투사가들) 사이에 팔레스타인에서 대참사가 있은 이후의 시기에, 소아시아로 유대인과 유대 그리스도교 이주민들과 피난민들의 큰 유입이 있었으며, 거기에는 이미 수 세기 동안 설립된 유대 공동체가 있었다. 부분적으로는 이 투쟁의 결과로써, 유대주의는 그의 정체성과 제도들에 관한 재정립 과정을 겪고 있었다. 이전에 유대 그리스도인들은 종종 유대 공동체의 구성원으로서, 세속적인 종교 지도자들로 그들 자신을 이해했으며, 또한 그렇게 이해되어 왔었다. A.D. 70년대 후에는, 유대주의의 재정립은 누가 참 유대인인가에 관한 서로 상충되는 주장에 의해 이끌리게 되었다. 소아시아에 있는 그리스도인들은 때때로 이러한 상충되는 주장 가운데 휘말리게 되었는데, 그것은 요한계시록 안에 이미 언급되어 있다.

이 시기에 늘어나는 사회적이며 정치적인 압력이 정부 정책에 의해 초래되었으며, 그리스도교 공동체와 다른 사회집단들 사이에, 특별히 유대인들 사이에 긴장과 대립들이 교회 내부에 있었다. 교회는 사도적 지도자들의 죽음과 확고한 체제의 생성과 자아 정체성 사이에 있는 세대에서 앞으로 나아갈 방법을 찾으려고 모색하면서, 비난받기 쉬운 가변적인 상황에 처해 있었다. 그런 장소와 시간 속에서 그리스도인이 된다는 것은 무엇을 의미하며, 예수를 주님으로서 따르기를 시도하는 것은 무엇을 의미하는가? 요한계시록은 요한의 모든 청·독자들(hearer - readers)이 가지고 있었던 이러한 함축적인 질문을 소개한다. 독자들의 질문과 요한의 응답에 대한 인식은 그 편지가 쓰인 때를 더 주의 깊게 살펴봄으로써 강화될 것이다.

편지는 역사적인 상황에서 만들어진 형태이므로 편지의 날짜를 아는 것은 그것을 이해하는 과정에 있어서 중요하다. 고대의 편지들은 발신자들이나 수신자들을 분명하게 소개하나, 그 날짜는 밝히지 않고 있다. 바울서신들의 서두 부분을 잠시 살펴보면, 그리고 사도행전에 포함되어 있는 편지들을 보면 (이러한 사실이) 명백해진다(행 15 : 23 ; 23 : 26). 이것은 역사와 관련된 편지 형식의 또 다른 특별한 예이다. 실제 편지들의 모든 저자들과 마찬가지로, 요한도 그가 편지를 보낸 독자들에게 그것이 읽히는, 즉 그들 자신의 때, 곧 그것이 전제하는 상황을 파악할 것을 전제하고 있다. 그러나 나중에 편지를 읽는 독자들은 그것을 올바르게 이해하기 위해서 가능한 한 정확하게 그 날짜를 아는 것이 필요하다.

우리의 초기 전통은 요한계시록을 '도미시안 통치 시대의 말기'로 날짜를 잡는다(이레니우스, 「이단자들에 반대하여」, V. 30. 3). 도미시안 황제는 81년에서 96년간 통치하였다. 그래서 이레니우스의 글은 요한계시록을 95년이나 또는 96년에 쓰인 것으로 잡는다. 그러나 그러한 전통들이 항상 올바른 것은 아니므로, 현대 학자들은 클라우디우스 시대(41 - 54년)보다 이른 시기로부터 트라얀 통치(98 - 117년)보다 늦은 시기까지 다양한 다른 날짜들을 주장하여 왔다. 대부분의 학자들은 후자를 선택하여, 네로(54 - 68년)나 또는 도미시안(81 - 96년)의 때로 잡아 왔다. 66~70년 사이의 전쟁 후 쓰인 유대적이며, 그리스도교적인 문학은 바벨론인들이 수세기 전에 행하였던 것과 같이, 로마가 예루살렘을 포위하고 파괴하였으므로, 로마에 대한 명료한 상징으로써, '바벨론'을 사용하였다(왕하 25장 ; 참조. 제2에스드라 3 : 1 - 2, 28 - 31 ; 바룩의 제2묵시서 10 : 1 - 3 ; 11 : 1 ; 67 : 7 ; 시빌의 신탁〈Sib. Or〉. 5 : 143, 159 ; 벧전 5 : 13). 마찬가지로 요한계시록도 로마에 대한 명료한 상징으로써 '바벨론'을 사용한다(14 : 8 ; 17 - 18장 ; 참조. 특별히 17 : 18). 바벨론이 상징하는 것에 대한 이러한 사실은 그 도시가 파괴된 후까지도 일반화되지 않았으며, 그전에는 적절하지도 않았을 것이다. 그러므로 그것은 요한계시록을 70년 후의 어떤 때로 잡는 데에 대한 가장 분명한 특징 가운데 하나이다. 그러한 해석은 그 책의 내적인 증거가 초기에 확산된 전통에서 받아들인 도미시안 통치의 때를 가장 적합한 시기로 보게 하고 있다. 이와 같이 요한계시록은 소아시아에 있는 교회들에게 무시무시한 박해가 올 것임을 직감한 한 그리스도교 예언자인 요한에 의하여 95년(원서는 96년으로 되어 있으나 이는 저자의 오류이다.-역자주)에 기록된 서신으로 이해하는 것이 최상이다.

요한이 쓴 편지의 수신자들은 아주 혼란한 시대 가운데 살았으며, 다수의 사람들은 그들 자신의 때가 위기에 처해 있다는 사실을 인지하였다. 로마 제국은 전쟁들로 곤란을 겪고 있었으며, 로마 군대들은 실제적으로 그 나라의 동쪽 변방에서 파르티안인들(Parthians)에 의해 잊지 못할 패배를 겪었다(62년). 중요한 전쟁들이 고울(Gaul)에서 68년, 게르마니아(Germania)에서 69년, 유대(Judea)에서 66~70년에 반역자들에 대항하여 싸움이 일어났다. 68년에 네로의 전제 정치와 죽음은 안정으로 이어진 것이 아니라 한층 더 혼란이 심화되어, 2년 동안 통치한 세 명의 '황제들'로 이어졌다. 90년대 초기에 일어났던 기근은 많은 희생을 초래했다. 그 땅은 불안정하게 보였다. 지진은 60년대에 소아시아를 황폐화시켰다. 79년에 베수비어스 화산이 분출되어 폼페이와 인근 도시들은 묻혔으며, 짙은 구름이 넓게 펴지게 되었다. 그것은 그 나라 전체에 걸쳐서 예시(foreboding)와 놀람(consternation)을 초래하게 되었다. 이교도의 사람들이 철학, 종교, 미신을 통하여 그런 재난들과 관련하여 고민하는 동안, 그리스도인들은 그런 대격변의 세대 속에서 하나님은 주권자이시며, 예수께서는 하나님의 기름 부음을 받은 왕이라고 주장하는 것이 무엇을 의미하는지에 대해 생각하게 되었다.

1세기 말에 소아시아에 있는 그리스도인들은 대부분의 사람들이 일반적으로 겪지 않았던 문제에 직면하였다. 그들은 주로 낮은 계급들에게 호소하는 종파, 오래된 역사나 영광스러운 제도들을 가지지 않은 종파, 공휴일이 아닌 어느 날 가정집에서 그들의 의식을 행하기 위하여 만나는 의심의 집단, 비애국적인 것으로 널리 의심받는 집단, 폭넓은 이야기들이 전해진

집단의 신봉자들인 것으로 간주되었다. 결국, 그들은 살을 먹고 피를 마신다(식인풍습)는 말을 하지 않는가? 그들은 사적으로 만나서 '사랑의 축제'(근친상간, incest), 집단 성관계(orgies)를 하지 않는가? 그들의 지도자는 공공복리의 반역자나 적으로서 (비애국적) 정부에 의해 십자가에 못 박히지 않았는가? 첫 몇 세대에서 그리스도교는 예외적인 경우도 있었지만, 대체로 노예를 포함한(예. 고전 1 : 26을 보라.) 낮은 경제계층으로부터 그리스도교의 개종자들을 확보하였다. 비록 90년대가 소아시아에서 일반적인 번영의 때이기는 하지만, 가난한 자들은 그 번영에 참여하지 못하였다. 그래서 그들이 느끼는 가난은 그들을 둘러싸고 있는 부에 의하여 더 크게 느껴지기조차 하였으며, 이것은 그들의 사회적인 박탈감의 원인이 되게 하였다. 심지어 로마 신들과 함께 참여하는 교제로, 로마 제국의 사회적이며 정치적인 생활 가운데 그들을 참여하도록 허락하는 사회적인 위치에 있었던 그리스도인들조차도 자주 그렇게 하는 것을 망설였다.

이와 같이 그리스도인들은 어떠한 다른 신들도 가지지 않았으므로, 때때로 무신론자들로 불렸으며, 비애국적이며 비종교적인 사람들로 간주되었다. 이와 같이 그들은 64년에 로마의 많은 부분이 파괴된 화재와 같은 재난들에 대한 책임을 져야 할 속죄양들이 되기 위한 후보자 같았다. 네로는 그리스도인들을 방화죄로 고발하며, 체포하고, — 그리고 단지 대중들이 이미 그들을 사회구조 안에 있는 외부인으로 여기며, 그리스도인들은 이와 같이 그들 자신들을 외부인으로서 방관하는 경향이 있었기 때문에 — 많은 사람들을 대중적인 공표 없이도 죽일 수 있었다.

요한의 시대와 환경에 살았던 그리스도인들은 이와 같은 사회적, 경제적 차별대우에도 복종하였다. 그들은 (이교도 문화 속에서 그리스도인들이 되려고 애쓰는 결과로 오는) 다소간에 끊임없는 긴장과 괴로움에 시달렸다. 그들은 때때로 히브리서 10 : 34 ; 12 : 4 ; 베드로전서 4 : 14, 16 ; 5 : 9에 묘사된 비공식적 민중폭력과 재산의 약탈과 같은 것에 고통을 당하고 있었다. 이러한 소외 계층들은 한 사회 속에서 강한 연대의식과 개인적인 정체성 없이는 견디기가 어려웠다. 그래서 요한의 독자들도 이런 정체성의 위기 속에 있었다. 그러한 상황이 주는 압력은 그들 자신에게 "우리가 누구냐?" 하는 질문을 던지게 하였다.

그리스도인들과 유대인들

후에 요한계시록이 반유대적인 것(2 : 9 ; 3 : 9)으로 이해된다고 진술된 이래, 요한계시록 속에 언급된 일곱 교회의 상황에서 유대인들과 그리스도인들 사이의 관계를 탐구하는 것은 아주 중요하다. 유대인들은 역시 이교도 문화와 맞지 않는다. 그리고 그들은 이방인 이웃들의 반대에 직면하여 괴롭힘과 차별대우를 당하였다. 그러나 90년대에 소아시아에서 유대인 공동체는 긴 모험과 감동할 만한 역사를 가졌다. 그들은 세워지고 존경받는 조직체와 자아 정체성의 감각을 가지고 친밀하게 형성된 공동체를 즐겼다. 그들은 이미 믿음의 행실에 대한 증거라고 할 수 있는 순교의 피도 가지고 있었다. 여전히 그들은 이방인 환경에서 오는 반감과 의심에도 불구하고, 로마 제국과 지역 공동체 속에서 오래되고 안정된 조직체로 알려졌다. 64년에 로마에 화재가 발생한 후에 네로는 국민들에게 유대인들이 화재에 대한 책임이 있다는 사실을 확신시키는 데 실패하였다. (그는 유대인들에게 책임을 전가하는 것에 실패한 후에 그리스도인들에게 그 책임을 물어서 문책하였다.) 로마 정부는 공식적으로 유대인들이 군대에서 근무하거나 로마 신들을 섬기는 일에 참여하는 것과 같은 그들의 종교적인 신앙을 침해하는 것들에 대해 어느 정도의 책임을 면제해 주었다. 유대인들은 황제에 대한 그들의 충성심을 로마인들에게 확신시켜야 한다는 사실과 황제 자신에 대해서가 아닌 황제를 위해서 기도하는 것이 유대인들의 의무에 포함된다는 사실을 일관되게 주창하였다. 사실상 유대인들의 폭동이 시작되던 66년에 이미 예루살렘에서 황제를 위한 희생제사가 중지되었다.

어떻게 그리스도인들은 유대 민족과 로마와 그들 자신이라는 다양한 시각을 가지고 유대교에 맞추어 나갈 수 있었는가? 우선 예수와 마찬가지로 당시의 모든 그리스도인들은 유대인들이었다. 그리고 그들은 유대교의 다양성 속에서 그들 스스로 로마인으로 살았다. 이러한 점이 유대인들이 그랬던 것처럼 로마의 요구사항으로부터 보호를 받을 권리가 그들에게도 주어졌다. 요한 자신은 유대 그리스도인이었다. (아래를 보라.) 그리고 특히 66~70년에 팔레스타인에 있었던 비참한 전쟁에 대한 깨우침 속에서 많은 유대 그리스도인들이 소아시아로 이민을 갔기 때문에, 요한의 회중들이 유대적 배경을 가진 사람들이었다는 사실은 아주 의미심장한 일이다. 요한은 '유대인'이라는 이름을 진정 하나님의 백성을 위한 값진 이름으로 간주하였다. 따라서 회당의 유대인들은 예수께서 메시아라는 사실을 거부하였다. 이러한 신앙의 근본적인 차이가 소아시아에 있던 유대인들과 그리스도인들 사이에 존재하였던 분명한 적대감뿐만 아니라 요한이 서머나와 빌라델비아에 있던 유대인들을 '사탄의 회당'(2 : 9 ; 3 : 9)이라고 부를 수 있었던 매우 깊은 적대감과 같은 것이었다. 비록 그리스도인들은 그때까지도 그들 스스로를 참된 '하나님의 이스라엘'(갈 6 : 16 ; 빌 3 : 3 ; 벧전 1 : 1, 17, 그리고 1 : 5과 7장과 12장에 관한 다음의 주석을 보라.)이라고 이해하고, 아브라함을 모든 믿는 자들의 조상(롬 4 : 16 – 17)이라고 하였을지라도, 요한의 시대에 그리스도교는 이미 뛰어난 이방인 종교가 되어 있었다. 물론 이것은 유대인들에 의해 공유된 시각은 아니었다. 따라서 그리스도인들이 포함되어 있는 로마 정부와의 문제들로부터 회당을 보호하기 위해서 유대 지도자들은 로마 당국과의 관계를 명료하게 하고, 정체성에 관해 의논하고 싶어했다. 더 나아가서 70년의 위기 이후에 유대교는 그 스스로를 재정비하는 차원에서 이단적인 것이라고 배척된 요소들을 정화하였다. 이것은 바로 당시 그리스도인들은 회당이 제공한 보호 속에 포함되기를 원했을지도 모른다는 사실을 의미한다. 그들은 더 이상 그들의 유대인 이웃들에 의해 유대인으로 여겨지지 않는다는 사실을 발견하게 되었다. 유대인들에 의해서 거부당하고 이방인과 같이 된 그리스도인들은 공동체와 개인적인 정체성의 심각한 위기에 직면하게 되었다. 그리고 요한의 서신은 다른 어떤 것들보다 이런 위기들을 강조하였다. 즉, 그것은 "누가 하나님의 백성인가?"와 "무엇이 교회에 속한 것인가?"라는 식의 추상적이고 신학적인 질문들이 아니었다. 그것은 요한의 독자들에게 타오르는 개인적인 질문들이었고, 요한의 예언적인 응답이라는 서신의 성격을 구체화하는 데 도움을 주는 질문들이었다.

종교적, 정치적 위기

불행하게도 우리는 요한계시록 자체를 제외하고 소아시아에서 도미시안의 통치 기간 중에 그리스도인들과 로마 정부의 관계에 대해 조명해 줄 수 있는 그 어떤 자료도 가지고 있지 않다. 단지 이런 문서 중에 가장 가까운 것으로써 우리는 비시디아(소아시아의 북쪽)의 총독이었던 플리니우스와 당시 로마의 황제였던 트라야누스가 나눈 공식적인 서신을 가지고 있다. 이 서신들은 요한계시록의 저작이 이루어진 20년이 포함되는 약 112년경에 로마 정부가 그리스도인들에 대해 가졌던 태도에 관해서 우리가 가질 수 있는 가장 초기의 이방적인 증거를 보여 주는 것이다. 이런 서신들은 요한계시록에 대한 이와 같은 가치 있는 통찰을 제공해 주기 때문에, 여기에 그 전문을 기록해 본다.

> 주님(라틴어로 도미네〈domine〉는 헬라어로 큐리오스〈kurios〉에 해당하는 말이다. 이러한 표현은 그리스도인들에 의해 하나님과 주님이신 예수 그리스도에 대해서만 쓰인 말이지만, 황제들에 대해 명명할 때 요한의 시대에 특별히 중요하게 도미시안에 대해서 명명할 때 요구되었던 말이다. - 저자주)이시여! 저는 제가 의혹에 가득 찬 모든 것을 해결하기 위한 법률을 만들어 왔습니다. 누가 저의 지식이 부족한 것에 관해 지침을 주고, 제가 주저하는 것에 관해 방향을 보다 더 확실하게 제공해 줄 수 있겠습니까?
>
> 저는 그리스도인들에 대한 심문에 참여한 적이 없습니다. 그러므로 저는 어떤 종류의 취조들이 얼마만큼 선고되어야 하며, 어떤 종류의 징벌이 적합한지에 대해서 알지 못합니다. 저는 연령에 따라서 어떻게 처벌해야 하는지, 또는 아주 연소한 자들이 성인들과 같은 방법으로 다루어져야 하는지,

그리스도교에 대한 포기와 회개는 충분한지, 또는 고소된 자는 그들이 예전에 그리스도인들이었다면 그것을 부인하였을지라도 여전히 범죄자들로 여기는 것에 대해서는 역시 불확실합니다.

그동안에도 저는 제게 그리스도인으로서 고발당한 사람들을 다음과 같이 다루어 왔습니다. 저는 그들에게 그들이 그리스도인들인지 아닌지를 물었습니다. 제가 두 번, 세 번 물었을 때도 확실하게 대답하였던 사람들에게 저는 사형을 언도하였습니다. 만약 그들이 그들의 신앙을 고수했다면(라틴어로 페르제베란테스〈perseverantes〉는 '인내'라는 말이다. 이는 헬라어로 히포모네〈hypomone〉에 해당하는데, 요한계시록에서 그리스도인들이 취한 중심적인 미덕이었다. – 저자주), 저는 그들에게 사형을 언도하였을 것입니다. 그들이 사실상 변호하는 것이 무엇이든지 간에, 그것은 저에게 어떤 경우에든지 처벌받아야 마땅한 완고함과 고집처럼 보입니다. 이 같은 망상을 하는 자들 중에 로마 시민권을 가진 자들을 제가 로마로 압송할 계획을 가지고 있습니다.

심문과정에서 일반적으로 일어나는 현상은 광범위한 경우에 그리스도인들에 의해 소송이 제기되곤 합니다. 그래서 다음과 같은 특별한 경우들이 발생하였습니다.

수많은 그리스도인들이 거명되는데도, 서명이 되어 있지 않은 목록이 많습니다. 저는 과거나 현재나 그리스도인이라는 사실을 부인하는 자에 대해서 우리 로마의 신들에게 절을 드리게 한 후에 석방시킬 필요가 있다고 생각합니다. 저 역시 그들에게 그리스도를 저주하라고 시킨 적이 많습니다. 사실상 진정한 그리스도인들은 이와 같은 배교 행위와 같은 어떠한 행동을 하도록 강요받지 않습니다.

이런 고발에 의해 고소된 다른 사람들은 우선 그들이 이전에 그리스도인들이었다는 사실이 확인되었지만, 그들이 이미 그러한 사실을 부인하였다면, 그들 중에 몇몇은 3년 전에, 몇몇은 그보다 더 이른 시기에, 몇몇은 25년 전에(도미시안의 시대이었을 것이다. – 저자주) 신앙을 포기했던 것입니다. 이들 모두는 당신의 형상과 신상들에 경배하였으며, 그리스도를 저주하였습니다. 그러나 그리스도인들은 그들의 유죄(로마 황제를 거부하고 그리스도를 믿음. – 역자주)를 증명하였고, 사실상 모든 증거가 실제로 일치한 특정한 사례들이 많습니다. 즉, 그들은 해가 뜨기 전에 모였으며(새벽 기도회 - 역자주), 그들의 신인 그리스도에게 찬송을 올려드렸으며, 어떤 종류의 범죄에 대해서 연관되지 않겠다고 맹세하였으며, 모든 도둑질과 폭행과 간통을 금하였고, 그들에게 한번 주어진 말씀에 대해서는 깨뜨리지 않고 그들이 법적인 빚을 모두 청산할 것을 거절하지 말라는 가르침에 익숙하였습니다. 그 후에 그들은 각자의 길로 갔습니다. 나중에 식사를 하기 위해 모여서 그들은 일상적이며 유해하지 않은 음식(그리스도인들이 성만찬을 통해서 인육을 먹는다는 소문은 사실이 아니었다. - 역자주)을 나누었습니다. 그들은 당신이 하달하신 조서에 근거하여 제가 내린 포고문에 부합하는 어떤 정치적인 실천도 행하지 않았습니다. 저는 두 여종(그들은 '여 집사'라고 부릅니다.)을 고문하기도 하였는데, 저는 그들이 진리에 대한 고백을 중단하는 것이 필수적이라고 생각하였습니다. 저는 그들에게서 과도하면서도 미신적인 신앙을 확인하였습니다.

결과적으로 저는 각하의 조언을 듣기 위해서 청문회를 연기하였습니다. 그 사건은 저에게 좋은 조언의 필요성을 생각하게 하면서 특별히 대다수의 피고인들의 관점을 보게 했습니다. 연령과 신분, 그리고 남녀의 구별 없이 수많은 그리스도인들이 위험에 처해 있습니다. 그리고 이것은 시작일 뿐입니다. 이러한 미신과 같은 전염병은 도시들뿐만 아니라 마을들을 통해서 심지어 시골 지역까지 퍼져 나가고 있습니다. 그러나 저는 이러한 병리 현상의 마지막이 올 것이며, 치료법이 공급될 것이라고 확신합니다. 이러한 예상은 아주 확실한 것입니다. 이전에 소홀해진 제단은 다시 참배객들로 붐비고 있습니다. 오랫동안 무시되었던 신성한 축제들도 다시 정기적으로 드려지고 있으며, 소비자들이 찾기 어려웠던 희생 제물의 고기들도 계속 판매되고 있습니다. 누군가 회개를 위한 기회를 줄 때, 이러한 정책은 대중들 속에 좋은 여건을 만들어 나가게 할 것입니다.

황제의 답변

나의 세쿤두스(이것은 플리니우스 2세 곧 플리니우스 세쿤두스를 일컫는다. - 저자주)여! 그대는 그대 앞에 그리스도인들을 고소하였던 사람들

> 의 경우들을 고려하여 올바른 선택을 하였다. 그러한 경우들에 적용되는 보편적인 기준이 있다고 생각되는 어떤 것도 존재하지 않는다. 그리스도인들을 찾아내서는 안 된다. 그러나 만약 그리스도인들이 고소를 당하거나 재판에 넘겨진다면, 그들은 처벌을 받아야 한다. 그러나 그들이 그리스도인들이라는 사실을 부인하지 않거나, 우리의 신들에게 참배하는 것을 합당한 행위로 여기지 않을 때 처벌을 받아야 한다. 비록 한 사람이 과거에 한 행동이 의심스럽다고 할지라도, 그가 혹은 그녀가 회개한다면 사면해야 한다.
>
> 혹시 익명의 사람이 고소를 하였다면, 어떠한 경우에도 법정에서 다루어서는 안 된다. 그것은 위험한 판례가 될 수 있으며, 우리의 시대에 맞지 않다.
>
> (이 글은 Pliny the Younger, *Letters* X. 96 – 97에 나오는 것이며, 번역은 MEB를 따랐다.)

이러한 글에 의하면, 당시 국가에 의한 전면적인 그리스도교에 대한 탄압은 없었다. 하지만 그리스도교에 대한 이웃의 분노는 훨씬 강도가 크다. 이 글들은 그리스도교 공동체에 대한 로마 정부의 공식적인 답변들을 다루는 것이기에 당시 그리스도인들이 신앙을 포기한 경우도 많았으며, 순교에 이른 경우도 많았다는 사실을 확인시켜 주고 있다.

요한의 시대에 로마는 압제와 탄압에서 그리스도교를 제외시키지 않았다. 로마인들에게는 당시 그들이 책임을 져야 하는 복지 문제가 있었지만, 그리스도교는 해를 끼치는 파당이나 이단 종교 혹은 사회 운동이 아니었다. 로마의 지도자들과 로마 정부는 그들의 안녕과 복지의 상태는 시민들을 적절히 섬기는 데 있다고 믿었다. 만일 로마 정부에 의해 어느 특정 지방에 하달된 공식적인 신을 인정하기만 한다면, 비록 사람들이 소규모 지역에서 그들이 무엇을 선택하든지 자신들의 신을 섬길 수 있었다. 그들의 소규모 신앙이 공공질서와 품위에 누가 되지 않는다면 말이다. 어떻게 보면 이것은 다른 종교에 대한 유화 정책이었다. 그러나 배타적인 유일신 사상을 가지고 있었던 유대인들과 그리스도인들의 한 하나님에 대한 신앙은 로마의 다신교 사상의 그 어떤 부분도 인정할 수 없게 만들었던 것이다.

이 점에서 유대인들과 그리스도인들에게 문제가 있었다. 사실상 우리가 아는 대로는 유대인들의 경우에 로마 정부와 만족스러운 협정을 맺기도 하였다. 그리스도교도 유대교의 다양한 분파 중에 하나로 주목되기도 하였다. 네로 황제 시대에 행해진 산발적인 공격을 제외하고 — 사실상 그때조차도 그리스도교의 실체 때문이 아니라 방화라는 죄목으로 고소를 당했던 것이다. — 그리스도인들은 로마 정부와 좋은 관계를 유지하였다. 그러나 그리스도교가 성장해 감에 따라서, 특히 소수의 그리스도인들이 위로부터 오는 이익을 누리게 되면서 그리스도교가 단순히 유대교의 일부분이 아니라는 사실과 로마 권력과의 불일치가 필수적으로 유발되었다. 이로써 그리스도교는 불법적인 종교라는 결론이 내려지게 된 것이다. 이후에 로마의 황제들은 조직적이면서도 일치된 노력으로 그리스도교의 뿌리를 뽑아내려고 힘을 썼다.

로마 황제와 그리스도인들 사이에 어떠한 대립이 있었는가? 이것을 아는 것이 요한계시록에 대한 역사적인 상황 인식이다. 이미 초기 그리스도교는 요한의 시대에 널리 퍼져 나갔으며, 이에 대한 공식적인 박해도 많았다는 사실이다(예를 들면, 2세기의 테루툴리라누스의 「변증론 5」와 4세기의 유세비우스의 「교회사」 Ⅲ. 17－20). 그리고 요한계시록은 신앙을 지키기 위해 이러한 박해를 참아 낸 그리스도인들을 강하게 하고 위로하기 위해 쓰인 것이다. 당시에 로마 정부가 활발하게 그리스도인들을 황제를 포함한 로마 신들을 숭배하도록 강요하거나 치명적인 처벌을 하거나 그리스도교 신앙을 부인하게 하거나 순교자가 되도록 강압적이었다는 사실이 요한계시록에 의해 추측된다.

요한이 로마 황제가 모든 그리스도인들에 대해 이 같은 박해를 막 시작하려고 하였다는 사실을 믿고 있었다는 증거가 요한계시록에 들어 있다. 요한이 기록하고 있는 일곱 교회 중에서 세 교회가 이미 박해의 시간을 보냈다는 사실이다. 곧 에베소 교회(2 : 2－3), 버가모 교회(2 : 13), 빌라델비아 교회(3 : 8－10) 등이 그 증거이다. 2 : 10에서 요한은 서머나 교회가 고통을 당할 것과 몇몇이 감옥에 갈 것이라는 사실을 보여 주고 있다. 그리고 3 : 10은 '온 세계 위에 고난의 시간'을 선포한다. 6 : 9의 환상은 천상의 제단 밑에서 (아마도 그리스도인들인) 순교자들의 영혼들을 묘사한다. 그리고 6 : 11도 더 많은 순교자들이 일어날 것에 관해 말하고 있다. 7 : 14은 순교를 통해서 엄청난 환난을 벗어난 사람들이 천국에 올라간다. 이러한 장면들은 요한과 그의 교회들이 이미 마지막 환난의 시대를 살아가고 있다는 사실을 보여 주는 것이다. 12장과 13장은 모든 그리스도인들이 굴복할 수밖에 없는 로마 정부의 탄압 세력에 관한 그림을 묘사하고 있다. 그리고 7 : 16은 순교자들의 피에 취해 있는 로마를 그리고 있다.

이러한 전통적인 견해에 문제가 있음에도 불구하고, 최근의 연구는 도미시안 시대의 그리스도인들에게 보편적이고 체계적인 박해가 없었다는 사실이 점점 명확해진다. 위에 플리니우스의 편지에서 묘사된 상황은 로마 정부가 박해에 활발하게 참여했던 사실을 언급하는 것이 아니라 그리스도인들이 지방 법정 앞에 고소되었을 때에 지방 총독이 무엇을 해야 할지 결정했다는 사실을 보여 주는 것이다. 그리스도인들은 그들의 신앙 때문에 때때로 로마 총독 앞에 불려 가거나 사형 판결을 받았다. 하지만 이러한 증거는 요한의 시대에 로마 정부에서 아직 발의되지 않았다. 요한의 시대에 널리 퍼져 있는 순교지의 대한 증거는 없다. 대략 60년 후에 서머나의 감독 폴리캅(Polycarp)이 살아 있는 채로 화형당했을 때, 그는 서머나와 필라델비아의 순교자 명단에 12번째 이름이 올라가게 되었다(Eusebius, 「교회사」 Ⅳ. 15). 요한은 오직 한명의 순교자에게 버가모(Pergamum)의 안디바(Antipas 계 2 : 13)라는 이름을 부여하였다. 물론 요한은 그 자신이 로마의 권력자들과 관련한 어려움에 직면하고 밧모섬으로 추방당했음에도 불구하고, 그 자신은 순교당하지 않았다(계 1 : 9 이하).

요한은 이미 도미시안 시대에 교회와 로마 정부 사이에서 증가하고 있었던 투쟁이 시작된 것을 보았다. 그래서 그는 예상했던 대로 박해가 증가하는 상황에서 그의 서신들을 기록하였다. 그러나 그는 단지 보편적인 박해가 될 것이라는 가정에서 박해의 첫 번째 단계를 본 것이다. 요한 자신의 추방과 안디바의 죽음으로 끝난 산발적인 체포들이 요한의 시대에 그리스도인들의 삶을 불안하게 만들었음에도 불구하고, 그가 생각한 교회를 와해하려 했던 그 체계적인 박해는 그의 평생 동안에 혹은 그의 독자들의 평생 동안에 한 번도 일어나지 않았다. 그것은 아마도 도미시안의 죽음과 황제숭배의 요구가 완화된 상황에 의해 기인되는 것이기 때문일 것이다. 누구도 요한과 그의 제자들이 실제로 처했던 그 위험의 심각성을 최소화하지 않는다. 플리니우스의 편지는 요한의 시대에 이미 일어나고 있었던, 우리가 잘 가정할 수 있을 만한 사건에 대해서 묘사한다. 즉, 그리스도인 혹은 그 공동체는 동기가 무엇이든지 불법적인 예배들에 종사함으로 인해서 고발당하였고, 로마의 총독 앞에 끌려갔다. 물론 고발자도 재판관도 그리스도교에 대해 제대로 이해하지 못하였다. 그리스도인들은 황제의 형상이 포함된 로마의 신들의 형상에 포도주를 드림으로써 그들의 충성심을 증명해야 하고, 분향해야 한다는 사실이 당대에 회자되었다.

아마도 실제 상황을 나타내는 한 전승에 따르면, 그들은 '예수께서는 주님'이시라는 그리스도교의 기본적인 고백과 정확하게 평행이 되는 'Kurios Kaisaros', 곧 '황제는 주'라는 로마에 복종할 것을 요구하는 두 단어를 시인할 것을 요구받았다. 게다가 그들은 그리스도를 저주할 것을 요구받았다. 우리는 그 이후의 기간 동안에 동의했던 사람들에게 박해를 면제해 주는 증명서가 있었음을 보여 주는 문헌을 가지고 있다. 비록 우리는 특별한 증거를 가지고 있지 않지만, 심지어 요한의 시대에도 동의한 사람들에게 증명서와 같은 것이 주어진 것은 있을 만한 일이다. 동의하지 않았던 그리스도인들은 고문 혹은 사형을 당할 수 있었다.

요한계시록과 외부의 증거들 모두 그 시대의 그리스도인들의 연약함과 절망을 드러낸다. 대부분의 사람들은 법정에서 더 존중받도록 대우받은 로마 제국의 시민들이 아니었다. 요한과 동시대의 바울은 누가에 의해 로마의 시민으로 묘사된다(행 21 : 27 – 28 : 31). 그리고 위의 플리니우스의 편지에서 로마 시민들의 색다른 처우가 언급되었다. 심지어는 그리스도교에 대해 약간의 이해가 있는 로마 정부의 관료들이 적당하고 공정하게 법을 시행하려고 시도할 때조차도 그들의 독단적인 권력에 대항하여 방어를 받을 수 없었다.

그리스도인들과 황제숭배

요한을 포함하여 많은 그리스도인들에게 로마의 이데올로기적인 위협은 격렬했다. 왜냐하면 주님이신 그리스도의 라이벌같이 보이는 황제라는 사람에게 초점이 맞추어졌기 때문이다. 황제숭배의 몇 가지 특징을 이해하기 위하여 우리가 요한계시록을 전체적으로 살펴보는 것은 아주 중요한 일이다.

요한의 시대에 황제 도미시안은 모든 통치 지역에 내린 포고문에서 "우리의 주와 신이신 도미시안이 명령한다……."라고 시작되어야 하는 법령을 내렸다. 그는 로마의 신들 중 하나였고, 그 신들에 대한 숭배를 하지 않는 '무신론자'들을 많이 처형했다는 사실이 기록되었다(Dio Cassius, 「로마의 역사」 67. 14). 그의 입장에서 이것은 단순한 병적 자부심의 표현이 아니었다. 황제숭배 그 자체는 복잡한 역사를 갖고 있다. 도미시안은 그 자신이 신과 같이 숭배되기 원하였는데, 이 같은 사실은 단지 갑자기 결정된 것이 아니었다.

왕이 신성하다는 생각은 로마의 것이 아니었다. 사실상 그것은 완전히 이방적인 것이었다. 그리고 신약시대에 그 생각은 점차적으로 로마에 퍼져나갔던 사고이다. 그러나 동방에서 이런 생각은 수 세기 동안 일반적인 것이었다. 고대 애굽에서 파라오는 본래적으로 신적인 존재로 생각되었다. 바벨론에서 통치자는 신의 아들이 된 능력 덕분으로 신이라고 생각되었다. 이스라엘은 가나안에서 이러한 사상들에 접촉되었지만, 통치자들이 실제로 신이라는 주변 나라들의 생각을 절대로 받아들이지 않았다. 이스라엘에서 왕은 오직 하나님의 아들로서 선택되었다(시 2 : 7 ; 89 : 26 - 27 ; 삼하 7 : 14).

알렉산더 대왕이 그리스 통치권과 문화(333 - 23 B. C. E)의 지배 아래 '한 세계'라는 그의 비전으로 동방을 정복할 때, 그는 신으로 추앙받는 것에 기뻐하며 놀랐다. 더 작은 도시 국가가 소멸함에 따라 그 사람들은 그들이 새롭게 발견된 거대한 세상을 포용하기에 충분한 하나의 큰 종교가 필요했다. 그리스 종교를 연구하는 역사가들은 이 기간 동안에 하나의 보편적인 종교를 형성하도록 도왔던 '정신의 결핍'에 대해 이야기한다. 전 세계의 통치자와 세상의 통합자에 대한 숭배는 많은 점에서 대답이 될 수 있는 것처럼 보였다. 지역의 신들이 거대한 새로운 세상에서 확신을 제공하는 능력이 점점 적어지는 것으로 나타나면서, 황제는 모든 것을 포용하는 신의 상징이 되었다. 상징화된 황제와 사람인 황제 자신 사이에서 차이가 거의 드러나지 않았다. 알렉산더는 그가 건설한 거대한 제국을 통해서 그가 지배하는 세계에 대한 충성을 효과적으로 활용하기 위하여 정치적 도구인 황제숭배를 발견했다.

알렉산더가 죽었을 때 동방의 그의 후계자들은 황제의 신성을 받아들이거나, 심지어 그것을 촉진시키는 일을 계속했다. (수리아 왕) 안디오쿠스 에피파네스(그 이름 자체가 신을 의미한다.) 4세의 신성을 세우기 위한 주장들은 다니엘서(8 : 9-11, 25 ; 11 : 36)에 반영되었다. 세계의 제국이 그리스에서 로마로 넘어갈 때, 신격화된 통치자에 대한 사상은 이미 오랜 역사를 갖고 있었다. 그 개념은 서방에서는 계속해서 이방적인 것이었지만, 제국의 동방 일부 지역은 신성한 황제를 위해 신전을 짓는 일에 허가를 받기 위해 다른 지방과 경쟁을 하였다. 아우구스투스(Octavian, 기원전 27년-서기 14년)는 그 자신을 숭배하도록 하지는 않았지만, 이미 죽은 선조인 신격화된 줄리어스 카이사르 황제를 숭배하도록 로마 시민들에게 강요했다는 점에서 황제숭배에 집착하였다. 그리고 심지어는 동방의 비로마 시민들에게도 일생 동안 황제를 숭배하도록 요구하였다. 요한의 시대에 요한계시록의 일곱 교회 중에서 적어도 세 교회는 황제의 신전을 가졌다(에베소, 서머나, 버가모). 대략 9년경에 소아시아(요한계시록의 지역)의 한 비문은 아우구스투스를 구원자와 신의 아들로서 칭송하였다. 그러나 황제숭배는 1세기 동안 드문드문 진전되었다. 네로(54-68년)와 베스파시아누스(69-79년), 티투스(79-81년)는 그것을 격려하기 위해 아무것도 하지 않았고, 티베리우스(14-37년)와 클라우디우스(41-54년)는 활발하게 황제숭배를 억제했다.

그러나 몇몇의 황제들은 그들 자신의 신성에 생각, 그리고/혹은 정치적인 도구로써의 황제숭배의 가치에 매혹되었다. 가이우스(Caligula, 37-41년)는 육체적으로 허약했고, 정신적으로도 미치광이이었다. 그는 진지하게 그 자신의 신성을 받아들인 첫 번째 황제였다. 그가 그의 형상이 예루살렘 성전에 있어야 한다고 주장했던 39년에, 만약 팔레스타인에 있던 로마의 총독들이 그것을 밖으로 옮기려고 시도했다면 정치적으로 어리석은 이 사건이 끔찍한 전쟁의 원인이 되었을 것이지만, 다행이도 가이우스는 이 일이 일어나기 전에 죽었다. 그것이 아주 위험한 일이었음에도 불구하고, 황제의 형상을 숭배하는 것을 주장하는 상황은 유대인과 그리스도인의 사고에서 지워지지 않는 의식을 만들었을 것이고, 아마도 그것은 신약에 반영되었을 것이다(막 13장 ; 살후 2장).

네로는 그 자신에 대해서 '지구의 모든 주이신 네로'라는 표현을 사용하기를 계속했고, 그에 대한 복종으로 신적인 입맞춤을 할 것을 요구하였다. 디오 카시우스는 아르메니아 왕 티리다테스는 네로에게 "나는 아르케사스의 후손이다. 그리고 그대의 종이다. 그리고 나는 그대, 나의 신을 위해 왔고 내가 미트라 신으로서 그대를 경배하기 위해 왔다."(63. 5. 2)라고 말했다는 사실을 보고한다. 심지어 네로가 개인적으로 황제숭배를 진전시키기 위해 아무것도 하지 않았던 것처럼 보이지만, 그는 또한 그것을 방해하지도 않았다. 그의 생애에 다음의 두 가지 사건은 요한계시록에서 황제가 어떻게 그려졌는지를 이해하기 위해 아주 중요하다.

1. 그는 그리스도인들을 박해한 첫 번째 황제였다. 로마라는 도시를 새롭게 하려는 그의 꿈은 사람들이 자신의 책임이라고 생각하는 화재로 인한 재난으로 물거품이 되었으며, 그는 먼저 유대인들에게 그 죄를 뒤집어씌우려 하였지만 성공하지 못했다. 그리고 나서 그는 로마의 그리스도인들을 고발했고, 체포했고, 잔인하고 잔혹한 방법으로 그들을 사형시켰다. 네로의 짐승 같은 이미지는 기독교인들의 의식 속에 깊숙이 타들어 갔다.

2. 네로는 68년에 자살했다. 하지만 그의 죽음이라는 상황은 두 가지

버전을 가진 네로의 신화를 만들어 내는 것을 도와주었다. 그의 죽음 후에 많은 사람들은 사실이라 믿기에 좋았지만 로마인들이 병적으로 두려워하는 페르시아인들에게 네로가 죽지 않고 동방의 경계를 넘어갔다는 소문이 퍼졌다. 그가 정복군의 대장으로 돌아올 것이라는 예상이 펴졌다. 예를 들어 시빌라의 신탁(외경)에 반영된, 요한의 시대에 유행한 네로의 죽음은 실제적인 사실로 받아들여졌다. 그러나 대중들의 상상력에서 그의 이미지는 종말에 돌아올, 그리고 이 땅에 공포를 가져올 벨리알로 알려진 적그리스도와 지옥에서 온 악마의 형상이 혼합된 것이었다.

신적인 황제라는 생각은 도미시안(81-96년)의 통치에 새로운 생활을 가져왔다. 그는 신적인 의식을 주장했고 심지어 동의하지 않는 시민들을 사형시키거나 추방시켰다. 그가 시민들에게 나타났을 때 그 군중들은 "우리의 주(kurios, 신약시대에 예수를 위해 사용된 것과 같은 단어-저자주)와 그의 여왕에게 모두 외쳐라(환영하다, 소리치다)."라고 외칠 것이 요구되었다. 그에게 말로 혹은 글로 인사하는 모든 사람은 '주와 신'으로 시작해야 했다. 경기에서 그의 팀에게 야유를 보냈던 구경꾼들은 그의 신적인 본성을 경멸했기 때문에 죽어야 했다. 도미시안은 절대적인 충성심과 종교의 숭배를 요구하는 신분의 요구를 뒷받침하기 위해 치안대의 힘을 이용했다.

요한의 시대에 도미시안의 신적인 의식에 동참하기를 거절하는 것은 정치적인 불충성 혹은 배신으로 고려될 수 있었다. 그리고 그것은 배은망덕한 행동이었다. 황제는 로마를 대표했다. 사실상 이전에 나란히 신성화된 황제는 로마의 여신이었기에 국가에 교훈을 주었다. 황제숭배는 단지 하향식을 강요했던 것이 아니기에, 일종의 풀뿌리 운동이었다. '황제숭배'의 행위는 '깃발 서약'(깃발에 충성을 서약하는 것)과 누군가가 황제와 연합한다는 표현을 했던 것에 대한 진정한 감사와 같은 중요한 예식으로 간주될 수 있었다. 대부분 다신론자였기 때문에 종교적인 문제는 없었다. 로마 정부뿐 아니라 주민 전체도 그리스도인들이 주저하는 것을 이해할 수 없었다.

선택들

1세기의 90년 동안 소아시아의 그리스도인들은 무시무시한 정치적, 경제적, 사회적 억압 아래 있었고, 그 결과 황제의 형상에 대한 숭배의 '예식'이나 혹은 무서운 결말이 가져오는 상황을 통과했다. 95년에 예수를 주로 고백한 사람에게 가능한 선택은 무엇이었는가? 요한의 시대에 그리스도인들은 그들 앞에 있는 가능성들에 대해서 열정적으로 토론했다. 이것들은 아마도 다음과 같이 간단하게 정리될 수 있다.

1. 포기. 어떤 그리스도인들은 이 선택을 택했다. 그들이 그리스도인들이 되었을 때 그것이 그들의 평판과 일, 자유 혹은 인생을 희생하는 것으로 예상하지 않았다. 그래서 그들은 그리스도를 저주했고, 로마의 황제 앞에 절을 했다. 요한은 이 선택을 한 사람들을 어렵게 하였다.

2. 거짓말. 그럴듯한 '상황 윤리'의 입장은 거짓을 말하기 위해 만들어질 수 있다. (그리고 대부분의 경우에 아마도 진지하고 사려 깊은 사람들에 의해 만들어질 것이다.) 상황 윤리가 정당화되는 경우는 로마인들이 그리스도교 신앙을 이해하지 못했기에 그들이 몰이해하는 것을 위해 죽는 것이 하나님의 뜻이 아니라고 생각하는 경우이다. 다시 말해서 황제에 대해 경의를 표하는 것이 형식적인 것이기에 그것 자체를 진지하게 취급해서는 안 된다고 생각하는 경우이다. 그것은 두 개의 악한 것 중에 덜한 것으로 혹은 (아이들, 부모님들, 이웃들을 위한) 사랑의 상황에서 요구되었던 상황 윤리였다. 그러므로 그리스도인들은 충성스럽고 황제의 지배에 감사한다는 사실을 보여주는 그 의식을 통과해야 했다. 하지만 마음속으로는 그들의 진정한 종교적인 신앙을 유지하고 있었다. "진실한 종교는 마음의 문제이지, 공적인 생활의 형식이 아니다." 이들을 향한 요한의 말은 그들이 모두 '거짓말쟁이들'이라는 사실이다. 그리고 그는 그들을 위해 불구덩이를 마련한다(21 : 8).

3. 싸움. 요한의 시대에 그리스도인들에게 적극적인 저항은 실제 가능성이 거의 없었고, 그것은 적어도 이론적인 선택이었다. 단지 몇 년 전에 팔레스타인의 열심당원들이 오직 하나님만이 하나님으로 숭배될 수 있다는 표

어 아래에 로마에 저항하여 엄청난 재난을 불러온 무장 폭동을 시작했다. 요한은 아마도 팔레스타인에서의 그의 초기 시대에 열심당원들과 접촉했을 것이다. 하지만 그는 열심당원들이 선택한 폭력을 거절했다.

4. '법'을 바꾸라. 이것은 역시 이론적인 가능성일 뿐이지 거의 현실적인 것이 아니다. 로마 제국의 정치는 민주주의가 아니었고, 어쨌든 요한 교회의 성도들은 정치적이고 경제적인 힘이 없었다. 로마에서 불공정한 법을 바꾸기 위해 로비를 통해 '조직 안에서 일하는 것'은 (그들에게) 현실적으로 선택의 자유로 주어지지 않았다.

5. 조정하다. 요한 교회의 많은 그리스도인들은 다음과 같이 생각하도록 유혹받았다. "그리스도교의 생각과 실천은 다른 시대와 다른 곳에서 초기 세대들에 의해 개발된 것이었다. 현대적인 상황에서 보았을 때 아마도 그리스도교의 필수적인 요소들을 지키면서, 또 로마 종교와 문화를 좋은 모양으로 결합시키는 좋은 방법이 있을 것이다. 그리스도교 신학은 다음과 같은 방법으로 재고되어야만 하는데, 그리스도교 신학이 제국의 문화를 포함해서 다른 종교들에도 하나님께서 계시되시는 방법을 반영할 수 있어야 한다. 어쨌든 편협함과 배타성은 피해야만 한다. 그래서 그리스도인들이 다른 이들의 종교를 무시해서는 안 된다." 그것은 콜린즈(Adela Yarbro Collins)가 이미 지적했듯이(『위기와 카타르시스』, 77쪽), 많은 요한의 독자들이 이미 문화적인 '시민 종교'로 바뀌었고, 그래서 그들 자신을 위기의 상황에 살고 있는 존재로 보지 않았다는 사실이다. 이런 경우, 요한의 편지는 그들에게 닥친 위기를 위로하고 격려하기 위해 쓰인 것이 아니라 그들이 아직 감지하지 못한 위기를 분명하게 알도록 하기 위해서 기록되었다.

6. 죽는다. 당시 상황은 비록 그것이 예수께서 그러하셨듯이 로마인의 손에 죽는 것을 의미할지라도, 한 분이신 하나님과 유일한 주님이신 예수에 대한 그리스도교 신앙의 의미와 실재를 증거해야 할 기회였다. 요한은 이것을 유일한 그리스도인의 응답이라고 확언한다.

이런 상황에서 그의 백성들을 향한 주 예수 그리스도의 뜻은 무엇인가? 요한의 교회들에게 있어서 이 모든 해답은 그리스도교에 있어서 제자도의 일부분이기도 한, '올바름'의 문제였다. (2 : 6, 14, 20에 나타나 있는 니골라당과 발람과 이세벨에 관한 주석을 참고하라.) 당시 소아시아의 교회들은 팔레스타인에 있던 예수와 그 제자들과는 매우 다른 상황 속에 있었다. 예수에게 순종하는 제자가 되기를 원하는 사람이 이와 같은 새로운 상황에서 어떻게 그의 뜻을 알 수 있는가? 그리스도교적 예언의 의미를 이해하는 것이 요한계시록을 해석하는 결정적인 사실이 된다.

그리스도교 예언자에 의해

요한계시록의 저자는 일곱 교회에게 보내는 그의 편지의 내용이 '예언' (1 : 3 ; 19 : 10 ; 22 : 7－10, 18－19)이라고 주장하며, 그 자신이 '예언들'의 수를 헤아린다. 그러나 '예언'이 무엇인가?

우리의 현대 문화에서 '예언'은 종종 '미래를 예견하는 것'으로 이해되며, 이것은 많은 현대적인 상황 속에서 그 단어의 분명한 이해를 준다. 그러나 예언이 '미래를 예견하는 것'으로만 여겨질 때, 성경적인 예언에 대한 근본주의적인 오해가 발생한다. 초기 그리스도인들이 그들 자신이 구약의 예언자들의 약속이 성취되는 시대를 살았다고 신앙고백을 할 때(예를 들면, 눅 24 : 44 ; 행 2 : 14－36 ; 롬 15 : 4), 또한 그들이 때때로 그들의 성서, 즉 우리의 구약을 예언의 책으로 보도록 격려할 때(말하자면, 행 3 : 18과 마 1 : 18－2 : 23에서 구약성서를 사용할 때), 현대의 독자들에게 이러한 오해는 더욱 커져 간다. 사실 구약의 예언자들은 때때로 이 세상의 역사적인 사건(예를 들면, 사 7 : 1－8 : 15에 나타나 있는 수리아와 에브라임의 전쟁) 혹은 역사의 끝에 있을 하나님의 최후 승리(말하자면, 사 2 : 2－4 ; 9 : 2－7 ; 11 : 1－9)에 대해 모두 예언하기도 했다. 그러나 역사적인 사건에 대한 그들의 예언은 비록 그들이 다음 세대에 있을 독자들을 위해 기록하기는 하였지만, 그렇게 길고 먼 미래의 것이 아니었다. 그들은 때때로 그들의 청중들의 현재 시점에 영향을 주는 임박한 사건을 알려 주었다. 그들이 역사적인 사건들을 예언했을 때 때로 맞기도 하고(예. 사 7 : 1-8 : 15 ; 참고. 왕하 16 : 5-9), 때로 틀리기도 하였다(말하자면, 암 7 : 11 ; 참고. 왕하 14 : 29 ; 겔 26 : 7-14 ; 참고. 겔 29 : 7-20 ; 욘 3 : 4 ; 참고. 10절). 그러나 그것을 본질적인 '예견'으로 간주하는 것은 구약의 예언에 대해 근본적으로 오해하는 것이다.

요한계시록을 우리 세대의 사건을 예견한 책으로 오해하는 최근에 유행되고 있는 종말론은 예언을 예견으로 보는 문화적인 오해에 의한 것일 뿐만 아니라 실제로 요한이 미래의 사건을 예고했다고 간주하는 것으로부터 기인했다. 그러나 무엇이든 간에 요한이 예고한 미래는 항상 역사의 끝(말하자면, 21 : 1-22 : 5)에 승리하실 하나님의 궁극적인 미래가 가까웠음을 1세기 독자들(예를 들면, 2 : 10)이 감지하였다는 사실이다. 이 점에서 우리는 요한계시록을 이해하도록 예정되었고, 또 실제로 이해했던 1세기 독자들을 위해 쓰인 편지로 간주하는 것이 얼마나 중요한지를 이의 없이 받아들일 수 있다. 만일 요한계시록이 '진짜로' 중동의 석유 위기나 러시아와 미국의 군국주의 이후의 사건들을 예견한 책이었다면, 요한계시록의 첫 번째 독자들에게 의미 없었을 것이며, 전혀 그들을 위한 편지가 되지 못했을 것이다. 또 하나의 중요한 사실은 요한이 그 자신의 세대에 종말이 곧 올 것이라 기대했으며, 역사적인 미래의 길고도 먼 예견은 하지 않았다는 사실이다. 요한계시록이 확실하게 해석될 때, 그것은 우리의 시대를 향해서도 메시지를 주지만, 단지 그것에 대해서만 주는 예견은 아니라는 사실이다.

만일 우리가 요한이 그러했던 것처럼 히브리 성경으로부터 우리의 예언에 대한 이해를 도출한다면, 예언의 근본적인 성격은 분명해진다. 이스라엘은 하나님께서는 신적인 계시로 메시지를 받고, 그것을 백성들에게 전달할 책임이 있는 어떤 개인을 선택함으로 그의 백성들과 직접적으로 의사소통한다고 믿었다. 예언자들의 메시지 뒤에 있는 그 권위는 율법학자나 랍비, 선생들의 경우와 같이 경험적인 관찰이나 상식, 인간 경험, 종교적 전통 혹은 성경의 해석이 아니다. 예언자는 그 혹은 그녀가 그 혹은 그녀에게 하나님으로부터 오는 직접적인 메시지를 받았기 때문에 말하는 사람이다. 예언자는 계시에 근거하여 말한다. 그래서 받은 그 메시지는 예견을 포함하기도,

하지 않기도 한다. 그것은 하나님의 계시로부터 온 것이기 때문에 예언이다.

예언이 성경적인 예언자들과 함께 끝났다는 것, 그리고 하나님께서 더 이상 환상을 통하여 그의 백성들과 직접적으로 의사소통하지 않으신다는 것은 1세기 유대교에서 공통적인 신념이었다. 이제 하나님의 뜻이 성경과 전통에 대한 해석에 의해서 알려진다고 생각되었다. 그러나 마지막 때에 예언자들의 선물이 새로워지고, 예언자들은 다시 하나님의 말씀을 직접적으로 듣게 될 것이라는 사실을 기대했다. 성취의 종말론적 시대를 살았던 세례 요한, 예수, 초기 그리스도인들에게 특징적인 사실은 과거에 예언자들이 한 예언이 그들 가운데서 성취되었다는 사실이다. 세례 요한과 예수는 그들 자신을 예언자로 이해했고, 그들의 제자들로부터도 그렇게 이해되었다. 예수의 죽음과 부활 이후에도, 예언자들은 그리스도교 공동체에 나타났다(마 23 : 34 ; 행 2 : 14－21 ; 13 : 1 ; 15 : 32 ; 20 : 23 ; 21 : 4, 10 ; 롬 12 : 6 ; 고전 12 : 10, 28 ; 13 : 2, 8 ; 14 : 1－40 ; 엡 2 : 20 ; 3 : 5). 그 예언자들은 여전히 주님을 위한 대변인의 성서적 모델로 이해되었으나, 그리스도교적 상황 속에서 '주님'은 부활하시고 존귀하게 되신 교회의 신앙의 주님이신 예수를 의미했다. 그러므로 그리스도교 예언자들은 부활하신 주님의 메시지를 그리스도교 공동체에게 직접적으로 말하는 사람들이었다.

역사의 해석자인 예언자

이것은 정확하게 요한의 교회들이 필요로 했던 것이다. 성경이나 예수의 전통적인 가르침이 거의 없는 새로운 위기 상황으로 인해서 당혹스러워하였지만, 이러한 새로운 상황에서 신실한 그리스도인들이 되기를 원했던 그들은 주님으로부터 그들에게 직접적으로 전해지는 말씀이 필요했다. 그들은 그들의 현재 상황과 그 안에서 그리스도인의 신실함이 그들에게 요구된다는 사실을 이해할 필요가 있었다. 예언자들은 먼 미래의 역사적인 사건의 예견자들이 아니고, 그들의 청중들이 살아가고 있는 동안에 역사적인 사건들에 대한 영감 있는 해석자였다. 이것은 이미 성서적인 예언자들의 책을 통해 명확하게 드러났다.

구약의 예언자들은 그의 '비밀'을 '그의 종 된 예언자들'에게(암 3 : 7) 계시함 없이 일하지 않으시는 야훼의 역사적인 사실들에 대한 전형적인 해석자들이었다. 아모스는 나라의 역사적인 행위에 관한 야훼의 심판을 선언했다. 그것은 그 자신도 포함하는 것이며, 역사적이고, 개인주의적이며 신비적인 경험에 기초한 것이 아닌, 현대적인 역사의 의미에 통찰을 주는 신적인 권리에 기초한다. 이스라엘의 파괴를 가져올 가공할 만한 번영이 앗시리아의 번영에 의해 발생되었다. 이사야도 유다의 동일한 역사적 위기와 관련하여 유사한 해석을 주었으며, 느부갓네살의 전진에 대해 예레미야도, 동반되는 사건과 함께 고레스가 일어날 것에 대해 제2이사야도, 메뚜기 재앙에 대해 요엘도, 가뭄에 대해 학개도, 안티오커스 4세에 의해 선동된 핍박에 대해 다니엘도 모두 다 그렇게 해석하였다.

예언자는 성령으로 말미암아 다른 무언의 불합리한 역사적 사건을 하나님의 행위로 알게 된 공동체를 기대하였다. 예언자들은 이스라엘 사람들에게 사건들의 의미를 해석하고, 그들에게 그것을 직접적으로 선포하였다. 예언자의 말은 결코 하늘로부터 인간의 삶을 향해 지적되는 순전한 수직적인 말이 아니다. 예언적인 말은 항상 필수적인 상황들을 형성하는 역사와 종종 예언자들이 전한 메시지도 내용적으로는 수평적 선상의 계약에 의해서 작용된다.

요한은 다음과 같이 그의 회중들을 위해 두 가지 방법으로 역사에 대해 예언적 해석을 했다. (1) 그는 그들이 살아가고 있는 역사적 사건들의 의미를 그들이 살았었고 그리스도인들의 책임이 삶 속에 있는 것을 통하여 선포했다. 요한이 수평적으로 보았던 그리스도인들과 박해로 경험되는 압박은 의미 없는 비극이 아니었으며, 오히려 역사의 완성을 위해 하나님께서 계획하신 일부분이었다. 그리고 그리스도인들의 책임은 비록 죽음으로 가는 것일지라도 이러한 위기에서 믿음으로 신실하게 남아 있는 것이었다(2 : 10). (2) 요한은 요한의 시대에 그리스도 사건이 주는 중요성을 이해하는 의미있는 방법인 새로운 그리스도론과 해석을 주면서, 예수의 최초의 출현 사건의 의미를 해석했다. 그러나 이러한 해석들은 예를 들어, "충성된 증인으로 죽은 자들 가운데에서 먼저 나시고 땅의 임금들의 머리가 되신"(1 : 5)이라는 것처럼, 초기에는 별 의미가 없었을지 모른다. 여기에서 예언자들의 영감 있는 통찰력 속에 교회가 예수의 의미를 이해하도록 하고, 그리스도론을 창출한 부활 이후 그리스도교 예언자들의 창조적인 역할 모델이 예증된다. 이 새로움 속에서 예수는 그 자신에 대해 말씀하셨으나 그들은 그것을 존귀하게 되신 주님의 목소리로, 주님의 자기 해석으로써 받아들임으로 인해 부활하신 예수의 권위를 더욱더 높이게 되었다.

영감과 전승

요한이 '정말로' 환상을 보았나? 혹은 그가 본 환상에 관한 보고들은 '오직' 문학적인 장치였나? 이것은 양자택일의 잘못된 문제제기이다. 한편으로, 요한이 실제로 환상을 보았다는 것은 의심할 여지가 없다. 다양한 종류의 황홀경의 경험은 일반적으로 인간 종교의 한 면이다. 그것은 요한의 시대에도, 또한 그리스도인인 우리들 가운데서도, 그리고 다른 종교를 가진 이들에게서도 일어난다. '환상과 계시'는 바울과 사도행전에서 언급되었듯이(고전 14장 ; 고후 12 : 1-10 ; 행 10 : 1-23 ; 22 : 17 ; 27 : 21-26) 초기교회에서 예언의 형태는 특별한 것이 아니다. 요한은 그의 종교적 경험의 사실적 한 측면으로부터 환상과 계시를 경험했고, 그가 예언한 것을 기록하는 것에 주의를 기울였던 한 초기 그리스도교에 있었던 예언자들 중 하나였다.

반면, 이것은 우리가 요한계시록을 단순히 요한이 그의 환상을 '보았다'는 식의 '보고'로 간주해야 함을 의미하지 않는다. 성경과 요한의 상상력 속에 존재하는 요한의 종교적 전통으로부터 온 이미지는 가공되지 않은 그가 본 계시적 경험에 의해 재구성되는 재료들을 제공하면서, 이미 그 자체로 계시적인 경험의 활동이다. 이후의 회상과 구성에 있어서 그는 이미 성경과 다른 예언적이고 계시적인 전통들에서 준비한 풍부한 팔레트로부터 그 환상들에 색깔을 입히면서, 청중과 독자들에게 그 환상을 표현하기 위해서 전통과 창조적인 문학적 상상력의 모든 자원들을 사용했다. 환상으로부터 오는 그들의 현재는 요한의 계시적 경험들에 의거한 문학적 작품들이지, 단순히 그가 '실제로' 보고 들은 것을 묘사하는 보고서가 아니다. 이것은 누군가 요한이 표현했던 것을 마음속에 상상해 보거나 그림으로 그려 보려고 시도할 때 더욱 분명해진다. 그의 환상의 많은 장면들이 문자적으로는 상상조차 할 수 없고, 그려 볼 수도 없다(아래를 보라).

자료들과 전승적인 자료들의 사용은 확실한 환상적인 경험과 모순되는 것이 아니다. 사실상 요한은 어떤 자료들과 전승들을 사용하였는가? 무엇보다 가장 먼저 요한계시록은 저자 자신이 생각하는 성경과 그의 환상들을 위한 원자료로 채워져 있지만, 말들과 형상들과 그것들을 심도 있게 표현하기 위한 문학적인 도구들 속에 요한 자신이 몰입했던 사실을 보여 주면서 구약에 관한 언급들로 흠뻑 젖어 있다. 그리고 문학은 그것들의 후기의 표현을 의미한다. 헬라어 Nestle 26판 GNT의 표준판에서 문서의 48쪽에는 대략 500개의 성경이 언급되어 있다(500구절의 구약인용문이 있다). 하지만, 요한이 편지의 거의 모든 구절들에 성경의 말들과 형상들을 사용했다고 하더라도, 그는 절대 공식적으로 한 번도 구약성서의 구절을 인용하지 않았다. 성경의 본문은 그의 손에서 의사소통을 위한 부활하신 주님의 현재적 말씀의 전달 수단이 되었다. 성경은 성서의 과거와 요한의 교회들 안에 청·독자들의 '현재' 사이의 거리를 깨트리는 새로운 형식과 결합들로 기술된 것이다.

꼭 요한의 편지의 내용은 그가 환상을 통해 본 것에 대한 기록물뿐만이 아니라고 한 것처럼, 또한 그 자신의 자유롭고 창조적인 저작의 결과도 아니다. 꼭 구약의 선지자들이 이스라엘 예언(참조. 예. 사 4 : 1-4 ; 미 4 : 1-4, 그리고 요엘 전체에 걸쳐서)의 전승으로부터 자료들을 개작했던 것처럼, 그리고 바울이 이전의 그리스도교 예언서들(참조. 살전 4 : 15-18)로부터 자료를 개작하였던 것처럼, 요한 역시 교회 안에서 그의 예언적 선행자들로부터 자료들을 이어받고 개작하였다. 다른 묵시문학과의 비교는 많은 비유의 유사성을 드러낸다. 그것은 요한이 역시 그의 환상적 경험을 표현하기 위해 묵시적인 자료들의 일반적인 관련어들을 알고 사용하였다는 사실을 가리킨다. 이는 요한이 기록된 자료들을 혼합했다는 사실을 의미하지는 않는다. 학자들의 이전 세대는 요한의 저작 배후에 광대한 문학적 자료들을 긍정적으로 가정했다. 그리고 그들은 그것들을 확인하려고 했다. 비록 전승 자료들을 사용하기는 하지만, 현대적인 경향은 요한의 저작으로써 전체를 간주한다. 요한의 사역이 바울과 그의 제자들이 교회를 설립했을 때보다 더 초기 시대의 틀 속에서 이해되었기 때문에, 비록 항상 같은 방법은 아니더라도 바울의 전승은 계속적으로 사용되었고, 요한과 그의 교회들 모두에 의해 재해석되었다.

다른 한편, 요한은 교회 속에 유포되고 있었던, 그리고 기록된 복음서들 중의 어느 것을 알았던 보이지 않는 최소한의 예수의 전승들만을 단지 사용한 것으로 보인다. 바울의 경우와 마찬가지로, 나사렛 예수의 전승 구절이 아니라 고귀한 주님의 말씀이 그에게는 더욱더 권위 있는 것이었다. 소수의 구절(2 : 7, 그리고 2장과 3장 안에서 7번)에서 그는 역사적 예수의 전승을 반영한다. 그리고 이것은 과거의 권위의 말씀으로써 인용된 것이 아니라 부활하신 그리스도로부터 그의 메시지에 통합된 것이다.

구 조

요한의 문학적인 성과를 평가해 볼 때, 우리는 반드시 하나의 전체라는 생각으로 요한계시록의 구조와 내용을 가져야 한다. 요한계시록의 내용은 간단하게 다음과 같이 규정될 것이다. 부활하신 주님께서 밧모 섬에 있는 요한에게 나타나시고, 그에게 소아시아에 있는 일곱 교회들에게 보내는 메시지를 주신다. 그런 후 요한은 천상의 보좌가 있는 알현실 — 그리스도가 봉인된 책을 여시는 것을 보게 되는 곳 — 로 빠져 들어가게 된다. 일곱 개의 봉인은 일곱 나팔 장면들, 곧 다시금 종말을 환기시키는 것이 아닌 하나님의 진노의 일곱 대접들을 알리는 것으로 통한다. 요한은 봉인들과 나팔들과 대접들의 결과로 재앙과 파멸들과 바벨론의 파괴라고 하는 절정에 도달한다. 다음으로 그리스도의 재림을 통해 하나님의 마지막 승리의 환상들이 온다. 죽은 자들은 다시 일어나며 마지막 심판이 열리며, 그리고 구원된 창조물의 중요한 새로운 예루살렘이 회복된 세계의 도성으로 세워진다.

이러한 내용은 천상의 광경에 대한 관찰자 — 그가 보았던 것의 정리되지 않은 축적물로써 그것들을 전수했던 사람 — 의 단순한 보고서가 아니다. 우리가 여기서 얻게 되는 것(그 자신의 문학적이면서 신학적인 창작활동을 강력한 방법을 통해서 삶의 의미와 그리스도 사건의 빛 속에 세계에 전하기 위해 발휘했던)은 저자이면서 예술가인 요한의 계시적인 경험을 통해서 우리에게 전해진 저작물이다. 이렇게 문학적으로 잘 구성된 장인의 저작물은 통일성 있는 전체 속에서 드러나는 요한계시록의 일관성 있는 구조이다. 따라서 우리는 요한계시록의 개요를 조사할 필요가 있다.

요한이 보여 주는 일반적인 구성적 개요는 분명하다. 그것은 많은 다른 문서들 안에서 발견된 광범위한 묵시적인 패턴의 서사적인 표현이기 때문이다(다음의 "섭리, 종말론, 그리고 묵시"라는 장을 보라). 이러한 패턴은 현재의 고난들과 함께 시작되었다. 이런 패턴은 종말 바로 전에 강렬한 필치로 그려진다. 그런 다음 바로 그 종말 자체 속에서 하나님의 궁극적인 승리를 그린다. 저자와 그의 독자들은 마지막 고난의 시대가 시작되는 시점에 함께 서 있다. 이것은 종말(악이 최종적으로 영원히 멸망하게 되는 때) 전에 점점 더 상황이 나빠질 것을 의미한다.

요한과 그의 독자들의 상황은 1~3장 — 고귀하신 (하나님으로부터 소아시아의 일곱 도시들 안에 있는 그리스도인들에게 메시지를 전달하시는) 그리스도의 환상 — 에 드러나 있다. 말세의 고난은 4~18장까지 그려진다. 일곱 봉인을 떼시는 그리스도가 계시는 천상의 보좌가 있는 알현실의 환상, 차례대로 일곱 나팔들, 그리고 그 후에 진노의 일곱 대접의 환상이 그려지며, 말세의 고난은 '큰 성' 곧 '바벨론'의 멸망으로 절정에 도달한다. 최후의 승리는 19~22장에서 묘사되는데, 이것은 '거룩한 성', 곧 신성한 새 예루살렘의 출현으로 절정에 도달하게 된다. 이러한 구조에 의해 제기되고 강조되는 문제의 초점은 "소아시아의 현세의 도시들 속에서 그들의 삶을 어떻게 살아가야 하는지 결단을 내려야만 하는 그리스도인들이(제1장) 하나님의 심판을 받게 될 '큰 성'(제2장) 아니면, 하나님에 의해 구원될 '거룩한 성'(제3장)에 그들 스스로를 가게 할 것인가?"를 결정하는 것이다. '이 세 부분은 각각 하나님과 그리스도(하나님 또는 그리스도)의 신성한 영광을 그리는 장면에 앞서게 된다. 요한이 지구상에 있는 그의 독자들과 의사소통하는 서두와 결론 부분은 이런 초월적인 환상들을 보여 주고 있다. 결론적으로 서신의 구조가 주고 있는 개요는 다음과 같다.

요한계시록의 개요

편지의 서두 1 : 1~8

Part Ⅰ : 하나님께서 도시에 있는 교회에게 말씀하시다 1 : 9~3 : 22
행위자 : 그리스도로 규정된 하나님
행위 : 하나님/그리스도께서 말씀하시다.
위치 : 그리스도인들이 살고 있는 95년의 소아시아의 실제 도시들
시간 : 95년[1], 청·독자들의 현재
A. 초월적인 그리스도 1 : 9~20
B. 일곱 편지 2 : 1~3 : 22
에베소 교회에 2 : 1~7
서머나 교회에 2 : 8~11
버가모 교회에 2 : 12~17
두아디라 교회에 2 : 18~29
사데 교회에 3 : 1~6
빌라델비아 교회에 3 : 7~13
라오디게아 교회에 3 : 14~22

1) 원서는 96년으로 표기되어 있지만, 이것은 저자의 오류이다.-역자주

Part Ⅱ : 하나님께서 '큰 성'을 심판하시다 4 : 1~18 : 24

행위자 : 그리스도로 규정된 하나님

행위 : 하나님/그리스도께서 심판하시다

위치 : 초월적인 관점에서 반역하는 세상으로 보이는 '바벨론'

시간 : 요한의 청·독자들의 가까운 미래

A. 초월적인 하나님/그리스도 4 : 1~5 : 14

B. 일곱 봉인, 일곱 나팔, 하나님의 심판의 일곱 대접 6 : 1~18 : 24

일곱 봉인이 열림 6 : 1~8 : 1

일곱 나팔이 불림 8 : 2~11 : 19

악의 세력들의 폭로 12 : 1~14 : 20

마지막 일곱 재앙 15 : 1~16 : 21

바벨론의 몰락 17 : 1~18 : 24

Part Ⅲ : 하나님께서 '거룩한 성'을 회복하시다 19 : 1~22 : 20a

행위자 : 그리스도로 규정된 하나님

행위 : 하나님께서 정의를 회복하시고 세우시다.

위치 : 새로운 예루살렘-초월적인 관점에서 회복된 세상

시간 : 최종적인 미래

A. 초월적인 하나님 19 : 1~10

B. 하나님의 궁극적인 승리의 일곱 장면들 19 : 11~22 : 20a

그리스도의 재림 19 : 11~16

마지막 전쟁 19 : 17~21

사탄의 결박 20 : 1~3

천년왕국 20 : 4~6

곡과 마곡의 패배 20 : 7~10

최후의 심판 20 : 11~15

새 예루살렘 21 : 1~22 : 5

환상이 끝나다 22 : 6~20a

편지의 결어 22 : 20b~21

요한은 위와 같은 구조의 틀로 제시된 것보다 더 정교하면서도 세밀한 양식으로 그의 책을 구성한다. 그것은 분명하다. 예를 들면, 요한은 묵시문학에서 이미 전통적인 것에 따라, 그 세부적인 것들을 '7'이란 숫자로 구성한다. 제2에스드라서(요한계시록과 같은 시대에 대해 기록된 유대 묵시문학)는 일곱 계시들의 연재물이다. 제2에스드라서는 악한 자들을 징벌하는 일곱 가지 방법과 정의로운 자들이 즐거워하는 일곱 가지 방법들을 가지고 있다. 요한은 이런 묵시적인 관례를 수용했고, 일곱 개의 묶음들로써 그의 저작의 대부분을 구성하였다. 그는 그것들 중 몇몇을 열거하였을 뿐만 아니라 심지어 독자들을 위해 그것을 강조하지 않는 때에도 세부적인 것들을 일곱 개의 묶음으로 구성하였다. 예를 들어, 정확하게 일곱 복들(1 : 3 ; 14 : 13 ; 16 : 15 ; 19 : 9 ; 20 : 6 ; 22 : 7, 14), 찬양의 일곱 송영들(5 : 12), 민족의 7분류들(6 : 15), 제단에 대한 일곱 언급들(6 : 9 ; 8 : 3 ; 9 : 13 ; 11 : 1 ; 14 : 18 ; 16 : 7), 그리스도의 종말적 재림에 대한 예언적인 일곱 증언들(2 : 16 ; 3 : 11 ; 16 : 15 ; 22 : 7, 12, 17, 20). 이런 상당수의 일치적인 것들이 분명하게 나타나는 까닭에 몇몇 학자들은 요한계시록의 전부분이 일곱 묶음의 연재들과 각각의 일곱 장면의 일곱 행동들로 구성된 것이라고 생각해왔다(말하자면, Lohmeyer와 Bowman, pp.64-65). 하지만 그것은 요한의 자료들을 너무나 강제적으로 꽉 짜인 양식으로 맞추려는 것이다. 이러한 요한계시록의 구조에 대한 주장에 찬성하는 사람은 위에서 언급한 단 두 명밖에 없다.

유사하게도 대강의 개요를 살펴보게 되면, 어떤 사람은 요한의 미래에 대한 그림과 같은 이야기는 그 자신의 시대로부터 시작될 것이며, 종말론적인 구원의 시대에까지 재앙들과 봉인들과 나팔들과 대접들에 의해 기술된 재앙들이 연대기적으로 계속될 것이라고 추측할 것이다. 이런 환상들에 대한 연속적이며 연대기적인 이해는 몇몇 학자들, 특히 찰스(R. H. Charles)의 고전적인 주석에 의해서 주장되었다. 그가 생각했던 '본래적인' 순서는 부정직하고 무식한 편집자에 의해 손상되었다. 게다가 찰스는 단지 본문의 임의적인 재배열에 의해서 요한계시록의 환상들을 이런 일련의 연대기적인 틀 속에서 맞출 수 있었다. 오늘날 학계에서는 만장일치로 이 이론을 거부한다.

연대기적인 연속물을 주장하는 사람들의 관점을 고수할 때, 환상의 내용은 두 가지 문제점을 제기한다. 첫째로, 종말은 일곱 개의 각각의 연속물들의 결말에서 오는 것으로 보인다. 그러나 그렇게 말하기는 어렵다. 왜냐하면, 예를 들어 여섯째 봉인(6 : 12-17)은 우주의 소멸을 묘사하지만, 역사는 그 후에 두 개 환상의 재앙과 재난들의 연속물을 통해서 계속되기 때문이다. 둘째로, 구원의 선포는 최후의 장면까지 보류되지 않고, 이미 고난의 시간 중에도 선포된다. (예. 7 : 9-17 ; 14 : 1-5 ; 15 : 1-4) 이런 본문의 양상들은 몇몇 학자들이 간단한 직선의 과정 대신에 (봉인, 나팔, 대접들의 형식 안에서 반복적으로 말해진 최종적인 구원으로 인도하는 역사적인 재난들의 같은 연속물에 따른) 반복의 이론을 주장하도록 이끌었다. 우리가 "봉인들과 나팔들, 그리고 대접들로 표현되는 사건들의 연속성을 고려할 만한 평행이 존재한다."라고 주석을 하는 것처럼, 자료들은 다시 반복적으로 짜인 틀 속에 강제로 반드시 맞추어야 한다. 환상들에 관한 연속물은 무질서의 혼돈이 아니며, 또한 구성적으로 정밀한 것도 아니다. 그것은 아주 인상적으로 상호연관을 맺으면서 나선형처럼 앞으로 나아간다. 그러나 그것은 어떤 예언이나 도식적인 방법이 아닌 새로운, 그리고 강력한 빛 속에서 상상력 이전의 장면들을 가지고 온다. 요한의 의사소통 방식은 치밀하게 논리적이고 일차적이라기보다는 암시적이면서 환기시키는, 상상적이면서 그림을 그리는 것과 같다.

요한계시록의 구조 안에 있는 정연함(neatness)과 예지(predictability)의 부족은 저자의 문학적인 능력의 부족의 결과가 아니다. 사실상 조심스럽게 구조화된 저작은 요한의 전달자로서의 기술과 그의 신학적인 관심 모두를 보여 준다. 요한계시록은 칭찬받거나 연구되기 위해 기록한 책이 아니다. 그는 특정한 청·독자들의 집단과 의사소통하기 위한 메시지를 가지고 있다. 그의 메시지는 자료들 — 그것들 중에 몇몇은 전통적이며, 적어도 약속된 종말론적인 구원에 반드시 선행하는 고난의 일곱 개의 환상들의 적어도 세

가지의 연속물들을 포함하고 있는 — 의 하나의 큰 전집 안에서 구체화된다. 하지만 요한 자신의 의사소통의 심리학에 대한 직관적인 지식은 종말 이전에 오는 21개의 재앙의 연속물들을 통해서 청·독자들을 단순하게 인도하지 않는다. 이와 같은 연속물들은 청·독자들에게 너무나 많아서 물을 수가 없다. 그래서 그는 청자와 독자들에게 친근한 묵시문학적 문체(apocalyptic style)로 한 번에 하나씩 그것들을 제공하면서, 일곱 가지들을 다른 일곱 가지들로 통합한다.

우리와 같은 시각적인 매체들을 지향하는 문화보다 말하고/듣는 문화 가운데서 살면서 숙달된 구두 의사소통을 하는 사람들이었던 회중에게 말함으로써, 요한은 그의 메시지로 하여금 그들의 기억에 많은 보조물들을 세워 감으로써 그의 청·독자들의 상상력 위에 오래도록 지속되게 했다(참고. Barr, pp. 243-256). 마찬가지로 그것은 심지어 고통하며 인내하는 청·독자들에게 희망의 말씀을 듣기 전에 오는 모든 재난들이 묘사될 때까지 기다려야 하는 너무나 많은 것을 요구한다. 따라서 다가오는 구원의 예언적 선포들은 재난들을 통과해서 흩어진다. 이것은 좋은 심리학일 뿐만 아니라 또한 그리스도교의 신학이다. 그리스도교의 신앙고백은 역사의 종말에서 오실 그리스도만이 아니다. 종말론적 미래에서 구원이 신자들을 기다리고 있을 뿐만 아니라 구원은 기대한 것이면서, 그러나 실재적인 방법으로, 그리고 지금 여기, 그리고 종말에서뿐 아니라 고난 한가운데에서도 이미 경험되는 것이다. 이러한 구조가 기초로 삼고 있는 신학은 미래의 실재를 확언한다. 미래는 하나님의 다스리시는 손 안에 있고, 또한 이미 현재에 영향을 준다. 따라서 현재는 단순하게 자동적인 과거의 축적물이 아니다. 만약 그렇다면 모든 현재는 과거에 의해서 이미 결정되었을 것이고, 예측 가능하며, 벗어날 수 없는 것이었을 것이다. 현재는 과거에 의해서 형성되는 것이 아니라 하나님의 미래에 의해 형성된다. 요한은 우리가 미래를 제공받음으로써 현재를 제공받는다고 말한다. 그리고 그는 이와 같은 신념을 그의 메시지의 구조에 통합시켰다.

저자 문제

묵시문학적인 책들은 다른 저자들과는 달리, 요한계시록은 과거의 어떤 사람들의 위장한 이름을 따라서 쓰지 않았고, 요한은 그 자신의 이름을 직접 기록하였으며, 그 자신의 사람에게 썼다(참고. 아래의 묵시문학의 논쟁을 보라). 요한과 그의 교회들은 더 이상 성령께서 주시는 예언의 은사가 단지 존경받는 과거의 기억된 하나의 양상이라고만 믿지 않았다. 따라서 존경받는 과거의 기억된 다른 이름을 사용하는 것과 같은 것은 불필요했다. 성령께서 다시금 그리스도교 예언자들을 통해서 교회에 말씀하시는 것은 그들의 경험상 중요한 문제였다(참고. 1 : 10 ; 2 : 7, 11, 17, 29 ; 3 : 6, 13, 22 ; 4 : 2 ; 22 : 17). 요한이 예언자가 되기 위해서 외치는 동안, 그는 사도가 되기 위해서 외쳤던 것이 아니다. 사실상 그 자신은 사도들로부터 자신을 구분했다(21 : 14). 그는 예수의 사역으로부터 어떤 이야기와 말씀 구절을 하나하나 이야기하지 않았다. 그의 메시지를 옹호하기 위한 어떤 것들을 도용하지도 않았다(예를 들어, 막 12 : 13－17). 또한 그는 그가 지상에서의 생애 동안 예수를 알았다는 사실을 나타내기 위한 그 어떤 증거도 주지 않았다. 그러므로 요한은 복음서들 속에 있는 제자들 중에 계수된 '제자 요한'이 아니다. 그는 요한복음의 저자도, 요한서신의 저자도 아니다. 그들은 언어와 신학과 일반적인 관점도 분명하게 다르기 때문이다. 비록 요한이 헬라어를 하는 교회들에게 헬라어로 글을 썼다고는 하지만, 그의 헬라어는 특이(괴상)하면서 문법적인 불규칙들로 가득하기 때문이다. 그의 특이한 헬라어는 그가 (헬라어를 주로 사용하지 않는) 히브리어 또는 아람어를 사용했다는 사실을 암시한다. 요한이 또한 팔레스타인의 예언적 전승의 자료들에 정통했기 때문에 원래는 팔레스타인계 그리스도인 예언자였는데, 아마도 66~70년에 걸친 전쟁 동안이나 직후에 난민으로서 소아시아로 이주해 온 것 같다(참고. Satake).

요한계시록의 가장 오래된 사본은 "요한의 묵시"라는 간단한 제목을 가지고 있다. 후에 소수의 사본들은 '복음서 기자'라는 것을 덧붙이고, 대다수의 후기의 사본들이 '신학자'라고 덧붙인다. 편집적인 제목 모두는 요한을 후기 그리스도교 전통이 사도 요한이라고 가정하는 네 번째 복음서의 기자로서 정의하고자 하는 의도가 있다. 물론 요한 자신의 저작물을 위한 '제목'은 1 : 1~3까지이다. 모든 제목들은 책을 사도적인 것, 즉 권위 있는 그리스도교적 해석을 포함한다. 사도적인 책으로 지정하려는 교회의 편집자들의 신학적인 관심이 주된 영향으로 반영되었다. 그 책이 확실한 그리스도교적 신앙의 진실에 대한 증언이라는 그들의 주장은 역사 비평적 결론(요한계시록 자체의 주장에 대해 동의하면서 그것이 사도 요한이 아닌 예언자 요한이 기록했다는 결론)과 타협을 이룰 방법이 없다.

이런 특별한 예언자는 그의 메시지를 묵시적인 언어와 사상들로 가득 채운 서신의 방법으로 전달(의사소통)했다. 요한계시록은 편지의 양식을 취하지만, 그 내용상으로는 묵시문학적이다. 그러므로 요한계시록의 메시지를 이해하기 위해서는 묵시문학적인 사상의 성격을 고려하는 것이 매우 중요하다.

묵시적인 언어와 이미지로

'묵시'(영어로 'revelation')는 1 : 1에 나타나 있는 첫 번째 단어이다. 그리고 '묵시'는 성서학자들에 의해 사용된 전문적인 언어일 뿐만 아니라 요한 자신이 그의 저작에 대해 스스로 명명한 것이기도 하다. 묵시(apocalypse)란 무엇인가? 그리고 묵시적(apocalyptic) 언어와 사상은 무엇인가? 모든 학자들이 같은 방법으로 전문 용어를 사용하지는 않았지만, 대답을 위해 "무엇이 묵시(적)인가?"라는 질문을 세 개의 하위범주들(문학의 장르, 사회운동, 어떤 특별한 종류의 사상)로 분리하여 증명하는 것은 도움이 된다.

요한계시록의 메시지를 이해하는 것이 우리의 첫째의 관심이기 때문에, 나는 요한계시록에 표현된 사상의 종류로써 묵시문학적인 것에 집중하겠다. 내가 여기에서 지나치게 단순화한 것은 여기서 발견된 종말론적인 사상을 포함하지 않은 묵시들이 있기 때문이다. 다소 지나치게 단순화했지만, 그것은 때때로 문제의 핵심을 잡는 데 매우 유용하다. 그러므로 우리는 먼저 요한계시록을 올바르게 이해하기 위하여 묵시문학적 사고를 이해하는 것이 필요하다. 곧 묵시문학은 일종의 종말론인데, 다른 말로 말하자면 섭리론을 특수한 방식으로 이해하는 것이다. 이제 우리는 하나씩 그 요소들을 풀 것이고, 묵시적인 것의 의미를 상세하게 설명할 것이다.

섭리, 종말론, 그리고 묵시

섭리는 종말론적이며 묵시적인 사상이 가장 잘 이해되는 범위 안에서 무엇보다 중요한 성경적인 범주이다. 우리의 단어 섭리는 라틴어의 두 개의 단어가 결합되어 이루어진 헬라어이다. 그 두 개의 단어는 'pro'(전 ; before)과 'video'(보다 ; see)이다. 따라서 섭리는 어떤 것을 미리 보는 것이며, 앞을 내다보는 것이다. 하나님의 선견(섭리) 안에서 믿는다는 것은 우리의 개인적인 삶뿐만 아니라 전체로써의 역사를 조정하시고, 역사의 '앞을 내다보는' 분의 통치 아래에 있다는 사실을 믿는 것이다. 섭리론에서 표현되는 믿음은 아마도 "하나님께서 역사를 인도하고 계시다."라는 말로 정리될 수 있을 것이다.

'종말론'은 섭리론 안에 있는 사상의 특별한 종류로 생각될 수 있다. 모든 종말론적인 생각은 섭리론(선견)적이지만, 모든 섭리론(선견)적인 생각이 종말론적이지는 않다. 종말(eschaton)은 단순하게 헬라어로 '끝'(end)이다. 연속, 일시적인 또는 다른 것 안에서 마지막을 위해서 사용될 수 있다. 내러티브에서 그것은 단순한 끝이 아니라 결론이다. 마지막 장으로부터 마지막 쪽이 파손된 책은 그것에 여전히 결론이 없다는 사실이다. 한 사람의 이야기나 세계의 역사에서 종말은 마지막 장면이며, 이야기의 결론이다.

신학적인 어구 안에서 종말은 개별적(사망 시에 개별적으로 일어나는 것으로 한 사람의 죽음의 의미), 국가적(예를 들어, 국가의 '황금시대'가 운명을 맞이

하는 것), 또는 역사적이고 우주적이다. 성경적인 신학은 우주의 창조자이시며 개개인들과 특정한 나라들뿐만 아니라 전체로써의 역사의 주인이신 하나님에 대해 이해하게 되면서, 대부분의 성경적인 종말사상은 이런 우주적인 구조로 표현되고 있다.

종말론적인 사상은 "하나님께서 역사를 인도하고 계시다."라는 섭리론의 일반적인 주장을 더 특별한 진술로 능가한다. "하나님은 최종적인 목적을 향해 역사를 인도하고 계시다." 이 같은 섭리론은 역사가 끝을 가지고 있다는 사실이 아니라 역사가 주인을 가지고 있다는 사실을 확인한다. 섭리적인 사고는 세계의 끝에 대해 생각할 겨를이 없다. 그것은 역사의 목적이 아닌 과정에 관심을 둔다. 다른 한편, 종말론적인 사상은 창조와 짝을 이룬다. 그저 세계와 역사가 항상 존재해 왔던 것으로써가 아니라 창조주의 역사가 있다는 사실이다. 그래서 세계와 그 역사는 영원하지 않다. 역사는 하나님, 그 모든 것의 알파와 오메가(계 1 : 8, 알파와 오메가는 헬라어의 맨 처음 글자와 마지막 글자이다.)라고 선언하신 분에 의해 그 종말이 올 것이다. 비록 '세계의 종말' 사상이 종종 우울하고 비관적인 것으로 여겨지지만, 우리는 성경 안에서 특별한 이 세계의 종말론(그리고 그것은 이 세계의 어떠한 부정적인 관점과 그것의 가치들 때문이 아니라)은 송축받을 만한 즐거운 희망이라는 사실을 알게 될 것이다.

고려할 만한 종말론적인 요소가 성경 안에 있다는 사실을 배우는 것은 놀라움으로 다가올 것이다. 비록 개별적인 책들 속에서는 예외가 있을 수 있겠지만, 대부분의 성경의 저자들은 구약과 신약을 하나님께서 세계와 역사를 위한 계획을 가지고 계시며, 그것을 성취하실 것이라는 전제를 가지고 작업을 한다. 표현의 다양한 변화와 사고의 다양한 양식들을 통해서 구약의 많은 구절들은 세계의 현재 상태가 그것을 위한 하나님의 최종적인 뜻(의지)이 아니라는 사실을 보여 준다. 오히려 하나님께서는 그의 창조를 위한 그 자신의 의지를 의미하는 완성(성취)된 상태로 세계를 인도하실 것이다. 율법서와 내러티브 책들은 이런 종말론적인 소망을 표현하는 구절들을 가지고 있다(예를 들어, 창 12 : 1－3〈기본적인 구절〉; 49 : 9－12; 민 24 :

17-19). 시편의 다수는 미래의 다가오는 구원의 시대를 축하하며, 또는 이미 오래전부터 이스라엘의 예배에서 사용되었다. 특별히 이것은 완성될 마지막 시대는 이 목적을 위해 새로운 또는 장차 오실 왕이신 하나님께서 일어나시는 것을 통해서 현실화될 것이라는 사상으로 연결된다(예. 시 2, 21, 45, 72, 104, 110편). 특별히 바벨론 포로 시기 후의 예언자들은 자주 이스라엘의 종말론적인 희망을 심판과 구원에 관한 용어로 표현한다(예. 암 1-2장 ; 5 : 4, 6, 14, 15, 18-20 ; 7 : 4 ; 8 : 1-2, 9-10 ; 9 : 11-15 ; 사 2 : 2-4, 6-20 ; 4 : 2-6 ; 7 : 1-25 ; 9 : 1-7 ; 11 : 1-9 ; 14 : 24-27 ; 19 : 16-25 ; 35장 ; 40-66장 ; 겔 32-37장 ; 38-39장 ; 40-48장 ; 욜 2-3장 ; 호 1 : 10-11 ; 렘 31 : 31-33 ; 미 5장 ; 말 4 : 1-6 ; 슥 9-14장 ; 습 1 : 1-18).

종말론은 하나님의 섭리에 대한 사고의 특정한 종류이기 때문에, 요한계시록을 이해하고자 하는 우리의 목적을 위해서 묵시문학은 종말론에 대한 사고의 특정한 종류의 사상일 것이다. 요한계시록에 나타난 묵시문학적 사상은 하나님께서 스스로 이미 계시된 특별한 방법으로 가까운 미래에 오실 것이라는 사실을 확증한다.

여기에 제시된 묵시문학적 사상의 이해는 노틀담 대학의 콜린즈(John J. Collins)에 의해 인도된 세계성서학회(Society of Biblical Literature)에 소속된 학자들에 의해 발전된 묵시문학에 관한 정의와 일치된다.

> '묵시'는 요한계시록을 내세적인 것으로 인간 수용자들에게 전달하며, 초월적인 실재 — 그것이 종말론적인 구원을 예견하는 한, 현세적이고 다른 초자연적인 세계를 포함하는 한, 영적이다. — 를 드러내는 내러티브 구조를 가진 계시적인 문학 장르이다.
>
> (J. J. Collins, ed., *Apocalypse*, p. 9)

그 학자들은 묵시에 관한 정의를 많은 수의 유대교와 그리스도교, 그리고 그레코-로마의 묵시들로 분석하였다. 요한계시록은 유일무이한 문학이나 혹은 신학적인 작업이 아니다. 그것은 유대교적이고 그리스도교적 묵시문학적 저작들의 큰 흐름에 속해 있고, 몇몇 요소들은 묵시와 유사한 헬레니즘 저작들과 매우 가깝게 연관되어 있다. 아래의 문서들(그중 몇몇은 부분적으로 묵시적인 것이다.)은 대부분 또는 그보다 더 많든지 적든지 모두 유대 묵시문학의 대표적인 목록들을 포함하고 있을 것이다.

다니엘	기원전 165년
첫 번째 에녹 또는 에디오피아의 에녹 (묵시적 책들의 수집) 약 164년으로부터	기원전
희년	기원전 약 150년
시빌의 신탁, 책Ⅲ	기원전 약 150년 전으로부터
12족장들의 유언	기원전 2세기 후반부
솔로몬의 시편	기원전 48년
모세의 승천	6~30년
아담과 이브의 삶 혹은 모세의 예언	70년 바로 이전
아브라함의 계약 9~32	약 70~100년
에녹2서 혹은 에녹의 비밀들을 담은 책	1세기
시빌의 신탁, 책 Ⅳ	약 80년
제2에스드라서 (에즈라 Ⅳ) 3~14	약 90년
바룩2서 혹은 묵시 혹은 바룩, 혹은 시리아어	90년 이후
바룩3서	2세기
시빌의 신탁, 책Ⅴ	2세기
쿰란 문서로부터(사해 두루마리)	기원전 2세기부터 1세기까지
이사야 주석들, 호세아, 미가, 나훔, 하박국, 예레미야, 그리고 시편 37편	
어둠의 아들들에 대항하는 빛의 아들들의 전쟁	
마지막 날들에 대한 미드라쉬	
새 예루살렘에 대한 묘사	
천사의 예전	

나보니두스의 기도와 다니엘 위서의 묵시록
창세기 묵시록
(참고. 러셀, 36-69쪽. 본문들에 관해서는 찰스워스의 책에서 읽을 수 있다 ; 위에 주어진 연대는 러셀의 것이다.)

1세기에 유포된 유대인의 묵시들뿐만 아니라 초기 그리스도인들도 헤르메스의 목자, 베드로의 묵시록, 엘카사이의 계시와 같은 정경에 포함되지 않았던 다른 묵시록들을 만들어 냈다(우리는 그 원문 자체를 제임스〈M. R. James〉 혹은 헤네키〈Hennecke〉와 슈니멜허〈Schneemelcher〉의 책에서 읽을 수 있다).

오늘날 요한계시록을 해석하려 시도하는 많은 사람들을 위해, 요한계시록과 다니엘서는 그들이 알고 있는 오직 묵시적 요소들만 보일지 모른다. 여기서 위와 같은 목록을 만든 이유는 요한계시록을 처음 읽었던 사람들을 위한 경우가 아닌 것을 분명하게 하기 위함이다. 첫 독자들은 선지자 요한과 요한으로부터 온 편지가 그들에게 이미 익숙한 생각과 언어로 표현되었다는 점에서, 그들이 요한계시록을 이해하는 데 이점을 갖고 있었다. 오늘의 해석자를 위한 훌륭한 연습은 위에 나열된 책들 중 적어도 하나를 읽는 것이다. 제2에스드라서(또한 에즈라 Ⅳ라고도 불리는)는 외경 혹은 위경을 포함하는 성경을 통하여 가능하다. 요한계시록을 기록한 요한은 묵시가 속해 있는 일련의 사고 속에서 결정적인 모델을 보았기 때문에 더 이상 같은 것을 바라보려 하지 않았을 것이다.

묵시문학적 사고에 관한 이런 요소들은 우리의 요한계시록을 연구하는 데 좀 더 직접적으로 적용하기 위한 것들이다.

최종 목표

여기서 이해한 바와 같이, 하나님께서 세상과 역사를 마지막으로 몰고 가고 계신다는 것이 종말론적 생각의 기본적인 양상이다. 요한계시록의 일반적인 독자조차도 이 세상의 끝과 하나님의 법이 실존하는 새로운 세상의 시작이 요한의 메시지의 구성 요소임을 주목해야만 한다(예를 들면, 6 : 12－17 ; 21 : 1－4). 이것이 일반적으로 묵시론자들 혹은 특히 요한의 병적이거나 사색적인 관심거리가 아니라는 것을 이해하는 것이 중요하다. 그들의 물음은 사색적인 것인 "세상의 끝이 올 것인가?"가 아니라 "하나님께서 신뢰할 만한가?"이었다. 역사의 궁극적 결승점에 대한 그들의 관심은, 말하자면 이 세상이 현재의 상태로 마지막이든지 그렇지 않든지 그것이 신앙/신학의 위기에 대답해 줄 수 있을 때, 신앙을 신학적인 토대 위에 세우게 된다. 어머니들은 그들이 율법에 대해 신뢰하여 자신의 아이들에게 할례를 행했기 때문에 그들의 아이들이 죽임을 당하는 것을 볼 때(다니엘서), 혹은 예수를 유일한 주님으로 고백하는 신앙이 그들을 황제 종교에 굴복하게 하는 것을 불가능하게 만들기 때문에 부모들이 투옥되거나 죽임당하는 것을 아이들이 볼 때(요한계시록), 묵시론자들은 불가능한 상황들에 살았다. 이런 불가능의 상황에서, 누가 어떻게 여전히 하나님에 대한 신앙을 믿겠는가? 그것은 단지 황금 길과 진주 문을 갈망하는 이기적인 인간이 아니라 위기 상황에서 하나님을 명예롭고 온전한 분으로 인식한 것이다.

문제는 어떤 경우에도 분리할 수 없는 신앙과 신학, 모두를 위한 문제였다. 문제는 단지 개념적인, 지적인 위기(비록 이 요소는 신앙을 위해서 최소화되면 안 되지만)가 아니었다. 신학은 신앙에 대하여, 삶에 있어서 스스로의 신앙적 표현에 대하여 한참 재고하고 있다. 신학과 신앙은 같은 것이 아니지만, 신학이 없이 신앙이 있을 수 없다. 따라서 묵시론자들의 위기적 상황에서 신학적 개념들을 만들기 위한 노력들은 지적인 싸움일 뿐만 아니라 신앙의 싸움이었다. 묵시문학이 대답하는 문제들은 일반적으로 다음과 같은 것들로 언급될 수 있다.

1. 하나님은 그의 백성들(예. 신 28 : 1－14)과 그의 백성들을 통해서 세상을(예를 들면, 창 12 : 1－3 ; 사 42 : 1－4) 축복하기로 약속하셨다.

2. 사람들은 율법을 지키지 않음으로써 신실하지 못하다(종종 특히 방랑기 이전 상황) ; 그리고 재앙이 왔을 때, 개념상의 문제는 없었다. 예언자들

은 재앙이 그들의 죄로 인한 사람들에 대한 하나님의 심판이라고 선언할 수 있었다(이것은 물론 대부분의 구약성경의 예언자들이 지는 짐이다 ; 참고. 암 ; 사 1-8장 ; 렘).

3. 그러나 사람들은 그들이 신실함으로 인해서 재난과 박해를 경험했을 때(정확히 야훼와 율법에 가장 신실했던 사람들이 공포와 비극을 경험했다는 것은 확실하다.) 어떤 의미의 선택을 하는 것이 유용한가? 어떤 사람은 논리적으로 하나님께서 신실하지 않다고 결론을 내릴 수 있다. 곧 하나님께서는 재앙을 막을 수 있었지만, 그분은 그 약속을 깨뜨렸다. 이러한 사실은 묵시론자들에게 받아들여질 수 없었다. 그 대신 어떤 사람은 하나님께서 신실하시고 그의 백성들에게 보상하기를 원했지만, 그렇게 하는 것은 불가능하였다고 결론을 내릴 수 있었다. 묵시론자들에게는 자신들이 어떠한 경우에서든지 환경의 희생물이 되는, 그로 말미암아 고통당하는 사람들을 돕기를 원하나 할 수 없는 하나님을 믿는 것은 창조주이시며 전능주로서의 하나님을 부정하는 것이어서, 사실상 하나님께서 하나님이라는 사실을 부정하는 것이었다(얼마나 자주 창조주로서의 하나님과 전능주로서의 하나님에 대한 주제들이 요한계시록에서 나타났는가 주목하라!).

묵시론자들의 대답은 세상에서 자신이 악의 희생양이 아닌, 전능주로서의 하나님에 대한 신앙을 붙잡는 신앙의 개념적 노력을 보여 준다. 이것은 '묵시문학적으로 보존된 신앙'(Napier, p. 332)이다. 묵시문학적 사상가들에게 종말론은 분리되거나 선택적 신학의 주제가 아니라 하나님께서 주실 가르침의 단면이었다. 묵시문학적 사고의 주된 주제, 곧 지중해의 동쪽에서 사용된 주제로부터 발생한 신념은 그들의 환경에서 경험된 악마적인 것에도 불구하고 하나님께서는 전능하신 창조주이시며, 그분은 자신과 맺으신 약속을 지키시는 데 신실하시다는 사실이다.

하나님께서 스스로 일하시리라

하나님은 전능하시며 세상의 유일한 통치자이시다. 그렇지 않다면 그분은 '하나님'이라는 이름에 걸맞지 않는다. 그러나 묵시론자들에게 현재에도 계속적으로 줄어들지 않는 무서운 악마는 하나님께서 직접적으로 조종하실 수 없고, 세상의 악마에게 직접적 책임을 지울 수도 없다는 것을 의미한다. 오히려 묵시론자들은 성경과 유대인의 전통에 이미 언급된 사고들을 기초로 해서, 하나님께서 천사적 존재들에게 세상에 대해 어느 정도 통치하는 일을 대리하도록 하셨지만, 그들은 그들에게 맡긴 힘을 잘못 사용하여 악마가 되었기에, 그들 스스로 다가올 대심판에서 형벌을 받을 것이라고 추론했다(참고. 예를 들면, 고전 6 : 3, 여기서 바울은 이러한 묵시문학적 개념을 사용한다). 따라서 묵시문학적인 사고들은 전형적으로 한 손에는 하나님과 천사들, 그리고 다른 한 손에는 사탄과 악마들을 다룬다는 점에서 '이원론적'이다. 인간은 이들 두 세상의 교차점에서 살아간다. 선과 악에 대한 인간의 경험, 그리고 책임은 하나님과 악마의 세력들 사이에 있는 우주적 투쟁의 상황을 보여 준다. 묵시론자들에게 있어서 세상의 악은 너무 커서 단지 사람의 행동이 될 수 없고, 너무 커서 인간의 노력에 의해 극복되지 못한다("숙고 : 요한계시록의 '사탄'이란 용어를 해석하기"를 보라). 그러나 '이원론'은 끝이 아니다. 그리고 이 투쟁의 결과는 의심의 여지가 없다. 약속들은 실패하지 않았다. 하나님은 여전히 신실하실 것이다. 만약 하나님께서 이 세상에서 그분의 약속들을 충족할 방법이 없다면, 그분은 이 세상을 우주적 실패의 행동으로써가 아니라 전 피조물을 되찾는 수단으로 종말을 가져올 것이다. 이것이 미래와 묵시문학적 사고에서 '다른 세상'이 강조되는 이유이다. 현재의 상황은 매우 부정적이다. 그리고 정의는 그것을 수정하기에는 매우 무능하여 인류의 유일한 희망은 하나님의 개입에만 달려 있다.

묵시론자들은 이 세상에 대하여 '비관적'이다. 그러나 그들의 '비관론'은 궁극적인 것이 아니다. 비관론이 세상에 널리 퍼지지는 않을지라도, 하나님의 정의는 편만할 것이다. (달갑지 않지만 상대적이고 단편적인 방법들은 제외된다.) 이것은 왜 묵시문학적인 사고가 초월적 세계에서 부활과 심판을 강조하는 방법이고, 왜 구원이 이 세상에서 우리의 노력이나 내재된 선한 힘들로부터 일어나기보다 초월적 세계로부터 역사 속으로 침입해 오는지를 묘사해 준다. 만약 세상을 되찾는 일이 가능하다면, 즉 만일 하나님께서 신뢰할 만하다고 여기신다면 혹은 만일 모든 것을 얻게 된다면, 그것은 하나님 자신으로부터 오는 것이다. 새 예루살렘은 아래로부터 지어지지 않고, 하나님으로부터 하늘 위에서 내려오는 것이다(계 21 : 2). 그들에 대한 하나님의 선한 통치의 표시들을 보고, 또 이 세상에서 악마의 무언가를 바꾸는 데 사용할 수 있는 정치 · 경제적 힘을 갖고 있는 상황에 살고 있는 동시대 그리스도인들은, 만일 일반적으로 묵시문학과 같이 그것이 다른 상황에서나 다른 상황을 위해서 쓰였다는 사실을 기억한다면, 요한계시록을 더 잘 이해할 수 있다. 묵시문학은 하나님의 선하심에 대한 경험적 증거가 보이지 않는 상황에서 정치적으로 무력하고 억압받는 사람들을 위한 신앙적 표현이다. 이것은 유럽의 나치시대나 혹은 강압적인 독재자에 의해 다스려진 후에 십 년이 지난 교회와 같이, 그리스도인들이 아무런 정치적이거나 경제적인 도움이 없이 무자비함을 경험해 온 교회나 장소에서 왜 요한계시록이 직접적으로 들려지는지에 관한 이유이다. 요한계시록의 메시지에 대해 응답하는 것은 이 세상에서 암시를 받을 수 없는 상황에서 하나님의 신실하심에 대한 신앙을 표현하는 것이다. 그것은 신앙의 '그러므로'가 의미를 잃을 때에도, '그럼에도 불구하고'라고 말할 수 있는 믿음이다.

묵시, 종말이 가깝다

궁극적으로 하나님께서 모든 악한 권세들, 인간, 그리고 다른 것들에게 임할 대심판에서 통치하실 것이다. 그러나 그러는 동안에도 그들의 시간이 제한된 것을 알고 있는 악한 권세들은 계속적으로 이 세상에서 악행을 일삼을 것이다. 묵시문학적 사고에서, 현존하는 세상에서 경험된 악은 더욱 더 강렬해지는데, 그 자체가 종말론적 구원이 가까이 왔다는 사실을 암시하는 것이다. 묵시론자들에게 있어서 그들만의 시대에서 당하는 고난은 우연히 일어난 사고나 맹목적인 운명이 아니라 하나님의 계획의 일부라는 사실이다. 그들이 경험했던 박해들은 종말에 필요한 투쟁들의 일부였고 종말이 가까웠다는 사실을 드러내게 된다. 묵시론자들은 전형적으로 어떤 시대의 세상 종말에 관하여 오직 당대의 미래학자들만이 관심을 가질 법한 어떤 특수한 예언들을 만들어 내는 것이 아니라 싸우면서 고통을 당하고, 의미 있는 일들을 찾아서 부르짖는 사람들의 절박함을 당대의 사람들에게 말해 준다. 그들의 물음은 "언제 종말이 올 것인가?"가 아니라 "우리의 고통의 의미가 무엇인가?"이다. 그것은 추리적인 계산이 아니었고, 종말이 틀림없이 가까웠다는 확신에서 표현되는 신앙심이 주는 인내이다("숙고 : 요한계시록에 나타난 '종말이 가까움'을 해석하기"를 보라).

성경의 범위

이런 종류의 묵시문학적 사고는 성서신학에서 주변적인 것이 아니다. 비록 페르시아 시기 이후에 이스라엘 이웃들의 종교적 사상에 의해 어느 정도 영향을 받았지만, 묵시문학은 외국의 사상들을 뒤늦게 모방한 것이 아니라 기본적으로 예언의 산물(Hanson), 곧 '새로운 차원의 예언'(Rowley)이다. 이미 구약성경의 후기 예언서에서 예언이 묵시로 희미해지는 과도기적 요소들로 나타나고 있고(사 56 – 66장 ; 렘 9 – 14장 ; 사 24 – 27장), 구약에서 가장 마지막 책인 다니엘(기원전 165년)은 이미 완전히 묵시로 채워져 있다. 이스라엘 바깥에서 발아한 묵시문학적 사고의 출현은, 시빌의 신탁, 애굽 민중의 역대기와 옹기장이의 신탁, 페르시아 히스타페스의 신탁, 그리고 버질의 제4전원시와 같이 유대 묵시문학의 발전에 있어서 그 당대의 세계에서 고립된 현상이 아니라 이스라엘의 신앙 전통에 잘 어울리는, 곧 '널리 퍼져' 있었던 지적인 현상이 적당한 방식으로 구체화된 것이다(J. J. Collins, "시빌의 신탁", I, 322 – 323을 보라).

그렇지만 '신구약 중간기'에 묵시문학은 꽃피었다. 따라서 신약성서에 죽은 자의 부활과 같은 묵시문학적인 사고들이 이미 전제되어 있다. 묵시문학적 사고는 예수와 초기 그리스도교 시대에 유대적 신앙의 주요한 표현들 중 하나였다. 그리고 묵시문학적 사고는 가장 초기 그리스도교 신앙이 발달하였던 내부에서부터 그 틀을 형성하기 시작하였다. 모든 신약성서의 저자들은 어떻게라도 묵시문학에 영향을 받았다. 신약성경의 저자들 중에서 첫 저자이자 가장 다작을 한 바울의 신학은 철저히 가장 초기 편지(살전 1 : 10 ; 4 : 13 – 18)로부터 가장 나중 편지(빌 1 : 6, 10 ; 3 : 20 – 21 ; 4 : 5 ; 롬 8 : 18 – 25 ; 13 : 11)에 이르기까지 묵시문학적인 내용을 그 특징으로 가지고 있다. 바울 사고의 근본적인 계시적 특징은 위에서 언급했던 것과 같은 특정한 구절에서만 표현되는 것이 아니다. 그것은 전체로써 그의 사고의 배경과 틀을 형성한다. 그리하여 그의 인사와 감사(고전 1 : 7 – 8), 그리고 그의 결혼에 관한 교훈(고전 7 : 25 – 31)에도 묵시문학적 특징이 나타난다. 심지어 '사랑장'으로 친숙한 고린도전서 13장도 묵시문학적 틀(13 : 2, 8 – 10)을 전제로 하고 있다. 복음서들과 사도행전도 묵시문학적 사고의 틀 속에서 쓰였고, 많은 특정한 묵시문학적 구절(막 13장 ; 마 24장 ; 눅 17 : 20 – 37 ; 21 : 5 – 36 ; 요 5 : 25 – 29 ; 행 17 : 30 – 31)을 가지고 있다.

초기 그리스도교가 묵시문학적 사고를 채택하였다는 것은 그리스도교 저자들이 단순히 전통적인 묵시문학적 개념들만을 반복하였다는 사실을 의미하지 않는다. 양자 사이의 근본적인 차이는 그리스도교는 더 이상 단순하게 종말론적 미래의 어떤 구원 사건을 고대하지 않는다는 사실이다. 하나님께서 이미 예수의 사건에 결정적으로 행동했던 분으로서 이해되고 있기 때문이다. 이것은 계시가 분파 운동들의 연구에서 사용된 사회학적인 범주들에 의해 적당하게 파악될 수 있는 '천년왕국설을 믿는 신앙'의 한 실례처럼 쇠락할 수 없다는 사실을 의미한다. 묵시문학적 사고는 급진적인 새 메시지를 표현하기 위한 수단으로 초기 그리스도인들에 의해 선택되어 사용된 것이다. 그리스도께서 오셔서 모든 것을 다르게 만드셨다.

복음서와 사도행전, 그리고 바울은 묵시문학적인 것 외에도 다른 종류의 사고들도 채택되었기 때문에, 그것들을 해석하는 데 설교자나 교사가 묵시문학적 요소에 무지한 채 본문 안에서 그(그녀)가 가진 전제만을 가지고 읽는 것 — 폴 미니어가 '복화술에서 연습'(*New Testament Apocalyptic*,

p. 96)으로 적절하게 불렀던 것 — 은 불가능하다. 적어도 요한계시록은 그렇게 이해하지 못한다. 만약 그(그녀)가 '일곱 편지들'로부터 약간의 교훈들을 얻어 내는 것으로 만족하지 못한다면, 해석자는 숨어 있을 곳이 없다. 누구든지 묵시문학적으로 해석하거나 또는 계시를 묵살하는 것을 배워야 한다. 그러나 계시와 묵시는 신약성경이 표방하는 사고의 반주류의 하나에 속하지 않고 중심 경로에 속한다. 누구든지 묵시문학적인 사고로 기록된 요한계시록의 메시지에 관한 해석을 올바르게 배운다면, 전체적으로 신약성경이 어떤 책인지 알게 될 것이다. 이것이 단순하게 설교자나 성경교사에게 할당된 일부분이고, 이를 통해 적절한 성경해석이 가능해지겠지만, 그렇다고 이것이 결코 쉬운 일은 아니다.

이해하기 어려움

사람들이 고대에 쓰인 다른 문학 작품보다 성경에 경의를 덜 표하는데, 곧 성경이 근본적으로 쉽다는 생각을 갖고 그것을 읽는데, 설교자들과 교사들은 이런 문제들을 주시해야만 한다. 성경을 가치 있게 만드는 차원들은 또한 그것을 이해하기 어렵게 만든다. 성경은 세계의 특정한 시대와 지역에서 언어와 문화적 전제들로 표현된 것이며, 우리에게 낯선 종교적 개념(예를 들면, 동물희생)의 환경에서 쓰인 역사적 문학 작품이다. 성경적 진리는 결코 일반적인 교훈을 주려는 것이 아니다. 또한 '옛날 옛적에'로 시작된 이야기도 아니다. 성경 속에는 역사적 실재들과 인간 실존 — 추상적인 '인간의 실존'이 아닌 어떤 시간과 장소에서 거주하는 인간들의 특별한 인간 경험 — 의 특수성들이 항상 전제되어 있다. 이러한 성경적 메시지의 특성이 성육신의 특수성에 상응하기에 성경적 진리에 필수불가결한 양상을 띠게 된다. 이 점에서 또한 다른 시대와 장소에 있는 독자들이 성경을 이해하는 데 어려움을 느끼게 된다. 그러므로 성경은 역사 비평적 연구를 요청하게 된다.

이런 방식으로 성경에 접근하는 설교자들과 교사들은 종종 다음과 같은 순수한 질문에 봉착하게 된다. "이것은 많은 역사적 정보를 배우고 역사적 방법들을 갖출 때에만 성경을 제대로 이해할 수 있다는 사실을 의미하는가? 참된 신자라도 성경을 단지 읽기만 한다면, 하나님의 참된 말씀을 발견하지 못할 수 있는가? 요한계시록을 이해하기 위해서 로마 황제들과 고대 터키에서 일어나는 교회의 상황을 아는 것이 정말로 필요한 것인가?" 이러한 질문들은 서로 차이점이 없을 정도로 중요한 사실을 포함하고 있다. 역사적 연구와는 별개로 성경을 읽는 참된 독자는 성경을 읽는 것만을 통해서 하나님의 말씀에 의해 붙잡히게 됨으로써 하나님의 말씀의 뜻을 열 수 있다. 하나님께서 말씀으로 우리를 부르실 때 우리가 그 말씀을 완전히 이해하도록 기다리지 않는다는 사실이 우리에게는 매우 감사한 일이다. 그러나 이것은 '이해하기 어려움'과는 다른 것이다. 우리는 우리의 존재를 형성하는 하나의 방식을 듣고, 완전히 이해할 수 없는 것처럼, 또한 모든 여행객들이 외국을 여행하는 것처럼 말씀을 대할 수 있게 된다. 그러나 외국의 언어와 관습 또는 성경 본문의 메시지도 모두 이해하기 어렵고, 연구를 필요로 한다. 이것은 성경의 모든 책에 적용되고, 요한계시록에도 적용된다.

그렇지만 우리가 아무리 이해하려고 노력해도 요한계시록 속에는 성경의 다른 부분보다 더욱 더 어려운 본래적인 특별한 요소들이 많다. 요한계시록은 우리에게 낯선 묵시문학적 개념에 의해 쓰였다. 요한계시록은 천상의 천사들, 악마들, 용들, 그리고 짐승들을 다룬다. 요한계시록은 세상의 종말을 묘사한다. 요한계시록은 만유의 구조에 대한 우리의 생각들과 상충하는 우주관을 전제로 한다 : 예를 들면, 하늘은 곧 요한이 환상(4 : 1)을 받기 위해 그곳으로 잡혀 올라갈 수 있는 장소이자, 역사의 종말(21 : 2)에 그곳으로부터 새 예루살렘이 아래로 내려올 수 있는 장소이다. 요한계시록은 우리에게 익숙하지 않은 일종의 상징적(암호가 아니다!) 언어로 쓰였다. 그리고 요한계시록이 주는 또 다른 어려움은 많은 현대의 서양 독자들에게 주어졌다. 곧 요한계시록은 정치적이지 않았고, 경제력도 없었던 탈취당하고 억압받는 사람들에 의해 쓰였다는 사실이다. 그리고 그들은 '통제 속에' 있지도 않았다는 사실이다.

그렇지만 요한계시록을 이해하는 데 있어서 주요한 어려움은 역사적인 것도, 개념적인 것도 아니라 마음의 문제일지 모른다. 성경의 예언자들은 인간 의지의 본래적 경향들과 그것의 가치들에 충돌을 일으키는 실제의 환상을 제공한다(고전 2 : 6－16). 이것은 자기 헌신적 사랑을 하였지만 도살당한 어린 양이 요한의 환상에서 만유의 궁극적인 능력을 대표하는 분이라고 강력하게 예증된다(5 : 1－14). 그런데 이것은 우리의 문화적·개념적 이해에 대립할 뿐만 아니라 우리의 상식적인 의지와도 충돌한다. 여기서 요한은 질문한다. 이러한 실제적인 환상은 우리 자신의 성취물이나 우리 자신의 숙고와 계산의 결과가 아니라 계시된 것이기에 성경의 모든 곳에 잠복되어 있는 질문을 증대시킨다. 이러한 질문은 우리가 본질적으로 충돌한다는 뜻을 지닌 '넘어섬'이라는 단어에 관계되어 있다. 요한계시록은 그 자체에 관해 어떤 것을 질문할 뿐만 아니라 독자에게도 질문을 한다. 이것은 우리가 듣기를 원하지도 않는 것일지 모르는 질문이다. 제자도에 대한 부르심에 저항을 하는 것도 요한계시록의 메시지를 이해하는 데 궁극적인 장애가 될지도 모른다. 요한계시록에 대한 참된 이해는 요한의 메시지에 영감을 준 똑같은 성령께서 우리로 하여금 계속적으로 활동하시는 공동체에 소속되기를 요청하신다는 사실이다. 이것은 역사적 이해를 대체하는 것이 아니라 그것을 넘어서는 것이다.

이해될 수 있음

요한은 당시 소아시아의 교회들에 있었던 일반 사람들이 비록 성경학자, 역사가, 신학적 전문가는 아니었지만, 요한계시록을 이해할 것으로 예상하였다. 그들은 요한계시록의 의미를 논의하기 위해 스터디 그룹들을 가질 필요가 없었다. 또한 그들은 요한계시록이 이해될 수 있었기 때문에(22 : 20 ;

이와 대조적으로 단 12 : 4, 9), 나중 시대를 위해 그 책을 밀봉하지 않았다. 그들에게 문제는 요한계시록이 무엇을 의미하고 그들의 상황 안에서 어떤 것이 명백한지가 아니라 요한이 신실하게 주장한 것 — 심지어 믿음을 위해 죽는 점까지(2 : 10) — 에 대해 반응을 해야 하는지, 말아야 하는지가 중요하였다. 이어지는 세대에서 편지를 이해할 수 있게 만드는 원래 상황이 잊히는 것에 따라 요한계시록을 성경의 일부로서 계속 경외했던 교회는 그것을 해석하는 여러 흥미로운 방식들을 발전시켰다. 그러므로 요한계시록이 지니고 있는 해석의 완전한 역사를 아는 것이 유익하다(예. Bousset의 책 49 – 119쪽, 19세기를 통해 최고의 책이고, 지금도 그렇다 ; 참고로 Beckwith의 책 318 – 334쪽도 그렇다).

해석의 유형

요한계시록에 관한 수두룩한 많은 쓸모없는 통념들 중 하나는 여러 세기를 통해 모든 사람들이 각자의 방식으로 그 책을 제멋대로 해석해 왔다는 사실이다. 그 결과로 끝없는 다양한 해석, 발자국 없는 밀림 같은 결과를 낳았다. 사실 요한계시록은 기본적으로 네 가지 다른 방식과 그것의 조합으로 해석되어 왔는데, 이것은 당대의 시대를 살았던 어떤 개인이나 해석자가 가정했던 통찰들에 의해 표현된 결과에 의존한다.

1. 처음 관점은 **비역사적**으로 명명될 수 있다. (그것은 또한 때때로 시적, 영적, 환상적이라고 불린다.) 그것은 요한계시록을 저자가 특정한 역사적 시대 없이 그의 메시지를 지시하고 환상이 특정한 역사적 상황을 전혀 반영하지 않는다는 가정 하에 해석한다. 예언은 '시간을 초월한 진실'의 환상적인 표현으로 이해된다. 이 관점에는 두 가지 형식, 알레고리와 환상주의자가 있다. 요한이 쓴 편지의 역사적 상황에 대한 기억이 희미해진 이후에 알레고리적 접근은 성경의 다른 책과 마찬가지로 요한계시록에 적용되었다. 알레고리에서 성경 내용의 세부적인 것들은 특정한 역사적 상황들에 관련되지 않고, 보편적인 인간들이 직면한 사건들을 언급하였다. 예를 들면, 오리

게누스는 요한계시록 13장의 일곱 머리 달린 짐승이 언제 어디서 나타날 때마다, 무서운 악의 권세와 일곱의 지옥에 갈 죄들을 대표하는 것으로 해석하였다.

성경해석에 대한 알레고리적 접근이 쇠퇴할 때, 몇 명의 요한계시록 해석자들은 계시 속에 상징으로 나타나 있는 영적인 진리를 계속적으로 비역사적인 것으로 읽었다. 우리는 악의 세력과 하나님의 왕국의 영원한 투쟁, 혹은 궁극적으로 승리하시는 하나님의 나라(Minear, Ellul, Stringfellow)에 대해서 접근할 때, 요한계시록이 보편적으로 인간이 직면하는 상징적인 용어로 모든 시간과 공간 속에 살아가는 사람들에게 말하고 있다는 사실을 알아야 한다. 그러나 그것은 첫 세기 상황에서 요한계시록의 특정한 역사적 사항들을 무시하거나 축소하고, 특정한 위기에 직면했던 첫 독자들에게 말했던 어떤 특정한 사실을 무시하는 것이 아니다. 그렇게 한다면 요한계시록의 메시지가 지니고 있는 보편적인 특징을 버리고, 실제 편지의 특징을 부인하는 결과를 낳는다.

2. **교회 - 역사적 해석**은 또한 계속되는 — 역사적 또는 세계 — 역사적 관점으로 불린다. 예언은 광의의 의미에서 미래의 예측으로 이해될 수 있다. 물론 2~3장의 일곱 교회에 대한 메시지는 요한 자신의 시대에 있었던 교회로 여겨진다. 그러나 4~22장의 환상들은 요한의 시대로부터 많은 세기를 지나 전 세계의 종말까지 모든 역사에 대한 예측으로 해석될 수 있다. 실제로 이것은 각각의 해석자가 요한 자신의 시대로 거슬러 가는 역사적 과정을 기대한다는 사실을 의미한다. 이러한 접근방식을 실천하는 사람들은 요한계시록에 의해 예견된 마지막 때를 살아가야 함을 전형적으로 깨닫게 된다. 요한계시록에 대한 가장 오래된 현존하는 주석을 남긴 빅토리누스(Victorinus of Pettau, 약 300년)는 스스로를 종말 바로 전인 여섯 번째 봉인의 시대를 살아가는 것으로 이해하였다(Bousset, 53쪽). 바로 특정 종파의 주장이 이러한 관점에서 이해될 수 있다. 곧 이러한 해석이 유럽에서 융성해진 이래로, 요한계시록은 첫 세기로부터 해석자 자신이 살아가는 시대까지 유럽 역사, 주로 교회 역사의 과정에서 미래에 대한 예측으로만

인식되었다. 다양한 봉인과 나팔은 유럽의 역사에서 다양한 사건과 통치, 그리고 그들이 초래한 재난을 대표하는 것이 되었다. 루터를 따르는 개신교의 주석가는 종종 교황을 짐승의 상징으로 보았다. 이와는 반대로 로마 천주교도 '마틴 루터'의 이름을 666(13 : 18 참고)과 동일하게 취급하기도 하였다. 왜냐하면 이런 관점으로 해석하는 사람들 사이에는 상호 유사점이 없는데, 단지 그들의 해석이 어리둥절하게 할 정도로 다양하여 요한계시록은 많은 다른 방식들로 해석되었기 때문이다. 이 모든 것들은 요한계시록을 다양하게 해석할 수 있다는 가능성을 보여 주었다.

교회 – 역사적 관점의 가치는 그것이 독자들이 요한계시록을 자신의 시대에 관련된 것으로 이해하도록 허락했다는 사실에 있다. 아마도 요한계시록은 예견되었고, 그것은 모든 역사가 하나님의 통치권 아래 있었다는 사실을 확고히 했다. 물론 중요한 문제점들도 명백하다. (a) 요한계시록은 첫 독자들에게 어떤 것도 의미하지 않을 수 있다. 요한계시록이 적절히 이해될 수 있기 위해 몇 세기를 기다려야 했을지도 모른다. (b) 요한계시록은 예측을 줄임으로써 예언을 오해한다. (c) 해석의 다양성은 각각 상쇄되면서 무효로 만든다. 비록 종교개혁 이후 20세기까지 개신교 해석자에 의해 널리 지지되었지만, 어떤 비평적인 신약학자도 오늘날 이러한 관점을 옹호하지 않는다.

3. '미래주의자', '세대주의자' 혹은 '전천년주의자'의 해석이 일컫는 **종말역사적 해석**은 거의 요한계시록의 예언을 '예측'으로 간주한다. 그러나 이러한 해석은 두 가지 중요한 측면에서 위의 관점들과 차이가 난다. (a) 요한계시록 2장과 3장에 나오는 일곱 교회는 더 이상의 1세기 소아시아에 있었던 실제 일곱 교회가 아니고, 사도시대의 교회(에베소)로부터 마지막 시대의 죽은 교회(라오디게아)에 이르기까지 해석자 자신의 시대에 배교자 교회들로 일반적으로 이해되는 역사상의 일곱 시기를 의미한다. 이러한 해석은 항상 인정을 받지 못하여 퇴보하였고, 주류 교회의 외곽에서 융성하였을 뿐이다. (b) 요한계시록의 나머지 부분(4 – 22장)은 세계 역사의 마지막 몇 년간에 일어날 사건과 종말론적 사건 자체들만 예견한다. 이것은 요한계시

록에 표현된 대부분의 사건들이 아무 의심 없이 마지막 종말 바로 직전 시대를 살고 있다고 여기는 해석을 주창하는 자들이 아직 나타나지 않은 미래의 사건들을 예언한다는 사실을 의미한다. 예를 들면, 13장의 짐승이 의미하는 것은 아직 나타나지 않은 무서운 통치력, 곧 고대 로마 제국(13 : 1에 관한 Scofield의 관주 성경)에서 재현될 '이방 세계 권력의 마지막 형태'인 열 나라의 연합이다. 이러한 해석은 요한계시록이 종말론을 다룬다는 것과 종말 전의 짧은 시기만을 예언한다는 사실을 깨닫는 정도에서 의미가 있다. 이러한 해석의 가장 큰 문제는 해석자의 일생에서 아주 짧은 시기만 바라보기 때문에, 요한계시록의 첫 독자들에게 이 책 전체가 사실상 아무런 의미도 없게 만든다는 사실에 있다. 또한 이것은 요한계시록에 사용된 예언의 성격과 언어의 종류를 잘못 해석하게 하고, 주로 그리스도교를 특정 종파주의적으로 해석하게 한다.

이것은 방송(media) '설교자들'과 일시적 종말론적 문학을 널리 퍼뜨리는 사람들 사이에 널리 퍼져 있는 해석이다. 이러한 해석은 요한계시록에 '예언된' 종말을 위한 하나님의 계획의 일부분으로써 핵전쟁의 필요성을 옹호하기 때문에, 자기도 모르는 사이에 매우 위험한 요한계시록의 해석 방법이 된다. 설교자나 교사는 아마 이 해석의 역사적 뿌리와 이론적 근거를 잘 알고 있었을 것이다. 이것은 해석의 네 가지 방법론 중에서 가장 최근의 것이다. 이러한 해석의 기본 특징들은 교회의 '배교' 문제가 주된 관심사였던 19세기 후반에 영국과 미국의 근본주의자들의 모임에서 마련된 것이다. 이것은 영국의 플리모스 형제교단에 소속된 다비(John Nelson Darby)가 고안한 교리 체계에 유입되면서 생기를 잃게 되었으며, 이후 미국에서 스코필드(Charles Ingersoll Scofield)에 의해 다시 대중화되었다. 스코필드는 신학 교육을 받지 않은 세인트 루이스의 법관 출신 설교가였다. 그는 관주성경에서 구체적으로 언급하는 방식인 성경 본문 자체에 대한 개요 제목에 통합된 자신의 성경해석 계획에 따라 스코필드 관주 성경 개정판을 출판하였다. 스코필드는 텍사스주의 달라스에서 교회가 아니라 자신의 개인 야망을 실현하고자 성경통신학교를 설립하였다. 스코필드 사망 후에 성경통신학교는 달라스 신학교(Dallas Theological Seminary)로 바꾸었으며, 세대론자들의 성경관을 전수하는 주요 본부가 되었다(세대론자들이 견지한 세부 사항은 Ahlstrom, pp. 808 – 812에서도 발견된다. 핵전쟁을 옹호하는 최근의 군사 전문가의 요한계시록 사용에 관하여 Halsell을 참고하라).

4. **당대 역사적 해석**에서 '당대'란 말은 오늘의 독자들에게 현시대가 아니라 요한과 그의 동시대 사람들을 의미한다. 이러한 관점 역시 '과거적'('과거 시제'와 같은 문법용어), 역사적, 역사 비평적 관점이라 일컫는다. '교회-역사적' 관점을 제외하고 우리는 단순히 이러한 관점을 '역사적' 해석이라 일컫는다. 곧 이러한 해석은 우리에게 의미를 결정하도록 강요하기 이전에 원래의 독자들에게 성경의 역사적 상황 아래서 본문의 의미를 결정하도록 하면서, 요한계시록 연구에 단순히 역사적 방법을 적용하도록 하는 것이다. 이러한 해석은 다른 신약의 서신서들과 마찬가지로 요한계시록이 1세기의 특정 상황으로 인도된다고 이해한다. 이것이 실제적으로 현대적 신학 방법론을 추구하는 모든 성서 비평학자들이 따르는 방법인데, 위에서 이미 언급한 관점이며, 본 주석서가 지향하는 관점이기도 하다. 이 해석은 일반 대중적인 전제를 반대하면서, 신약에 대한 다른 어떤 해석보다 요한계시록을 연구하는 데 더 많은 일치를 이루고 있는 해석이다. 이러한 관점은 요한이 교회들마다 지니고 있던 각각의 상황들을 고려하여 저술한 메시지가 요한계시록에 담겨 있으며, 현대의 교회들은 그 메시지를 이해하였으나 첫 번째 독자들은 이해하지 못했던 그 책의 어떤 해석도 현대 해석자는 받아들이지 못한다는 사실을 반영하고 있다. 다시 말해서 로마를 향한 바울의 서신을 해석하는 것처럼 해석자의 적절한 해석은 단순히 반복하지 않더라도 원래의 독자들에게 주어진 본문이 가지고 있던 그 의미에 근거해야 하고, 그 의미로부터 파생되어야 한다는 사실을 전제한다.

상징적, 신화적 언어 해석

요한계시록을 해석하는 데 있어서 언어의 두 가지 형태를 구별하고 대조할 필요가 있다. 이런 형태들은 단순히 '비유적'이고 '문자적'인 것이 아니다. '비유적' 언어는 평범한 문자를 지향하는 것으로 간주되어 해석될 수 있기 때문이다(Funk, pp. 111-138을 보라). 이 문제는 단순히 '문자적'이거나 '비유적'인 것이 아니라 '명제적'이거나 '회화적'인 것이다. 물론 요한은 회화적인 것뿐 아니라 언어의 두 가지 형태를 모두 사용한다. 인간의 삶은 매일 명제적 언어를 사용하지 않고는 제대로 기능할 수 없다. 그러나 요한이 본 환상이 주고 있는 메시지는 주로 명제적 언어와 비교 혹은 대조되는 특징을 가지고 있는 회화적 언어로 표현되어 있다.

명제적 언어는 언어를 객관화한다. 이것은 우리 마음으로 이해할 수 있고, 우리 언어를 설명할 수 있는 대상과 실재에 대해 이야기하는 것으로 여겨진다. 이러한 화법은 모든 진정한 언어가 '실재'하는 세상 속에서 '바깥에 있는' 어떠한 것을 가리킨다는 것과 그 언어가 정확하게 이러한 실재를 설명할 때 그것이 적절한 진리 역할을 수행하고 있다는 사실을 자청하는 경향이 있다. 이러한 종류의 언어를 대체하는 것은 종종 '단지'라는 겸손한 의미의 형용사가 붙는 '주관적'인 것이라고 가정한다. 주관성은 가치가 없다. 진실이 아무 연관성이 없는 방관자의 입장에서 '객관적으로' 가장 잘 설명된다.

명제적 언어는 '상징들'을 사용하지만, 오직 '표적'이나 '속기 상징들'처럼 글자 대로 직역하는 방법으로만 사용된다. 이것은 상징들을 문자적이고 객관화하는 방법들을 위한 코드로 이해된다. 헬라어 문자 'π'는 일반적으로 수학적 상징들인 원의 면적과 반경 간의 관계를 의미하는 상징이다. 이런 형식의 상징은 단지 편리한 속기 명칭이기 때문에 당장 명제적 언어로 번역될 수 있다.

명제적 언어는 논리적이다. 이것은 논리와 추론의 기준 속에서 작용하고, 그에 따라 일관성을 진리의 기준으로 삼는다.

명제적 언어는 통시적이다. 이것은 개체들을 직접적이고 연대기적 방법으로 한 번에 한 가지씩 다루며, 진리의 예표로써 어떠한 종류의 명백함도 지지한다. 그리고 모든 것을 한 번에 다루려는 시도는 깊음의 표시가 아니라 혼돈의 표시로 간주한다.

명제적 언어는 '신화'를 '진실'과 대조시킨다. 명제적 언어는 '거짓'과 동의어로 '신화적'이라는 말로 사용되고, '사실'은 '진실'과 동일시되는 말로 대조되는 경향이 있다. 대개의 경우 '상징'과 비슷하게 '신화'는 무언가를 가정하였을 때, 똑바로 명제적 언어에서 더 분명하게 설명될 수 있는 장식적이거나 삽화적인 방법으로 사용된다.

다른 묵시적 본문보다 다소 비중이 큰 요한계시록의 언어는 명제라기보다는 그림과 관계되는 회화적인 언어이다. 요한에게 그림은 자신의 메시지를 전달하는 수단이기에 아주 중요하다. 그림은 단순히 더 직접적으로 설명될 수 있는 어떤 것을 묘사하는 것이 아니다. 하나의 그림은 자기 고유의 본문으로 고유의 진술을 한다. 그림은 추론적이고 명제적인 언어로 축소되기에 말을 통하여 서로 소통하는 것과는 본질적으로 다르다. 마치 미술관을 방문한 경우와 같이 그림에 대한 언어는 그 안에서, 그리고 그림 자체를 통해 소통된 메시지를 대체할 수 없다.

설교와 가르침 속에서 창세기가 궁극적인 시작을 상상하도록 형상들을 주는 것처럼, 요한이 우리에게 모든 것의 궁극적인 종말을 상상하도록 형상들을 제공한다는 사실을 지적하는 것이 도움이 될 것이다. 이것은 단순히 종교적 신앙 문제만이 아니고 시작이 있었던 것처럼 현우주의 종말도 있을 것이라는 일반에게 인정되는 과학적 관점이다. 우리는 이것을 어떻게 받아들여야 하는가? 궁극적 결과들은 논리적이고 명제적인 진술보다는 그림으로, 특히 예술가들에 의해 만들어진 그림을 보는 것 같은 생생한 문장들로 가장 잘 표현될 수 있다. 요한계시록을 해석하려고 노력하는 대부분의 사람들은 문자적으로가 아니라 하나님의 말씀의 운반자로서 창세기 1~3장의 그림을 진지하게 받아들인 해석하는 방법을 이미 찾아냈으며, 이런 기초 아래 그림 언어가 마지막 종말을 다루는 최고 방법이라는 사실을 알 수 있다. 창세기의 그림이 과학적 조사를 거친 우주와 인간 생명의 기원의 그림과 충돌할 필요는 없고, 단지 하나님의 창조로써 우주의 기원의 의미와 하나님의 피조물로서 인류의 기원에 대해 소통할 필요가 있는 것과 같이, 요한계시록의 그림은 과학적 설명이 요구되지 않고 종말의 의미와 역사의 목적에 대해서만 소통한다. 여기서 가장 정직한 질문이 제기된다. "왜 다른 것들보다 이 형상들을 더 진지하게 받아들여야 하는가?"(와! 대단한 질문이다.) 이 질문에 대해 성경적으로 대답하면 다음과 같다. "창세기에 나타난 궁극적 시작과 요한계시록의 궁극적 종말의 그림은 임의로 고안된 그림이 아니라 이스라엘과 교회 신앙의 수많은 세대와 성령 하나님께서 활발히 일하셨던 과정을 통해 검증된 정경에 있는 형상들이 모아진 것을 의미한다."

우리는 이제 앞에서 설명된 명제적 언어와 대조적으로 요한계시록의 회화적 언어를 특징지을 수 있게 되었다.

요한계시록의 회화적 언어는 객관성을 부여하지 않는다. 요한계시록은 '재림'이나 '천년'과 같은 '교리'를 '가르치는' 것이 아니라 그림 그 자체를 넘어서서, 궁극적인 실재를 지향하여 생생한 그림을 우리 앞에 두고 있다. 요한계시록의 비객관화 곧 회화적 언어는 우리의 언어와 개념들로는 궁극적 실재를 있는 그대로 이해할 수 없다는 사실을 인정한다. 우리의 언어와 개념들은 단지 궁극적인 실재를 향해 있을 뿐이다. 이것은 회화적인 언어가 그 실재에 대해 말하고자 하는 요구를 포기한다는 사실을 의미하지 않는다. 요한계시록의 언어는 표현이 풍부한 시적 감흥일 뿐만 아니라 참고용 언어이다. 객관화하는 방법에서 이러한 실재를 설명하라는 어떠한 요구들도 포기하는 것을 기쁘게 생각한다. 이러한 방법이 지향하는 실재는 객관적으로 유한한 마음과 언어로 설명될 수 있는 모든 것을 초월하기 때문이다. 그러나 요한계시록의 내용은 단순히 요한 자신의 신앙 경험의 주관적 · 시적 분출이 아니다. 요한이 말해야 했던 것은 참으로 하나님의 초월적인 세상과 창조의 궁극적 목적을 의미한다. 이것은 그것을 표현하기에는 언어 자체의 한계를 아는 바로 그 언어이기에 이러한 초월적인 실재들을 지향한다(계 10 : 4와 그 주석을 참고하라). 언어는 그것을 완전히 설명하거나 전달할 수 없다. 이것은 무언가 특별한 것을 지향한다.

요한계시록의 언어는 서술적 관찰자의 관점을 가진 언어가 아니다. 요한계시록을 해석하는 데 있어서 잊어서는 안 되는 것은 요한계시록의 서술체가 예배에서 낭독되도록 쓰였다는 사실이다. 그 언어는 관찰자의 흥미를 유발하는 추상적 개념이 아니라 예배에 참여한 사람들의 고백적 언어이다. 그 진술은 신조를 구성하기 위해 그 위에 논리적 추론의 연속이 형성될 수 있는 어떤 전제들로 이해되어서는 안 된다. 그 진술은 기도와 찬양의 고백들이다. 그 자체로 심오하고 신학적인 요한계시록의 언어는 조직신학적 책이라기보다는 시편에 더 가깝다. 비록 표면적으로 요한의 언어 형태가 종종 천국에서 본 것을 묘사하는 보고자의 형식을 보이고 있지만, 실제로는 그런 기능을 하지 않는다. 그래서 만일 요한계시록을 서술적 관찰자의 언어로만 받아들이면, 오해의 여지가 많다.

요한이 묘사하는 여러 장면들은 단순히 상상할 수 없는 것들이 대부분이다. 그 장면들이 캔버스나 영화 화면에 옮겨질 수 없고, 마음의 화면에 옮겨질 수도 없다. 예를 들면, 요한계시록 1 : 12~16에서 높임을 받으시는 그리스도에 관한 환상은 만약 독자가 그것을 요한이 실제로 객관적 세상에서 본 것을 보고하는 것으로 이해한다면, 단지 괴상한 것이 되어 버린다. 만약 독자가 그 본문을 객관화된 언어 속에서 묘사된 것으로 이해한다면, 그는 도대체 어떻게 부활하신 그리스도께서 그의 입으로부터 나오는 양날 선 칼과 같은 말씀을 하셨는지, 그리고 주님께서 그의 입을 다무셨을 때 칼이 어떻게 되었는지에 관해 반드시 질문해 보아야 한다. 그러나 그 그림은 요한의 문학적 저술로써 이해될 때, 비로소 의미가 있다. 그 표현에서 칼은 전통적으로 하나님의 날카로움과 힘을 상징하는 것이라는 사실이다(예를 들면, 사 49 : 2 ; 히 4 : 12 ; 엡 6 : 17). 요한의 언어는 추론적이고 명제적인 논리가 아니고, 상상이 가능한 방편들을 묘사하는 것도 아니다. 요한의 언어는 말고 그림의 경계에 서 있으며, 그것은 곧 실제로 형상화될 수 없는 상상 속에서 '형상들'을 불러일으키는 기능을 하도록 섬세하게 고안된 문학적 단어들을 의미한다. 이 말에 독자들은 충격을 가질 것이다(J. J. Collins, p, 79). 비록 그가 그 '형상들'이 전달하고자 하는 것을 자신에게조차 그려 낼 수 없을지라도 말이다.

요한계시록의 상징들은 긴장감이 있고, 자극적이고, 다의적이다. 요한계시록의 회화적 언어는 속기적 상징들, 곧 코드 혹은 (명제적 언어로 그 문학적 감각에서 사용될 수 있는) 비유로 이해되어서는 안될 것이다. 이러한 모든 것들은 단지 명제적 언어를 대체하는 성격일 뿐이다.

요한계시록은 명제적 언어로 번역되어 말해야 하는 코드 언어가 아니다. 코드 언어에서 필요한 것은 열쇠이다. 코드 언어는 그 코드를 모르는 사람들에게 의미를 숨기기 위해 의도적으로 그것이 말하는 바를 말하지 않는다. 코드 언어는 한 글자, 단어, 개념을 다른 방법 곧 암호화된 언어가 다른 언어로 해독되는 방법을 드러낸다. 코드는 그러므로 일종의 문학 언어이다. 이것은 다각적인 가치를 지닌 요한의 상징적 언어와는 다르다. 때로는 요한계시록이 쓰인 정치적 상황의 관점에서 요한이 자신의 메시지를 코드화시켜서 로마인이 아닌 그리스도인들만이 그것을 이해할 수 있도록 고안하였다고 제안해 왔다. 이것은 여러 가지 이유로 잘못된 관점이다. (a) 환상의 일부분만이 로마에 대해 다루고 있으며, 모든 환상들은 상징적 언어로 표현되었기 때문이다. (b) 로마에 대한 언급이 투명하기 때문에(17 : 9, 18) 바보 같은 로마인이 아니라면 아무도 속지 않을 것이다. (c) 로마인에게 체제 전복적이라고 여길 만한 변장되지 않은 진술들이 요한계시록에 너무나도 많다는 사실이다. 예를 들면, 하나님이나 그리스도를 왕이라고 언급하는 진술(11 : 15), 심지어 세상의 왕과 왕 중의 왕이라는 진술(1 : 5 ; 17 : 14 ; 19 : 16), 로마 제국에 의해 주어진 권세와 마찬가지로 그리스도인들도 왕국을 갖는다는 진술(1 : 6) 등이다. (d) 코드와는 다르게 요한의 상징은 상황에 따라 고안된 것이 아니라 전통적이고 널리 퍼진 것이라는 사실이다 (12-13장의 상상적 기초에서 일어나는 전쟁 신화는 한두 가지의 판본으로 그레코로만 세계 모두에게 공유되었다). (e) 요한은 다른 어떤 방법으로는 표현할 수 없는 어떤 것을 전달하기 위해 상징을 사용하였으며, 그것은 더 직접적으로 말할 수 있는 것을 감추기 위한 것이 아니다. 문제는 그 심상을 통해서 누가 지목되는가 하는 것이 아니다. 로마의 권력이 모두에게 너무나도 명백한 것이었기 때문이다. 문제는 오히려 로마의 권력이 무엇을 대표하는가이다. 로마의 권력을 가리킴으로써 요한은 그가 진정으로 말하려는 사람을 숨기지 않았다. 그는 요한계시록이 전해진 교회의 많은 구성원들에게 모두 확실한 것은 아니지만, 로마 권력의 본질적 특징을 나타내려고 한다(묵시란 단어는 문자적으로 베일을 벗긴다는 뜻이다).

광대한 해석적 지평을 열어 놓은 다중적인 성격을 가지고 있는 요한의 상징주의는, 비록 요한이 가지고 있는 심상의 특수한 언급들이 요한이 처한 상황에서 어떤 가능성들과 일치할 수도 있지만, 언어의 중대성을 소멸하지 않는다. 예를 들면, 짐승은 로마나, 네로 혹은 도미시안과 동일시된다. 그것이 바로 요한의 상상력으로 하여금 하나의 설정 환상의 역사적 상황 속에서 힘 있게 말하도록 하는 자극적이고 다중적인 가능성이다. 예를 들면, 바벨론(17 : 1-14)은 '로마'와만 일치되는 일의적인 코드 단어가 아니다. 비록 그것이 요한의 시대에 의미가 많다고 할지라도, 현대의 그리스도인들은 요한의 상상을 오만한 인간 제국이 진정한 본성을 드러내려고 하는 의미로 이해할 수 있다. 이것은 물론 요한이 현대의 상황을 상상하였다는 사실을 말하는 것이 아니다. 그러므로 요한계시록의 상징은 코드를 해독하는 열쇠가 아니라는 사실이다. 현대의 독자들이 만약 요한이 진정으로 말하던 것이 무엇인지를 단지 바벨론 자리에 로마를 집어넣는 식으로 추론한다면, 그들은 요한계시록의 환상적 수사법의 풍요함과 힘을 놓치게 될 것이다(Fiorenza, *Book of Revelation*, p. 187). 이러한 환원주의적 해석은 때때로 어떤 수준에서는 타당하지만, 현대의 독자들을 요한계시록이 우리에게 말하려는 바로부터 고립시키는 방법이 될 것이다. '설명'은 아직 이해가 아니다. 마찬가지로 요한의 상징을 코드로 다루는 것은 아직 해석이 아니다.

요한계시록은 비록 그 문서가 약간의 알레고리적 흔적을 가지고 있기는 하지만, 원래 알레고리적 언어로 쓴 것이 아니다. 알레고리에서는 환상이나 이야기 각각의 형태가 어떤 실체를 가리킨다. 알레고리적 해석의 예는 마태복음 13 : 36~43이 13 : 24~30을 해석하는 비유에 잘 나타나 있다. 요한계시록의 환상이 알레고리적으로 해석될 때, 환상 속의 각각의 특징들과 요소들이 어떤 세속적 실체를 가리키게 된다. 예를 들면, 모든 용에 대한 알레고리적 해석(12 : 3－4)은 일곱 마리나 열 뿔, 붉은색, 꼬리, 세 번째 별의 의미를 찾아내려고 한다. 요한 자신이 때때로 세부 사항들을 다소 알레고리적 방법으로 사용하려고 하지만(1 : 20 ; 5 : 8 ; 17 : 9－10 ; 19 : 8), 주로 그의 환상은 메시지를 전체적인 자극적 방법으로 전달한다. 생생한 세부 사항들은 무대 준비나, 그 그림 주변 만들기, 전체적 환상을 생생하게 하는 것이지, 각각의 세부 사항들이 그 스스로 알레고리적으로 중요한 것은 아니다.

요한계시록은 신호(sign)가 아니라 상징적 환상(symbolic vision)이다. 요한의 언어는 분명하게 명제적 언어로 번역되는 신호의 언어가 아니다. 틸리히(Paul Tillich)가 제기한 신호와 상징의 구분이 여기서 유용할 듯하다(Dynamics, pp. 41–42). 예를 들면, '신호'는 교통신호와 같이 다른 매개체로 분명히 번역되어 나타나는 반면에, 성찬식은 어떤 다른 것으로 환원될 수 없는 상징이다. 국기는 신호나 상징, 둘 중의 하나로 생각될 수 있다. 성조기가 13개 줄로 되어 있는 것은 미국 건국 초기의 13주를 의미하는 것이며, 50개의 별은 현재의 50주를 의미하는 것이라고 설명될 때, 그것은 신호로 해석된 것이다. 그러나 성조기가 국가적 퍼레이드에서 자랑스럽게 드러날 때 혹은 데모에서 불태워질 때 그것은 미국을 상징하는 것이 된다. 국기의 실례가 말해 주듯이 두 가지 차원이 한번에 드러남으로써 요한계시록의 환상도 동시에 일차원적 환상으로 읽힐 수 있다.

요한의 상징적 언어는 신호와 같이 속기적 상징도 아니고, 추리적인 객관화의 언어도 아니다. 휠라이트(Philip Wheelwright)에 의해 만들어진 속기적 상징과 긴장적 상징의 구분은 요한의 상징을 적절히 해석하는 데 유용하다. 휠라이트의 속기적 상징은 그것이 다른 긴장을 생산하지 않는다는 점에서, 그리고 만약 그것이 다른 긴장을 생산한다면 그들의 목적에 실패한다는 점에서 틸리히의 신호와 같다. 다시 말해서 교통신호의 하나는 하나의 설명만을 말해 준다. 신호등의 붉은 색은 정지하는 것을 의미한다. 교통신호나 기호는 직선적이고 분명하기에, 만약 아니라면 교차로에서 대

혼란이 야기될 것이다. 반면에 긴장적 상징은 마음속에 긴장을 불러일으키고 상상을 자극하고 의미를 강조한다. 그리고 청·독자들을 의사소통의 행위에 연루시킴으로써 상황적 언어나 일차원적 의미로 환원될 수 없는 의미를 전달한다. 목자인 양(7 : 17)은 죽임을 당한 어린 양(5 : 5 – 6)처럼 긴장적 상징이다. 긴장적 상징은 객관적 추론 언어로 진술되는 개념을 전달하지 않는다. 긴장적 상징은 정보적이지 않다. 요한의 상징적 언어는 천상의 세계에 대한 객관적 정보를 전달하기 위한 기능을 하지 않는다.

요한계시록의 회화적 언어는 비논리적이고 비추론적이다. 요한계시록의 언어는 논리적으로 일관되지 않은 언어이다. 요한의 언어가 하나님의 초월적 세계의 실체를 전달하려고 시도하기 때문에, 그것은 논리적인 상황 언어의 법칙을 고수하지 않는다. 이것은 요한이 비이성적이라는 의미가 아니라 그가 전달하려는 궁극적 실체가 그런 용어를 분쇄시킨다는 뜻이다. 요한계시록의 해석자는 요한의 초현실적인 그림을 논리적이고 연대기적인 시공간 세계의 제한성에 맞추려고 해서는 안된다.

만일 회화적 언어가 상황적 언어로 환원될 때, 메시지에 관한 모든 함축하지 않고도 특정 그림과 환상, 혹은 상징이 지니고 있는 메시지를 전달할 수 있다. 회화적 언어는 더 큰 논리적 추론 체계가 추구하는 일부분의 기능은 하지 않는다. 창세기의 이야기는 독자에게 가인이 결혼을 하고 아이를 낳는 그림을 보여 준다(창 4 : 17). 만일 독자가 이 그림을 일차원적 논리로 환원한다면, 가인의 아내는 그의 여동생일 수밖에 없다(창 1 – 3장). 그러나 가인의 아내에 관한 그림은 그녀가 누구인지, 어디서 왔는지에 관해 어떤 질문도 일으키지 않는다. 오직 '대답'만 있을 뿐이다. 이런 질문은 종종 이런 종류의 회화적 언어를 오해하기도 한다. 추론이 합법적으로 만들어진 상황적 언어를 객관화시키면서, 마찬가지로 요한계시록의 회화적 언어들은 우리에게 이미지를 드러낸다. 그리고 그 각각의 이미지들은 추론이 만들어지는 객관화 방법이 아니라 그것이 주는 메시지를 자극적이고 막연하게 전달한다. 20 : 13에서 이미 땅과 하늘(창 1 : 1의 우주, 참조. NEB, TEV)과 함께 죽은 뒤에 어떻게 바다가 죽은 자를 내어 놓는가를 묻는 것은 가인이 어디서 부인을 얻었는지를 묻는 것과 같은 방식으로 요한의 언어를 오해하는 것이다. 각각의 그림이 보여 주는 진실은 그것으로부터 추론되는 어떤 특정 요소가 아닌 "그것이 말하려는 것이다". 만일 요한의 언어가 추가적 논지가 추론될 수 있는 추론적 언어로 오해된다면, 그 결과로 충돌하는 요소들이 응집될 것이다. 곧 그의 그림이 직선적 논리라는 관점에서는 아무런 기능도 하지 않는다는 사실을 암시하는 것이다.

요한계시록의 회화적 언어는 통시적인 것이 아니라 공시적이다. 그것은 직선적 논리가 아니라 동시다발적 이미지들의 형태이다. 묵시의 응집성은 상황적 진술의 이차원적 도표나 목록에서 나타날 수 있는 유형의 직선적 논리의 통일체가 아니라 다른 방법들로 서로 짜여 있는 직물과 같다 (Thompson, p. 16). 우리는 이렇게 요한이 궁극적인 실체에 대한 하나의 환상에 대한 그림을 가진 것과 마찬가지로, 만일 명제적 언어로 환원한다면 서로 논리적으로 배치되는 수많은 그림을 만나게 될 것이다(20 : 12의 두 개의 책). 그림 언어는 추론적인 명제적 언어보다 궁극적인 것에 대해 다루는 더 나은 수단인 반면에, 어떤 하나의 그림도 그것의 주제가 간직하고 있는 실체를 전달하거나 파악할 수 없다. 이렇게 같은 실재에 대한 그림의 다양성은 요한계시록에서 많이 발견된다. 그림이 진술로 환원되면 논리적으로 조화를 이루지 못하기에, 하나의 그림으로도 환원될 수 없다. 어떤 그림도 궁극적인 것을 파악할 수 없다. 또한, 모든 그림이 대형 그림으로 모아질 수 없다. 초월적인 진술을 전달하려고 시도할 때, 하나의 환상에 대한 그림이 필요하다. 충돌되는 그림은 '둘 다/그리고' 혹은 '부분적으로/부분적'으로와 같은 방식으로 '조화를 이루지' 않아야 한다. 각각은 그것이 다른 그림과 논리적으로 조화를 이루지 않는다 할지라도, 그것의 완전한 메시지를 간직하여야 한다. 예를 들면, 요한계시록은 때때로 그리스도를 하늘에 계신 지상의 소용돌이 위에 있는 보좌에 앉은 분으로 묘사한다. 이것이 요점이다. 그리스도께서 이미 고난을 당하셨고, 죽으셨고, 승리하셨으므로, 고통을 받은 그리스도인의 모범으로 뒤에 서 계시다는 사실이다. 그러나 그리스도께서는 현재 그의 공동체와 함께 있으며, 함께 고통을 받는 것으로 묘사되고 있다. 명제적이고 객관화시키는 언어인 이러한 진술은 서로 경쟁할 뿐이다. 둘 다 그리스도의 실체를 전달하는 동시에, 두 그림이 모두 다 서로를 위해 희생하지 않는다. 요한의 상징적 언어의 이런 괴이함은 결점이 아니라 궁극적인 것을 다루는 상징 언어의 정수이다.

요한계시록의 회화적 언어는 진리를 운반하는 도구로써 신화를 사용한다. 요한은 로마의 종교와 문화, 그리고 그리스도교 신앙의 종교와 문화 사이에 일어나는 충돌을 초월적 충돌로 간주한다. 곧 하나님 대 사탄, 다시 말해서 신화적 언어로만 적절히 표현되고 있다. 신화란 단어는 다양한 의미로 사용된다. 여기서 그것은 초월적 세계의 실체를 표현하는 일종의 은유적 이야기 언어를 현실적 심상(우리가 가지고 있는 혹은 이해하는 단 하나의 심상)으로 지정하기 위해 사용된다. 신화적 언어는 누군가가 초월적인 세계에 대해 말하고 싶은 그것을 표현하기 위한 전달도구이다. 그런데 그 초월적인 세계는 경험적이고 과학적인 언어에 종속되지 않는 신성한 실재 세계이다.

설교자와 교사는 신화적인 언어에 대해 분명히 알 필요가 있다. 그들이 요한계시록을 이해하도록 돕는 사람들은 '신화'에 대해 다른 평가를 내리게 될 것이다. 몇몇은 모든 신화적 언어에 대해 의심하고, 그것을 진지하게 받아들이는 데 어려움을 겪으며 혹은 신화적 언어에 의해 공격당할 수도 있는 과학적 세계관을 가지게 될 것이다. 다른 이들은 아마 '성경을 믿는 것'을 객관적인 언어처럼 신화적 회화 언어를 이해한다는 것과 동일시할 것이다. 비록 그들이 명제적 언어들의 '상징'을 사용한다는 점에서 '상징적' 세계를 인정하는 것이라고 볼 수 있다(참고. Funk는 이것을 '문학적상징'이라는 말로 표현한다).

이해하기 위한 노력의 가치

요한계시록을 이해하기 위한 실제적인 평가(감정)는 많은 노력을 취할 것으로 보인다. 왜 누군가가 노력해야만 하는가? 거기에는 적어도 다섯 가지 이유가 있는데, 즉 교회법에 의거한(정경적인), 변증의/변호의, 정치적인, 우주적인/환경적인, 적합성의 이유들이 있다.

1. 정경적인 이유. 요한계시록은 우리 성경의 한 부분이다. 우리가 성경을 듣고 이해하기를 바라는 그 이유와 마찬가지로 요한계시록을 알고 이해하는 데 관심이 있다. 즉, 우리가 표준적인 문서들에 의해 그리스도교 신앙으로써 설명하는 메시지를 측정하기 위해서, 또한 우리 정신의 혹은 우리 문화의 종교성에 대한 단순한 메아리가 되어 버린 메시지를 갖는 것을 피하기 위해서이다.

2. 변증적인 이유. 요한계시록은 잠자고 있지 않을 것이다. 요한계시록은 항상 교회와 전체 회중을 위해 누군가에 의해 해석될 것이다. 만약 교회 전통의 주류를 가진 책임감 있는 해석자들이 우리 시대에 대해 신실하게 성경과 요한계시록의 메시지를 설명하기 위해 노력하지 않는다면, 이 과업은 타인에 대한 태만(결핍)을 못 본 체 지나치는 것이다. 그리스도교 설교자들과 선생들은 무책임하고 선정적인 해석자들에게 선교의 과업 속에서 실용적인 대안을 제공할 선천적인(고유의) 책임감이 있다.

3. 정치적인 이유. 우리는 사회적이고도 정치적인 구조 속에서 살고 있는 정치적인 존재들이다. 요한계시록은 정치적인 책이다. 요한계시록은 자기의 영혼만을 하늘에 도달하고자 관심을 갖고 다른 세계만을 향해 있는 개인주의자들을 위해 기록된 것이 아니다. 요한계시록은 어려운 정치적, 사회적 결정들에 굴복해야만(타협해야만) 했던 그리스도교 사회 속에 있던 사람들에게 쓰여졌다. 정절(충성)에 대한 대립(충돌)이 그 책을 차지한다. 즉, 그 책은 초기의 이미지들 속에서 '보좌', '왕국', '권능'을 담고 있다. 그것은 고독한 군중들 중에 고립된 개인들의 사진이 아닌 구속된 도성의 환상으로 결론을 맺는다.

4. 우주적인/환경적인 이유. 요한계시록은 지구와 우주의 운명에 관심이 있다. 우리 세대에서는 세계 종말에 대한 이야기가 성경학자들과 신학자들과 교회 성도들 가운데서 뿐만 아니라 물리학자들과 지질학자들과 천

문학자들과 정치인들 사이에서도 말하여지곤 한다. 심각하고 심오한 책들로 넓게 읽히는 두 권의 책, 「코스모스」(*Cosmos*, Karl Sagan)와 「지구의 운명」(*The Fate of the Earth*, Schell)은 지구의 종말이 실제로 가능하다는 문맥 안에서 지구에 대한 인간의 진짜 책임에 관심이 있다. 요한계시록에 대한 연구는 그러한 논쟁들을 그리스도교 신학적 문맥을 밝혀 줌으로써 받아들이게 한다.

5. **적합성.** '적합성'은 '적당함'을 의미한다. 요한계시록은 우리 시대에 적당하다. 왜냐하면, 많은 면에 있어 요한계시록의 시대가 우리의 시대와는 달랐다는 사실에도 불구하고, 요한의 시대와 우리의 시대는 근본적인 면에 있어 상당히 비슷하기 때문이다. 요한은 전-그리스도교(pre-Christendom) 국가 상황에서 살았다. 즉, 요한은 문화적 유산의 일부로써 그리스도교 관점들과 그리스도교 가치들을 전달하기 위한 힘을 가진 그리스도교 문화가 있기 전의 상황에서 살았다. 요한이 편지를 썼던 그리스도교 공동체들은 다원적 세계에서 적합성이나 존경할 만한 것이나 인상적인 규모 혹은 공공시설도 없는 소수파였다. 그 소수파들은 그리스도교를 믿는 자유를 표현할 문화에 의존할 수밖에 없었다. 그 공동체들은 신앙심이 깊은 문화의 반영이 아닌, 삶의 의미와 가치에 대해 다른 선택권이 제공되는 문화 안에 있었다. 그리스도인이 되는 것은 이 그리스도교 메시지에 대한 증인이 되는 것을 의미했다. 이것이 요한계시록에서 증인의 언어와 증거가 그러한 큰 역할을 하는 이유이다. 우리 역시 그리스도교 국가가 없는 상황에서 살며, 또한 다원론의 세계에서 교회가 다시 한번 소수파인 상황에서 살고 있다. 심지어 그리스도교 국가의 남은 자들이 존속하고 있는 서양 국가들 안에서조차, 교회는 다원론의 사회와 경쟁함에 있어 한 목소리에 불과하다. 요한계시록은 그러한 교회에 대한 적절한 메시지를 가지고 있다. '적합성'은 또한 정상 상태의 존재, 훈련된 상태를 의미한다. 요한계시록 연구는 다원론의 세계에서 그리스도의 제자들이 되기 위한 그리스도인들을 갖추도록 도울 수 있다.

종교, 역사, 그리고 문화에 끼친 요한계시록의 영향

우리는 요한계시록이 역사의 종교적인 소음과 변덕에 대한 병적인 매력과 환상을 주고 있음에 감사해야 할 것이다. 요한계시록은 우리의 문화와 역사에 영향을 미치는 이미지들을 정하는 위대한 정신을 끌어당기며 고무시킨다. 예를 들어, 예술사에 있어 어떤 사람은 알브레트 뒤러(Albrecht Dürer)의 목판화 시리즈와 말하자면 "선지자 요한과 그리스도"를 생각하고, 또 시스틴 성당에 있는 미켈란젤로의 "최후의 심판" 과 겐트(Ghent-지명)제단화에 있는 휴베르트 장 반 아익크의 "양의 숭배"를 생각한다. 최근의 연구는 중세 로마 천주교의 형태가 요한계시록 21 : 1~22 : 6의 천상도시의 형태에 의해 영향을 받았다는 것을 보여 주고 있다. 「하나님의 도성」(City of God)(20. 17) 이라는 책 가운데 '땅으로 향해 가는'이라는 반복되는 진술 속에서 교회를 하나님의 도성으로 해석한 요한계시록에 대한 아우구스티누스의 해설을 좇아, 예술가들과 건축가들은 새 예루살렘의 아름다움에 대한 요한의 비전에 의해 많은 영향을 받았다. 즉, 그들은 돌과 유리, 그리고 빛과 색상으로 만든 그들의 위대한 작품 속에서 새 예루살렘의 아름다움을 반영하기 위해 시도했다(참조. Rissi, *The Future of the world,* p.39). 음악에 있어서 헨델(Handel)의 "메시아" 같은 오라토리오와 메튜 브릿(Matthew Bridges)의 "면류관 가지고"(찬송가 25장) 같은 대중적인 찬송가들과 다른 많은 찬송들("거룩, 거룩, 거룩! …… 유리바다 주위에 그들의 금면류관을 내려놓으며")로부터 오는 언어와 심상이 생각이 난다. 성직자 요셉(고대 예언들과 비교한 유럽의 현재 상태)과 아이삭 뉴톤(다니엘서와 요한계시록에 대한 고찰)과 같은 학자들은 요한계시록의 제자들이다. 문학에 있어서도 조지 엘리오트의 「로모라」(*Romola*), 에드먼드 스펜서의 「요정여왕」(Faeire Queene), D. H. 라우렌스의 「묵시록」(Apocalypse), 단테의 「신곡」(Divine Comedy), 토마스 홉스의 「리워야단」(Leviathan, 정치철학서) 과 존 밀튼의 「잃어버린 파라다이스」(Paradise Lost)를 언급할 수 있다. 구속된 사회질서에 대한 요한계시록의 환상은 다니엘 베리건과 마틴 루터 킹 주니

어과 같이 많은 환경들과 영향들 속에서 부정의와 학대에 저항하는 자극을 주었다.(마틴 루터 킹의 "We Shall Overcome"은 요한계시록에서 수동적인 저항으로 극복했던 이들의 환상에 의해 고무되었다. KJV에서 'overcome'〈승리〉은 'conquer'〈정복〉으로 번역되었다.)

현대교회를 위한 요한계시록의 메시지

앞서 말한 토의는 요한계시록이 우리 시대에 **대하여**(about) 말하지는 않을지라도 우리 시대**에**(to) 말하고 있다는 믿음으로 기록되었다. 요한계시록이 예술, 음악, 문학을 위한 영감 때문에 중요한 것만큼 교회를 위한 요한계시록은 즐기기 위한 미술작품으로써가 아닌, 듣고 순종하기 위한 메시지의 전달수단으로써 중요하다. 요한계시록 본문 그것 자체를 불필요한 것으로 만드는 방식으로 요한계시록의 메시지를 요약하고자 시도하는 것은 요한계시록의 편지 양식에 대한 모독일 것이다. 이어지는 주해는 요한계시록의 의미에 대한 진술로써 의도되지 않는다. 이어지는 주해는 본문과의 만남을 용이하게 하기 위한 목적으로 의도된다. 즉, 그 본문 속에서 요한계시록이 독자의 마음과 심상 속에 메시지를 전달할 것이다.

제1장
하나님께서 각 도시에 있는 교회에 말씀하신다

요한계시록 1 : 1~3 : 22

제1장

하나님께서 각 도시에 있는 교회에 말씀하신다

요한계시록 1 : 1~3 : 22

예수 그리스도는 죽거나 부재하거나 숨거나 고요하지 않다. 예수께서는 그의 교회들 가운데 현재하시며, 예수께서는 하나님으로부터 궁극적으로 오는 계시와 그의 선지자를 통하여 교회들이 처한 상황 속에서 고민과 위기에 대해 말씀하신다(1 : 1–3). 부활하신 그리스도로부터 오는 이 메시지는 밧모섬에서 요한과 함께 시작하는 편지 형태로 전해진다(1 : 4–8). 밧모섬은 요한이 고귀한 그리스도의 환상을 받은 곳이며(1 : 9–20), 그리스도의 말씀은 일곱 개의 메시지로 그 교회들에게 전해진다(2 : 1–3 : 22).

요한계시록의 처음 세 장은 함께 해석되어야만 하는 하나의 분리할 수 없는 단위를 형성한다. 1 : 9~20에서 그리스도의 환상은 그것 자체로써 해석될 수 없다. 왜냐하면 이 환상에서 그리스도의 유일한 행위는 일곱 교회에 메시지를 일러 주는 것이기 때문이다. '**일곱 교회에 대한 편지들**'은 1장의 그리스도의 환상으로부터 떨어져서 해석될 수 없다. 1장에서 일곱 교회에 대한 편지들이 단어나 형식에 있어 완전하게 연결되어 있다. 1장에서 그리스도의 현현이 2~3장의 메시지(일곱 교회의 메시지들)의 목적으로써 생각되기 때문에, 일곱 개의 메시지는 그것의 기초로써 1장의 그리스도의 현현으로 거슬러 올라간다. 반대로 3장과 4장 사이에는 내용이나 형식에 있어 분명한 분리가 있다. 1~3장에서의 장면은 이 세속의 관계들을 가진 세상의 장면이다. 4 : 1에서는 요한 때문에 그 장면의 변화들이 천상의 세계로 올라가고, 메시지는 초월적인 면이 된다. 아래에서 논의된 더 작은 단위들로부터 설교하거나 가르칠 때, 1~3장의 더 큰 단위 속에서 그들의 문맥이 마음에 있어야만 한다.

요한계시록 1 : 1~3

제목의 요약

우리의 성경에서 그 제목인 '요한계시록'과 필사본에서의 제목의 변화들은 요한으로부터 온 것이 아니라 정경화 과정 가운데 교회의 편집자들에 의해 붙여졌다. 그 문서에 대한 진정한 제목의 요약인 요한의 '**제목**'(title)은 1~3절에서 발견된다. 요한의 제목은 구약 선지서의 제목들과 유사하고, 따라서 요한의 편지를 듣고 읽는 이들의 마음에서 요한의 제목은 예배 가운데 읽혔던 것, 곧 그들이 익숙했던 성경의 선지서와 동일시된다(참고. 사 1 : 1 ; 렘 1 : 1 ; 겔 1 : 2-3 ; 호 1 : 1 ; 엘 1 : 1 ; 암 1 : 1 ; 옵 1 : 1 ; 미 1 : 1 ; 나 1 : 1 ; 합 1 : 1 ; 습 1 : 1 ; 학 1 : 1 ; 슥 1 : 1 ; 말 1 : 1). 요한의 편지는 아직 그의 독자와 청중들을 위한 성경이 아니다. 그들의 성경은 구약이었다. 그러나 요한은 그의 글을 성경적인 계시와 연속성 속에 놓았다. 여기서 말씀하시는 그 하나님은 성경의 선지자들의 말씀을 들은 이들의 하나님과 다르지 않다.

요한의 처음 단어들 속에서 요한은 계시가 '알려졌다'고 지적한다(1 : 1 ; RSV에 '알려진'). 요한이 계시의 행위에 대한 중요한 동사로써 사용한 헬라어 단어는 'esemanen'이다. 명사 'semeion'의 동사형은 일반적으로 신약의 다른 곳(예. 요 20 : 30)에서 '알리다, 나타내다'로 번역되며, 위에서 논의된 그대로 '상징'을 의미한다(상징적이고 신화적인 언어를 해석하는 것). 하늘로부터의 계시는 단순히 곧장 나오는 기록이 아니다. 왜냐하면 하늘의 것들이 그렇게 간단하게 말해질 수 없기 때문이다. 그러나 초월적인 실재들을 숨기지도 않는다. 그것은 해석과정에 청중과 독자를 끌어들이며, 연상되는 이미지들의 연속 속에서 그것들(초월적 실재)을 지적한다.

교회에 의해 후기에 붙여진 그 제목은 요한계시록을 그 책과 동일시한다. 요한 자신은 그것을 예수 그리스도의 계시로 동일시했다(1 : 1). 영어에서 그 경우가 마찬가지인 것처럼, 여기서의 'of'는 요한의 헬라어 본문에서도 애매하다. 그것은 목적의 속격으로써 '예수 그리스도에 관한 계시' 혹은 주격의 속격으로써 '예수 그리스도로부터의 계시' 혹은 이 둘의 조합으로써 선택될 수 있다. 그 문법(관계구와의 접목)뿐만 아니라 그 신학과 그리스도교 예언의 속성 모두가 요한이 주격적 속격으로 표현하고자 의도했다는 사실을 가리킨다. 독자와 청중이 받고자 한 것은 예수로부터의 계시, 즉 예배 속에서 그의 회중들과 함께 현재하시며, 예언적 말씀 속에서 그들에게 말씀하시는 교회의 부활하신 주님으로부터 오는 계시다.

그러나 계시는 예수와 함께 고안된 것이 아니다. 그가 하나님께로부터 받은 것이 바로 '계시'이다. 그러므로 전체적으로 계시의 내용은 '하나님의 말씀'(1 : 2 ; 19 : 9)이라고 불릴 수 있다. 계시는 예수로부터 교회로 직접 온 것이 아니다. 계시는 천사와 특별히 요한을 통하여 기인된 것이다. 그 이유로 전반적으로 요한계시록은 '(요한이-저자주) 보았던 모든 것'(1 : 2)이라고 볼 수 있다. 요한계시록이 전체적으로 그리스도와 그리스도의 증언으로부터 계시된 하나님의 말씀이라고 불릴지라도, 동시에 인간 요한이 권한 말이라는 차원도 우리에게 신학적으로 중요하다. 요한은 하나의 분리할 수 없는 계시적 사건으로써 신적인 말씀과 인간의 말을 동시에 마음에 품었다.

하나님께서는 계시의 궁극적인 근원이시다. 계시를 통해 듣게 된 말씀은 결국 하나님의 말씀이다(2절 ; 참고. 19 : 9, 13). 요한의 신학은 철저하게 하나님 중심적이다. 창세기 1 : 1과 요한계시록 1 : 1 말씀처럼, 첫 문장에 나타나 있는 능동태 동사는 계시의 실체이시며 철두철미하게 감추어져 있는 관여자이신 하나님을 보여 주고 있다. 요한에게 있어서 그리스도는 하나님의 경쟁자이거나 대안이 아니다. 그러면 요한에게 하나님은 누구신가? 우리는 궁극적인 실체이신 그분에 대해서 어떻게 생각하여야 하는가?

그리스도는 계시적 '연결 고리'에서 결정적인 구성원이시다. 요한계시록은 '예수를 통한 하나님의 계시'라고 말하지 않고, 예수께서 연결 고리로써 유일한 구성원이시라는 사실을 말하고 있다. 예수께서는 여럿 중의 하나가 아니시다. 그러므로 그분은 계시적 연결 고리의 구성원 중에 첫 번째 분이다. 요한에게 있어서 하나님께서는 예수를 통해 계시된 분보다 우리가 이미 알고 있는 여러 다른 기초가 되는 누군가가 아니다. 예수께서는 하나님에 대하여 보다 많은 정보를 주시는 분이다. 하나님께서 교회에게 말씀하시는 것과 교회를 통하여 세상에 말씀하시는 것은 모두 그리스도를 통하여 전달되는 것이다. 일반적으로 그리스도인들이 갖고 있는 믿음처럼 요한에게 있어서 하나님께서는 예수 그리스도를 통하여 명확하게 계시된 유일한 분이시다. 계시에 관한 그리스도론적 확증은 "예수께서 누구인가?"라는 질문에 응답하는 것이 아니라 "하나님께서 누구신가?"라는 질문에 응답하는 것이다(참고. Ogden). 하나님께서 그리스도에 의해 정의되는 것처럼 '예수'에 의해서 그리스도께서 정의된다. 요한에게 예수께서는 교사나 기적을 행하시는 분 정도가 아니다. 본질적으로 그리스도께서는 비참하게 죽은 희생자가 아니라 구원을 이루시기 위해 하나님께서 행하신 분으로서 로마인들의 손에 죽으신 분이다. 그리스도께서 예수에 의해 명시되는 것처럼 예수께서는 '우리를 위해 죽으신 분'(1 : 5b ; 5 : 9)으로 명시된다. 예수 안에서 하나님께서는 그 자신을 다른 사람을 위하여 고통을 당하시는 분으로 정의되시고, 고통을 당하시면서 보여 주신 사랑은 창조의 속죄에 대한 수단이 된다.

천사는 초기 그리스도교의 계시적이고 환상적인 상황에서 빈번하게 나타나는데, 묵시문학(참고. 단 9 : 20－23 ; 제2에스드라서 41)에서 나타나는 대표적인 형상이다(참고. 눅 1 : 11－23, 26－38 ; 행 10 : 3 ; 27 : 23). 이 구절들에서 계시를 전달하는 천사들은 요한계시록 14~17, 20~22장처럼 환상에서 중요한 역할을 한다. 그러나 요한은 너무 많이 천사들로 만들어지는 것을 경계했다. 바울과 마찬가지로 요한의 세계관은 천사적인 존재의 실체를 묘사한다(참고. 갈 1 : 8 – 9 ; 롬 8 : 38 – 39). 그러나 그는 독자들로 하여금 단지 그리스도인들과 같이 하나님의 피조물이기에 초월적인 명예가 허용되지 않는다는 사실을 이해하기를 원한다(19 : 9 – 10 ; 22 : 8 – 9 ; 대조. 골 2 : 18). 그러므로 천사는 1세기의 관점과 동일하게 계시의 사건에 나오는 틀에 박힌 역할을 감당한다.

요한 자신은 하나님의 말씀을 세상에 중재하는 계시의 연결 고리에 있어서 없어서는 안될 중요한 요소이다. 그가 전한 예언의 모든 말씀은 그 자신의 개인적인 특징을 보여 주고 있는데, 그 이유는 그가 자신의 언어와 자신의 상황 속에서 글을 썼기 때문이다. '하나님의 말씀과 예수 그리스도에 관한 증거'(2절)는 전체 요한계시록에서 양자택일의 성격이 아니라 오직 하나의 진리로 간주된다. 계시적 사건이 지금 여기서 일어나는 사상이 되는 방법은 설교의 행위에서 나타나는 것과 똑같지는 않지만, 설교자의 반복적인 말씀은 인간적인 말을 넘어서 끊임없이 하나님의 말씀이 된다. 이것은 모든 사람을 위해 오신 예수께서 참 인간이시지만 하나님의 현존과 계시를 통해 성육신하심으로써, 끊임없이 하나님의 계시 그 자체가 되는 것과 마찬가지이다.

요한뿐만 아니라 **주님의(하나님의/예수의) 종들**은 계시를 받는 사람들이다. 요한의 계시적 경험은 그 자신에게 개인적인 유익을 간직하기 위한 종교적 경험만을 의미하는 것이 아니다. 일반적으로 그리스도교의 예언은 예언자 자신의 사적인 삶에서가 아니라 공동체의 예배생활에 그 배경을 두고 있다. 요한은 사명의 중개인으로서 연결 고리 역할을 한다.

세계는 이 연결 고리에 명확하게 드러나지는 않는다. 이것은 예언적 메시지가 신앙 공동체에게 영향을 미친다는 관점과 일치하고, 예언의 말씀을 받아들이고, 이해하고, 비평하기 위해 준비된 예언적 설교 전통을 가지고 있는 공동체의 관점과 일치한다(고전 14 : 29). 그러나 예언적 메시지는 내부 사람들에게만 국한되지 않는다. 그러므로 그것은 또한 밖의 사람들에게도 영향을 미친다(고전 14 : 23 – 25). '세계'는 항상 내재적으로 예언적 메시지에 포함된다. 이것은 여기에 두 번 언급된 예언에 대한 증거의 본질과 일치한다(예수 그리스도를 증거하기 위해 '증거를 받은' 요한). 이러한 내용은 요한계시록 전체에 걸쳐서 나타날 정도로 중요한 개념이다(1 : 9 ; 6 : 9 ; 12 : 17 ; 19 : 10 ; 22 : 16, 20). 그의 예언적 메시지는 교회에 영향을 주었지만, 그렇다고 교회를 사적인 즐거움으로 이용한 것은 아니다. 예언적 메시지에 근거하여 교회는 세상에 증인의 삶을 살게 되고, 요한계시록에서 말하는 하나님의 사랑과 궁극적인 돌봄을 전파하게 된다. 이로써 계시적 연결 고리는 하나님, 그리스도, 천사, 예언자, 교회에로 이어지는 연결 고리로 나타난다.

서두는 축복의 말씀과 함께 요한계시록을 읽는 독자들과 그 안에 포함되어 있는 예언의 메시지를 듣고, 복종하는 사람들에게 임하는 축복의 선언을 보여 준다(1 : 3). 요한계시록이 정확하게 일곱 개의 축복(1 : 3 ; 14 : 13 ; 16 : 15 ; 19 : 9 ; 20 : 6 ; 22 : 7, 14)을 가지고 있는 것은 요한이 그러한 형식 자체를 아주 중요시하고 있다는 증거이다. 축복은 이스라엘의 예언자들에 의해 사용된 것이며(사 19 : 25 ; 30 : 18 ; 56 : 2 ; 렘 17 : 7), 예수께서도 받아들인 것이며(마 5 : 3－12 ; 눅 6 : 20－23), 그리스도교 예언자들에 의해 묵시문학에서 계속적으로 강력하게 사용된 언어 형태 중의 하나이다. 축복이 예수와 예언자들에 의해 사용될 때, 그것은 상식적으로 틀에 박힌 지혜에 대한 표현이 아니라(참고. 잠 3 : 13 ; 시락서 25 : 8), 경험적 증거에 입각한 실제적인 방법을 선언하는 것이었다. 축복은 실천적이고 직설법적인 언어로 표현된다. (결혼 의식에서 "나는 약속한다." 혹은 개인적인 관계에서 "나는 너를 용서한다."와 같이) 직설법적인 언어일수록 단지 발생할 무엇인가를 묘사하는 것이 아니다. 그것은 무엇인가를 발생하게 한다. 다시 말해서 이 말은 축복을 발생하게 한다는 사실이다. 그러므로 축복의 선언은 축복을 실제로 가져오게 한다. 설교와 교육의 경우에 축복의 말씀은 결코 충고의 말씀으로 왜곡되지 않는다. 요한계시록의 서두 문맥에서 청·독자들에 대한 축복의 선언은 "우리는 진실로 성경을 읽어야 합니다."라는 의미를 주는 것이 아니라 실제로 축복이 청·독자들에게 임하기를 기원하는 것이다. 그러므로 이 서두는 예배를 드리기 위해 모이는 성도들과 부활하신 그리스도에게서 메시지를 듣게 될 성도들을 가정하고 있다. 그러므로 그러한 모임 자체가 축복이라는 사실을 선언하고 있다.

축복은 성경이 가르치는 말씀에 귀를 기울이는 사람들을 감싼다. 그리고 요한계시록에 의해 중재된 예언적 말씀에 순종함으로써 응답하는 사람들을 감싼다. 다시 말해서, 축복은 개인적 차원에서 이해되어서는 안 된다. 어떠한 상황 속에서도 신실한 공동체의 일원으로 살아가고자 하는 사람들, 특히 (그리스도에) 반대되는 문화적·정치적 압력에도 불구하고 주님이신 그리스도에 대한 신앙 고백에 참여하고, 다른 그리스도교 구성원들과 단결하고, 그리스도 안에서 명백해진 하나님의 말씀에 응답하는 삶을 살아가는 그리스도교 공동체에 임하는 것이 바로 축복이다. 그러나 축복이 경험적으로 나타나기도 하기에 요한은 이러한 공동체에게 축복을 선언하고 있다. 이러한 선언이 신앙적으로 수용될 때, 그러한 직설법은 명령법과 함께 들려질 것이다. 그러므로 은혜가 곧 사명이 된다.

숙 고

요한계시록에 나타난 '종말이 가까움'을 해석하기

요한이 우리에게 전하는 내용이 지니고 있는 분위기를 전달해 주기 전에 이 서두에서 두 번에 걸쳐서 '일어날 일들'(1절)과 "때가 가까움이라"(3절)라는 말씀을 통해서 말세의 일들을 지적하고 있다. 이러한 언급은 우연한 것이 아니다. 그러므로 이러한 언급은 요한의 메시지에서 없어서는 안 될 아주 중요한 내용이다. 첫 번째 경우는 그가 의도적으로 다니엘 2 : 28을 빌려서 표현하고 있는 내용이다. 두 번째 경우는 독자들에게 순종적인 마음을 일깨우며 이 서두를 확실하게 결론짓고 있다.

요한처럼 우리도 종말이 가까운 것을 바로 알고서 올바르게 대처해야 한다. 종말에 관한 주제는 묵시문학뿐만 아니라 신약을 해석하는 데 아주 근본적인 요소이기 때문이다. 이 주제를 올바르게 터득한 해석자들은 전체적으로 신약을 이해하는 데 큰 도움을 받을 수 있다.

우선 종말이 가까웠다는 모티프는 묵시문학의 틀 속에서 만들어진다는 사실을 알아야 한다. 요한계시록은 1 : 1, 3에서 뿐만 아니라 다음과 같이 다양하게 종말이 가까웠다는 사실을 증거하고 있다.

2 : 16. 부활하신 예수께서 곧바로 다시 오실 것이기 때문에 버가모의 성도들에게 경고를 주고 계시다.

2 : 25. 부활하신 예수께서 두아디라에 있는 신실한 자들에게 '내가 다시 올 때까지' 그들이 가지고 있는 믿음을 굳게 붙잡을 것을 격려하신다. '오신다'는 언급에서 어떤 간격이 발견되지는 않지만, 실제로 더디 오시는 상황이 발생하더라도 잘 참고 인내할 것을 촉구하는 말씀이다. 만일 기다리는 시간이 몇 백 년이 된다면, 참으로 고된 인내의 시기가 필요할 것이다.

3 : 11. 빌라델비아 교회에도 이와 유사하게 "내가 속히 오리라."라는 말씀이 신실한 자들에게 격려의 말씀으로 들려진다.

3 : 20. "볼지어다 내가 문 밖에 서서 두드리노니"라는 말씀은 라오디게아 교회를 위한 공간적인 이미지를 나타낼 뿐만 아니라 묵시문학에서 종종 그리스도께서 오시기 전에 짧은 기간이 남아 있다는 사실을 보여 주고 있다. 이미 그는 문 앞에 서 계신다(참고. 막 13 : 29 ; 눅 12 : 36 ; 약 5 : 9).

6 : 11. 종말에 나타날 하나님의 심판을 세상에 외치면서 '얼마나 오랫동안'인지 물어보는 하늘에 있는 순교자들의 영혼들은 이미 "조금만 더 기다리면 된다."라는 응답을 받았다.

10 : 6. 창조주 하나님께서 보이신 환상 중에 하늘의 '전능한 천사'가 '더 이상 지체되지 않을 것'이며, '그가 그의 종 선지자들에게 알려 주셨던 하나님의 신비'가 역사의 마지막 때에 하나님의 통치를 확립하기 위한 신적인 계획을 통해서 이제 성취될 것이라는 사실이 증거되고 있다.

11 : 2~3 ; 12 : 6. 요한계시록에 언급된 가장 오랜 기간은 42달 혹은 1,260일인데, 이는 다니엘 7 : 25 ; 8 : 14 ; 9 : 27 ; 12 : 7과 요한계시록 11~12장에 예언된 세 때나 한 때와 두 때와 반 때에 해당하는 내용이다.

이 기간은 전통적으로 묵시문학에 자주 등장하는 기간이다(참고. 눅 4 : 25 ; 약 5 : 17은 왕상 17 : 1 ; 18 : 1에 비교하라). 요한이 문자적으로 종말 이전에 얼마나 많은 시간이 남겨 있는지 정확하게 정의를 내리지 않았음에도 불구하고, 얼마나 많은 시대와 세대가 그 기간을 정의하려고 해석했는지에 관심 갖는 것은 무의미한 일이다.

12 : 12. 요한의 관점에서 요한의 교회들을 괴롭히는 악이 '그때가 짧다'는 사실을 알기 때문에 최후의 발악을 할 것이다.

17 : 10. 모든 일곱 왕들이 모일 것이다. 요한과 그의 청·독자들은 여섯 번째 시기에 살고 있다. 이 구절을 정확하게 해석하기 어렵지만(아래 주석을 보라.), 요한의 관점에서 오직 한 왕이 더 종말의 때가 시작되기 전에 통치할 것이라는 사실에 관해서 분명히 말하고 있다.

22 : 6. 천사가 앞선 환상에서 '곧 무슨 일이 일어날 것인지' 드러낸다고 선포한다.

22 : 7. 부활하신 그리스도께서 "내가 속히 오리라."라고 선언하신다.

22 : 10. 다니엘서와 대조적으로 봉인된 문서가 취급하고 있는 사건들이 발생하기 전에, 그리고 적당한 때까지 '봉인되기' 전에 수 세기 동안 기록된 문서가 봉인되지 않을 것이다. 이것은 그 문서가 봉인되기 이전의 시대에 있었던 사건을 다루는 것이다.

22 : 12. 부활하신 그리스도께서 그가 속히 오시리라고 (다시) 선언하신다.

22 : 20. '속히'란 말이 1 : 1에서 요한의 가장 첫 말인 것과 같이 "내가 진실로 속히 오리라"라는 말씀은 그가 천국으로부터 마지막에 들은 말씀이다.

종말이 가까웠다는 이 강조점은 요한계시록의 특성만은 아니다. 저자가 살던 시간 속에서의 역사의 종말이라는 것은 묵시적 사고를 구성하는 한 부분이 된다(서론을 보라). 그러므로 이것은 요한계시록에만 나타나는 것이 아니라 성경의 안팎을 통해 다른 묵시문학들에서도 보인다.

가장 초기 그리스도교를 구성했던 주된 요소(성분)들은 그들의 새로운 믿음을 예언적 용어 속에서 이해하고 표현했다. 그리하여 그들이 마지막 세대일 것이라는 것을 가정하면서 말이다. 예수의 부활은 모든 부활의 종말론적 사건의 시작이라고 해석되었다. 예수는 '처음 열매'(고전 15 : 20)였다 ; 종말론적 추수의 나머지(잔여)가 그 다음으로 따라왔던 것이다. 이 종말론적 흐름의 사고(생각)는 많은 신약 문서들의 메시지 속에 편입되었다. (예. 마 4 : 17 ; 10 : 23 ; 16 : 28 ; 24 : 34, 44 ; 막 1 : 15 ; 9 : 1 ; 13 : 28－30 ; 눅 9 : 27 ; 12 : 40 ; 18 : 8 ; 21 : 25－32 ; 롬 13 : 11－12 ; 16 : 20 ; 고전 7 : 25－31 ; 15 : 52 ; 빌 3 : 20－21 ; 살전 1 : 9－10 ; 4 : 13－18 ; 약 5 : 7－9 ; 벧전 4 : 7 ; 요일 2 : 18)

처음 그리스도교 세대들에게 여러 가지 일련의 위기들은 역사의 마지막 사건들을 마침내 그들이 겪고 있고, 종말이 그들에게 지금 임했다고 확신시켰다. 이렇게 갈리굴라(Caligula)가 39년 예루살렘 성전에 자신의 동상을 세우려 할 때와 66~70년에 팔레스타인에서 있었던 대파국적 전쟁 기간과 64년 로마에서 네로의 핍박과 가뭄과 지진, 앞으로 올 10년 동안의 베수비어스(Vesuvius)의 화산 분출은 유대인들과 그리스도인들에게 종말론적 동요를 널리 퍼지게 했다. 그러나 이러한 위기적 상황들이 임하고 사라졌음에도 불구하고 종말은 오지 않았다. 그리스도인들은 눈에 보이는 그들의 종말론적 소망이 안겨 준 실망감에 대해 어떻게 반응해야 했을까?

1. **거부함.** 어떤 사람들은 이와 같은 종말론적 기대감이 오류라 결정하고 단순히 거부하였다. 그리스도교의 영지주의적 흐름은 하나님의 전능한 종말적 행위로 수평적 역사의 선상에서 구원을 이루실 것에 대한 소망을 포기했다. 그리고 각각의 영혼은 초월적 세상을 구하게 되거나, 또는 그들의 현재 종교적 경험 속에서 내세적 실체를 이미 즐기고 있다는 수직주의 속으로 후퇴했다. 이런 관점들은 외관상으로 베드로후서(참고. 3장)의 반대자들에 의해서도 주장되었다. 그리고 요한의 반대자들, 니골라당(계 2 : 6, 15), 그리고 발람(2 : 14)의 가르침을 주장했던 이세벨(2 : 20)을 따르는 자들에게서도 공유되었다.

어떤 현대 해석자들은 종말론이 그리스도교 신학이 존립할 수 있는 형식이라는 사실을 단순히 거부함으로써 요한계시록의 종말론적 기대감에 반응하고 있다. 이러한 현상은 얼마나 종말론적 사상들이 신약 전체를 통해, 그리고 그리스도교 신앙에 깊숙이 뿌리를 박고 있는지를 깨닫지 못하고 있기 때문에 자주 일어나고 있다.

2. 재해석. 다른 그리스도인들은 첫 세대의 종말론적 언어를 고수하면서도, 종말이 다가올 때 실패할 것이라고 보면서 묵시문학적 언어를 재해석했다. 이런 해석은 기본적으로 두 종류가 있다.

한편으로, '속히'(soon)란 말은 '속히'란 의미가 아니다. 어떤 초기의 그리스도교 신학자들은 역사의 종말에 (일어날) 하나님의 종말론적 승리에 소망을 가지고 있었지만, 그것을 무한한 미래의 시간으로 연기했다. 그들은 "종말은 속히 오고 있다."라는 초기 그리스도교 믿음을 재확인했지만, '속히'란 의미를 문자상이 아닌 방법으로 재해석했다. 베드로후서의 저자는 시편 90 : 4을 통해 천년이 하나님의 눈에 단지 하루와 같다는 사실이 그에게 초기 그리스도인들과 다른 개념으로 '속히'란 단어를 이해하게 될 수 있는 본문으로 찾을 수 있었던 것에 대해 기뻐했다(벧후 3 : 3－13). 누가는 그리스도교 선교의 시간이었던 교회 역사의 세대가 정립되는 기간이 허락되도록 예수와 교회의 이야기를 다시 적는다. 예수께서 종말에 오시지 않고, 역사의 한가운데에 오신다. 예수의 시대 이후에 교회의 시대가 그 뒤를 잇고, 마침내 종말이 임하기 전에 무한하게 지속될 선교의 시대가 그 뒤를 잇게 된다. 항상 가까운 종말에 대한 기대를 단지 외견상의 기대감으로만 설명하는 요한계시록의 해석자가 존재해 왔다. 이 관점에서 종말은 사실상 속히 오지 않았기 때문에, 요한은 이것을 알고 있었으므로, 요한계시록은 사실상 머나먼 장래의 일을 마음에 그리게(상상하게) 된다. 요한이 그 자신의 미래를 몇 세기를 넘어 일어날 일들을 예언하기를 의식적으로 작정한 것에 대해 교회－역사적이고, 종말－역사적, 세대주의적인 해석법(서론을 참고)은 보편적으로 이 관점에 동조한다. 요한이 종말의 가까움에 대해 기대한 것이 틀릴 수 없었다는 교리로 '성경의 신뢰성'(reliability of Scripture)을 이해하는 또 다른 보수적 현대 해석자들은 '속히'라는 의미와 관련하여 종말의 임박함은 연대적인 것이 아니라 윤리적인 것이라고 해석한다(Bruce, p. 665).

다른 한편으로, '종말'은 '종말'을 의미하지 않는다. 교회의 시작과 성령의 부으심으로 약속된 '종말'은 사실상 '속히' 왔다는 것으로 다시 정의되면서 초기 믿음을 재확인했던 2세대와 그 뒤를 잇는 세대의 그리스도교 신학자들이 있다. 예언적 실체는 더 이상 문자적으로 이해되지 않았다. 그것들은 영적으로 변화되었고, 그리스도교 삶에서 현재적 체험의 한 부분으로 이해되었다. 1세대(바울!)의 믿음의 한 범위를 구성했던 이러한 종류의 '실현된 종말론'은 특별히 복음서 기자들과 요한의 편지들에서 발전되었다. 이 저자들은 종말에 올 것을 기대하는 모든 실체들이 이미 현실에서 실현된 것으로 재해석한다. 적그리스도는 교회 안에 있는 거짓 선생들이 존재하는 것으로 재해석된다(요 12 : 18 ; 4 : 3) ; 예수의 다시 오심은 영 곧 보혜사 성령으로 재해석된다(요 14 – 16장). 사탄의 패배는 예수의 사역 기간(요 12 : 31)에 일어난다. 더군다나 부활은 그리스도인의 새로운 삶 속에 일어난다(요 11 : 21 – 26 ; 참고. 8 : 51). 심판은 현재의 심판자이신 그리스도와의 만남에서 일어나고(요 3 : 18 – 19 ; 12 : 31, 48), 영생은 이미 믿는 이의 현실적 소유가 된다(요 3 : 36 ; 6 : 47 ; 17 : 3). 요한계시록을 해석하는 어떤 현대 해석자들은 가까운 기대감을 이와 같은 방법으로 다룬다(예. Caird, pp. 12, 32, 49, 90, 209, 236 ; Minear, 신약 묵시문학, pp. 48 – 63).

3. 재확증. 위협과 핍박의 시간들 속에서 2세대와 3세대 그리스도인들은 초기의 예측이 잘못되었다 하더라도 이제 종말은 사실상 가까웠다는 고대의 종말론적 기대감에 대해, 확신을 가지고 소생시켰다. 그들의 상황 속에서 종말론적 언어는 다시금 인식되었고, 반대로 경험되는 모든 증거에도 불구하고 믿음에 의지하게 하는 아주 급박하게 필요한 도구가 되었다. 그러므로 요한과 비슷한 환경에서 쓰인 베드로전서에서 저자는 종말이 가까웠다는 기대감을 시련과 핍박의 국면 속에서 그리스도교적 확고함을 가지기 위한 하나의 동기로 재생한다(4 : 7 ; 참조. 4 : 16 – 17 ; 5 : 9 – 10).

요한계시록은 이 범주에 속한 것으로 이해하는 것이 가장 좋은 사고이다. 요한이 "때가 가까움이라"(1 : 3)라고 말했을 때 그는 그의 편지에 그렸던, 그리스도의 다시 오심, 악의 멸망, 새 세상의 영원한 영광을 포함하여 모든 일들이 일어나는 시간을 의미했던 것이다. 그는 '속히'와 '종말', 양자 모두를 의미했다.

이것이 그가 잘못되었다는 의미일까? 맞다. 성경을 경전으로, 하나님의 말씀의 운반하는 도구로 존중하는 그리스도인들은 성경의 저자들이 오류를 범했다는 사실을 인정하는 것에 머뭇거리지 말아야 한다. 이것이 하나님께서 인간의 사고(오류와 함께)와 인간 자신들(그들의 오류와 함께)을 사용하여 그분의 메시지를 전달하는 성육신의 한 부분을 의미하는 성경의 인간적인 관점인 것이다. 종말론적 사고는 1세기 때의 유행하던 하나님과 세상에 대해 생각하는 하나의 인간적인 방법이었다. 종말론적 사고의 구성요소는 마지막이 가까웠다는 사실이다. 요한이 종말론을 그의 메시지를 운반하는 도구로 받아들일 때 그가 (또한 우리가) 접할 수 있었던 어떤 다른 형태의 사고의 경우와 같이 그것의 오류 또한 받아들여야 한다. 요한은 지구의 넓이를 1세기 세계관에서 생각한 것처럼 시간 개념도 1세기 때 존재했던 방식으로 생각했는데, 곧 세상은 가까운 장래에 사라지거나, 역사의 종말론적 정점에서 변화되는 것으로 간주하였다. 이것은 요한이 그의 메시지에 묘사한 대로 모서리가 있는 평평한 지구를 공간적 뼈대로 인정한 것과 같이, 세상이 일시적인 뼈대로 있다가 가까운 장래에 종말이 올 것이라는 사실을 요한은 인정했다(참조. 7 : 1). 그가 어느 한 경우에 오류를 범한 것 같이 그는 다른 경우에도 오류를 범했다. 그러나 그 어떤 경우에도 세계관에 대한 오류가 자신이 표현한 메시지가 유효하다는 사실을 파기하지는 못한다. 한 인간은 선물과 포장지, 그리고 아기와 목욕할 물을 구분할 줄 알아야 한다.

이러한 오류는 계속되지 말아야 한다. 그리스도인들이 요한계시록 7 : 1을 바탕으로 그리스도인들에게 지구가 평평하다고 주장할 필요가 없는 것처럼, 1 : 3을 바탕으로 종말이 가까웠다는 믿음에 갇혀 있을 필요가 없다. '시간과 때'에 관한 영지주의에 반대하는 사고가 더 영속적인 성경적 관점이다(막 13 : 32 ; 행 1 : 6-11). 그럼에도 불구하고, 초기교회의 종말에 가까운 역사에 대한 기대감에서 현대의 독자들이 얻을 수 있는 어떤 것들이 있다. 그들의 연대기를 함께 공유하지 아니하여도, 우리는 이 세대에 우리를 부르신다는 사실에서 그들이 가졌던 긴박한 의식을 함께 나눌 수 있다. 초기교회의 종말론자들에게 하나님께서 그들의 세대에서 시대의 모든 역사를 실현하신다고 생각한 믿음은 반드시 순진함, 자만, 또는 가정의 차원만은 아니다. 그들의 연대기가 잘못되었듯이 그들의 종말론적인 기대감은 그들의 고유한 방법 안에서 각각의 모든 세대뿐만 아니라 하나님의 무한한 돌보심이 있기에 참새가 떨어지지 않는다는 창조주의 눈 안에서 독특한 가치로써의 각각의 개인적 삶 안에서 예수께로부터 배운 믿음이 표현이 되고 있는 것이다(마 10 : 29).

요한계시록 1 : 4~8

편지의 서두

바울에게 수정되고 요한에게 받아들여진 전통적 편지 형식은 1 : 4에서 시작한다. 요한 시대에 표준적인 것으로 통용되던 헬라어 편지는 틀에 박힌 'A가 B에게의 인사말' 형식으로 시작되었다(행 15 : 23 ; 22 : 26 ; 약 1 : 1). 바울은 종종 모든 세 가지 요소를 공들이면서, 그러나 특별히 보편적인 '인사말'을 (우리의 'hi' 〈안녕〉) 신학적으로 두 가지 표현력을 가지고 있는 '은혜'(헬라어로 보편적 '인사말'과 소리가 비슷한 chaireain/charis), 그리고 '평화'(유대 전통에서 유래된 shalom)로 대치하면서 이 형식을 특색 있는 방법으로 받아들였다. 신학적으로 주목할 만한 방법 속에 헬라와 유대의 요소가 혼합된 이 형식은 유대 그리스도교 사도들과 이방인들에게까지 승인되었으며, 다음 세대인 바울의 선교적 교회 속에서도 계속되었다(엡 1 : 1 ; 골 1 : 1 ; 살후 1 : 1 ; 벧전 1 : 1 ; 참고. 딤전 1 : 1 ; 딤후 1 : 1 ; 딤 1 : 1). 요한이 자신의 편지에서 이 형식을 사용한 것은 후기 바울적(Pauline) 전통의 광범

위한 흐름에 그가 속한다는 사실을 보여 주고 있다. 그것은 또한 이 형식이 그리스도교 회중이 예배를 위한 공식적 모임에서 읽혀질 편지를 쓸 때, 의례히 그리스도교 지도자들이 이같이 기록하였다는 사실을 보여 주고 있다. 이런 시작되는 말들에 의해 요한계시록에 찍힌 편지 형식은 우리가 해석하는 본문을 이런 모든 역사적 특수성을 지닌 편지(서론을 참고)로 이해되어야 한다는 사실을 우리에게 상기시킨다.

발신인(1 : 4a). 편지를 보내는 자는 자신을 공식적인 직함 없이 단순히 '요한'으로 명명한다. 그는 권위를 가지고 쓴다(참고. 22 : 18 – 19). 그럼에도 불구하고 그의 권위는 공식적인 직함이 아니며 교회들에 메시지를 주는 선지자와 수신인들에게 알려진, 그리고 그들을 아는 목사로서의 권위가 부여된 것으로 볼 수 있다.

수신인(1 : 4b). 수신인들은 지금의 터키 서쪽 해변에 있는 소아시아의 일곱 도시들 안에 있다. 그 지역에 일곱 교회보다 더 많은 교회들이 있었기 때문에 일곱이라는 숫자는 요한의 지역에 있는 모든 교회를 의미하는 상징적 숫자로 받아들여져야 한다.

인사말(1 : 4c – 5). 청·독자를 향해 은혜와 평강을 선언하는 것은 하나님과 일곱 영, 그리고 예수 그리스도로부터 온다. 이렇게 셋으로 나누어진 형식은 후기 신학에서 발전된 삼위일체주의가 아니다 : '일곱 영'은 하나님과 그리스도의 권위 아래 존재하는 일곱 천상의 존재들로서 요한에 의해 들려진다(3 : 1 ; 4 : 5 ; 5 : 6 ; 참고. 시 104 : 4, 히 1 : 7, 14). 요한계시록 전반에 걸친 신중심주의와 일관되게, 하나님은 그 존재와 행동이 영원한 분이라고 이름이 불린다. 비록 헬라어가 통용되던 세계에서 신들을 위해 종종 사용되던 세 번에 걸친 신앙고백과 일련의 유사성이 있기는 하지만, 중요한 차이점이 있다. 여기 이 신앙고백은 신성의 영원성과 불변성을 표현한다. 예를 들면, 이것은 "제우스는 전에도 계셨고, 이제도 계시며, 장차 오실 분이다."라는 말과 같다(Pausanias). 그러나 요한은 하나님의 존재뿐만 아니라 그분의 행위에 대해서도 말하고 있다 : "그분이 오신다."라는 칭호에 관한 기술에서처럼, 하나님은 궁극적인 분이며, 예수 그리스도 안에서 그분의 계시에 의해 스스로를 밝히시는 분이다. 여기에 다시 상세히 설명된 것은 그리스도론적인 진술이다. 여기 이 진술에는 주목할 만한 가치가 있는 네 가지의 특징이 있다.

1. 요한은 전통적이고 혁신적인 그리스도론적 호칭들을 결합해서 예수에게 해당되는 것으로 규정한다 : '그리스도'는 이미 전통적인 것이지만, '충성된 증인', '죽은 자들 가운데에서 먼저 나신 분', 그리고 '땅의 임금들의 통치자'라는 호칭들은 새로운 것이다. 교회는 예수의 죽음과 부활 이후, 예수의 중요성에 대한 교회의 이해를 계속해서 발전시켰다. 부활절 이후, 교회의 증대된 그리스도론적인 통찰은 예수 자신이 결코 사용한 적이 없던 호칭들의 속성을 포함시켰다. 1 : 5에서 사용된 마지막 세 개의 호칭들이 그렇다. 그리고 처음에 나온 '그리스도' 또한 그럴 것이다. 여기서 우리는 조직을 갖춘 초기 그리스도교가 발전해 가고 있는 과정에서 나타나는 그리스도론을 볼 수 있다. 요한과 같은 그리스도교 선지자들은 이 과정에서 중요한 역할을 했는데, 왜냐하면 그들은 단지 예수에 대해서만 말한 것이 아니라 그의 이름 속의 제1위에 대해서도 말을 했는데, 이것은 부활절 이후 부활한 예수께서 그의 선지자들을 통해 새로운 호칭들의 사용을 포함해서 새로운 그리스도론적 주장들을 계속해서 만들기 위함이었다. 요한계시록을 설교하거나 가르치는 데 있어서, 목사 또는 교사는 예수에게서 비롯된 그리스도교 신앙이란 예수의 지상에서의 사역 동안 그 자신에 대해서 그가 말해 왔던 것들보다 더 많은 것을 담고 있음을 회중들이 인식하도록 도울 수 있다. 논점은 초기교회에서 예수에게 주어진 호칭들에 대한 타당성이라기보다는, 이미 그것들이 신약성서에 표현되고 있다는 사실이다. 요한은 이전 세대에서 의미 있는 예수에 대한 전통적인 호칭들을 포기하지 않았다. 그러나 그는 그것들을 단순하게 반복하는 것 이상을 그려 내고 있다. 그는 예수 안에서 이루어진 하나님의 행위가 지니고 있는 최고의 의미를 그 자신의 시대와 공간의 새로운 상황 속에 살고 있는 사람들에게 분명하게 알려 주는 방법들을 발견했다. 이것은 언제나 설교자와 교사에게는 도전이 되는 것이다.

2. 요한에 의해서 예수에게 주어진 호칭들은 사색적인 것이 아니라 그의 청·독자들의 특수한 상황에 적합한 것이다. 신앙을 위해 예수의 정체성은 결코 추상적인 질문이 아니다 ; 그것은 언제나 "우리에게 그는 누구인가?" 라는 것이다. 그 세 가지의 새로운 호칭들은 요한의 독자들의 상황을 직접적으로 언급하여 다루고 있다. '충성된 증인'이라는 구절은 하늘의 계시자로서 뿐만 아니라 요한 당시 교회에 있던 그리스도인들처럼 한때 로마 당국 앞에 서 있던 자로서의 예수를 가리킨다. 그는 목숨을 희생하면서까지 그의 증언을 지켰다(참고. 요 18 : 33 – 19 : 16 ; 딤전 6 : 13). 여기에서 사용된 요한이 쓴 헬라어로 'martus', 증인이라는 말은 '순교자'(martyr)와 동의어가 만들어지는 과정에 이미 와 있었다. 마찬가지로 '죽은 자들 가운데에서 먼저 나신' 예수께서는 사색적이지도 않고, 추상적이지도 않다 ; 이것은 그들 자신의 목숨을 내어 가며(2 : 10–11) 그리스도의 주 되심을 증언하도록 요청받았던 요한 당시의 독자들의 상황에 바로 연결된다. 그가 어떠한 미래를 갖게 될 것인가? '죽은 자들 가운데에서 먼저 나신' 그리스도는 그리스도교 순교자에게 죽음을 넘어 미래를 열어 주시는 분으로 계시된다. 그 구절은 예수의 부활이 과거에 발생했던 어떤 사건 이상이라는 사실을 지적한다. 그것은 죽은 자들의 일반적인 부활을 알리는 종말론적 사건의 시작이다 ; 그러기에 예수의 부활은 요한과 그의 동료 그리스도인들이 역사 속에서 하나님의 계획이 완성되는 마지막 시대를 살고 있다는 사실을 가리키는 중요한 표지이다. '땅의 임금들의 통치자'라는 구절은 로마 황제가 요구했던 그 호칭을 예수에게로 돌리는 것인데, 요한은 통치권에 대한 로마 황제의 주장이야말로 그리스도의 참된 주권에 대한 잘못된 모방임을 그의 독자들이 알기를 원했다.

3. 그 호칭들은 절대적으로 새로운 것이 아니다 ; 그것들은 요한에 의해 자의적으로 만들어진 것이 아니라 그에 의해 성경으로부터 빌려 온 것이다(시 89 : 27, 36 – 37 ; RSV 성경의 각주가 지적하는 것처럼, 히브리어 본문 37절에서 '증인'이라는 단어가 나타난다). 이것은 원래 이스라엘의 왕을 가리키는 뜻으로 쓰였지만, 예수를 의미하는 것으로 해석하고자 요한은 성경이 그것

의 완성으로써 전체적으로 그리스도를 가리키고 있음(고후 1 : 20)을 확신하면서 모든 초기 교회들에게 그 뜻을 전하며, 이 구절들을 시편에서 빌려와 사용하고 있다.

4. 그리스도론적 호칭들은 예수의 유일성을 손상시키지 않고 '공유된'(shared) 그리스도론을 표현한다. 예수에게 그리스도론적 호칭으로 사용된 '충성된 증인'과 같은 구절(똑같은 헬라어가 RSV에서는 약간 모호하게 되어 있다.)이 신앙을 지키다 아마도 로마 법정의 판결에 의해 죽게 된 버가모 교회의 안디바(2 : 13)에게 사용되고 있는 듯하다. '죽은 자들 가운데 먼저 나신 자'이신 그리스도는 충성된 그리스도인들이 앞으로 경험하게 될 부활을 이미 경험했다. '임금들의 머리'이신 그리스도가 왕권을 가지고 있지만, 곧바로 이어지는 찬가에서 밝히고 있는 것처럼 그리스도인들 또한 그렇다.

찬미(Doxology, 1 : 5b – 6). 헬레니즘식 편지에서 인사말은 '감사의 글'을 이끄는데, 수신인의 건강과 번영을 신에게 빌곤 했다. 인사말처럼, 감사의 글은 대개 이 편지의 서두와 경구에 등장하는 '친애하는'(Dear)과 '진심 어린'(Sincerely)과 같은 격식을 갖는다. 인사말에서 나타나고 있듯이, 바울 또한 자신의 목적에 맞게 이러한 감사의 글이 지닌 격식을 갖추는데, 로마서 1 : 8~10과 고린도전서 1 : 3~5에서 발견되는 예처럼, 그곳에 신학적인 내용들을 담아내고 있다. 바울은 때때로 이러한 감사의 말을 고린도후서 1 : 3~4과 갈라디아서 1 : 5에서 발견되는 것처럼, 하나님께 드리는 고백의 찬가로 표현하기도 한다. 요한은 이것을 후대의 전승으로 수정해서 사용한다. 일반적으로 감사의 글이 쓰일 것이라 예상되는 부분인 1 : 4~5 상반절의 인사말 다음에, 요한은 일반적인 격식은 아니지만 의미 있는 신학적인 진술을 담고 있는 찬가를 배치시킨다. 신학적 찬가의 형태는 우발적인 것이 아니다. 요한계시록의 다른 곳에서처럼 신학은 분석적 공론의 화법보다는 찬가의 형태로 나타난다.

일반적으로 하나님께로 향하는 찬가는 이곳에서 그리스도에게로 향한다. 찬가는 우리를 구원하시는 그분의 위대한 행동을 찬양한다. 그 결과 교회는 송영을 확신한다 : 성경에 등장하는 이스라엘처럼, 교회는 희생적 피의 흘림(참조. 레 17 : 11)에 의해 죄로부터 자유함을 받은 사랑받는(말 1 : 2) 공동체이다. 요한은 그들이 무죄하고, 오직 그들의 박해자들은 간악하다는 사실을 믿음으로써 박해자들의 유혹에 저항했다. 그리스도인의 존재는 순결한 존재가 아니라 용서받은 존재임을 그는 알고 있었다 ; 그는 구약에 등장하는 희생의 개념처럼, 생명의 속전에 의해서 용서가 임했다는 사실을 알고 있었다(참조. 히 8－10장, 특별히 9 : 22). 구약성서처럼, 요한은 '피'가 그 본질로써는 어떠한 구원의 효력을 갖는다고 생각하지 않았다 ; 그것은 '생명'을 대표한다. 예수께서는 그가 그 자신, 곧 그의 생명을 우리에게 주심으로 우리를 죄로부터 자유하게 하셨기 때문에 찬양을 받으시는 것이다.

성경에 등장하는 이스라엘처럼, 교회는 제사장 나라(출 19 : 6)이다. 1 : 6의 개념은 그리스도께서 우리를 위해서 어떠한 나라를 만들었다는 사실이 아니라 그분이 그의 백성인 우리로 하여금 제사장들의 나라가 되도록 세우셨다는 사실이다. 요한은 이스라엘을 보는 성경의 진술을 계속해서 고수하면서 그것을 교회에 적용시키는데, 그러한 많은 암시 가운데 하나가 바울과 다른 신약성경의 기자들처럼, 교회는 계속해서 하나님의 백성이고, 이스라엘의 성경적 역사는 교회 안에서 계속된다는 사실을 요한이 이해하고 있다는 사실이다(참조. 갈 6 : 16 ; 빌 3 : 3 ; 약 1 : 1 ; 벧전 1 : 1, 17).

다시금 요한은 그리스도인의 존재는 그리스도의 사역을 나눔으로써 결정된다고 본다. '그리스도'란 '기름부음을 받은 자'(히브리어로는 '메시아') 라는 헬라어 단어인데, 주로 기름부음을 받은 왕(참조. 삼상 10 : 1 ; 시 2 : 2)을 언급할 뿐만 아니라 선지자(참조. 왕상 19 : 16 ; 사 61 : 1), 그리고 제사장(참조. 출 29 : 1－9 ; 시 133 : 2)의 임무를 받은 자를 언급한다. 요한에게 있어서 '그리스도'란 어떤 이름이 아니라 선지자, 제사장, 그리고 왕으로서, 하나님의 기름부음을 받은 메시아로서의 임무를 받은 자를 의미하는 것이다. 그리스도인들은 이러한 사역을 공유한다. 우리가 아래에서 보게 되는 것처럼, 요한은 교회를 예언자적 공동체로서 이해할 뿐 아니라(11 : 1－3 주석 참조) 여기에서 그는 교회를 왕적이고 제사장적 공동체로 선언한다. 예언자적 공동체로서의 교회는 하나님의 말씀을 예수 안에서 세상 속으로 전달한다. 제사장적 공동체로서의 교회는 세상을 향한 하나님의 화해를 희생 제물로 바쳐진 제사장인 예수 안에서 세상 속으로 전달하는데, 로마 당국의 제단 위에서 황제에게 바쳐진 것이 아니라 교회는 그 자신을 하나님의 진정한 제단(참조. 6 : 9-11) 위에 희생한다. 왕적인 공동체로서의 교회는 세상 속에 이미 존재하는 하나님의 통치를 대표하고 나타낸다.

이러한 모든 주장들은 단편적이기는 하지만, 교회 안에 이미 현존하는 메시아적 사역의 실재를 보여 주고 있다. 요한은 '이미 오신' 그리스도의 존재와 '아직 오시지 않은' 그리스도의 존재 사이의 사도 바울이 가진 균형을 알고 있고, 또 지키고 있다. 이것은 그리스도의 '이미 오심'(초림)과 '아직 오시지 않음'(재림)에 조화된다. 유대교처럼 그리스도는 오실 분이고, 또한 요한계시록은 이 지구 위(예. 19 : 6-16 ; 22 : 20)에 하나님의 통치를 세우기 위해 기다린다. 그러나 요한계시록과 그리스도교 신앙은 '아직'을 기다릴 뿐만 아니라 '이미' 오신 그리스도를 향해 거슬러 올라간다. 이런 모든 상황에도 불구하고, 실제로 그리스도는 오셨다. 그러므로 '그리스도'의 의미는 실제로 그의 생명을 다른 사람들을 위해 바쳤던 예수라는 인물로 재정의되어야 한다. 이런 모든 상황에도 불구하고, 왕적인 메시아적 공동체는 이 세상에서 이미 존재하고 있고 하나님의 통치를 나타낸다. 이 공동체의 의미 또한 죽음에 이르기까지 고통당했던 세상을 향한 사랑으로 재정의되어야 한다. 교회론은 그리스도론과 부합한다 ; 제자도(제자의 신분)의 의미는 그리스도의 사고와 부합한다.

'이미 오신' 것과 '아직 오시지 않은'이라는 두 가지 표현 모두는 그것이 홀로 사용될 때 오해되기 쉽다. '아직 오시지 않은'이라는 표현을 독립해서 사용하는 것은 그리스도가 이미 오셨고, 그리스도인들에게 '그리스도'의 의미는 실제로 존재했던 나사렛의 예수로 재정의된다는 사실에 대한 그리스도교 신앙이 지니는 중요한 신념을 경시하는 것으로 이끌어질 수 있다. 이러한 '아직 오시지 않은'이라는 한쪽에 치우친 주장이 지닌 선천적인 위험은 타인들을 위해 고통당하신 분인 나사렛 예수보다는, 폭력을 통해 하나님의 나라를 세울 전투적인 왕으로서 그리스도가 도래할 것이라는 생각으로 이끌 수 있다는 사실이다. 요한은 그리스도를 '예수'라는 인간의 이름으로 반복해서 사용함과 동시에 죽임당한 어린 양(5 : 1-10을 보라.)으로서의 그리스도를 계속해서 묘사함으로써 이러한 것을 바로잡고 있다. '이미 오신' 그리스도의 존재에 대한 잠재적인 오해는 교회 안에 있는 요한의 적대자들 중 일부 가운데 위험한 실재로 되어 버렸다. 요한계시록은 계속해서 기술되고 있는 예언자적인 말씀들을 포함하는 많은 구절들 속에서 미래에 대한 강조에 의해 이것을 바로잡고 있다. 하지만 요한은 자신으로 하여금 과도하게 반응하게 하는 실현된 종말론의 남용을 허락하지 않을 뿐 아니라 그것을 전적으로 거부하고 있다. 그리스도의 생애는 기다림의 시간이 아니다 ; 요한계시록에 등장하는 찬송과 경배들은 축제가 이미 시작되었다는 사실을 보여 준다.

예언적인 선언들(1 : 7-8). 7~8절에서 그리스도에 대한 찬가는 장차 오실 그리스도에 대한 예언적인 선언들과 그 결과들로 바뀌고 있다. 처음에 등장하는 감사의 글이 그 편지가 담고 있는 주요 내용을 '넌지시 알려 주는' 역할을 하고 있는 바울의 서신들에서 보이는 것처럼, 이러한 '모토'(표어) 같은 예언적 선언들은 청·독자들로 하여금 이어지는 전달 내용들의 강조점이 무엇인지 미리 알 수 있도록 도움을 준다. 형식과 내용 두 가지 모두는 이 본문으로부터 설교하고 가르치는 데 있어 중요하다. 7절은 다니엘 7 : 13과 스가랴 12 : 10의 연합이라고 할 수 있는데, 교회 내에서 전통적이었고, 또한 마태복음 24 : 30에서 볼 수 있는 결합이다. 이것은 요한계시록에서 볼 수 있는 많은 예들 가운데 하나인데(서론 참조), 요한의 예언들은 성경으로부터 온 단어들로 표현된다. 그것은 요한이 지난 과거의 권위로써 인용하는 것이 아니라 부활하신 주님의 현재의 메시지를 표현하는 매개체로써 사용한다. 그의 예언은 그가 단순히 황홀경에서 들었던 말들을 표현하는 것이 아니라 그의 예언적 경험들을 반추하며, 성경의 말씀들과 전통 속에서 그것들을 전달하는 것이다.

그 선언은 그리스도의 초림과는 반대로, 이러한 출현은 모호한 것이 아니라 '구름을 타고서' 오실 것을 나타내고 있다 ; 그것은 모든 사람들에게 분명하게 보이는 하늘로부터 오는 출현일 것이다. 그를 간파하던 그의 원수들을 포함한 모든 이들이 그를 보게 될 것이고, 그의 주권을 인정하게 될 것이다. 스가랴서의 본문은 '예루살렘에 거주하고 있는 자들'에게 제한되어 있지만, 요한은 그것을 '땅에 있는 모든 족속'을 포함시키며 보편화하고 있다. 그들의 애곡(RSV, 'wailing')이 원래의 스가랴서의 상황에서처럼 회개의 애도인지, 그렇지 않으면 그리스도의 출현이 단지 '심판과 재난'만을 의미하는 자들이 가지는 비탄인지 명확하지 않다. 우주적 화해라는 요한의 일반적인 신학과 에스겔에서의 '치료'를 '만국의 치료'로 요한이 변화시키고 있는 아래 22 : 2의 특수한 유추는 전자의 것을 논하고 있다. 이 경우에서 요한은 심지어 그리스도를 십자가에 못 박았던 로마 군인 같은 그리스도의 원수들이 회개와 애통으로 그리스도의 재림을 맞게 될 것과 그리스도께서 그의 원수들을 포함해서 모든 인류를 이기실 것이라는 승리(십자가에서 명백히 드러난 사랑을 통해 이기는 승리)의 강한 확신이라는 예언적인 선포로 그의 책을 시작한다. 그러나 요한은 아마도 이 문제를 변증법적으로 애매모호하게 내버려 두어서, 이러한 말씀들이 약속 혹은 위협으로써 취해질 수도 있게 되었다("숙고 : 우주적 구원과 역설적인 언어" 참조).

요한계시록 1 : 9~20

부활하신 그리스도의 현존

서신의 본론은 1 : 9에서 시작한다. 여기서 요한은 서술 양식을 이야기체로 바꾸는데, 그 형식은 묵시문학이 일반적으로 가지고 있는 것으로 요한계시록은 그 양식을 공유한다(참고. J. J. Collins가 세계성서학회에서 내린 정의에 관하여, *Apocalypse*, p. 9). 종종 이야기체는 편지글에서 나타나는 독특한 양식인데, 작가는 그 형식으로 독자에게 사건의 이야기를 자세하게 전달한다(참조. 고후 7 : 5-16 ; 12 : 1-10 ; 갈 1 : 11-2 : 21). 여러 질문들이 본 단락 이야기의 시작 부분에서 은연중에 나타나고 있다 : 누가? 어디서? 왜? 언제? 어떻게? 무엇을?

누가? 요한은 그가 이제 말하려고 하는 극적인 장면을 전달할 지구상의 유일한 인물이다. 그는 1 : 4에서 인사하는 대신에, 이 지점(9절)에서 자신을 밝힌다. 그는 공식적 직함을 필요로 하지 않는다. 그는 이미 개인적으로 그를 듣는 자와 읽는 자들에게 잘 알려져 있다. 그는 형제이자 동료로서 환난(the tribulation)과 나라(the Kingdom)에 참여했고, 그리고 참음(the patient endurance)으로 함께했다. 환난과 나라와 참음은 모든 그리스도인들이 '예수 안에서'(in Jesus) (INTERPRETATION 시리즈가 선택한 영어 번역 성경은 Revised Standard Version이다. 그 성경의 요한계시록 1 : 9에 대한 영어 번역은 다음과 같다 : I John, your brother, who share with you 'in Jesus' the tribulation and the kingdom and the patient endurance, was on the island called Patmos on account of the word of God and the testimony of Jesus.－역자주 〈강조 따옴표는 역자가 표시했음.〉) 함께하는 것들이다. 요한은 예언자의 권위를 가지고 글을 쓴다. 그러나 요한이 지닌 예언자로서의 역할은 반대를 위한 반대(over－againstness)라는 차원에 머물지 않고, 또 자신을 그가 세운 교회들의 구성원들로부터 분리하지 않는다. 그는 회중들과 삶을 나누는 목회자로서 편지를 쓰고 있다.

요한과 그의 동료 그리스도인들은 '예수 안에서' 공유하는 세 가지 측면에서 이런 삶을 살아간다. '환난'의 차원에서 보면, 묵시문학적 계획선상에서 종말에 앞서 반드시 발생하는 끔찍한 고통의 시간을 제외하고, 요한은 인간의 삶에서 계속적으로 이어지는 평범한 문제들로써 고난을 말하지 않는다. 요한은 교회를 억압하는 사회적 차별과 정부의 억압을 종말론적 재난의 시작으로, 새로운 세계의 탄생에 선행해야 하는 산고로 해석한다(12 : 1－6 ; 참조. 막 13 : 3－8은 유사한 관점으로 명백하게 산고의 상징을 사용한다). '나라' 차원에서 요한은 하나님과 그분의 그리스도가 가진 통치권이 모든 사람들에게 명백한 미래만을 가리키는 것이 아니다. 그리스도인이 겪고 있는 삶에 대한 그의 해석은 현재 겪고 있는 고난의 삶이 아니라 미래

왕국이다. 다시 말해 "지금은 고난을 받으라, 나중에 즐거워하리라."라는 식이다. 예수께서는 왕이지만 십자가에 못 박히신다. 그리스도인들은 '예수님 안에서' 하늘 왕국에서 현재를 공유하는데, 그 왕국은 숨겨져 있지만 실재하고, 십자가의 형식으로 명백하게 존재한다. 그리스도인의 삶은 긴장으로 가득 찬 환난과 나라(하늘 왕국)의 통일체로, 그것은 종말 때에 순수한 하나님의 왕국으로 변화될 것이다. 이러한 이해의 틀에서 그리스도인의 삶은 '참음'(the patient endurance)으로 특징지어진다. 즉, 그리스도의 주권이 현재의 경험적 관찰로는 보이지 않지만, 실재한다는 기쁜 자신감 속에서 믿음을 강하게 붙들게 된다.

이러한 삶을 요한은 동료 그리스도인들과 나눈다. 그때는 그들 모두가 '예수 안에서' 그것을 나눈 것처럼 말이다. 선지자로서 요한은 이런 삶을 그들과 간접적으로 중개하지 않는다. 즉, 그들 모두는 직접적으로 그것을 나눈다. 여기서 요한은 그리스도인의 삶을 이미 그리스도 안에 참여한 것으로 이해하는 바울의 노선을 취한다. 그것을 여기서는 '예수 안에서'라고 나타내고, 나중(14 : 13)에 '주 안에서'라고 표현한다. 요한이 자신의 정체성에 대해 생각했을 때, 그는 자기중심적으로 자신의 정신에 대해 생각한 것이 아니라 그리스도의 실재에 대해 생각했는데, 그리스도는 요한과 그의 동료 그리스도인들 양자에 대한 실존의 지평과 목적을 형성했다. '자아' 정체성이라는 그런 감각을 가진 사람은 자신감과 조용한 기쁨을 가지고 고난을 마주한다. 그리고 다른 사람들도 그렇게 하도록 용기를 북돋아 준다.

어디서? 요한은 에베소서의 서쪽에서 약 75마일 떨어진 조그마한 섬인 밧모에서 이 글을 쓴다. 고고학적 증거에 의하면 요한의 시대에 밧모섬은 요새화된 섬으로 밀레도에 속해 있었고, 아르테미스(Artemis)와 아폴로(Apollos) 신전이 있었다고 한다. 그곳이 죄수들의 '유배지'였다는 증거는 없지만, 그 섬은 로마 사람들에 의해 반역을 저지른 사람들이나 잠재적인 반역자들을 위한 추방지로 사용되었다.

왜? 요한은 그리스도교 운동의 지도자였기 때문에, 요한의 말로 하면

'하나님의 말씀과 예수의 증거로 인하여', 즉 그의 설교 행위 때문에 공식적으로 정부에 의해 추방되었다. 이 구절이 선교를 위한 설교 때문에 밧모섬에 갔었는지, 또는 예언적 비전을 준비하기 위해 광야를 찾으려고 그곳에 갔었는지는 문법상으로 알 수 없다. '인하여'(on account of)라는 구절은 항상 요한계시록에서 어떤 행동의 결과로 사용될 뿐, 목적을 위해서 사용되는 것이 아니다. 요한이 그리스도교의 메시지를 설교했기 때문에 그는 밧모섬으로 추방되었다. 안디바가 버가모에서 처형당했기 때문에(2 : 13), 그리고 요한이 도처에 있는 모든 그리스도인들을 삼켜 버릴 피비린내 나는 박해를 예상했기 때문에 우리는 요한이 쓴 문장이 나타내는 박해의 정도에 대해 의아해 할 수 있다. 왜냐하면 플리니우스의 편지(참조. 서론)는 로마가 이 새로운 운동을 어떻게 다룰지에 관한 엄격하고 빠른 정책이 아직 없었다는 사실을 보여 주고 있기 때문이다. 그리고 처형의 엄격함도 통치자들마다 분명하게 달랐다.

언제? 요한이 말하려고 하는 내용은 '주의 날'에 일어났다. 이것이 그리스도교 문헌에서 이 용어가 처음으로 등장한 것이기 때문에 우리는 요한이 어떤 의미로 사용했는지는 알 수가 없다. '주의 날'을 부활(Easter)과 종말론적인 주님의 날로 해석한다 하더라도, '주의 날'은 한 주의 첫째 날인 일요일이면서 그리스도교의 새로운 성일(holy day)을 언급하는 것으로 보는 것이 가장 가능성이 있는 해석이다. 왜냐하면 초기 문헌들은 교회가 그들의 성일로써 한 주의 첫째 날에 예배하기 위해 모였음을 일러 주기 때문이다(고전 16 : 2 ; 행 20 : 7 ; 참조. 위에 언급한 플리니우스의 편지). 이날은 예수의 부활을 기념하던 날이고(막 16 : 2), 일곱 번째 날인 토요일을 거룩한 안식일로 지키는 유대인들과 그리스도인들을 구별하게 해 주었다.

요한이 환상을 보았을 때는 소아시아에 있는 교회들이 예배를 위해 모였을 때이다. 만일 그가 추방되지 않았더라면, 그는 그들과 함께 그곳에 있었을 것이다. 예배 중에 예언을 담은 그의 메시지가 전달되었을 것이다. 그들이 성령에 의해 감동되었을 때 말이다. 예언은 고립된 개인들에게 주어지는 개인적 은사가 아니다. 즉, 그것은 공동체가 드리는 예배 가운데 발생하고, 그곳에서 그것은 결정적으로 평가되고 모두의 소유가 되었다.

어떻게? 요한은 '성령에 감동하여' 환상을 받은 경험을 기술한다. 이것은 요한 자신의 감정이나 개인의 느낌을 언급하는 것이 아니고(그가 이것들을 논의하는 것이 아니고), 또 성령께서 모든 그리스도인들에게 주시는 일반적 은사를 언급하는 것도 아니다(행 2 : 38 ; 고전 12 : 13 ; 롬 8 : 9－11). 그것은 오히려 예언이라는 특별한 영적 은사이다(롬 12 : 6 ; 고전 12 : 10, 28 ; 13 : 2 ; 14 : 1－39). 요한은 경험 그 자체를 기술하는 것이 아니지만, 그것은 소리들(1 : 10)과 환상들(1 : 12)을 포함한다.

구약성경에서 예언적 환상은 신이 가진 주도권으로부터 온다. 요한은 그것을 개발시키거나 능숙하게 다루기 위해 한 것이 아무것도 없다. 다시 말해 금식이나 기도나 갈망은 없다. 그는 그것을 추구하지 않았지만, 그것이 그를 찾아왔다. 예언자는 '종교적 경험'을 추구하는 신비주의자가 아니다. 그러나 그들은 하나님께서 그 백성들에게 말을 전하려고 할 때 찾아낸 전달자였다.

무엇을? 요한은 특정 장면을 바라만 보고 있는 것이 아니라 그가 본 것을 관찰자같이 적어 내려간다. 즉, 문학가이자 신학자로서, 그는 의식적으로 언어를 선택해 그 환상을 묘사한다. 이런 언어는 함축적 수준을 넘어서는 기능을 한다. 첫째로, 강력하고, 선 개념적(pre－conceptual)이며, 인상적 수준이 있다. 세부적 사항과는 아주 다르게 그 장면은 그것의 웅대함 속에서 힘이 넘치고 있다. 그 장면이 이 우주의 초월적 지배자로서 교회의 주님을 나타낼 때 그러하다. 그리스도가 전체적으로 성경을 완성하신 분이라는 확신 속에서(고후 1 : 20), 요한은 성경에서 선택한 언어를 통해 부활한 주님의 모습을 묘사하고 세부적인 사항들을 주의 깊게 선택한다. 예를 들면, '끌리는 옷'(long robe)은 제사장의 의상으로, 출애굽기 28 : 4, 27에서 빌려 왔다(참조. 지혜서 18 : 24). 반면에 '금띠'(golden girdle)는 왕을 상징한다(마카베오 상 10 : 89). 다른 경우에서, 예수의 메시아적 직분은 예언-계시적, 제사장적, 왕적 기능들을 포함한다는 점을 요한은 의식한다. 흰 양털 같은 머리(눈부신 하얀 머리)는 다니엘 7 : 9에 나오는 '옛적부터 항상 계신 이'에서 빌려 왔다. 요한의 유일신 사상(monotheism)과 신 중심 사상(theocentrism)은 하나님과 예수를 동일시하려는 위험으로부터, 또는 하나님과 예수를 경쟁하게 만드는 것으로부터 그를 구해 준다. 그래서 그는 주저하지 않고 예수에 대해 하나님을 묘사하는 언어를 사용한다. 그러한 언어의 사용은 '하나님'은 '예수 안에서 결정적으로 자신을 드러내는 분'으로 정의되어야 한다는 그가 가진 확신을 표현한다. 한편, '풀무에 단련한 빛난 주석 같은 발'과 '많은 물소리와 같은 음성'은 다니엘 10 : 6에 나오는 천사의 묘사로부터 빌려 왔다(참조. 겔 43 : 2). 요한은 형이상학적으로 생각하지 않기 때문에, 예수의 모습을 묘사할 때 천사를 나타내는 표현과 하나님을 묘사하는 언어를 결합하는 것은 문제가 되지 않는다. 왜냐하면 양자는 찬양받으실 그리스도의 초월적 영광을 표현하는 데 도움을 주기 때문이다.

그리스도께서 오른손에 일곱 별을 쥐고 있는 환상은 교회의 주님이 가진 순전하고 우주적인 위엄과 교통하는 최초의 실례를 제공한다. 별들을 쥐고 있는 같은 손이 요한을 만진다—이를 문자적으로 상상할 수 없지만, 우리는 여기서 단순한 사실 보도가 아니라 상징적 의미로 가득 찬 장면이라는 또 다른 표현이다. 요한이 받은 임무는 손에 일곱 별을 쥔 분으로부터 온다. 이 모티프는 성경에서 취한 것이 아니라 미트라 종교와 황제숭배가 가지고 있는 이미지와 평행을 이룬다. 요한은 아마도 그것을 반(反)점성학적 메시지와 로마 황제의 주장에 도전하는 것으로써 선택한 것 같다. 그 별들은 우리의 운명을 조정하지 못하고, 두려움을 주지도 못한다 ; 그리스도의 손 안에 그것들을 쥐고 있다. 로마 황제가 우주의 통치권을 구체적으로 표현한다는 주장은 우주의 진정한 통치자이신 그리스도를 거짓으로 모방한 것에 불과하다.

찬양받으실 그리스도에게 나오는 유일한 무기는 그분의 말씀인데, 그것은 그분의 입에서 나오는 양날이 서 있는 검이다. 이것은 이사야 11 : 4에서 나타나는 약속된 전달자에서, 그리고 이사야 49 : 2에 나오는 여호와의 종에게서 취한 성경적 모티프를 가진다. 이것은 그리스도께서 이런 우주적 장면 속에서 제일 먼저 하는 행위, 태초에 있었던 창조자의 행위와 같은(창 1 : 1-2 : 4) 이 행위가 말해지는 사실에 상응한다. 그분은 오직 살아 계신 이스라엘의 하나님에게만 적합한 말씀을 다음과 같이 하신다. "나는 처음이요 나중이니 곧 산 자라." 다시 여기서 이론적 흥미가 아니라 요한이 세운 교회들에 있는 그리스도인들이 위협받고 있는데, 그들에게 주는 특별한 메시지를 가지고 있다. 자신의 목숨을 희생하면서까지(2 : 10) 신실하라고 그들을 부르신 분은 모두를 껴안는 분이고, 종말에도 그곳에 계셔 그들을 변호하고 영접하실 분이고, 죽음을 실제로 체험하고 이미 그들 앞에 가신 분이다. 이분은 멀리 떨어져 있는 신이 아니라 사실적인 실체로서 죽음을 직접 경험하고 그것을 극복한 분으로, 그분은 죽음과 지옥의 열쇠를 가지신다.

헬레니즘 신화에서 지옥의 열쇠는 종종 헤카테(Hecate)가 소유하고 있는 것으로 생각되는데, 그는 이 세계와 저 세계를 이어 주는 천계의 연결통로를 지배하고 있다(Aune, 「요한의 요한계시록과 그리스-로마의 마술」, pp. 484-489). 요한이 생각하기에 예수께서는 이런 역할을 가진 분이다. 죽음은 여기서 성경의 다른 곳에서와 마찬가지로, 인격화된 능력으로, 그리고 노예로 삼고 강탈하는 적으로 묘사된다(참고. 6 : 8 ; 20 : 14 ; 고전 15 : 26). 그리스도인들은 만일 그들이 신실하다면 로마 법정에서 무죄로 풀려나고, 불의한 일에서 면제되리라는 약속까지는 받지 못했다. 오히려 죽음 안에서, 그리고 죽음을 통해서 그분은 그들을 만났다. 그런데 그분은 죽음을 정복하시고 살아 계셔서 내주하시는 분이다.

그리스도는 요한이 교회들에게 편지를 쓰는 임무를 주기 위해 나타났다(1 : 11 ; 19-20). 헬라어 원문에서 19절은 세 개가 아니라 두 개의 항목을 가리키는 것으로써 다음과 같이 가장 잘 번역된다. "네가 본 것, 즉 현재 상황을 나타내는 것들(2-3장)과 이미 시작된 종말적 미래를 그려 내는 것들(4-22장) 두 가지를 기록하라."

촛대 사이에서 그분이 걷고 있는데, 천상의 존재는 이제 그 촛대들이 일곱 교회라고 설명한다. 약속된 여호와의 종(사 42 : 6)과 메시아 그 자신

(21 : 23-24)같이, 교회는 열방을 향한 하나님의 빛을 가진 자라는 임무를 가진 것으로 묘사된다(참조. 마 5 : 14-16). 교회는 버려지지 않고 이 임무만을 수행하게 된다. 왜냐하면 그리스도가 촛대 사이에서 걷고 있기 때문이다.

요한이 보인 최초의 반응(1 : 17)은 어떠한가? 그가 경험한 신비한 거룩함과 두려움에 압도되어 죽은 자처럼 엎드려졌다. 여기에는 들뜨고 특히 표면적으로 즐거운 반응은 아니다. 이러한 반응은 우연히 전능자와 교통할 수 없다는 사실을 아는 자의 것이다. 그러나 하나님의 거룩함에 대한 묵상에 의해서도 진짜 반응은 남겨져 움직일 수 있다. 별을 잡고 있는 손이 그를 만지고, 그에게 할 일을 준다. 그리스도가 눈을 부시게 하기 위해서가 아니라 메시지를 전해 주기 위해서 나타난다. 요한은 순종하여 편지를 쓴다. 이제 그 메시지를 생각해 보자.

요한계시록 2 : 1~3 : 22

일곱 교회에게 주는 메시지

'일곱 교회에 주는 편지들'은 1 : 1에서 시작하여 3 : 22까지 계속해서 이어지는 단위의 한 부분이다. 그래서 1 : 9~20에 나타난 그리스도의 현현과 통합적으로 연결되어 있는데, 따로 해석해서는 안 된다. 각각의 편지는 그 편지를 수신하는 도시에 있는 회중이 처한 현재 상황뿐만 아니라 각 도시의 독특한 지리적, 문화적, 그리고 종교적 상황을 반영한다. 그러나 2~3장에 있는 메시지들 중 어느 것도 한 교회만 수신하는 독립된 편지는 없다. 요한계시록은 단일한 편지로써 모든 메시지와 마찬가지로 1 : 4와 2 : 7, 그리고 각 메시지 끝에 있는 동일한 어구에서 분명해진 것처럼 모든 교회가 들어야 한다. '편지들'은 '예언 메시지'라 불리는 것이 더 낫다. 그것들은 요한계시록의 나머지 부분처럼 똑같은 묵시적 사고-체계를 공유하지만, 더 직접적인 언어로 쓰여 있다. 그리고 그것들은 분명히 이 세계가 가지는 세속적 상황에 말을 던지고, 듣는 자와 읽는 자들에 대한 관심을 갖는다. 따라서 그것들은 전체로써 요한계시록이 가지는 묵시문학적 메시지에서 듣는 자와 읽는 자들을 따르고 포함하는 환상들을 이해하는 데 매개변수로 작용한다. 그리고 4 : 1에서 그 장면은 다른 세계로 이동한다. 2~3장에 있는 메시지의 직접적 설교는 설교자와 교사를 도와 다음과 같은 사실을 알게 한다. 즉, '요한계시록'은 교회생활과 그것의 영광과 문제들로 이루어진 실제 세계를 알려 준다. 그리고 4장 이후에서 환상적이고 초월적인 세계에 대해 이야기하기 시작한다.

일곱 교회의 편지에 근거한 설교와 가르침은 전통적으로 그것들을 개별적으로 다루어 왔다. 그러나 모든 메시지가 모든 일곱 교회에 전해지고 독립적인 구조를 가지고 있기 때문에, 요한계시록 2~3장까지의 본문을 해석하는 설교자나 교사는 각각을 전체로써 여기기를 원할 것이다.

일곱 교회의 내용과 형식

모든 메시지는 다음과 같이 여덟 가지의 일률적인 패턴으로 구조화되어 있다.

1. 사자에 대한 언급. 요한은 일곱 교회에 편지를 쓰도록 지시받는다. 그러나 2~3장에서 각 메시지는 교회가 아닌 천사에게 전해진다. 이러한 선포는 2인칭을 통해서 그 메시지가 계속된다. 가끔 복수 형태로 전환된다(2 : 10, 23). 예를 들어 3 : 4에서 '당신'은 단수이다 : 천사는 견고한 옷을 가지고 있지 않은 사데 교회 안에 있는 몇몇 사람을 알고 있다. 천사를 통하여 교회에 전하는 이러한 기대하지 않은 현상은 각 모임의 감독이나 예언의 지도자를 언급하는 천사로 이해함으로써 때때로 설명된다. 천사의 기본적인 의미가 심부름꾼이기 때문에 그 말이 세례 요한(마 11 : 10)이나 예수(눅 9 : 52)가 보낸 심부름꾼과 같은 사람으로 사용될 수 있다는 사실은 충분히 가능하다. 그러한 저속한 이해는 계시를 통하여 천사의 의미를 무시하고 사람들의 수준에 대한 간단한 의사소통인 대화 수준을 떨어뜨린다.

이것은 확실히 거짓이다. 딴 경우와 마찬가지로 이 경우에도 대화는 초월적인 상황에서 일어난다. 요한은 세속적인 현실이 천상의 세계 안에서 짝을 가지고 있다는 계시의 전통 밖에서 다루어진다. 각각의 나라가 천상의 세계에 대표적인 천사를 가지고 있는 것과 마찬가지로, 그래서 각각의 모임은 천상의 세계(참조. 단 10 : 2-14 ; 20-21)에 대표적인 인도자 천사를 가지고 있다. 교회는 인간의 훌륭한 목적을 이루게 한다 ; 교회는 영원한 세계의 현실에 참여한다. 요한은 환상적인 세상을 공유하나 교회의 구성원인 자신들은 천사 같은 존재의 위치를 감소시킬 우려가 있다. 그들은 메시지를 통해서 일곱 교회에게 경고할 수 있다. 그러나 그들이 경배되지는 않는다(참조. 19 : 9-10 ; 22 : 8-9). 비록 천사에게 전해졌던 메시지가 성령이 교회들에게 이야기했던 것(2 : 7)일지라도, 이러한 형태의 선포는 오직 요한의 교회를 이루는 구성원들에게 간접적으로 교회의 천사에게 전해졌던 메시지를 엿듣는다는 정도의 영향력을 끼친다.

2. 도시. 각각의 메시지는 소식이 전해졌던 교회의 도시를 명명한다. 예를 들어, 일곱 교회는 그 시대 골로새 지역에 있는 다른 교회를 위하여 선택되었다. '일곱'이라는 숫자는 완전의 상징으로 여겨지며 계시가 소아시아에 있는 모든 일곱 교회에게 전해진다는 사상을 강화시킨다. 비록 그들이 모두 약 30 또는 40마일 간격의 주요한 로마 도로에 위치하고 있는 것과 연결되어 있을지라도 이 일곱 교회가 전체 교회를 대표하기 위하여 선택되었다는 사실은 분명하지 않다. 이름 불렸던 각각의 도시들은 로마 법정을 가지고 있는데, 그곳에 그리스도인들이 그리스도인 구역 안에 있는 구성원으로 채워졌었고 채워질 수 있다 ; 그리고 최소한 선포된 처음의 세 교회(에베소, 서머나, 버가모)는 가이사에게 바쳐졌던 지역이었다.

언급된 교회들은 꽤 큰 도시에 있었다. 에베소는 그 지역의 수도였고, 소아시아의 첫 번째 도시라는 타이틀을 놓고 버가모, 그리고 서머나와 경쟁했다. 첫 세기 말에 그리스도교 정신은 도시적인 현상이었다. 요한 교회 안에 있는 그리스도인들은 제국 주변에 있는 단순한 시골 사람들이 아니었다 ; 그들은 그 시대에 중심 도시에 거주했는데, 그들은 복잡한 도시 사람들의 정치적이고, 문화적인 생활 속에서 얼마나 그리스도교 증언이 실제적이고, 생명력 있게 되는지에 대한 문제와 씨름했다. 두 도성, 곧 바벨론과 새 예루살렘의 대비는 4~22장의 본문에서 요한이 환상에 대하여 걱정하는 것을 표현한다. 소아시아의 일상적인 도시에 살고 있었던 그리스도인들은 큰 도성 바벨론에서 그들의 삶이 비롯되었거나 거룩한 도성에서 기원하든지 새 예루살렘은 그것의 구성에서 계시나 구조적인 요소의 주요한 주제이다.

3. 예언자적인 사자(使者)의 형식. 구약성서에서 표준 예언자적인 사자의 형식은 첫 번째 사람에게 따라오는 소식을 지닌 "따라서 주께서 말씀하신다."였다. 예언자는 그가 말하도록 지시받은 것을 전하는 보고자로서 말하였던 것이 아니다. 그는 간접적으로 제3자에게 전하는 주소를 사용하였다. 그러나 사람들에게 임무를 직접적으로 부여하셨던 주님의 사람들에게 말했다. 요한은 주 예수, 높이 들리신 교회의 믿음의 주로 가득 채워진 형식, 곧 구약성경 속의 주(야훼)를 말하는 사람의 위치로써 그리스도교 예언의 특징인 "그러므로 주님이 말씀하신다."라는 칠십인역의 번역과 "그의 말씀들……"(RSV)이 반복적으로 동일하게 나타나는 형식을 수반하는 것과 같은 스타일을 선택했다.

4. 그리스도론적인 송영. 각 편지의 시작에 나타나 있는 그리스도의 증언은 그리스도의 현현에 관해 말하고 있는 1 : 9~20에서 가져왔다. 이것이 소멸되었을 때 요한은 그것을 그의 신학, 또는 그가 전한 교회에 특별히 적합한 속성으로 보충한다. 따라서 3 : 7에서 그리스도는 하나님의 언어를 사용하는 것과 일치하여 '거룩하고 진실한 분'이 된다. 3 : 14에서 그리스도는 하나님께서 세상을 창조했던 원리라 불리는데, 요한이 전체에 걸쳐서 강조했던 표현인 구약성경에서 이전에 존재했던 지혜(잠 8장, 특히 22, 27, 30절)이다. 2 : 18에서 오직 계시 안에서 '하나님의 아들'의 예가 나타나는데, 초창기 그리스도의 현현으로부터 온 특징이 아니라 시편 2편에서 온 특징으로 나중에 요한이 두 번째 시편의 언어로 사용할 두아디라(2 : 26~27)에게 준 같은 소식 속에서 하나님의 아들로서 이스라엘 왕으로 묘사

했다. 3 : 14에서 그리스도는 그 자신을 '아멘'으로 부르는데, 그것은 또 하나의 진술을 확고히 하기 위한 구약성경의 말씀을 특별히 사용한 것이다. 바울은 구약성경에 나타난 하나님의 모든 약속 (고후 1 : 20)을 확고히 하고 수행하는 한 분으로 예수를 '아멘'으로 사용한다. 그리고 요한은 사도 바울의 전통적인 흐름 안에 있고, 그는 의도적으로 예수 안에서 구약성경이 전체로써 수행하는 그의 관점을 표현하기 위해 이 제목을 사용한 것인지도 모른다.

우리는 초창기 각각의 편지가 사용한 이러한 그리스도적인 진술들이 우연히 선택된 것도 아니고 더욱이 꾸며진 것도 아니며, 그것들은 신학적인 목적으로 사용된 것이다. 이 편지는 시험이 가득한 상황에서 믿음으로 살아가도록 하는 명령과 경고와 윤리적인 지시를 포함한다. 그러한 명령은 홀로 설 수 없다 ; 그것들은 일반적이거나 분명한 도덕적 진실이 아니다. 그들의 진리는 1 : 9~20이 보여 주는 진리와 엮여 있고, 십자가에 못 박히신 분은 하나님에 의해 만들어지고, 하나님에 의해서 입증된 높이 들리신 주님이시다. 여기 그 밖의 지역에서, 윤리적인 명령은 그리스도교적인 직설법에서 발견되는데, 그리스도인의 삶은 그리스도와 맺은 실제적인 관계에서 발견된다.

5. 신적 지식. 높여진 주님은 "나는 안다……."라고 하는 확신 속에서 회중에게 말씀하신다. 요한은 하나님께서 모든 것을 아시는 분이라는 성경의 묘사에 의해 영향받는데, 그분은 고통받는 그의 백성을 아시고 (말하자면 출 3 : 7) 마음속에 숨겨진 비밀의 표면을 아신다(말하자면 삼상 16 : 7). 요한은 하나님께서 예언을 지시받은 사람들의 상황을 아신다고 선포했던 성경적인 예언자의 전통 안에 나타나고, 경배자들의 삶 속에 숨겨진 심연을 카리스마적으로 드러낸 사람들의 그리스도교의 예언자적인 전통 속에 나타나는데(말하자면 렘 48 : 30 ; 호 5 : 3 ; 암 5 : 12), 왜냐하면 그는 전지전능하신 신성(2 : 23 ; 참고. 5 : 6)을 공유한 승천하신 주님의 대변자이기 때문이다(고전 14 : 24-25 ; 참고. 눅 7 : 39 ; 요 4 : 19). "나는 안다."라고 말한 한 분의 눈을 관찰하는 것은 개 교회의 진실한 상황을 드러내는데, 때때로

교회 자신의 평가, 그 자체를 역전시킨다. 서머나는 그것이 형편없다고 가정하나 실제로 풍성하며(2 : 9), 정확히 라오디게아에서는 반대의 상황이 발생한다(3 : 17).

6. '본문'. 각각의 편지의 본문은 칭찬과 비판, 약속과 협박으로 구성된다. 오직 두 교회만이 받을 만한 자격도 없는 칭찬을 받는다(서머나와 필라델피아). 편지 본문의 메시지를 위하여 아래를 참조하라.

7. 관심과 복종을 위한 부르심. 구약성경의 예언적인 형식을 가지고 있는 특징적인 요소는 "들어라!"라는 표현이 보여 주는 관심과 복종을 위한 부르심이다(사 1 : 10 ; 7 : 13 ; 28 : 14, 23 ; 48 : 1, 14 ; 렘 2 : 4 ; 5 : 21 ; 6 : 18 ; 7 : 2 ; 10 : 1 ; 13 : 15 ; 호 4 : 1 ; 5 : 1 ; 암 3 : 1, 13 ; 4 : 1 ; 5 : 1 ; 7 : 16 ; 8 : 4). 그 말씀은 듣는 것에 대한 풍성한 의미를 전달할 뿐만 아니라 들리는 것에 관한 행동을 한다(나는 너에게 말하려고 하나 너는 들으려 하지 않는다). 요한은 각 소식이 닫혀진 말씀을 통해서 듣고 복종하도록 하는 부르심과 협력한다 : "귀 있는 자는 성령이 교회들에게 말씀하시는 것을 들어라". 이러한 형식은 요한의 예언자적인 함축을 표현하기 위해 역사적 예수의 말씀이 반영된 곳 또는 공관복음서에 나타난 예수 말씀이 그의 이름과 더불어서 여러 차례 밝힌 것을 말씀하신 그리스도의 예언자들이 유사한 형식에 적용한 것으로 몇 안 되는 곳 중 하나이다(참고. 마 11 : 15 ; 13 : 9, 43 ; 막 4 : 9, 23 ; 눅 8 : 8 ; 14 : 35). 우리는 다시 요한이 승천하신 그리스도와 성령의 사역을 구별하지 않는다는 사실을 명시한다 ; 승천하신 예수께서 하신 말씀은 성령이 교회들에게 말한 것이다.

8. 승리자를 위한 종말론적 약속. 각 편지는 승리하신 그리스도를 위하여 묵시문학적인 용어로 표현된 축복의 약속을 포함한다. 각각의 소식이 담고 있는 그리스도적인 주장이 그리스도의 현현에 관해 언급하는 1 : 9~20의 말씀이 과거를 대표하는 것처럼, 각각의 소식이 포함하고 있는 승리자를 위한 약속도 20~22장의 종말론적인 미래를 대표한다. 2~3장에서 언급된 그리스도인의 삶은 도덕적인 용어를 고수하지 않으나, 종말론적인 미래 안에서 하나님의 영광과 과거의 그리스도의 사건을 실현한다는

관점을 보여 주고 있다. 따라서 일곱 개의 소식은 종합적으로 책 본문의 계시적인 종말론과 연결된다.

승리자는 하나님의 천국에서 생명의 나무를 먹을 것이다(2 : 7) ; 두 번째 죽음에 의해서 상처받지 않을 것이다 ; 숨겨진 만나와 하얀 돌을 받을 것이다(2 : 11 ; 참고. 20 : 6) ; 그것을 받은 사람을 제외하고는 아무도 알지 못하는 돌에 쓰인 새로운 이름으로 ; 철 막대기와 계명성으로 그들을 지배하도록 나라들에게 힘을 줄 것이다(2 : 26–28). 승리자는 하얀 옷으로 입혀질 것이고, 그와 그녀의 이름은 생명책에서 지워지지 않을 것이나, 하나님과 천사들(3 : 5) 앞에서 높인 주님 그 자신에 의해 고백될 것이다. 승리자는 하나님과 새 예루살렘의 이름으로 새겨질 것인데, 그곳에서 그와 그녀는 종말론적인 성전 기둥에 지어질 것이며(3 : 12), 종말론적인 왕관을 쓰신 높여진 주님 곁에 앉을 것이다(3 : 21 ; 참고. 2 : 27).

이 약속들이 얼마간은 요한 교회의 특별한 상황을 반영할지도 모른다. 예를 들어, 2 : 17의 흰 돌은 원래 주술적인 부적의 사용, 또는 이교도 사회에 참석하기를 주저했던 그리스도인들이 배제되었던 사회 상황을 위한 출입증을 반영한다. 예를 들어, 다른 약속인 '숨겨진 만나'(2 : 17)는 586년 바벨로니아인에 의한 성전 파괴에 관한 유대인의 절망을 반영한다. 그 당시 얼마간의 만나를 숨겨 둔 신성한 언약궤에 관해서는 그 이후에 전혀 발견되지 않았다(출 16 : 31–34 ; 참고. 히 9 : 4). 통곡의 벽과 연관된 감정의 연상과 희망과 모든 슬픔, 그리고 거룩한 성전 안에서 진실하게 경배를 드리는 것에 대한 회복을 갈망하는 하나님의 사람은 숨겨진 만나의 이미지로 압축된다. 이것은 그리스도교 전통 안에서 이미 성만찬을 기념하는 것으로 궁극적인 메시아적인 연회에서 메시아와 함께 진실한 빵을 먹는 성만찬적인 이미지와 결합한다(3 : 30–32 ; 11 : 19 ; 참고. 요 6 : 1–65, 특히 49–51). 이것은 의미 없는 희망이 아닌데, 왜냐하면 승리한 자들이 종말론적인 완성에 참여할 것이며, 그리고 결국에는 숨겨진 만나를 맛볼 것이기 때문이다.

정복하는 것, 즉 승리를 획득하는 것은 요한계시록과 그리스도인의 생활을 이해하는 데 있어 중요한 표현이다. 지상에서 예수의 사역의 완성은 그가 '승리하셨다'라고 간단히 표현될 수 있기 때문에, 그래서 믿음 있는 그리스도인의 삶은 승리/극복으로 요약될 수 있다(3 : 21 ; 5 : 5). 승리의 의미가 그리스도 안에서 들어날 때, 그것은 극적으로 전환된다.

일곱 메시지에서 묘사된 그리스도인의 삶과 책임

일곱 메시지에 대한 본문은 우리에게 1세기 말에 소아시아에 있던 교회의 삶을 향한 창을 제공한다. 그 밖에 신약성경에서 우리는 환상화된 그림이 아닌 신앙과 불신앙, 책임과 무책임이 섞여 있는 것을 보는데, 이것이 항상 이 세상의 교회를 특징짓는다. 여기서 그리스도인들은 온전해지기 위해 노력하는 개인들로서 표현된 것이 아니라, 협동하며 그리스도교의 선교와 증거를 위한 공동체의 구성원으로서 기록된다.

환난. 그리스도인들은 적대적 세상에서 말미암는 갖가지의 압력, 즉 요한이 말한 '환난' 가운데서 살아간다. 이 환난은 미래에 일어날 어떤 극적 사건이 아니라 요한의 시대에 이미 시작되었다. 요한이나 모든 교회에게 환난은 변하지 않는 상황이고, 그 속에서 그리스도인들은 신실한 증인으로 살아가도록 부름받았다. 하지만 그것은 어떤 상황들 속에서 더 명백하게 드러나기도 했다(1 : 9 ; 2 : 9, 13). 요한은 곧 환난이 끔찍한 박해로 심화되어 모든 그리스도인들을 잠식할 것으로 보아 이를 종말의 전주곡으로 여겼다(2 : 10 ; 3 : 10 ; 참조. 7 : 14).

종교 다원주의와 갈등하는 당시의 환경 속에서 요한의 (일곱) 교회들은 소수 종교의 추종자들이었다. 적대적 유대 회당들(2 : 9 서문을 보라.)과 황제숭배를 비롯한 적대적 이방 종교들은 그리스도인들을 타 문화의 이방인으로 만들었다. 이교도 행사에 참여하지 않음으로써 그리스도교의 증인임을 드러내야 할 책임을 다하는 것이 그리스도에 대한 충성이라는 결심은 사회 경제적으로 파란을 불러일으킬 수 있었으며, 반로마파의 일원이라는 이유로 로마의 지역 법정에 서게 될 수도 있었다.

교회와 (유대) 회당 사이의 갈등, 그리고 교회와 이미 체계를 잡아 존경을 받던 문화 종교와의 갈등을 요한은 초월적 영역에서 일어나는 좀 더 심오한 갈등이 이 세상에 현현한 것으로 보았다. 그래서 서머나와 빌라델비아의 회당은 '사탄의 회당'(2 : 9 ; 3 : 9)으로 보았으며, 버가모에 있는 황제에게 봉헌된 인상적인 성전은 '사탄의 권좌'(2 : 13)로 여겼다. 그리스도인들이 로마인들에 의해 수감되었을 때, 실제 그 일을 한 존재는 '마귀'(2 : 10)였다. 다른 한편 교회는 성령이 말씀하시고, 하나님의 권세가 힘을 발하는 무대이다(2 : 7, 23 ; 3 : 8). 교회는 하나님과 악의 세력 간에 벌어지는 우주적 전쟁을 지켜보는 군중이 아니라 오히려 교회가 존속하는 동안 계속해서 그 전쟁을 경험하는 생명체이다. 이러한 갈등은 4~20장에서 방대한 규모로 생생하게 그려지지만, 이미 2~3장의 교회를 향한 메시지 속에 미리 암시된다. 교회를 향해 보낸 2~3장의 메시지는 비록 도덕적 훈계의 성격이 강하다 할지라도, 이후 요한계시록의 환상 부분과 분리되지는 않는다.

분열. 교회들은 외부 갈등과 내부 긴장으로 골머리를 앓게 된다. 교회들은 '자칭 사도라 하는' 그리스도교 지도자들의 방문을 받는다(2 : 2). 이는 이러한 순회 설교하는 사도들이 열두 제자 무리에 속했다는 것을 의미하지는 않는다(참조. 21 : 14 ; 고전 15 : 5 - 7에서는 '사도들'과 '열두 제자'를 구분하고 있다). 그러나 그들은 스스로를 일반 교회를 위한 권위 있는 사자, 선교사, 교사로 생각했다(참조. 행 14 : 14 ; 롬 16 : 7 ; 고후 8 : 23 ; 빌 2 : 25). 그들의 가르침은 요한의 가르침과 상충되었기에 요한은 에베소 교회에 그들을 배격하라고 권하였다(참조. 고후 11 : 1 - 15에는 바울과 고린도 교회가 비슷한 상황에 처했음이 나타난다). 사도들과 예언자들, 지도자들은 교회에 속해 있었지만 교회가 이들에게 속했던 것은 아니었기에 회중들이 그러한 주장을 한 지도자들을 시험해 보았다는(참조. 고전 3 : 21 - 22) 사실은 눈여겨 볼 만하다. 또한 사도들, 예언자들, 지도자들은 그리스도인들의 연합에 의해 비판적 점검을 받아야 했다(참조. 고전 12 - 14장 ; 살전 5 : 19 - 22). 그래서 교회는 '모든 교훈의 풍조에 밀려 요동치' 않을 수 있었다(엡 4 : 14). 사도적인지 아닌지, 즉 정통성 있는 그리스도인의 가르침인지 아닌지를 최종적으로 결정하는 곳이 바로 교회인 것이다.

요한은 또한 '니골라당'(2 : 6, 15), '발람'(2 : 14)의 가르침을 좇는 자들, 예언자 '이세벨'(2 : 20) 추종자들에 대해서도 언급한다. 이 무리들을 동일한 용어로 묘사하는 것으로 보아 이들은 모두 같은 단체였거나 같은 운동을 했던 무리인 듯 하다. '발람'과 '이세벨'은 구약성경과 유대전승 중 하나님의 백성을 유혹하고 적대시했던 자들의 이야기에서 끌어온 요한만의 상징적 용어임이 분명하다(민 22－25장 ; 31 : 16 ; 왕상 16 : 31 ; 18 : 1－19 ; 19 : 1－2 ; 참조. 벧후 2 : 15 ; 유 1 : 11). 이세벨은 이방 종교를 주창하던 여왕이었다. 민수기 22~25장에서의 발람은 순종적인 하나님의 대변인이었지만, 민수기 31 : 16을 근거로 한 유대 전승은 그를 거짓 선지자이자 이스라엘이 우상숭배적 종교를 섬기도록 유혹한 장본인으로 보았다(필로의 「모세의 생애」 I . 48－55 ; 요세푸스의 「고대사」 Ⅳ .126). 요한은 '발람'과 '이세벨' 을 모두 이스라엘이 우상숭배를 하도록 유혹했던 이방인으로 보았다. 요한이 이런 상징적 이름을 택한 이유는 외국인을 혐오해서가 아니라 이들이 하나님의 백성에 속한 자들이 아닌 이방 종교를 전하는 자의 대표적 인물로 보이게 하기 위해서였다. '니골라당'은 아마도 역사적 실존 인물인 그들의 지도자, 니골라의 이름을 따서 지어졌을 것이다. 이후의 그리스도교 전승에 따르면 그는 사도행전 6 : 5의 니골라와 동일 인물인데, 그럼에도 불구하고 그에 대해 알려진 바는 전혀 없다. 또한 문자적으로 '평신도, 즉 백성의 정복자들'이라는 뜻이 있는 '니골라당'은 '발람'과 '이세벨'처럼 요한이 자신의 적대자들에게 붙인 상징적 이름일 수도 있다. 왜냐하면 '정복하다'라는 말은 요한의 신학에서 중요한 의미를 갖는 단어이며 ,'니골라'라는 이름은 히브리어로 '백성들의 통치자'를 뜻하는 '발람'이라는 단어와 대략 일치하기 때문이다.

'니골라당', '발람', '이세벨'은 주변 문화에 순응해야 한다는 '진보적' 교리를 장려하였다. 현세의 일상에 그리스도인들이 얼마나 어떻게 참여해야 하는지에 대한 의문, 특히 그리스도인들이 이교도 축제 때 만든 음식과 몇몇 이교도 신의 희생제사 때 사용된 '부정한' 고기를 먹어도 되느냐는 문제는 시대와 장소를 막론하고 그리스도인들을 괴롭혔으며, 그에 대해 다양한 대답이 도출되었다(참조. 행 15 : 28－29 ; 고전 8－10장). 요한은 이 문제를 완전히 양자택일의 관점에서 보았다. 즉, 이런 행위에 참여하는 것은 이방 종교의 거짓 예배에 참석하는 것이었다. 이와는 반대로 니골라당과 관련 단체들은 그리스도인이라면 문화 축제에 참여해야 하며, 시장에서 판매되는 희생제사 고기를 사 먹고, 문화생활에도 참여해야 한다고 가르쳤다. 이스라엘 예언자들과 요한에게 있어 이교도의 삶의 방식으로의 순응은 믿음의 변절이자 우상숭배나 간음과 똑같은 것이었다. 요한이 이러한 것들을 단지 상징적으로만 언급하지는 않았을 것이다(참조. 고전 6 : 9－20). 요한이 적대적 단체들에게 보였던 반대는 미묘한 교리에 대한 도량이 좁은 교조주의의 행태가 아니었다. 오히려 그가 그리스도인의 삶을 총체적으로 이해했다고 봐야 한다. 요한은 니골라당과 관련 단체들에 대해 보수적이고, 전통적인 관점을 가졌다. 왜냐하면 그들이 그리스도교와 문화 종교를 결합시킨 행사에 참여하는 것이 그리스도인의 의무이자 책임이라고 여겼기 때문이다. 그들은 스스로를 비그리스도인 혹은 적그리스도인으로 여기지 않고, 오히려 교회가 새 시대에 적응할 수 있도록 돕는 영적 은사가 충만한 지도자로 생각했다. 요한은 니골라당의 위기에 대한 대응을 위기의 보다 또렷한 현시로 보았다. 요한은 니골라당의 해결책을 문제의 또 다른 심각한 차원으로 여겼다.

또한 이 단체들은 공공연히 '실현된 종말론'을 주장하며, 그리스도인들이 이미 새로운 시대를 살고 있으므로 옛 시대의 삶의 속박에서 해방되었다고 하였다. 라오디게아 교회가 자랑하였던 '부'는 단순히 일차적인 물질적 부일 뿐만 아니라 예언 현상과 영적 기쁨이 가득한 시대에 이미 살고 있다고 여긴 그리스도인들이 누렸던 영적 부이다(참조. 고전 1 : 5－7 ; 4 : 8은 자기만의 풍요로운 영적 인생을 누리고 있다는 관점을 가진 또 다른 교회에 바울이 조소 어린 반응을 보이고 있음). 요한의 관점에서 교회에게 가장 큰 위협이 되는 내적 요소는 두 가지 오해가 결합된 것이었다. 하나는 종교를 한 사람의 외적 행위 대신 '실제 자아'라는 내적 영역으로 치부하여 그리스도인의 삶을 이해했던 것이며, 다른 하나는 다가올 하나님의 왕국에 대한 확실한 소망으로써의 미래보다 완성된 시대로써의 현재의 삶에 순응하는 태도이다.

그렇다면 어려움에 처한 소아시아 교회들은 그리스도인의 삶의 본질에 관해 서로 상충되는 주장들 사이에서 어떤 결단을 내릴 수 있었을까? 요한이 반대하는 단체는 자신과 같은 은사주의파에 의해 주도되고 있었다. 종잡을 수 없는 상황에 처한 그리스도인의 책임에 대한 질문들에 소아시아의 교회들은 정통성 있는 해답을 제시해야 했지만, 은사주의적이며 예언적 현상 그 자체로는 정통적 가르침에 대한 의문을 완전히 해소하지 못했다. 소아시아의 교회들 가운데 은사주의는 은사주의자들을 엄격히 감독하였고, 예언자는 예언자들을 엄격히 관리하였다. 마치 성경에 나타난 예처럼 말이다(예를 들어, 왕상 18장 ; 렘 27－28장). 교회들은 과연 어떤 은사주의 단체가 이 공동체를 향한 하나님의 뜻을 이해하는 데 있어 권위 있는 통찰력을 가졌는지 분별해야 했다. 기준이 필요했다. 결국 교회들은 그리스도인 예언자들을 통해 계시된 새로운 가르침이 예수의 일생 동안 드러난 계시, 특히 십자가상에서의 죽음을 포함한 계시와 일치해야 한다고 결정했다. 따라서 예수와 십자가가 그리스도교 예언의 정통성을 따지는 척도가 되었다. 높으신 주님은 성육신을 통해 단번에 계시하셨기 때문이다(1 : 5, 18 ; 5 : 5－6 ; 참조. 롬 12 : 5－6 ; 고전 12 : 1－3 ; 요일 2 : 18－23 ; 4 : 1－2 ; 요이 1 : 7－11). 이 기준을 적용하는 것은 교회의 책임이었다. 이전에 살핀 예에서, 요한의 요한계시록은 정통성 있는 계시로 교회에서 받아들인 반면, 니골라당과 발람, 이세벨의 계시는 당시 매우 인상적이었음에도 불구하고 받아들여지지 않았다. 이런 결정은 각각의 그리스도인들이 은사주의 현상이 전시된 카페테리아에서 개인의 취향에 따라 두루 다니며 음식을 골라잡는 개인적 판단이 아니었다. 그것은 요한도 이미 알고 있었듯이 교회가 내리는 공동체적 결정이었다(2 : 2).

행위. 요한이 '행위'를 강조한 점은 문화 종교의 요구에 직면해 있던 그리스도교 공동체의 활동 상황 속에서 이해되어야 한다. 다시 말해, 부활하신 그리스도께서 소아시아 그리스도인들의 행위를 아시며(2 : 2, 19 ; 3 : 1, 8, 15), 그들이 자신들의 행위에 따라 최후 심판을 받을 것이라고 선언하신다(20 : 12의 주석을 참조하라). 요한은 '믿음과 행위를 대조적으로 생각한' 바울의 주장이나 죄인이 하나님께 받아들여질 수 있으며, 하나님께서 이스라엘에 하신 약속을 지키시면서 이방인들을 구원받은 공동체에 편입시키실 수 있는 것에 대하여는 고려하지 않았다(참조. 로마서와 갈라디아서의 논쟁). 동사로써의 '믿다'라는 단어는 요한계시록에 단 한 번도 나오지 않는다. 명사로써의 '믿음'은 '신실함'을 의미하거나(2 : 13, 19 ; 13 : 10) 믿음의 내용으로써의 신뢰(14 : 12)를 의미하며, 형용사로써의 '신실한'은 '믿음'이 아니라 '충성되고 오래 참으며 성실함'을 의미하고, 이는 그리스도(1 : 5 ; 3 : 14 ; 19 : 11)와 그의 말씀(21 : 5 ; 22 : 6), 또한 인간(2 : 10, 13 ; 17 : 14)에 해당되는 말로 쓰였다. 이와 같이 요한계시록에서는 믿음이나 신앙과 관련된 단어군이 결코 바울과 같이 행위와 대조되는 말로 쓰이지 않았으며, "개인적 신뢰에서의 순종이 우리와 하나님 사이를 중재한다."라는 바울의 뜻도 절대 드러나고 있지 않다. 사실 요한이 믿음을 통하여 오직 은혜로만 의롭게 된다는 바울의 교리를 명백하게 따르고 있지는 않지만('은혜'라는 말은 편지의 인사말인 1 : 5〈원서에는 1 : 4이지만 1 : 5가 맞음. -역자주〉, 맺음말인 22 : 21을 제외하고는 요한계시록에 나타나지 않는다.), 이것으로 요한이 "행위로 말미암아 의롭게 된다."라는 주장을 했다고 볼 수는 없다. 바울처럼 요한의 관심사도 책임 있는 그리스도인의 행실이었다. 요한은 이것을 '행위'라고 말한 것이다.

핍박과 위협, 그리고 임박한 종말에 대한 기대감 속에서도 그리스도인의 행위를 중요하게 여긴 요한의 태도를 통해 그가 그리스도인의 삶을 그저 기다리기만 하는 수동적 삶으로 생각하지 않았다는 사실을 살펴볼 수 있다. 2 : 19에 나타난 '섬김'이라는 말은 그런 의미에서 의미심장하다. 요한은 교회들이 인내 이상의 것을 행하기를 요청하고 있다. 즉, 그 동안에(종말이 다가오기 전에) 해야 할 사역이 있다는 것이다.

회개. 몇몇 교회들은 위기의 상황 속에서 보여 준 행동, 즉 그들의 '행위'

로 칭찬을 받은 반면(에베소 교회〈2 : 2〉, 두아디라 교회〈2 : 19〉, 빌라델비아 교회, 〈3 : 8〉), 다른 교회들은 책망을 받았다(사데 교회〈3 : 1–2〉, 라오디게아 교회〈3 : 15〉). 서머나 교회와 빌라델비아 교회를 제외한 모든 교회가 회개하도록 요청받았다. 회개는 단 한 번으로 한 사람을 그리스도교 공동체로 받아들일 수 있는 행동이 아니라 교회에 지속적으로 요청되는 행위였다. 또한 회개는 과거에 행한 잘못에 대해 종교적 감정으로 미안함을 느끼는 정도의 문제가 아니라 복음, 즉 하나님께서 우리의 구원을 위해 예수 안에서 이미 행하신 좋은 소식을 근거로 한 새로운 형태의 삶으로 돌이켜야 하는 문제이다. 그러므로 회개로의 부르심은 꾸짖음이 아니라 기회인 것이다. 심지어 라오디게아 교회의 그리스도인들도 회개하여 그리스도와 함께 그의 보좌에 앉아 메시아가 베푸는 잔치에서 모든 하나님의 백성과 해후할 수 있다(3 : 20–21).

굳게 서라. 요한이 처한 상황에서 그리스도인의 삶은 '인내'(hypomone)라는 단어로 주로 표현되고 있다(RSV : '오래 참음', 1 : 9 ; 2 : 2, 3, 19 ; 3 : 10). 이 단어가 말하고 있는 그리스도교 행동의 특성은 수동적 자포자기가 아니다. 오히려 '내 이름을 위해'(2 : 3, 13 ; 3 : 8) 적극적으로 굳게 서는 행위이며, 로마 관원들의 심문에 직면해서도 용기를 가지는 것이다(참조. 서문의 플리니우스의 편지). 엘리자베스 쉬슬러 피오렌자(Elizabeth Schüssler Fiorenza)는 이 단어를 압제 권력에 대한 '끊임없는 저항'이라고 번역하였다(「요한계시록」, p. 4). 이 용어는 '굳게 서서 포기하지 아니함'이라는 의미의 동사에서 유래하였다(참조. 마 24 : 13 ; 막 13 : 13). 몇몇 소아시아 교회는 이런 특성을 널리 보였다는 점에서 칭찬을 받았다(2 : 2, 3, 19 ; 3 : 10). 문화적인 압력에 직면하여 그들은 그리스도가 유일한 주라는 고백을 꿋꿋하게 지켜 냈으며, 그중 몇몇은 죽임을 당하기도 하였다(2 : 13). 소아시아 그리스도인들에게는 배울 점이 많았다. 그 이후 세대, 즉 교회가 적대적 정부와 문화의 위협을 받는 힘없는 공동체가 아닌 때에 설교자들과 교사들은 왜 '인내'라는 단어가 그리스도인의 삶과 증거의 적합한 항목으로 번역되었는지 질문을 해야만 했다. '오래 참음'을 그리스도인의 책임의 정수로 표현한 것이 압제와 박해를 받지 않는 상황에서는 매우 수동적 표현이라는 오해를 살 수 있기 때문이다.

사랑과 영적 은사들. 요한계시록이 폭력적이고 사랑받지 못하는 책으로 평판을 가졌지만, 그래도 부활하신 그리스도가 요한을 통하여서 몇몇 소아시아 교회의 사랑에 대하여 칭찬한 것이 강조되어야 할 것이다(2 : 4). 바울과 마찬가지로 요한도 신자의 삶의 최상의 표현은 사랑이라고 간주한다. **물론 '사랑'은 정적인 감정을 말하는 것이 아니라 예수께서 자신의 삶을 통하여 명백하게 보여 주셨던 다른 사람에 대한 능동적인 돌봄이다.** 사랑은 2 : 4~5에 있는 '행위'라는 개념과 같은 개념이다. 두아디라 교회는 행위로 표현된 그들의 사랑으로 칭찬을 받는다(2 : 19). 에베소 교회는 처음 가졌던 사랑을 버렸기 때문에 책망을 받는다(2 : 4). 이것은 그들의 열정이 사그라졌다는 사실을 의미하는 것이 아니다. 요한은 에베소 교회와 요한계시록의 다른 교회들 가운데 계속적으로 드려졌던 것처럼 보이는 열정적인 예배를 말하는 것이 아니다. 살아 있는 교회로써 사데 교회의 평판(3 : 1)과 그들 자신을 부자라고 여기는 라오디게아 교인들의 생각(3 : 17)은 아마 그들이 깨달았던 종말론에 대한 은사적 열정을 말하는 것 같다(비교. 바울의 고린도 교회에 대한 반어의 주석 고전 4 : 8 ; 고후 4 : 12). 초기의 바울처럼 요한은 그의 교회들이 **은사적 현상들을 잘 공급받고 있다는 사실을 인정했다. 그러나 그것들은 초창기 그리스도교 신자의 삶을 특징짓는 사랑을 포기하는 쪽으로 변화되었다.** 또 하나 그들의 생각의 변화에 더욱 놀랄 만한 표현은 **영적인 삶이** 진부한 것이라 할 수 있는 그리스도인이라는 의미에서 사랑은 다른 사람에 대한 사심 없는 **돌봄보다도 더 중요해진 것이다.** 바울의 가르침에서처럼 그리스도의 사랑은 죄인들을 위한 것이다(1 : 5 ; 비교. 롬 5 : 5 – 11). 심지어 그리스도를 십자가에 못 박았던 도시는(20 : 9 – 그럼에도 불구하고 예루살렘은 '사랑받는 도성'이다.) 다른 사람을 향한 그리스도인들의 사랑의 근거지이다. 요한은 회개하지 않는 자들에게 떨어지는 끔찍한 심판의 환상을 보았다. 그리고 이것은 그들의 응당 받아야 할 것이다(6 – 9장, 그리고 "숙고 : 요한계시록의 폭력적 이미지 해석하기"를 읽어 보라). 그러나 또한 이러한 심판의 환상들은 요한이 심지어 원수들을 구속하시고 환대하시는 사랑의 하나님에 대한 환상을 가졌다는 사실을 우리가 보지 못하게 가려서는 안 된다. 이러한 사랑은 성도들이 사랑받아 온 것만큼 사랑하려는 마음을 이끄는 기초가 된다.

신학적 기초. 이 부분을 종결짓는 부활하신 그리스도의 말씀(3 : 21)은 그리스도인의 책임에 관한 요한계시록의 **신학적인 전망을** 선명하게 요약해 준다.

1. **보좌로부터 통치하시는 하나님.** 종말론적인 장면의 통치자가 아니라 하나님은 주관자이시라는 것이다. 이것은 4장에서 시작되는 하늘 보좌에 대한 환상을 개괄적으로 보여 주는 것이다.

2. **현재적으로 하나님과 함께 보좌를 공유하시는 그리스도.** 통치하시는 하나님은 그리스도 안에서 그 자신을 대표하시는 하나님이시다. 예수께서는 정복하심으로, 그리고 진리의 복음과 다른 사람을 위해 자신의 생명을 내어 드리심으로 보좌에 이르셨다. 5장은 강력한 환상 속에서 이 사실을 표현한다.

3. **동일한 정복함으로 보좌에 이르게 되고 동일한 보좌를 함께하게 될 성도들.** 이것은 예수의 순교자적 패턴을 따르도록 하는 암묵적인 요청이고 궁극적인 인간의 결단의 요청이다. 그러나 이 미래적인 통치와 승리는 하나님의 선물로 불린다. 인간의 책임과 하나님의 선물은 양자택일의 성격이 아니다. 개개인은 이런 선언에 의하여 궁극적인 수준까지 세워진다.

제2장
하나님께서 '큰 도시'를 심판하시다

요한계시록 4 : 1~18 : 24

제2장

하나님께서 '큰 도시'를 심판하시다

요한계시록 4 : 1~18 : 24

새로운 주요 단락은 4장에서 시작하여 18장까지 확장된다(참고. 서론에서 요한계시록의 구조에 관한 개요). 창조주 하나님과 구속자의 영광의 환상의 소개에 따르면 이 단락의 주요한 내용은 묵시적 사고에 의하여 종국에 승리한 하나님의 왕국의 설립에 대한 서론을 형성해야 하는 일련의 종말론적인 재앙들을 묘사하고 있다. 이러한 것들은 일곱 봉인(6 : 1-8 : 1), 일곱 나팔(8 : 6-11 : 19), 일곱 대접(15 : 5-16 : 21), 그리고 바벨론의 멸망(17 : 1-18 : 24)으로 묘사된다. 이 확장된 일련의 심판에 관한 환상들은 로마/바벨론의 멸망의 사전예고로 시작하여(6 : 1-2 ; 참고. 주석) 그의 권세를 찬탈당한 악한 세상 권력에 대한 하나님의 심판의 최후의 장면으로 돌아간다(17 : 1-18 : 24 ; 참고. 주석). 그러나 요한은 구원과 격려를 알리기 위한 심판의 환상들이 성취되기까지 기다리는 것이 아니라 **이미 얻은 승리에 대해 고무된 장면들과 다가온 승리에 대한 기대를 가지고 대 재난의 환상들을 상기시킨다**(7 : 1-17 ; 14 : 1-5 ; 15 : 2-4). 이는 훌륭한 문학적 기교이고 의사전달의 기법이다. 경감되지 않은 21개의 일련의 재앙들은 그 충격을 무디게 하려고 시도하는 지각의 과중한 짐을 초래할 것이다. 이러한 구조는 또한 훌륭한 그리스도교 신학을 보여 주는 면모이다. 왜냐하면 요한은 그리스도께서 단지 역사의 종말에 오실 분이 아니라 이미 오셨던 분이고, 구원은 종말적인 재앙 너머에 경험되는 것이 아니라 역사적 투쟁 과정에서 산고의 중간에서 경험된 것이라는 그리스도교 신앙에 대한 해설자이기 때문이다.

이 단락에서 전개 방식의 진행에 있어서 연속성과 불연속성을 보인다. 불연속성은 땅에서부터 하늘까지의 장면에 관한 변화에 의해 나타난다. 구약의 예언자들과 같이 요한은 하늘의 법정에 이끌리고, 거기에서 그는 신적 존재들의 회의를 엿듣는다(참고. 왕상 22장 ; 사 40장 ; 렘 23 : 18 ; 참고. 욥 1-2장). 그는 6~9장의 일곱 봉인 환상과 일곱 나팔 환상을 통하여 그곳에 머무른다. 10장부터 요한의 시각은 때때로 땅으로 복귀해 나타난다. 그러나 여전히 모든 것은 종말론적인 미래의 초월적인 관점으로 보인다.

4 : 1에서 시각의 이동은 교회를 보는 것의 새로운 방법을 수반한다. 요한계시록은 그의 청·독자들과 함께 땅 위의 있는 요한과 함께 시작했다. 또한 요한계시록은 확실하지 않은 상황 가운데서 그리스도에게 충성을 바쳐야 하는 평범한 그리스도인의 투쟁에 집중한다. 2~3장에서 일곱 교회에 대한 메시지들은 소아시아 교회들의 성도들에게 종종 매우 비판적인 태도를 보인다. 그러나 4 : 1을 축으로 하여 그들은 14 : 1~5의 장면에서 그러했던 것처럼 거의 환상화되었다. 성도들은 더 이상 선과 악에 있어서 구분되지 않고 평범하다. 그러나 그들은 변함없이 순종적이고 충성스럽다고 간주된다. 이제 모든 것은 천상적이고 종말론적인 관점으로 보인다.

1~3장의 연속성은 교회들에 대한 최종적인 메시지의 결론적인 구절들 속에서 하늘보좌의 동기(3 : 21)와의 연결 속에서 나타난다. 또한 연속성은 요한이 1장의 환상 속에서 그에게 말했던 동일한 목소리 — 그리스도를 찬양했던 목소리(4 : 1) — 에 의하여 편지를 썼다는 사실에서도 나타난다.

'이 일 후에'-4 : 1~18 : 24의 미래/현재

요한계시록 4 : 1은 미래에 대한 결정적인 선회의 전조가 된다. 2~3장에서 현재적인 것들을 묘사하였던 것처럼 4~22장은 장차 될 것을 묘사한다(참고. 1 : 19). 요한은 그의 청·독자들에게 단기간의 미래에 대하여 말한다. 즉, 그것은 후대의 독자들이 그의 예언을 통해 보고자 했던 수 세기에 걸친 전망은 아니다("숙고 : 요한계시록에 나타난 '종말의 가까움'을 해석하기"를 보라.). 특별히 요한은 교회의 미래적인 '휴거'를 예언하는 것은 아니다('휴거'라는 말은 물론 요한계시록에 '나타나지' 않는다). 반면에 그는 곧 다가올 종말론적 환난의 날 동안에 교회가 지상에 현존하는 것을 지속적으로 묘사한다(2 : 10, 22-25 ; 3 : 10 ; 6 : 9-11 ; 7 : 1-8, 14 ; 8 : 3-4 ; 12 : 17 ; 14 : 12-13 ; 16 : 15 ; 17 : 6 ; 18 : 4). 요한은 여기서 환상적 경험 가운데서 그에게 일어났던 것들을 전달한다. 그는 다른 사람에게 문자적으로 일어날 것들을 예언하지 않는다. 계시들을 받기 위하여 천상세계에 들려 올려지는 것은 묵시문학의 일반적인 특징이다(예를 들면, 고후 12 : 1-4 ; 위경 아브람서 8-12 ; 에녹2서 3-22). 이러한 천상여행을 미래의 '휴거'의 예언들로 해석하는 사람은 아무도 없다. 요한의 계시는 고대 묵시 사상의 일반적인 구조 속에서 해석되어야 한다.

4~18장은 종말론적 미래를 드러낸다. 하나님의 손 안에 있는 봉인된 책은 최후의 미래, 모든 것의 과정, 역사의 모든 이야기의 열쇠를 포함하고 있는 마지막 장면들을 포함한다. 그리고 그것은 매우 비중 있는 것들이다. 미래는 실재이고, 하나님의 손 안(5 : 1)에서 이미 존재한다. 그러나 그것은 봉인되어 있다. 요한은 자신을 포함하여 어느 누구도 그 봉인을 뗄 수 없고, 하나님의 미래의 신비를 알 수 없기 때문에 운다(5 : 2-4).

4 : 1에서 시작되는 환상의 미래에 대한 방향성은 이 책의 나머지 부분이 연대기적 미래의 일직선상에 있는 예언이라는 사실을 의미하는 것은 아니다. 사도 요한의 사고는 직선적 사고가 아니다. 4 : 1~5 : 14의 보좌 장면의 요지는 중앙의 존재에 집중하고 있다. 그는 반복적으로 모든 세대, 즉 과

거, 현재, 미래에 현존하는 존재, 곧 항상 있는 존재로서 묘사된다(4 : 8 ; 참고. 1 : 4, 8 ; 21 : 6 ; 22 : 13). 그리하여 '이 일 후에' 일어나는 환상들은 통시적인 미래일 뿐만 아니라 항상 긴장 속에 있고, 긴장 속에 있을 장면이 될 공시적인 일례들을 묘사한다.

요한계시록 4 : 1~5 : 14

하늘보좌의 알현실

4 : 1~5 : 14(참고. 서론에 설명된 개요), 이 부분은 이 책의 다른 두 개의 주요 부분과 격을 같이한다. 이 부분은 하나님과 어린 양의 하늘의 영광을 묘사하는 장면으로 시작한다. 설교와 가르침은 이 두 장의 통일성을 고려해야 한다.

요한은 하늘보좌로 들려 올려졌다. 그곳에서 그는 보좌에 앉으신 하나님을 본다. 보좌 위에 있는 분에게 주어진 묘사는 없을지라도 그 자리는 상세하게 묘사된다. 보좌 앞의 모습은 하나님의 일곱 영을 나타내는 일곱 등불, 네 생물, 이십사 보좌 위에 이십사 장로가 있다. 어린 양은 땅 위의 성도들의 기도를 포함한 천상 예배의 광채에 에워싸인 가운데(5 : 8) 나타나서 보좌 위에 앉으신 분의 손으로부터 봉인된 두루마리를 취하신다. 그리고 그는 봉인을 떼고 묵시문학적 사건들을 시작한다.

이 장면은 모든 기록에 대한 신학적인 근원이고 기준점이다. 요한의 작품의 대부분은 대재난의 환상들로 구성된다. 대재난은 전통적인 묵시문학적인 비유적 표현 속에서 6~18장에 봉인들, 나팔들, 그리고 대접들로 묘사되었다. 그러므로 이곳은 우울한 모습으로 그려진다. 그러나 이러한 종말론적인 재앙들에 앞서 요한은 청·독자들이 그가 보았던 것을 보기를 원한다. 만물의 중심에서 하나님은 최고의 위엄으로 통치하시고, 그분은 다른 사람을 위하여 고난을 받으신 어린 양으로서 자신을 한정 짓는다. 6~18장에 묘사된 종말론적인 재앙들은 5장의 어린 양의 손, 즉 다시 말하면 십자가에 못 박히시고 부활하신 분의 손으로부터 전개된다.

우주의 보좌(4 : 1-6a)

요한의 기록은 갑자기 하늘보좌로 바뀐다(4 : 2). 다른 묵시문학과는 대조적으로 그는 천상여행 자체의 호기심 가득한 감흥적 묘사들에 관한 글을 쓰는 것에 지면을 허비하지 않는다(참고. 바울이 고후 12 : 1-4에서 유사한 기록을 한 것에 주의하라). 모든 주의력은 보좌에 집중되고 있다. 신약성경에 나타나는 보좌라는 단어의 4분의 3이 요한계시록에서 발견된다(62번 중 47번). 요한의 환상을 지배하는 보좌라는 비유적 표현과 단어의 양식은 그가 에스겔의 하나님의 전차에 대한 대담한 환상으로 시작하는 전통적인 경향에 영향을 받은 것을 암시한다(겔 1 : 4-28). 실질적으로 요한계시록 4 : 3~8은 많은 연결점들을 가지고 시작한다 : 보좌의 묘사, 살아 있는 피조물, 무지개, 천둥과 번개, 보좌 위에 계신 분. 에스겔의 전차에 대한 환상은 후기 묵시문학에 깊은 영향을 미쳤다. 예를 들면 에녹1서 14장 안에 있는 보좌의 환상은 에스겔에서 끌어왔고, 요한의 환상도 매우 밀접하게 공통점이 있다. 초기 유대교의 몇몇 랍비는 에스겔의 환상을 읽는 것을 금지하려고 시도했다. 왜냐하면 그것은 우리에게 환각제가 위험한 것만큼이나 독자들에게 환상적 경험들을 유발시키는 수단으로 간주되었기 때문이다. 이러한 경고에도 불구하고 유대 신비주의의 경향은 메르카바(Merkabah : 전차) 신비주의로 불리는 이런 전통으로부터 발전되었다. 따라서 요한의 환상은 그가 실제적으로 보았던 어떤 것에 대한 환상의 보고자의 기사는 아니다. 어쨌든 그것은 예언자적 경험의 전통적 어투 속에 나타나는 문학적 표현이고, 그의 신학적 의미를 전달하기 위하여 조심스럽게 구성되었다.

요한의 환상에는 만유를 위한 보좌가 있다. 그리고 그 보좌는 공허하지 않다. 만유는 혼동스럽지도 않고, 맹목적인 파멸에 의해서도 통치되지도 않는다. 그것을 주관하는 어떤 분이 있다. '보좌 위에 앉으신 분'이라는 단어는 요한계시록에서 12번 나타난다. 그것은 요한이 하나님을 부를 때 사용하는 방법이다. 대체적으로 드라마처럼 이 장면은 신 중심적이다. 미래를 안다는 것은 정보를 얻는 문제가 아니라 미래를 보존하는 하나님을 아는 문제이다. 궁극적 미래는 분석된 정보의 항목이 아니라 조우된 사람이다. 그의 에스겔에 대한 비중이 있는 의존에도 불구하고, 에스겔 1 : 3~28과는 대조적으로 보좌에 앉은 분에 대한 묘사는 없다. 요한은 의도적으로 어린 양의 존재로 가득 채워진 묘사 속에 텅 빈 중앙을 남겨 둠으로써 보좌 위의 중심적인 존재에 대한 어떤 표현도 억제한다. 그러나 또 한편으로 그것은 하나님은 자신을 그리스도로 규정짓는 확언을 의미한다.

보좌에 관한 이러한 반복된 언급들은 요한의 청·독자들의 일부가 2 : 13에서 요한이 이미 언급하였던 것처럼, 로마 제국이 강요하는 황제숭배에 표현되어 있는 사탄의 보좌가 있는 곳에서 살고 있음을 상기시켜 주고 있다. '왕국'과 마찬가지로 '보좌'는 분명히 정치적 용어이다. 하나님의 보좌에 관한 요한의 환상은 누가 실제로 다스리는지를 드러내는 정치적 논쟁을 보여 주고 있다. 보좌에 대해 황제가 반대하는 듯 하는 뉘앙스는 요한이 하나님의 주권에 관하여 묘사하는 곳에서 나타나고 있다. 반복된 하나님/그리스도에 관해서 직접적으로 묘사하는 "당신은 존귀하십니다."라는 표현은 승리의 입성 때에 황제에게 환호했던 인사를 반영하고 있다(4 : 11 ; 5 : 9, 12). '주 하나님'이라는 표현은 이러한 칭호가 유행하던 도미시안의 시대와 유사하다(4 : 8). 이십사 장로들은 도미시안을 옹위하던 이십사 집정관들에 영향을 받았는지도 모른다(Aune, "Influence"의 p. 13을 보라). "하나님이 보좌 앞에서"(4 : 10) 그들의 면류관을 놓았던 이십사 장로들의 행동은 로마 황제에게 경의를 표시하기 위하여 네로의 면전에서 페르시아의 왕인 티리다테스가 그의 왕관을 놓았다는 타키투스의 보고서를 떠올리게 한다(참고. Fiorenza, *Invitation*, p. 75). 그러나 요한계시록의 다른 곳에서는 하나님의 유일한 주권 속에 있는 믿음을 표현하기 위해 사용된 황제숭배의 이미지와 연관되어서 세상을 주관하는 주권은 오직 하나의 보좌에 앉아 계신 유일신에 관한 묘사가 나타나 있다. 그리스도인들은 이러한 경외를 감히 다른 것에 표시하지 않는다.

하나님의 보좌에 관한 그림은 그 장면 속에 나타나 있는 다른 요소들을 환기시키는 언급들과 청·독자들의 생각을 연결시키는 연결고리에 관한 묘사들로 가득 차 있다. 요한은 우리가 수동적으로 받아들이거나 거절할 수 있는 자세한 묘사를 하지 않는다. 오히려 그는 의미의 다양한 내용들을 불러일으킬 수 있는 언어를 우리에게 보여 줌으로써 그 장면이 묘사할 수 있는 상상력의 세계로 우리를 초대한다(서론을 참고하라).

번개와 천둥소리. 이것은 신의 현현에 대한 언어이고, 그 이미지는 폭풍의 신으로부터 유래했으며, 시내 산에서 하나님의 현현(출 19 : 16)과 예언자들의 환상에서 하나님께서 반복적으로 등장하시는 모습(욥 36 : 30－32 ; 시 77 : 17－18 ; 겔 1 : 4, 13, 14, 24)을 그린 이스라엘의 전통 속에서 쉽게 발견된다. 비록 볼 수 없고 묘사할 수 없을지라도, 하나님께서는 확실하고도 분명하게 현존하신다.

책. 보좌에 앉으신 이의 오른손에 봉인된 책은 6 : 1에서 시작된 봉인들이 떼어짐으로써 일어나기 시작하는 종말론적 사건들을 포함하고 있다. 이렇게 하늘에 있는 봉인된 두루마리의 이미지는 청·독자들의 상상 속에서 다양한 이미지들을 불러일으키는 기능을 한다.

(a) 법의 두루마리는 법을 위반하는 자들에 반대하는 하나님의 의지와 심판을 포함하고, 유대교를 향한 하늘의 상대자를 의미하는 환상 속에 있는 요소들과 상응하는 이미지이다.

(b) 하나님께서 행하시는 미래의 심판에 대한 위협과 미래의 승리에 대한 약속을 포함하고 있는 예언서들은 종종 미래의 날을 위해서 봉인되어 있는 것으로 그려진다(사 8 : 16 ; 29 : 11 ; 단 12 : 4).

(c) 에스겔에게 주어진 예언의 두루마리는 안팎으로 쓰여 있다(겔 2 : 10).

(d) 바벨론 종교의 모티프로써 신들이 미래에 관해서 결정을 내리는 행동을 포함하고 있는 천상에서 운명을 결정하는 모습이 종종 유대 묵시문학에 채택되어 있다(예를 들면, 에녹1서 81 : 1－3).

(e) 구원을 받은 자들의 이름이 새겨진 생명책(시 69 : 28 ; 139 : 16 ; 단 12 : 1 ; 에녹1서 104 : 1 ; 눅 10 : 20 ; 빌 4 : 3 ; 히 12 : 23. 요한은 이러한 이미

지를 3 : 5 ; 13 : 8 ; 17 : 8 ; 20 : 15 ; 21 : 27에서 사용한다.)이 있다.

(f) 미래의 심판을 위해서 인간들의 행위들이 기록된 천상의 책들이 있다(단 7 : 10 ; 제2에스드라 6 : 20 ; 에녹1서 47 : 1 ; 바룩2서 24 : 1. 참고. 계 20 : 12).

(g) 지속적인 명령들과 계약들이 정상적으로 일곱 개의 인으로 봉인되었다. 이 문서의 이미지는 봉인이 떼어짐으로써 수행되는 하나님의 뜻을 보여 주고 있다.

봉인들. 그 두루마리는 일곱 개의 인으로 봉인되어 있다. 각각의 봉인들은 찰흙이나 밀랍에 의해 눌려진 도장 반지로 만들어진 개별적인 날인이다. 현대 사회의 서명과 마찬가지로, 당대에 그것들은 개인을 확증하는 증거였다. 내가 날인하고 서명한 것은 나 자신을 그 글 속에 놓음으로써 보증하는 것이다. 이로써 나는 나 자신을 입증하고 구속한다. 봉인된 두루마리는 신비하고 근접할 수 없는 실체를 의미하며 각각의 봉인자들이 그 문서의 배후에 있다는 사실을 전제한다.

하나님의 일곱 영. 이러한 이미지는 변화무쌍한 하나님의 현존 안에서 섬기고 온 세상으로부터 보내진 하나님의 천사들과 세계를 지켜보는 하나님의 눈이며, 하나님께서 창조하신 세계 속에 직접 현존하시는 하나님의 영이 충만한 것을 암시한다. 이러한 이미지는 천상의 보좌에 있는 가구들('횃불'), 천상의 궁정에 있는 신적 존재들('영들'과 '천사들'), 하나님 자신의 실체들('눈들'과 '성령')을 묘사하고 있다. 이러한 의미들에 관해 다양하게 언급되는 것이 단 한 가지의 내용으로 설명되어서는 안 된다(1 : 4 ; 3 : 1 ; 4 : 5 ; 5 : 6 ; 참고. 슥 4 : 2, 10). 이러한 것들은 요한이 보여 주는 계시적 언어가 지니고 있는 유동적 이미지의 혼합된 특징이다.

바다. 지상의 신전이 바다를 가지고 있는 것처럼, 천상의 신전 역시 마찬가지이다(참고. 왕상 7 : 23－26 ; 대하 4 : 6). 여기서 다시 요한의 언어는 복합적인 의미를 불러일으킨다. 고대 근동의 창조 신화들이 지니고 있는 공통된 특징은 바다를 대표하는 혼돈의 괴물을 물리치는 모티프를 가지고 있다는 사실이다. 창세기의 이야기에서도 창조주 하나님이 맹렬하게 요동치는 바다의 물결을 물리치고, 마침내 살 수 있는 단단한 땅을 주시는 이야기가 표현되어 있다(창 1 : 1－10). 그러나 바다는 일시적으로 저지를 당한 것뿐이지, 완전히 소멸되지 않았다. 혼돈은 언제나 선한 창조를 삼켜서 원래의 혼돈으로 돌이키려고 위협한다. 홍수가 일어남으로써 세상에 대한 하나님의 심판이 더욱더 명확하게 표현된다(창 7 : 1). 이스라엘의 구원과 애굽의 심판을 표현해 주고 있는 홍해 이야기는 창조를 반대하는 혼돈의 괴물에 대한 예언자들의 해석과 연결되어 있다(사 51 : 9－10 ; 참고. 계 15 : 1－4). 요한은 위협이 없는 것이 창조에 대한 적대적인 위협으로 본다. 그것은 유리알처럼 분명하고 통제된 하나님의 현존을 묘사한다. 그러나 새 창조의 때에 모든 위협은 사라질 것이다(21 : 1).

무지개. 요한은 여전히 에스겔에게서 빌려 온 상상력을 동원하여 자신의 환상을 표현한다. 그럼에도 불구하고, 4 : 3에서 무지개가 등장하는 것은 에스겔 1 : 28을 단순하게 반영하는 것 이상의 효과가 있다. 하나님께서 내리신 홍수 심판에 관한 모든 것을 함축하면서 청·독자들에게 상상력을 심어 주어 바다/혼돈을 통하여 괴물을 암시한 후에, 요한은 무지개 상징을 통하여 성경적 이미지를 완성한다. (심판주이신 하나님께서 모든 피조물과 맺으시는 계약을 묘사한다.) 홍수 심판 이후에 모든 인류를 위한 새로운 시작이 열린다(창 9 : 8－17. 모든 육체와 모든 생물, 모든 미래 세대에 관한 언급을 주목하라). 격렬한 종말이 가져오는 재앙이 시작되기 전에 약속을 이행하심으로써 자신이 창조하신 세계를 안전하게 구원하시는 창조주와 새롭게 맺는 언약은 미래의 희망에 대한 표시이다.

살아 있는 생물들. 보좌 주위에 창조된 생명을 대표하는 네 개의 살아 있는 생명들이 언급되고 있다(아래를 참고하라).

다른 보좌들. 하나님만이 참된 우주의 주권자이시다. 이것이 요한계시록을 통해서 울려 퍼지는 중심 메시지이다(1 : 8 ; 4 : 8 ; 11 : 17 ; 15 : 3 ; 16 : 7, 14 ; 19 : 6, 15 ; 21 : 22). 여전히 하나님은 그의 통치와 왕권을 다른 이들과 함께 나눈다. 하나님은 자신의 피조물들이 기계적으로 움직이도록 일방적인 방법을 임의적으로 자신의 통치에 사용하지 않는다.

그리스도는 하나님의 보좌를 공유한다(3 : 21). 이 장면에서 종말론적 미래에 봉인된 두루마리를 붙잡고 있는 것이 묘사되어 있는데, 이는 하나님의 주권이 어린 양이신 예수 그리스도에 의해서 행사될 것임을 보여 주는 것이다(5 : 6-7). 여기서 요한의 헬라어 용법을 어떻게 번역해야 하는지에 관한 문제는 차치하고서라도, 어린 양을 '보좌의 정중앙에' 위치하게 하는 것은 신학적으로 올바른 해석이다(5 : 6, NEB). 왜냐하면 요한은 보좌가 하나님과 어린 양 둘 다 모두 차지한다고 이해하기 때문이다(참고. 5 : 13 ; 7 : 9, 17 ; 22 : 1, 3). 이러한 언어는 우주의 보좌를 중복해서 점유하거나 하나님과 그리스도 사이에 통치권을 나누려는 어떤 영적인 그림을 청·독자들에게 상상하게 하려는 의도가 아니다. 어린양의 보좌와 하나님의 보좌는 하나라는 선언이 요한이 주려는 의도이다. 왜냐하면 하나님은 예수 그리스도 안에서 현존하시는 유일한 분이기 때문이다. 그리스도인들이 "하나님"이라고 말할 때, 그들이 언급하는 유일신은 십자가에 못 박힌 예수 안에 명백하게 드러난 분이다.

천상의 보좌에 있는 방은 하나님/어린 양의 보좌를 포함하여 이십사 장로들이 있는 이십사 보좌들도 포함된다. 유대인과 이방인의 모든 사회 구조에서 통치 기관은 나이보다는 권위를 행사할 수 있는 '장로'로 대표된다. 이십사 장로들의 영광스러운 권위는 그들이 쓰고 있는 면류관과 하얀 의복에 나타나 있다. '면류관'은 이미 청·독자들의 마음속에 "죽도록 충성하라."는 순교와 관련이 있다(2 : 10). '하얀 의복'도 똑같은 의미를 함축하고 있다(6 : 11 ; 7 : 9). 요한이 생각하기에 이십사 장로들은 죽기까지 충성을 함으로써 하나님을 대표하여 이 땅을 다스리는 자들로 하나님의 사람(이스라엘의 열두 지파, 열두 사도들 ; 참고. 7 : 1-8 ; 12 : 1 ; 21 : 12-14)을 대표하는 천상의 존재들이다. 그들은 하나님 앞에서 경배를 드리는 존재들로 땅에 있는 교회들이 올린 향로에 담긴 성도들의 기도를 가지고 있다(5 : 8). 하나님은 어린 양이신 그리스도뿐만 아니라 종말론적 왕국(1 : 6 ; 5 : 10 ; 20 : 6 ; 22 : 5)을 다스리는 일에 참여한 선택된 백성들과도 보좌를 공유한다(3 : 21). 이십사 장로들이 면류관을 쓰고 보좌에 앉아 있을지라도, 4 : 10

에 나타나 있는 복종과 같이 그들이 유일하신 하나님의 통치와 주권에 경쟁하는 자라는 의미는 전혀 없다.

만물의 창조주 하나님(4 : 6b – 11)

보좌 주위에 살아 있는 네 생물이 있다. 그것들을 묘사하는 방식은 천사들(케루빔)의 전통적인 그림을 이용한 에스겔 1장과 이사야 6장에 나오는 것들을 모아놓은 콜라주 형식이다. 이스라엘 사람들은 날개 달린 황소 또는 하늘과 땅의 왕들의 보좌를 지키는 자들로서 메소포타미아와 가나안 신화에 묘사된 것과 유사한 신화적 동물들로부터 이러한 이미지를 차용하였다.

요한은 이런 이미지들이 어디에서 비롯되었는지에 관해서는 (설령 알고 있을지라도) 관심이 없다. 그는 단지 그것들이 표현하는 것에 관심이 있다. 여기서 우리는 동물들의 행태 곧 하늘 보좌에 있는 모든 종류의 동물들 — 하나님이 창조한 모든 야생 동물들, 가축, 인간(여기서는 창조의 면류관이 아니라 창조의 한 부분에 해당함.), 그리고 새들에 주목해야 한다. 각각의 경우에 창조의 정점이 묘사된다. 여기서 요한은 다음과 같이 유대적 전통과 평행을 이룬다. "인간은 모든 피조물 중에서 드높이게 되는데, 독수리가 새들 중에서 가장 뛰어나고, 가축 중에 황소가 가장 뛰어나고, 야생동물 중에 사자가 가장 뛰어난 것으로, 인간, 독수리, 황소, 사자가 통치권을 받는다."(*Midrash Shemoth* R. 23. Sweet의 책 p. 120에서 재인용). 이십사 장로들과 마찬가지로, 피조 세계에서 하나님의 통치에 참여하고 창조를 위한 어떤 책임도 감당하는 이들 살아 있는 존재들은, 그러나 그 자체는 피조물들이고 창조주를 경배하도록 지음을 받은 존재들이다(4 : 11). 헬라의 드라마에서처럼, 여기서 울려 퍼지는 노래들은 피조물이 어떻게 행동해야 하는지를 보여 주는 천상의 합창곡으로 들린다. 여기서 노래들은 모든 만물의 창조주이신 하나님 곧 우주를 만들기 위해 계획적으로 의도하신 하나님을 강조하는 찬양이다. 왜 요한은 이것을 강조하는 것일까?

2~3장에 나타나 있는 대로 요한을 반대하는 사람들은 영지주의적 성격을 가진 사람들이었을 것이 분명하다. 그들은 다른 세계 곧 영적인 세계를 동경하여 모든 영지주의자들이 그러하였던 것처럼 이 세상을 멸시하는 이원론적인 세계관을 가졌던 자들이다. 성령에 의해 감동되어 다른 세상에 붙잡힌 요한은 영지주의자들에 반대하여 이 세상을 창조하신 하나님을 계속적으로 찬양하는 것을 듣는다. 요한은 묵시문학이 추구하는 내세가 아니라 어떤 다른 세계를 위해서 이 세상을 거부하는 사람들에 대해서 반대한다. 그가 가지고 있는 종말론적 신앙은 이 세상을 사랑하시는 창조주 하나님에 대한 신앙의 결과이지, 그가 스스로 신앙을 선택한 것이 아니다. 박해와 위험이 도사리고 있는 상황 속에서 요한은 이원론적인 세계관과 도피적인 결정론에 관심을 기울이지 않는다. 그 대신에 그는 만물의 창조주이신 하나님을 신뢰함으로써 보다 더 엄격한 신앙과 신학을 견지해 나가고 있다.

승리에 대한 그리스도론적 재정의(5 : 1–7)

보좌가 있는 방에 관한 환상에서 요한의 눈은 보좌에 앉아 있는 어린 양의 오른손에 있는 봉인된 두루마리에 고정된다(5 : 1). 그는 비탄과 통곡 속에서 천사들의 질문을 들으면서 미래가 봉인된 두루마리가 있다는 사실을 알게 된다. 요한의 탄식은 유다 지파의 사자 곧 다윗의 뿌리로 오신 그리스도가 마침내 승리하고, 그 두루마리를 연다는 사실이 선언됨으로써 그친다.

하나님의 위대한 사자. 이는 메시아적 승리의 선언이며, 그 내용은 찬양받기에 합당하다. '다윗의 뿌리'는 1세기에 하나님의 적이며, 우리의 적들에 대하여 복수를 하고, 하나님의 전쟁에서 싸우는 다윗과 같은 무사로서 메시아의 약속을 이행하는 것으로 이해된다. 이는 다윗의 뿌리에서 나오는 한줄기로 언급된 이사야 11 : 1에서 유래된 표현이다. 이는 1세기에 장엄한 사자의 이미지를 통하여 이스라엘에 종말론적 희망을 가져오시는 메시아를 묘사하는 데 사용하였다(창 49 : 9–10). 유다의 유언 24 : 5은 창세기

49 : 10의 사자를 메시아로 이해하였으며, 요한계시록과 동시대에 기록된 제2에스드라서 12 : 31~32은 "사자가…… 메시아이시다."라는 내용을 선언하고 있다.

이러한 내용은 아주 올바른 것이다. 역사적으로 악한 제국의 손아귀에서 하나님의 사람들은 오랫동안 어린 양처럼 죽임을 당하고 있었다(참고. 시 44편. 특히 11절을 보라). 이때 우리가 필요로 하는 것은 하나님의 메시아이다. 그는 정의를 세우고 압제하는 자들에게 벌을 주시며, 하나님의 권능과 공의를 성취하시는 분이다. '하나님의 위대한 사자'는 (바로 그때에) 기도에 응답하시고, 찬양을 드릴 이유가 되신다.

하나님의 어린 양. 요한은 환상에서 사자가 나타내리라고 추정되는 약속의 장소를 보았다. 그리고 그가 본 것은 죽임을 당한 어린 양이었다. 성경의 독자들이 우리에게 잊혀진 결과들에 익숙해 있을지라도, 죽임을 당한 어린 양에 관한 이미지는 '이미지의 재탄생'이라는 효과를 거둘 것이다. 사자의 이미지가 주는 것과는 정반대로 하나님의 어린 양이 효과를 더해주고 있다.

요한계시록에서 '어린 양'은 여기서 처음 등장한다. 앞 장에서는 그리스도론적 언어와 이미지가 결여되어 있다. 그러나 요한은 정확하게 여기서 어린 양을 등장시킴으로써 그리스도론적 이미지와 언어를 준비하였다. 그 단어가 계시록에 29회 나타나는데, 그리스도론적 의미를 나타내기 위한 요한의 결정적인 직책이다(이 단어는 신약성경에서 단 한 번 요 21 : 15에 쓰인다. 그러나 요 1 : 29, 36 ; 행 8 : 32 ; 벧전 1 : 19의 헬라어 단어는 요한계시록에 쓰인 arnion이 아니라 amnos이다).

메시아의 두 이미지인 '사자'와 '어린 양'이 바로 이 환상에 나타나 있다. 요한계시록이 보여 주고 있는 신학을 이해하기 위하여 그 두 단어의 관계를 이해하는 일이 중요하다. 계시록에서 그 관계를 이해하는 데 여러 가지 가능성이 있다.

어린 양이 먼저, 그 후에 사자. 필자는 대중적인 종말론을 대표한 어느 책의 한 부분에서 "어린 양이 사자가 되신다"(Lindsey)는 제목을 본 적이 있다. 그는 두 개의 역할로 예수를 묘사하고 있는데, 예수의 초림은 어린 양으로 또한 예수의 재림은 사자로 그 특징을 구별할 수 있다고 제안한다. 초림주로 오신 어린 양 예수께서 베푸신 사랑에 응답하지 않은 사람들은 재림주로 오시는 사자에 의해 묵시문학적 심판을 받게 된다. 이는 사자의 이미지가 어린 양에 의해 재해석되고 대체되는 요한계시록의 정반대적인 본문이 주는 의미이다. 이는 메시아의 의미를 그리스도교적으로 내리려는 이해로부터 그리스도교 이전의 묵시문학적 이해까지 모두를 포괄하는 관점이다. 요한계시록에서 어린 양은 십자가에서 죽임을 당할 뿐만 아니라 초월적인 제단에서 죽임을 당한다. 요한계시록에서 죽임을 당한다는 표현은 항상 완료분사형으로 묘사되는데, 이는 과거의 일회적인 사건이 지니고 있는 계속적인 효과를 나타낸다. (현대어에는 이런 용법이 없다. "기쁘다 구주 오셨네! 다 찬양하여라!"〈"Joy to the world! the Lord is come."〉라는 성탄절 찬송을 음미해 보라. 단지 과거에 오신 구주의 탄생만 노래하고 있다.) 바울과 마가의 신학에서 완료분사형을 사용함으로써 못 박히신 그리스도를 부활 이후에서 살아 계신 분으로서 묘사한다(고전 1 : 23 ; 막 16 : 6). 곧 십자가에 못 박히신 사건이 메시아의 우주적 차원에서 단 일회적인 사건으로 특정 사람들에게만 미치는 것이 아니라 부활과 승천 이후에 역사 속에 계속되는 사건으로 모든 사람에게 미치는 사건으로 묘사되고 있다. 십자가에 못 박히신 사건은 그리스도의 정체성을 하나님의 정체성에 일치시키는 결정적인 사건이 되기 때문이다. 예를 들면, 사랑은 단지 일시적으로 공생애를 사신 예수의 최종적인 삶의 차원에서만 끝나는 것이 아니라 초월적이고 종말론적인 사랑으로 그 개념이 전환된다.

어떤 사람에게는 어린 양으로, 어떤 사람에게는 사자로. '어린 양'과 '사자'의 관계를 설정하는 또 다른 방법은 어린 양과 사자의 측면을 둘 다 가지고 있는 그리스도를 생각해 보는 방법이다. 예를 들면, 신자에게는 어린 양의 이미지를, 불신자에게는 사자의 이미지를 보여 주는 것이다. 그러나 요한계시록에는 부분적으로는 어린 양으로 부분적으로는 사자로 나타내는 이러한 이해는 없다.

어린 양이 진정한 사자이다. 이러한 이미지를 해결하는 또 다른 방법은 어린 양을 사자의 능력과 권능에 대한 이미지로 단순히 이해하는 것이다. 다드(C. H. Dodd)는 이런 주장을 하는 학자들을 대표하는 사람이다(Dodd, pp. 230-238을 참고하라). 어린 양이 어린 숫양이나 무사로 묘사된 유대 문헌들을 해석하면서(여호수아의 유언 19 : 8 ; 에녹 1서 89 : 46 ; 90 : 19. 참고. 벤자민의 유언 3 : 8), 다드는 요한계시록에 나오는 권능을 가지신 어린 양을 단순히 유대 묵시문학에 나오는 전능하신 메시아의 모습으로 일치시켰다.

다드가 계시록에 나오는 어린 양이 일곱 눈과 일곱 뿔을 가진 전능하신 어린 양이라고 강조한 것은 올바르다. 그러나 그의 해석은 두 가지 극복할 수 없는 문제점을 가지고 있다. 첫째, 그가 근거로 제시하는 본문은 후대에 삽입된 것이라고 많은 학자들이 생각하고 있다(참고. Charlesworth). 둘째, 그의 해석은 어린 양의 본질적인 문제를 거론하는 데 실패하였다. 왜냐하면 죽임을 당하신 어린 양을 묘사할 때(위의 내용을 참고하라), 요한은 결코 신약성경이 사용하는 단어인 amnos를 사용하지 않는다. 요한은 결정적으로 영어의 -kins와 -y와 같은 어미인 -ion이란 어미를 사용하여 arnion이라는 단어를 사용한다. 영어 단어 Lambkins는 새끼 양을 가리키기 때문에, 너무 귀엽고 유아적인 표현으로, 요한이 표현하고자 하는 사상을 심각하게 훼손한다. 요한은 묵시문학적 기대 속에서 무사로서의 메시아가 가지고 있는 이미지와는 정반대로 제단에서 죽임을 당하신 어린 양의 연약함과 그 희생적인 죽음을 묘사하고 있다(LXX 렘 1 : 19과 사 53 : 7-12을 참고하라).

사자는 진정으로 궁극적인 하나님의 권능을 나타내는 어린 양이다. 이것이 요한이 극적으로 재구성하려는 이미지이다. 이는 요한이 유대 회당의 전례에서 아주 익숙한 전통인 '영원히 기록됨/읽혀짐'(perpetual Kethib/Qere)이라는 전통을 받아 들였다고 할지라도, 그 단어는 또 다른 단어로 읽힐 수 있다. 곧 "전통적으로 사자라고 말해도, 어린 양으로 읽어야 한다."는 사실이다. 이것을 수학에서 빌려 온 또 다른 유추를 통해서 설명하자면,

이것은 복잡한 공식 앞에 음수 기호를 놓는 것과 같아서 모근 수식은 유지되지만, 그 값은 정반대로 나타나는 것과 같다.

어린 양은 진실로 권능을 가지고 있다. 왜냐하면 그는 메시아로서 오른손에 두루마리를 가진 하나님으로 표현되므로 큰 능력을 가지신 분이다. 봉인된 두루마리를 여는 것은 단지 알려 주는 차원만이 아니라 능력을 나타내는 효과를 주는 행동을 의미한다. 어린 양은 능력을 성취하시는 분으로서 일곱 뿔(충만한 능력!)을 가지고 있으며, 통찰력을 가지신 분으로서 일곱 눈(충만한 통찰력!)을 가지고 있다. 그러므로 어린 양은 이사야 11장에 언급된 다윗의 줄기에서 나온 희망을 성취하신다. 하나님께서 어린 양을 통하여 인간에게 행하시는 역사는 삼중의 관계(하나님 – 예수 – 인간)를 아우르는 것이 아니라 이중의 관계(하나님 – 인간)를 아우르는 것이다. 이것이 요한이 이해하는 것인데, 이로써 그는 왜 하나님과 그리스도의 이미지가 서로 일치하는지를 우리에게 일깨워 주고 있다(앞에서 그리스도께서 하나님의 보좌를 공유하신다는 내용을 참고하라). 어린 양의 일곱 눈(5 : 6)은 하나님의 일곱 영을 의미한다. 요한은 청·독자들에게 어떻게 그리스도와 하나님과 성령이 밀접한 관련을 맺고 있으며, 어떻게 살아 계신 그리스도가 교회에 말씀하시는 성령과 밀접히 연결되는지, 또한 어떻게 이러한 성령이 십자가에 달리시고 부활하신 그리스도에 밀접히 연관되는지를 이해시키려고 한다.

어린 양이 궁극적인 권능, 즉 하나님의 능력을 가지고 역사하시기 때문에 어린 양은 정복자이시다. 요한이 쓰고 있는 어휘에서 어린 양과 같은 그리스도론의 핵심적인 명사와 마찬가지로, '정복하다'라는 단어(nikao)는 '극복하다', '우세하다', '승리하다', '개선하다', '의가 이기다'라는 그리스도론적 핵심 동사를 의미한다. 이 단어는 신약성경의 다른 책에 나타나는 것과 비교해 볼 때 갑절에 해당하는 23회에 걸쳐서 나타난다. 어린 양은 신실한 그리스도인들과 마찬가지로(2 : 7, 11, 17, 26 ; 3 : 5, 12, 21 ; 12 : 11 ; 15 : 2 ; 21 : 7) 승리하시는 분이다(3 : 21 ; 5 : 5 ; 17 : 14). 참으로 요한은 승리라는 용어로 예수와 그의 추종자들을 결합시킨다(3 : 21). 이는 그리스도인들이 자기들이 이룬 승리에 의해서가 아니라 예수께서 이루신 승리에 근거한 것이다(12 : 11).

두 경우 곧 그리스도의 승리와 그리스도인들의 승리는 더 이상 죽는다는 것을 의미하지 않는다는 뜻이다. 이는 요한계시록에서 그리스도나 그리스도인들의 적들에 대해서 파괴적인 심판을 수행해야 한다는 사실을 의미하지 않는다. 로마의 법정에 서신 예수께서는 죽기까지 신실하셨는데, 이것이 그의 승리와 통치의 방식이다. 요한은 그리스도인들에게 동일한 메시아적 승리를 요청하고 있다. 요한이 처한 상황에서 사용하고 있는 단어인 '승리하다'(nikao)라는 단어는 군사적이고 폭력적인 함축성을 의미할 뿐만 아니라 그가 다르게 정의를 내리고 있는 법적인 것까지도 내포하는 의미를 가지고 있다. 신실한 사람들이 처벌을 받는 것은 역설적이다. 그들이 로마의 지방 법원에서 유죄를 인정받고 처형된 것은 언제나 예견된 일이었다. 그러나 그들이 원수들의 면전에서 하늘의 법정을 사모하면서 죽음을 넘어서 승리를 누릴 수 있었던 것을 요한을 증언하고 있다(A. Y. Collins, *The Apocalypse*, p. 14). 그러므로 그리스도인들에게 승리는 예수의 십자가에 의해서 재정립될 수밖에 없다.

우주적 승리와 찬양(5 : 8 - 14)

4장과 5장에서 요한은 우리의 상상력을 자극하기에 앞서서 숨을 멈추게 하는 궁극적인 우주적 선율을 끝내고 있다. 4 : 11에 언급된 천상의 합창에 있어서 마지막 말은 모든 피조물이 하나님을 경배한다는 사실이다. 5 : 13에 언급된 어린 양에 대한 찬양도 모든 피조물이 드린다는 사실이다. 4장과 5장의 웅대한 환상은 하나님으로부터 그리스도를 통하여 살아 있는 생물에게로, 이십사 장로들에게로, 셀 수 없는 사람들에게로 모든 만물을 포함하여 동심원으로 진행된다. 그래서 창조주와 구속주이신 하나님을 찬양한다. 아무것도 그 누구도 이러한 그림으로부터 제외될 수 없다. 창조주이신 하나님이 창조적 의지와 활동으로부터 떨어져서 존재할 수 없고, 우주의 한 부분만을 안다는 것이 불가능한 것처럼, 궁극적으로 반역하고 길을 잃은 우주의 어느 한 부분을 안다는 것은 불가능하다. 두 가지 경우에 '모두'와 '각각'이 적용될 수 있다(4 : 11 ; 5 : 13, "숙고 : 우주적 구원과 역설적인 언어"를 보라).

마지막 장면을 연대기적으로 구성하는 일은 쉽지 않다(앞에 언급한 4 : 1-18 : 14의 미래/현재에 관한 주석과 서론을 참고하라). 그러므로 여기서 그려진 장면이 태초부터 종말까지 경배하는 그림을 그린 것과 요한계시록이 경배하기 위해 모인 회중에게 읽혀지도록 기록되었다는 사실을 알아야 한다(1 : 3과 서론을 참고하라). 예배에서 과거와 미래는 붕괴되고, 현재만 남는다. 4장과 5장의 찬양은 예배하는 사람들로 하여금 창조의 언어로 표시된 궁극적인 과거와 하나님의 우주적 승리를 묘사하는 궁극적인 미래에 참여할 것을 요청하고 있는데, 어떻게 이러한 우주적 구원에 관한 장면이 요한의 연대기에 들어맞을 수 있는지를 염려할 필요가 없다. 창조주와 구속주에 관한 모든 피조물의 찬양은 예시적인 차원에서 표현되고 있다. 이러한 웅대한 합창에 참여함으로써 청·독자들은 일곱 봉인이 풀릴 때마다 극렬한 심판의 메시지에 대비할 수 있으며, 이 장면에서 들려오는 구원의 단어 곧 하나님의 마지막 말씀을 나타내는 심판의 궁극적인 그림을 잘못 이해하지 않게 된다.

숙 고

요한계시록의 폭력적 이미지 해석하기

어린 양이 봉인된 두루마리를 풀었을 때, 극심한 파멸이 땅과 그 위에 거주하는 사람들에게 펼쳐진다. 세계는 전쟁과 기근과 전염병과 사망으로 황폐화된다(6 : 1-8). 사람들은 하나님을 신뢰하는 믿음으로 인하여 죽임을 당하고 복수의 목소리로 광분한다(6 : 9-11). 태양과 달, 그리고 별들은 어두워지고 산과 섬들이 사라질 때, 왕으로부터 노예에 이르기까지 모든 사람들은 임박한 진노를 피하려고 한다(6 : 12-17). 육지는 해일에 덮치고, 불은 피와 섞이고(8 : 7), 바다와 강은 붉게 변한다(8 : 8-11 ; 16 : 3-4). 악마와 같고 메뚜기 같은 피조물들이 혼돈으로부터 흘러나와 인류를 고통스럽게 하고, 사람들은 죽으려고 부르짖지만, 고통은 끝이 없다(9 : 1-11). 서쪽 하늘에서 초자연적인 이만 만 기병대의 무리가 동쪽으로부터 유프라테스 강을 건너 쇄도한다(9 : 13-19). 짐승에게 경배한 사람들이 거룩한 천사와 어린 양의 현존에서 유황불로 고통을 당한다(14 : 10-11). 피가 말굴레에까지 닿아 말들이 200마일을 건넌다(14 : 20). 땅의 임금들이 하나님을 대적하여 전쟁을 준비하고, 독수리들은 이 세상에서 벌어지는 전쟁에서 신분이 낮은 보병과 지위가 높은 지휘관들의 살을 찢는다(16 : 14-16 ; 19 : 17-18).

인간과 우주에 대항하는 무자비한 폭력의 강렬함에 압도된 이미지뿐만 아니라 폭력의 원천이 하나님과 어린 양에게 있다고 하는 신학적 문제도 때때로 복수를 불러온다. 이러한 이미지는 그리스도교의 신앙 서적인 요한계시록을 해석하는 데 어려움을 주고 있으며, 특히 복음서의 예수 이미지와 비교할 때, 상당 부분 다른 점이 발견된다. 어린 양의 현존에서 죄인들이 영원히 고통을 당한다는 모습(14 : 10)도 자신을 괴롭히는 사람들을 위하여 기도하고 제자들에게도 그렇게 행해야 할 것을 가르친 예수의 모습(눅 23 : 34 ; 마 5 : 43-44)과는 사뭇 다른 모습으로 보인다. 여기저기에서 성경이 제기하는 가르침을 무시함으로써 성경의 메시지를 불명예스럽게 하고 있다. 그러므로 요한계시록 어느 곳에서나 나타나는 이러한 이미지들을 다루는 포괄적인 대답은 없다. 그래서 이러한 문제가 요한계시록에서 나타날 때마다 이런 상상에 관한 해석에 연결지어 폭넓은 논의를 갖는 것을 중요한 이슈로 반영하는 것이 현명하다. 다음의 관찰, 관점, 그리고 원리는 요한계시록의 폭력과 보복적인 언어를 이해하는 데 유용할 것 같다. 곧 요한의 언어가 지니고 있는 격렬함은 (1) 요한에게 주어진 상황, (2) 전승에 대한 요한의 적절함, (3) 요한의 언어 사용, (4) 요한의 신학을 경청함으로써 적절히 해결될 수 있다.

요한에게 주어진 고통의 상황

요한의 사고는 미래의 고통에 대한 환상으로 시작하는 것이 아니라 오히려 현재의 고통에 관한 생각으로 시작한다. 묵시문학적 사고는 고통에도 의미가 있다는 생각을 가지고 고통을 우주적인 차원에서 이해하여 미래에 대한 관찰이 아니라 현재에 대해서 해석하게 하는 기능을 수행한다. 그러한 상황 속에 있는 사회학적 심리학적 실체가 언급되어야 한다. 이스라엘의 탄원시에서 묘사된 것과 같이 공동체의 인내가 끝자락에까지 밀려나고 공동체가 궁지에 몰렸다고 느낄 때 분노와 복수의 감정이 뿜어지게 된다(시 35 ; 55 ; 69 ; 109 ; 137편). 왜냐하면 공동체가 종말론적 전환을 예견하기 때문이다. 그럴 때 복수를 향한 외침은 개인적인 차원보다는 하나님의 공의가 대중 앞에 명백하게 나타나게 해 달라는 탄원의 성격이 강하다.

전승에 대한 요한의 적절함

요한 자신이 이 격렬한 언어와 이미지를 고안한 것이 아니다. 형식과 내용을 검토해 보면, 대부분이 그가 사용한 전승으로부터 차용되고 적용된 것을 알 수 있다. 이러한 전승이 지니고 있는 몇 가지의 중요한 요소는 다음과 같다.

고대 근동의 전쟁신화. 요한의 세계관에 침투해 들어 온 종교적 이미지의 대부분을 형성하고 있는 배경을 보면 창조 신화가 중심을 이루고 있다. 혼돈을 상징하는 괴물들(바다, 티아맛, 로탄 = 리워야단)은 약화되고, 창조에 의해 궁지에 몰리지만, 여전히 그들은 창조로 안정을 찾은 세계의 가장자리에 머물면서 창조 질서를 위협하며 분열시키려 한다. 이 세계에 존재하는 악은 아직 창조되지 않은 잔재로 이해되고, 그 결과 현 세계는 긴장관계 속에 있다. 아직 창조되지 않은 것은 폐기될 운명에 처하게 되고, 새로운 창조가 계속될 것이다. 그러나 창조주의 궁극적인 승리 바로 직전에 혼돈의 세력이 마지막 위협을 시도할 것이며, 창조에 반대하여 엄청난 파괴를 일으키기 전에 혼돈의 세력은 마침내 멸망하게 될 것이다. 여기서 궁극적인 승리를 나타내기 위해 폭력에 대한 장면이 포함된다.

메시아적 재앙들에 대한 묵시문학적 구도. 유대 묵시문학은 신앙 공동체가 현재 당면한 문제들을 마치 해산의 고통처럼 궁극적인 승리를 앞두고 다가오는 고통의 시기 끝자락에 해당한다는 하나의 표준적인 해석 형태로 발전되었다. 예를 들면, 바룩2서(시락서) 26 : 1~30 : 5에서 메시아의 도래와 부활과 심판의 예비적인 것으로 12개의 재앙이 언급되고 있다. 요한은 메시아적 재앙들을 전체적으로 중요한 줄거리로 포함하는 언어를 전수받으며 신학을 진행해 왔고, 무시무시한 세부 사항들을 포함하는 이러한 언어를 넘겨받았다. 예를 들면, 피가 가득한 곳에서 말굴레를 적시며 걸어가는 말의 이미지는 원래 요한의 것이 아니라(14 : 19 – 20) 이미 마지막 날들에 닥치게 되는 재앙들에 관해 잘 알려진 장면이었다(에녹1서 100 : 3 ; 참고. 제2에스드라 15 : 35 – 36). 세상은 메시아의 새로운 시대를 낳는 것처럼 고통으로 신음하고 있다. 고통의 무서운 시기에 대한 언급이 마지막 말이 아니라 좋은 소식의 시작이다. 이러한 관점에서 14 : 6~7에서 다가오는 하나님의 심판에 관한 선언도 복음으로 불린다.

성경의 언어. 계시록의 언어가 지니고 있는 격렬한 특징과 관련하여, 요한이 이러한 언어를 창안한 것이 아니라 성경으로부터 이끌어지고 있다는 사실이다. 계시록 6~19장에 나오는 봉인들, 나팔들, 대접들에 관한 격렬한 장면은 대부분 성경적인 장면으로부터 도출되었고, 성경적인 용어로 묘사되었다. 출애굽기에 사용된 용어와 이미지는 당연히 당대의 파라오로부터 종말론적 해방을 표현하는 것이었는데, 바로 이것이 요한에게 차용된 것이다. 악한 제국이 '내 백성을 나가게 하기 전에' 하나님께서 당대의 오만한 파라오와 애굽을 무너뜨리기 위해 마련한 이러한 종말론적 재앙들(15 : 6)을 차용함으로써, 요한은 성경의 이야기를 통하여 당대의 교회가 경험하는 세계로 확장하여 로마의 압제에 대항하였다.

하나님의 '진노'라는 용어(6 : 16 – 17 ; 11 : 18 ; 14 : 10 ; 16 : 19 ; 19 : 15)

는 요한이 창안한 것이 아니라 성서신학의 심오한 차원에서 기원한 것이다(여기에 구약과 복음서와 바울서신에서 몇 가지 구절들만 예를 들어 보자 : 출 22 : 21-24 ; 신 9 : 7-8 ; 시 2 : 5 ; 78 : 21-22 ; 90 : 7-9 ; 사 1 : 24 ; 9 : 19 ; 13 : 9, 13 ; 51 : 17, 22 ; 렘 4 : 4 ; 10 : 10, 25 ; 25 : 15 ; 겔 7 : 8, 12 ; 13 : 13 ; 20 : 8, 13 ; 호 5 : 10 ; 13 : 11 ; 미 5 : 15 ; 마 3 : 7 ; 요 3 : 36 ; 롬 1 : 18[!] ; 2 : 5 ; 5 : 9 ; 9 : 22 ; 12 : 19 ; 살전 1 : 10 ; 2 : 16 ; 5 : 9). 이러한 성경 구절은 감정적인 분출로 승리하는 신적 권위를 그리는 것이 아니라 하나님의 정의로 죄에 대해서 가차 없이 심판하는 것을 그리고 있다.

하나님의 백성들에게 원수인 바벨론에 대항하면서 성경의 예언자들이 재앙들에 관해 언급하는 것은 요한의 시대에 바벨론에 대항하면서 언급된 종말론적 재앙들로 바뀌었다(예를 들면, 사 13장과 렘 51 : 1-19). 요한이 자신의 언어에 사용하고 있는 자료는 그가 읽고 있는 성경에서 왔다. 그것은 단순히 자신을 압제하는 자들을 대항하려는 비통함에서 나온 것이 아니다. 다시 환원 시의 이미지가 그 시대에 악이 구체화되는 것에 대항하는 하나님의 진노를 묘사하는 데 사용되었다(시 69 : 24 ∥ 계 16 : 1).

요한은 또한 하나님의 현현을 나타내기 위하여 광범위하게 성경을 사용한다. 어떤 이미지는 (지진, 우박 등) 인간에 대한 심판보다는 하나님의 임재를 동반하는 경외감이 가득한 영광을 드러내는 데 사용된다. 그것은 심판의 언어가 아니라 하나님의 현현을 묘사하는 언어이다. 이 땅은 하나님의 임재 앞에서 서 있지 못하고 비틀거리게 될 것이다(그러한 경우에 관한 다음의 구절들을 참고하라 : 8 : 7과 11 : 19, 특히 출 9 : 23-25 ; 19 : 18-19 ; 삿 5 : 4-5 ; 왕상 19 : 11-13 ; 시 18 : 7-15 ; 29 : 3-9 ; 겔 38 : 22 ; 욜 3 : 16).

이러한 내용이 지니고 있는 또 다른 측면은 인간의 의존성을 보여 준다. 물, 태양과 같은 요소들은 인간의 통제하에 있는 것이 아니다. 인간 존재로서 우리는 다른 누군가의 세계에 살고 있는데, 이러한 진리가 요한계시록에 종말론적으로 묘사되고 있다. 최후의 승리 직전에 우주를 괴롭히는 지진, 재앙, 그 밖의 다른 재난들이 닥칠 것이라고 묘사되지만, 신앙 공동체는 그것들이 우주를 지배하지 못한다고 고백한다. 그러한 운명은 인간이 지배할 수 없고 형언할 수 없는 두려운 권세의 손 아래 있기 때문이다. 이것은 마지막 재앙으로 고통을 당하는 사람들의 운명과 그것의 정의 혹은 부정의를 묘사하는 것이 아니라 출애굽기와 시편에 이미 나타나 있는 이미지를 보여 주고 있을 뿐이다.

요한의 언어 사용

환상적/은유적 언어. 6~16장에 묘사된 장면에서 그 어떤 폭력에 대한 묘사도 문자 그대로 현 세계를 대항하는 폭력이 아니다. 그것은 은유적인 언어로 표현된 미래에 대한 환상 속에서 등장하는 폭력이다(9 : 7). 하늘로부터 땅으로 내려오는 피가 섞인 우박이나 불(8 : 7)은 어떤 무서운 실체를 그려 주고 있지만, 단순한 그림은 아니지만 역시 그림은 그림일 뿐이다. 땅의 악한 것들이 심판을 받게 될 (심지어 고통을 받게 될) 칼과 불은 문자적으로 칼과 불을 의미하는 것이 아니라 자르고 태우는 이미지를 표현하기 위한 은유들이다(1 : 16 ; 11 : 5).

고백적인 언어. 하나님의 적들에 대한 심판을 묘사하고 있는 요한의 이미지는 구원을 베풀어 주신 하나님께 드리는 찬양을 고백하고 있는 신앙 공동체의 내부적 언어이다. 곧 예배와 기도의 언어는 신앙 공동체 밖에 있는 공동체의 운명을 객관적으로 묘사하는 것이 아니라 내부의 신앙을 고백하는 것이다.

요한이 자신의 이미지를 만드는 데 사용한 자료인 출애굽기의 재앙에 관한 이야기는 이스라엘을 애굽으로부터 해방시키신 하나님을 찬미하는 고백적인 언어이다. 그 언어의 기능은 장자를 잃고서 슬퍼하는 애굽의 어머니들과 그 아이들 자신에 대해서 하나님의 자비가 결핍되어 있다는 사실을 진술하는 것이 아니다. 그 이야기는 신앙 공동체의 내부에 전해지면서 이러한 핵심적인 전망을 만들어 내게 되었다. 이런 언어가 애굽 사람들이 당면한 운명에 관한 객관적인 진술이라고 생각하여 이러한 내용을 통하여 하나님의 성품을 추론하고자 한다면 많은 오해를 불러일으킬 수 있다(참고. 서론에서 주관적 언어와 비추론적 언어에 관한 토론을 참고하라).

시편 91 : 1~8은 성경에 나오는 예배 공동체가 갖고 있는 고백적 언어의 실례를 보여 주고 있다.

> 지존자의 은밀한 곳에 거주하며
> 전능자의 그늘 아래에 사는 자여,
> 나는 여호와를 향하여 말하기를 그는 나의 피난처요
> 나의 요새요 내가 의뢰하는 하나님이라 하리니
> 이는 그가 너를 새 사냥꾼의 올무에서와
> 심한 전염병에서 건지실 것임이로다
> 그가 너를 그의 깃으로 덮으시리니
> 네가 그의 날개 아래에 피하리로다
> 그의 진실함은 방패와 손 방패가 되시나니
> 너는 밤에 찾아오는 공포와 낮에 날아드는 화살과
> 어두울 때 퍼지는 전염병과 밝을 때 닥쳐오는
> 재앙을 두려워하지 아니하리로다
> 천 명이 네 왼쪽에서, 만 명이 네 오른쪽에서 엎드러지나
> 이 재앙이 네게 가까이 하지 못하리로다
> 오직 너는 똑똑히 보리니
> 악인들의 보응을 네가 보리로다

이러한 언어는 비추론적이다. 이러한 언어는 '네 오른쪽에 쓰러져 있는 만 명'의 운명에 관해 추론할 수 있는 논리적 체계를 전제하지 않는다. 이러한 언어가 만들고 있는 요점은 오직 한 가지뿐이다. 곧 신앙을 고백하는 예배자에게 하나님의 돌보심이 함께하신다는 사실이다. 요한계시록은 예배하는 회중들의 기도와 찬양 예식에 읽혀지도록 기록되었으며, 그 기능 역시 이러한 상황 속에 있는 예배자들을 위한 언어로 표현되었다는 사실을 결코 잊어서는 안 된다.

요한의 신학과 목적

죄, 회개, 심판. 이러한 폭력적인 이미지는 죄로 가득 찬 인간의 우주적인 특징을 반복적으로 보여 주려는 요한의 확신을 보여 주고 있다. 출애굽기의 재앙처럼, 자기 백성들을 회개로 부르기 위해 하나님에 의해 의도된 사건들(참고. 11 : 13)은 단지 애굽 사람들의 마음이 얼마나 완고한지를 보여 주는 역할을 한다(9 : 20). 바울과 마찬가지로, 요한의 신학 역시 내부에 있는 그리스도인들도 죄인들이라는 사실을 전제하고 있다(1 : 5). 거룩한 하나님의 심판 아래서 죄를 지으며 비틀거리는 인간을 묘사하는 요한의 그림은 결코 그리스도인들이 죄인인 로마인들의 압제하에 고통당하는 무죄한 사람들만이 아니라는 점을 전제하고 있다. 그러므로 무섭고도 비참한 재앙들이 하나님의 심판의 범주 속에 계속적으로 놓인다(6 : 10 ; 11 : 18 ; 14 : 7 ; 16 : 5, 7 ; 17 : 1 ; 18 : 8, 10, 20 ; 19 : 2, 11 ; 20 : 12, 13). 이러한 종말론적 폭력들은 하나님의 정의를 드러내려는 요한의 표현 방식이다. 상황을 고려하여 이러한 폭력은 아주 거침없이 행해졌다. 우리든 그들이든 절대적인 것은 아니지만, 분명히 실재하는 것이 있다. 곧 우리 역시 죄인들로 심판을 받을 수 있으며, 그들도 구원에서 제외되지 않을 수 있다는 사실이다.

전통적인 이미지에 대한 그리스도론적 전환. 묵시문학적 폭력에 대한 전통적인 이미지가 요한에 의해 채택되어 요한계시록에서 다른 것들과 마찬가지로 그리스도론적 관점으로 전환되었다. 사자의 이미지가 여전히 사용되지만, 메시아는 죽임을 당한 어린 양이다. 수학에서 괄호 밖의 기호와 수치를 바꿀 때 괄호 안에 있는 공식을 보존될 때, 그 모든 값은 변화되는 것처럼 똑같은 이미지가 계시록에 사용되지만, 그 내용은 전환될 수밖에 없다.

6~19장에 나오는 모든 묵시문학적 폭력은 4~5장의 장면으로부터 다시 사용되고 있다. 이는 6~19장의 모든 폭력이 어린 양의 손에서 일어났다는 사실을 의미한다. "모든 것은 예수 그리스도의 십자가에 놓인다. 이러한 본문들은 그 자체로만 읽혀서는 안 되고, 어린 양을 미워하는 자들을 위해서도 희생당하신 사랑의 관점에서 읽혀야 한다"(Ellul, p. 123). 곧 어린 양이 요한

계시록 전체를 지배하고 있다. 비록 메시아가 종말론적 승리를 의미하는 피의 옷을 입고 있지만(19 : 13), 그 피는 그 자신의 것이다(1 : 5). 이러한 장면들이 진노를 그려 주는 장면들이지만, 그것은 곧 '어린 양의 진노'이다(6 : 16). 사망과 음부가 여전히 마지막까지 발악을 하는 장면으로 묘사되지만(6 : 7-8), 메시아는 여전히 사망과 음부의 열쇠를 쥐고 계신다(1 : 18). 그러므로 마침내 그것의 희생자가 아니라 그것들을 불의 못에 던질 것이다(20 : 14).

보편구원. 폭력의 이미지는 보편구원의 이미지를 간직하면서 요한계시록에 표현되어 있다("숙고 : 우주적 구원과 역설적인 언어"를 참고하라). 이 세상은 마침내 하나님의 진노에 일격을 받고서 비틀거리게 될 것이지만, 동시에 사탄의 세력으로부터 해방되고 구속될 것이다(20 : 1-6). 이 땅의 임금들은 멸망될 것이며, 그들의 시체를 독수리가 먹게 될 것이다(19 : 17-21). 그러나 그들도 구원을 받게 될 것이며, 새 예루살렘에 들어가게 될 것이다(21 : 24-26). "요한계시록이 모든 민족들의 회심을 희망하고 있다는 사실을 우리가 인정할 때에만, 우리는 요한계시록이 '진노의 신학'을 대변하는 것이 아니라 하나님의 '정의의 신학'을 보여 주는 것이라는 사실을 알게 될 것이다"(Fiorenza, *Invitation*, p. 119).

위에 언급한 이러한 관점은 요한계시록에 가득 차 있는 종말론적 재앙이 지니고 있는 두려운 이미지에 대하여 새로운 빛에서 이해하는 일을 가능하게 할 것이다. 그 어떤 것도 그 이미지가 공포로만 끝나도록 의도된 것은 아무것도 없으며, 그 충만한 힘에 제 기능을 다하게 해야 할 것이다.

요한계시록 6 : 1~8 : 1

천상의 예배 : 봉인된 두루마리의 개봉

일곱 겹으로 이루어진 패턴

여기서부터 시작되는 종말론적인 환난에 대한 묘사는 다양한 삽입과 본문 이탈을 포함하고 있는 대략 7부로 이루어진 3개의 시리즈로 구성되어 있다 : 봉인들(6 : 1-8 : 1), 나팔들(8 : 6-11 : 19), 그리고 대접들(15 : 5-16 : 21). 나팔들로 이루어진 시리즈는 일곱 번째의 봉인을 개봉할 때부터 시작되며, 따라서 봉인들과 나팔들은 서로 연관된 하나의 이야기를 형성하고 있다. 이 두 시리즈는 잘 정리되어 있는 동일한 양식(패턴)을 가지고 있다. 이 각각의 시리즈의 처음 4가지 요소들은 서로 연관된 4가지 재앙들에 대해 정밀하게 묘사한 것을 표현하고 있다. 다섯 번째와 여섯 번째 부분에서는 재앙들이 점점 심해지면서, 좀 더 정성을 들인 설명이 주어지고 있다. 여섯 번째와 일곱 번째 에피소드(삽화) 사이에는 그리스도 안에서 이루어진 하나님의 종말론적인 승리에 대한 예시적이면서도 회고(회상)적인 환상들로 채워진 막간의 삽화들이 있다. 세 번째 시리즈, 즉 하나님의 분노의 대접들에 대한 환상 시리즈(7부로 이루어진 양식〈패턴〉 안에 잘 어울리지 않는 많은 자료들을 삽입함으로써 처음의 두 시리즈와는 구별되는, 12 : 1-15 : 8)는 '7부로 이루어진' 양식(패턴)의 대략적인 모습을 유지하고 있다. 요한계시록의 통합된 구조가 2차원적인 차트 안에서는 표현될 수 없는 "서로 다른 방법들로 섞어 짠 하나의 거미줄(섬유)"(Thomson, p. 16)이기는 하지만, 세 개의 7중창에 관한 전반적인 양식(패턴)의 얼마간은 다음의 도표 속에서 찾아볼 수 있다.

재앙에 대한 일곱 겹 패턴의 구조

	6~11장			16~18장
	일곱 봉인	일곱 나팔		일곱 대접
네 가지 대재앙에 대한 초기 편성	6 : 1~2 백마, 활, 왕관, 승리(정복)	8 : 7 우박, 화재, 홍수	12~15장	16 : 2 종기
	6 : 3~4 적마, 칼 지상으로부터의 평화 강탈	8 : 8~9 바다 위의 화염에 싸인 산, 1/3의 바다가 피로 변함.		16 : 3 피로 변한 바다

	6 : 5~6 흑마, 균형	8 : 10~11 1/3의 강들 위에 별들이 추락 다북쑥속(屬)의 식물이 물로 변함.	16 : 4~7 피로 변한 강
	6 : 7~8 청마, 칼, 기근, 역병, 야수	8 : 12 1/3 태양, 1/3 달, 1/3 별	16 : 8~9 태양
종말을 향해 가면서 점점 심해지는 환난	6 : 9~11 제단 밑의 순교자들, '얼마나 오래', '조금 더 오래'	8 : 13 '화(禍), 화, 화' 구덩이에서 올라온 악마 메뚜기 떼	16 : 10 어둠
	6 : 12~17 지진, 태양과 달, 별들의 추락, 모든 사람들의 공포	9 : 13~21 유브라데에서 온 2,000,000,000 악마 기병대	16 : 12~16 동방의 왕들이 아마겟돈을 준비하기 위해 유브라데 강을 건넘.
막간	7 : 1~8 144,000명/더 많은 숫자에 대한 인침.	두루마리를 먹음(10 : 1－11) 두 증인(11 : 1－3)	(패턴에서 벗어남.)
끝	8 : 1 침묵	11 : 15 종말에 대한 선언과 찬양 그러나 설명은 없음.	16 : 17~21 신의 현현(顯現) "하나님께서는 위대한 바벨론을 기억하시다."
			17~18 그런 후 일곱 번째 대접에서 바벨론의 연속성을, 그리고 바벨론의 침몰을 공을 들여 묘사

첫 네 개의 봉인들 : 요한계시록의 네 기사(6 : 1 – 8)

전형적인 계시적 장면 속에서(참고. 말하자면 막 13 : 8과 그 평행구들), 요한은 종말의 시작을 전쟁과 전염병의 발발과 로마 제국 안에 있는 죽음으로 묘사하고 있다. 물론 이러한 비극들은 언제나 인간의 역사를 위협해 왔다. 그러나 요한의 그림이 고난에 대한 역사적인 장면들을 해석하는 후대 신학자들의 노력에 아주 유용하다 하더라도, 요한은 일반적인 역사 신학을 제시하는 것보다는 좀 더 구체적인 목적을 가지고 있었다. 네 명의 기사(騎士)는 인간의 교만과 반역에 대한 하나님의 심판을 핍박하는 로마 권력 안에서의 일목요연한 (핍박) 목록으로 명백하게 묘사된다.

'왕관을 쓰고', '정복하기 위하여' 전진하는 백마(白馬) 위에 있는 궁수(弓手)의 모습은 청·독자의 마음속에 구체적이면서도 또한 공포심을 유발하는 위협이 생기게 하기 위한 의도를 가지고 있다. 20세기에 있어서 코브라 헬리콥터를 타고 있으면서 그린 베레모를 쓰고 있는 남자들이 어떤 구체적인 이미지를 유발하고 있는 것처럼, 1세기 독자들의 상상 속에서는 백마와 이 위에 탄 궁사의 모습이 합해져서 무시무시한 파르티아 사람들이라는 오직 단 하나의 그림을 연상시킨다. 1세기에서는 그들만이 유일하게 말을 탄 궁사들이었으며, 백마는 그들에 대한 트레이드 마크였다. 파르티아는 로마 제국의 동쪽 국경에 위치하고 있었으며, 결코 로마에 정복당하지 않았다. 로마 사람들의 마음속에는 그들은 문명의 변방에 있는 사람들이고, 색다른 적국이며, 많은 서방 유럽과 미국 사람들의 의식 속에 있는 (황색 인종이 서양 문명을 압도한다는 백색 인종의 공포심인) 황화(黃禍)와 유사한 그 무엇인가를 의미하고 있다. 62년에 있었던 파르티아 장군인 볼로게세스(Vologeses)가 티그리스(Tigris) 계곡에서 로마군을 참패시킨 것은 요한의 시대에도 여전히 기억되고 있었다. 요한은 이 강력한 이미지를 다시 사용하려고 하고 있다(9 : 13 – 16 ; 16 : 12). 이곳에서 승리한 파르티안 모습은 하나님의 의로운 통치권으로 대체되어질 로마 통치권의 종말의 시작을 알리는 기능을 하고 있다(11 : 15 – 19). 파르티아의 로마 정복의 모습은 17 : 1~

18 : 24에 나오는 '바벨론'의 멸망에 대한 자세한 묘사들을, 즉 6 : 1~18 : 24에 나오는 격렬한 모든 장면들을, "하나님께서 이 '위대한 도성'을 심판하신다."라는 하나의 제명(題名) 속에 효과적으로 끌어 들여지고 있으며, 이러한 긴 종말론적인 재앙에 대한 마무리 장면을 가진 인클루시오(inclusio)를 형성하고 있다.

적마(赤馬)를 탄 기사의 출현으로, 로마 지배하의 평화(Pax Romana)가 종식되고, 대신 무정부 상태의 내부 폭력으로 대치되는 상태가 된다. 세 번째 기사는 기근을 유발시키며, 그리고 로마의 번영에 의해 기름과 포도주의 가격은 바뀌지 않지만, 기본 식료품들은 정상적인 것의 8~16배 사이의 가격을 가진 상태가 되어, 음식 배급으로 대체된다. 부자들은 전과 다름없이 살아가나, 위기는 가난한 자들을 아프게(상하게) 한다(6 : 5 - 6). 네 번째 기사는 칼, 기근, 역병(천재〈天災〉, 이곳에서처럼 단지 '죽음'으로 자주 불리고 있다.), 그리고 야수와 같은 모든 형태의 잔인한 모습의 죽음으로 나타난다. 이곳에서 묘사되고 있는 대재난은 종말론적이며, 그리고 '단지' 역사적인 비극들을 앞으로 다가올 (인류의 4분의 1이 당할) 대학살의 차원에서 보는 것만은 아니다. 또한 네 번째 기사(문자적으로는 '녹색'〈綠色〉이지만, 외관상으로는 '병적으로 창백한'이라는 의미를 지닌)는 이 세상 존재가 전혀 아니며, 오히려 의인화된 저승과 죽음의 세계가 유발하는 죽음의 초월적인 힘을 나타내고 있다.

다른 곳에서처럼 요한은, 그가 살고 있던 시대의 문제들을 가지고 시작하고 있으며, 이러한 문제들에게 성경으로부터 가져온 색상들을 칠함으로써, 그 이미지들이 그의 풍부한 상상력 속에서 만화경적으로 혼합되어 있으면서, 예언적인 해석을 더하고 있다. 이 네 명의 기사는 원래 스가랴 1 : 7~15와 6 : 1~8에서 발견되는 사상의 재생(부활)을 나타낸다(요한은 나중 11 : 1 - 14에서 스가랴서에서 따온 연관된 사상을 사용할 것이다). '칼, 기근, 그리고 역병/죽음'의 혼합은 예레미야 14 : 12 ; 15 : 2 ; 21 : 7 ; 24 : 10 ; 29 : 17~18 ; 42 : 17 ; 43 : 11에서 발견되며, '칼, 기근, 야수와 역병'은 에스겔 14 : 21에서 발견된다(5 : 12, 7 참조).

이러한 역병들에 대한 초기 시리즈들은 그리스도론적인 함축성(뉘앙스)을 갖고 있다. 사실, 첫 번째 기사는 2세기의 이레니우스로부터 시작하여 중세기까지의 해석자들에 의해, 그리고 몇몇의 현대 해석자들에 의해 그리스도로 흔히 이해되어 왔다(엘룰〈Ellul〉, 147-148쪽). 아주 흥미롭게도, 신학자이면서 예술가였던 알브렉트 뒤러(Albrecht Dürer)가 1498년의 그의 목공예 시리즈에서, 첫 번째 기사가 다른 3명의 기사들과 마찬가지로 똑같은 시리즈에 속한다고 정확하게 본 사람이었으며, 또한 첫 번째 기사에 대한 해석의 물결을 그리스도로부터 종말론적인 심판의 대리인으로 바꾸었던 사람이었다. 중세기의 해석자들이 첫 번째 기사를 그리스도로 생각했던 충분한 이유들을 가지고 있다. 19 : 11~16에 나오는 모습 속의 그리스도처럼 이 사람은 백마를 타고 있으며, 또한 ('왕관'이라고 번역된 헬라어가 다르기는 하지만) 그는 "왕관을 쓰고 있다". 6 : 2에 나오는 모습은 그가 의기양양한 승리자의 모습으로 말을 타고 있다는 의미에서 훨씬 더 그리스도에 가깝다(nikao가 5 : 5-6에서 그리스도를 위해 명확하게 〈한정적으로〉 사용되어 온 것과 같이, 이곳에서는 nikao가 그를 위해 사용되고 있다). 또한 네 명의 기사 각각에 대해 앞으로 나오라고 하기 위해 사용되었던 명령형 동사 '오라'(come)는 약속과 그리스도에 대한 열망에 대해 묘사하기 위해 22 : 17, 20에서 사용된 종말론적으로 '오라'(come)는 동사와 동일하다.

이 결정적인(definitive) 첫 번째 기사(騎士)가 실제로 종말론적인 대참사 대리인들의 시리즈에 속해 있고, 따라서 그리스도를 의미할 수는 없다고 하더라도, 이러한 사상(寫像)에 대한 그리스도론적인 함축(뉘앙스)은 그럼에도 불구하고 중요하다. 이러한 함축들은 로마로 상징되는 박해하는 악한 세력을 최종적으로 (드디어) 파멸시키는 19 : 11~16의 모습들에 대한 사전 경고적이면서도 거의 잠재의식적인 예측적 반응을 일으키고 있다. 그러므로 6 : 1~2와 19 : 11~16의 모습들은 하나의 인클루시오(inclusio), 전통적인 폭력(맹렬, 격렬)의 사자(獅子) 사상이라기보다는(참고. "숙고 : 요한계시록의 폭력적 이미지 해석하기") 어린 양으로서의 그리스도의 빛 속에서 모든 종말론적인 역병들이 그리스도의 손 안에 있고, 또한 그리스도론적으로 해석될 수 있다는 또 다른 방법을 암시하는 하나의 신학적인 묶음(괄호〈bracket〉)을 형성한다고 할 수 있다. 네 명의 기사들에 의해 표출되는 이러한 파괴(살상)는 그리스도에 의해 직접적으로 행해지지 않으며, 또한 독자적인 파괴의 대리인들인 기사들에 의해서도 행해지지 않는다. 이러한 파괴는 허용되어 있으며(They are permitted), 하나님/그리스도는 반복되고 있는 '거룩한 수동태'(divine passive) 동사인 'edothe'(2절, '이것은 주어졌다'〈it was given〉, 4a절, '허용된'〈was permitted〉, 4b절, '〈단수〉 주어진'〈was given〉, 8절, '〈복수〉 주어진'〈were given〉) 안에 실행자로서 숨어 있다. 더 나아가 이 첫 번째 모습과 그리스도의 닮은 점은 세상에 나타난 이 파괴적인 세력이 다만 하나님/그리스도의 진정한 세력에 대한 어슴푸레한 모방(흉내)이며, 실제적인 패러디일 뿐이라는 요한의 관점을 또 다른 차원으로 표현하는 것이다. 종말론적인 드라마 안에서의 실제적인 배우들, 즉 종말론적인 환난의 직접적인 가해자들은 세상 속에서의 악한 세력들이며, 하나님에 의해 거룩한 심판의 대리인들로 허락되고 사용되는 악마적인 반하나님(적하나님) 세력들이다. 강력해 보이는 (강력한 것처럼 느껴지는) 이러한 세력들은 실제적으로는 어린 양 안에 표현되어 있는 하나님의 궁극적인 힘에 대한 단순한 패러디일 뿐이다. 백마를 탄 기사는 오해를 살 만큼(사람들을 현혹시킬 정도로) 그리스도처럼 보이지 않으며, 그의 '정복'(공략〈conquering〉)은 남을 위해 자신이 죽는 어린 양의 진정한 능력이 아니고, 다른 사람들을 죽이는 이 세상의 죽음의 세력이다.

다섯 번째 봉인 : 순교자들의 외침(6 : 9-11)

다섯 번째 봉인의 열림으로, 그 초점은 그 패턴의 특성을 좁히며 강렬하게 한다. 사실 모든 봉인들은 하늘의 관점에서 지상의 사건들을 묘사하기 때문에 단지 묘사된 움직임의 장면은 지상으로부터 하늘로 이동하는 것처럼 보인다. 사람들은 땅 위에서 죽임을 당하고 있다. 그러나 그들은 다만 하늘 제단의 관점으로 이것을 본다. 그 형상은 아마 전통적이며, 죽임을 당한 이들은 유대인 순교자들과 64년 네로 치하의 로마 국가에서의 첫 그리스도교 순교자들을 포함할 것이다. 그러나 요한은 특별한 집단을 기억한다. 그는 대박해 때 죽을 운명인 그리스도인들이 이미 죽기 시작한 것으로 보고 있다. 그들이 하나님의 말씀과 그들이 했던 증언 때문에 죽임을 당했기 때문에 그들의 죽음은 그들을 예수와 같은 범주에 두며('죽임을 당한'이라고 번역된 말은 5 : 6에 '도살당한 어린 양'으로 사용된 것과 같은 말이다.), 지상에 있는 교회는 그리스도교의 복음에 대해 계속해서 증언한다. 이것은 요한계시록에서 그리스도교 메시지에 대하여 반복적으로 사용된 같은 구절이다(참고. 1 : 2, 9 ; 19 : 10 ; 20 : 4).

요한과 교회의 그리스도인들은 이미 그들 가운데 일어난 죽음(참고. 2 : 13)과 요한이 오리라 예언하는 많은 죽음들을 어떻게 해석하는가? 요한의 이해에 있어서 그들의 죽음은 무의미한 비극이 아니라 제단 위에서의 희생이다. 예배자가 제단 위에서 죽임을 당할 희생재물을 가져올 때, 요한은 그 성경(그가 성전 파괴 전에 아마도 참여한)으로부터 친숙한 이스라엘의 희생예배에서, 그 피는 제단의 기초에 부어진다(레 4 : 7, 18, 25, 30, 34). 생명이 동물들의 피, 인간들의 피로 생각되어졌으므로(레 17 : 11, 14), 그리고 '생명', '혼', '자아'는 상호교환적인 용어들이었으므로, 희생제물의 생명들이나 자신들은 제단 근처에나 '아래에' 있는 것으로 생각되었을 것이다. 죽음 후 최후의 부활 전에 '중간상태'의 본질에 관하여 사색할 의도 없이, 요한은 이미 하늘에 현존하는 것으로써, 로마인들의 손에서 죽임을 당한 그리스도교 순교자들의 '자아들'을 묘사하기 위하여 이 형상의 배열을 사용한다. (요한은 교회의 '기쁨'에 대하여 아무것도 알지 못하는 것을 다시 주목하라. 그리스도인들은 예수께서 했던 것처럼 고난과 죽음을 통하여 하늘로 올라가며, 그들은 땅의 고난들을 피하기 위해 하늘로 가게 된 것이 아니다.) 한 번 더 그는 우리에게 그 일들의 의미를 재해석하기 위하여 심오한 형상을 준다. 로마 집행자의 도마(chopping-block)는 세계적인 제단이 되었다. 황제의 형상에 제물로 바치기를 거절하는 그리스도인들은 그럼에도 불구하고 하나님의 참된 제단 위에서 그들 자신을 제물로 바치는 그리스도교 제사장들이다. 바울에 의해 은유적으로 사용된 그 형상(롬 12 : 1)이 요한의 상황에서는 극단적 사실주의로 가득하다.

땅 위에서 대량학살은 계속되며, 이미 하늘에 있는 순교자들은 그들 자신의 구원을 공표하기보다는 오히려 그것을 계속해서 참는 우주의 재판자에게 "얼마나 오래인가?" 하고 외친다. 그들은 분명히 현재의 불의는 아직 최후가 아니라는 사실에 대해 어떤 의심도 하지 않으며, 하나님께서 그것을 왜 끝장내지 못하는지를 정말로 이해하지 못한다. 그들은 그들의 외침들을 이스라엘의 외침들(예를 들면, 시 74 ; 79편)과 예수의 이야기들 속에서 인물들(눅 18 : 1-8)과 연결한다. 여기에는 개인이 느끼는 요소들이 있는 것이 분명하다. 즉, 그리스도인들 역시 분개, 비통, 복수의 감정들을 가진다. 그러나 여기에서도 이스라엘이나 예수의 가르침 속에도 그런 외침들은 개인적인 분노나 복수심에 대한 욕망으로 축소될 수 없었다. 'Ekdikeo'('복수하다' RSV에서)는 '복수하다'와 누군가에 대한 '공평을 야기'하는 것을 의미한다. 여기에 하나님께서 자신을 나타내기 위한 외침이 있으며, 하나님의 정의의 공적인 변호에 대한 탄원이 시편 79 : 5~10과 같이 있다.

> 여호와여 어느 때까지니이까 ……
> 우리 구원의 하나님이여
> 주의 이름의 영광스러운 행사를 위하여
> 우리를 도우시며 ……
> 이방 나라들이 어찌하여
> 그들의 하나님이 어디 있느냐 말하나이까
> 주의 종들이 피 흘림에 대한 복수를
> 우리의 목전에서 이방 나라에게 보여 주소서

어떻게 로마 황제를 숭배하도록 압박하는 것에 응답을 해야 하는지 결정해야 하는 요한 교회의 그리스도인들은 하늘의 광경을 통하여 울러 퍼지는

"얼마나 오랫동안 기다려야 합니까?"라는 그들 자신의 열망하는 외침을 인식한다. 그들이 그들의 흰 옷들을 받는 하늘에서 승리한 순교자들을 볼 때, 그리고 그들은 하나님께서 중재하실 때까지 단지 "조금 더, 오래"(6 : 11)라고 외쳐야만 한다는 발표를 들을 때, 그들은 죽음의 순간에서조차도(2 : 11) 인내하도록 용기를 얻는다. 그러나 그들은 순교에 대한 도전으로부터 도피할 것에 대해서는 약속받지 않는다. 죽임을 당한 자들은 하늘에서 의기양양해 하며, 그러나 땅에 있는 자들은 단지 비록 짧다고는 하지만 아직 더 많은 사람들이 죽임을 당해야 하는(6 : 11) 단지 세상적인 미래만을 기대할 수 있을 뿐이다. 순교에 대한 요한의 격려는 전적으로 실재적이다.

여섯 번째 봉인 : 하나님께서 접근하시자 우주가 흔들림(6 : 12-17)

역사의 종말에 대한 전형적인 묵시적인 유형에서, 종말적인 재앙은 전쟁, 기근, 그리고 전염병의 현세적인 대재난들로 시작된다. 즉, 지진들과 '자연적인' 대재난들은 우주적인 부분들로 한층 더 강렬하게 되며, 그 안에서 우주 자체의 구조는 파괴된다 : 즉, 별이 떨어지며, 해와 달은 더 이상 기능을 유지하지 않는다. 누구든지 마가복음 13 : 5~36의 '소묵시록'에서 이러한 유형의 한 예를 볼 수 있다. 또한 요한의 묘사에서 종말론적인 재앙이 진행되는 것은 '정상적인' 역사적인 대 재난들(1-4의 봉인들 : 전쟁, 기근, 재앙)과 특이한 역사적인 압제들(다섯 번째 봉인 : 순교)을 통하여, 그 안에서 우주 자체를 진동시키는 여섯째 봉인을 여는 것으로 계속되었다. 땅의 작은 자와 큰 자가 하나님께서 땅을 심판하려 오실 때 일어날 진노의 큰 날로부터 두려움에 달아난다. 이 광경이 요한의 나머지 은유적인 언어와 마찬가지로 문자적으로 받아들여지지 않는 반면에 마치 요한이 단지 묵시적인 언어로 사회적인 혁명에 대한 그의 기대를 나타내려 한 것처럼, 또한 그것은 폭압적인 정치적, 사회적 구조의 몰락을 언급하기 위해 영적인 의미에서 해석될 수 있는 것도 아니다. 진정한 묵시 사상가로서 요한은 그 의미가 정확해지도록 이 세상의 종말에 대해 그림 언어를 사용한다.

그 언어는 그림 같다. 그러나 그것은 하나님 자신이 그의 나라를 세우기 위해 심판주로 오실 때 요한의 청·독자들에게 다가오는 이 세상의 파괴를 알린다.

그 언어는 하나님의 마지막 현현하시는 진노의 날을 묘사하기 위해 사용되는, 신의 현현에 관한 전통적인 언어이다. 그러나 요한은 그 전통을 한층 더 받아들인다. 즉, 그는 그것을 그리스도교 믿음의 관점으로 변형한다. 전통적인 묵시문학에서와 같이, 그 진노는 올 것이며, 그리고 세상은 그 광경에 흔들린다. 모든 자기 의로움의 확신은 제거된다. 누가 설 수 있을까?(6 : 17) 그러나 어떤 정교하게 표현된 역설적인 구절로 요한은 다가올 심판을 두려움 속에서 수행할 심판자는 이미 세상을 위하여 최상의 처벌을 지불한 자라는 희소식으로 그의 청·독자들을 상상력 앞에 세운다. 비록 그것이 그렇게 존재하는 진노임에도 불구하고, 그 진노는 '어린 양의 진노'이다(6 : 16).

막간 : 교회의 투사와 승리(7 : 1 – 17)

어떤 사람이 다음 사건은 일곱 번째 봉인을 뗄 것이라는 것과 종말이 올 것이라는 사실을 기대한다. 그 패턴은 메시아적인 재앙과 우주의 해체를 통해 예상되는 순환을 보여 준다. 즉 일곱째 봉인을 따를 수 있는 것은 하나님의 현존이며, 종말론적인 사건들 즉, 부활, 심판, 구속함을 받은 자에 대한 천국에서의 구원, 불신자들에 대한 파멸이다. 그러나 요한은 그의 묵시문학적인 전통들을 해석하는 데 있어서 매우 창조적이다. 일곱째 봉인을 기대하면서 개봉하는 대신, 그의 환상은 우리로 하여금 하나님의 종들의 인침, 즉 전통으로부터 받아들여진 다른 동기를 보게 한다. 기대된 종말을 보는 것 대신에, 우리가 보는 것은 교회이다. 이것은 문학적인 기교이다. 그러나 그 이상으로 1세기 그리스도교가 경험하는 것을 반영한다. 그들이 종말을 추구한 것은 하나님의 행하심을 대체하는 것이 아니라 하나님의 구원활동의 차원 그 자체인 교회였다. 처음에는 지연과 이야기의 이탈로 보이는 것이 능숙하게 구성된 삽입으로 판명되며, 그리고 그것은 박해의 시기 동안 교회를 묘사하고 마지막 봉인이 개봉되기 전에 긴장감을 만들어 낸다. 일곱째 봉인은 사실 또 다른 일련의 일곱째 재앙들의 개봉으로 이어질 것이다. 그러나 다른 계층에서 일곱 개의 화(woe)의 유형이 계속되기 전에, 요한은 우리에게 자연의 이중 환상과 그리스도교 공동체의 중요성을 제공한다.

그 교회는 얼마나 큰가? 우리 시대의 몇몇 그리스도인들은 여전히 그들의 지역 회중에 의한 '교회'를 생각하지만, 대부분은 그들 자신을 수 세대와 수 세기를 걸쳐서 이어지는 장엄한 역사 속에서 수십 억을 헤아리는 우주적인 공동체의 구성원으로서 인식한다. 요한 교회의 구성원의 목전에는 교회가 어떻게 보일까? 그들의 회중들은 작았으며, 사회의 변두리에 있었으며, 정치적으로 의혹을 받았고, 인상적인 건물들과 제도들도 없이, 또는 이웃으로부터 존경도 받지 못했다. 그들의 생각에 이것은 역사적 뿌리와 세계적인 협력 차원에서 회당과 첨예하게 대립되는 것이었다. 소아시아의 그리스도인들은 그들이 속한 교회의 환상을 필요로 했다. 요한의 이중 환상은 이러한 필요를 알려 준다.

교회의 투사(7 : 1-8)

네 천사들이 땅의 네 모퉁이에 서 있다(이것은 오늘날 어느 누구도 문자적으로 받아들이지 못하는 요한의 1세기 세계관이 보여 주는 사항이다). 그들은 반역적인 땅에서 하나님의 폭력적인 심판을 계속적으로 위협하는 네 가지 파괴적인 바람들을 붙잡고 있다. 이러한 이미지는 잊혀졌지만, 요한은 결코 태풍이나 맹렬한 우뢰의 어떤 재앙에 대하여 언급하는 것이 아니다. 그의 모든 의도는 하나님의 종들의 인침에 초점을 맞춘다.

여기에서 요한은 형상들의 성경적인 모습들을 저장해 놓은 것을 꺼내어서, 그것들 중의 하나인 에스겔 9 : 1~11을 재구성한다. 그는 이미 에스겔로부터 은유적이며 연대기적인 것을 끌어왔으며, 계속적으로 그렇게 하고 있다. 4장의 보좌와 생물들은 에스겔 1장의 보좌 환상을 반영하며, 10장에서 두루마리를 먹는 것은 에스겔 3장의 유사한 모습에 상응하며, 20장의 곡과 마곡의 형상은 에스겔 38~39장에 평행하며, 그리고 21~22장의 새 예루살렘은 에스겔 40~48장을 반영한다. 비록 요한계시록 7 : 1의 '땅의 네 모퉁이'가 에스겔 7 : 2('땅'과 '지구'가 에스겔의 히브리어에서, 요한의 헬라어에서는 같은 말이다.)에서 같은 구절을 채용한다. 7 : 1~8에서 하나님의 종들의 인침에 관한 요한의 환상은 에스겔의 환상에 상응한다. 즉, 그들은 이마 위에 하나님의 표를 받음으로써, 신실한 그리스도인들은 강력한 황폐하게 하는 바람(7 : 1-3)이나 파괴적인 황충의 무리(9 : 3-4)와 같이 그들과 막 싸우려고 하는 큰 박해를 통하여(박해로부터가 아니라!) 보호된다.

'인침'은 성경에서 강력한 특징을 보여 줄 뿐만 아니라 요한과 그의 교회들이 속한 바울의 계통의 전통 속에 특별한 함축성을 지닌다. 세례의식으로 그리스도의 몸에 연합하는 것(고전 12 : 13)은 때때로 하나님께 속한 것으로써, 새로운 그리스도인을 인치는 봉인으로써 바울 교회들에서 묘사된 것이다(고후 1 : 22 ; 엡 1 : 13 ; 4 : 30). 로마의 위협 가운데 세례의식은 새로운 의미를 가진다. 즉, 하나님의 표를 지닌 이들은 짐승 같은 악한 힘들이 그들에게 할 수 있는 것이 없으며, 다가올 큰 시련을 통하여(시련으로부터가 아니라) 보호된다.

요한은 벌써 그 봉인의 형상을 또 다른 의미로 만들었다. 그는 아직 특별하게 로마의 박해하는 힘에 대해 그의 주된 상징들 중의 하나인 '짐승'으로 언급하지 않았다(11 : 7 ; 13 : 1-18 ; 14 : 9-11 ; 17 : 3-17 ; 19 : 19-20 ; 20 : 4, 10). 이 '짐승'은 또한 그의 동료들에게 그들의 이마 위에 특별한 표를 줄 것이다(13 : 16-17 ; 14 : 9). 그러나 이것은 단지 어린 양이란 짐승을 모방하는 또 다른 한 예이다. 악은 독립적인 존재가 아니며, 그의 전제된 힘은 단지 어린 양의 실재하는 힘과 비교할 때 허위이다. 요한에게 참된 정복은 악의 세력들에 의해 행해지는 세상적이고 폭력적인 '정복'에 의해 모방될 수 있는 어린 양 안에 현현된 것처럼 자기희생을 사랑하는 능력과 같다(참고. 6 : 1-2의 설명들). '짐승의 표'는 그의 종들을 만드시는 하나님을 어슴푸레 닮게 하는 것이다.

144,000의 봉인을 맞은 자들은 누구인가? 요한계시록 7 : 4에서 이스라엘의 모든 족속이라고 묘사되었기 때문에, 그것은 때때로 7 : 9~17의 "각 나라와 족속과 백성과 방언에서 아무도 셀 수 없는 큰 무리"와 대비되어 7 : 1~8에서 제시하는 유대 그리스도인들로 생각되었다. 하지만 이것은 하나의 예가 될 수 없다. 요한은 이 집단을 14 : 1~5에서 말하는 숫자로 동일시하여 유대 그리스도인들로 한정할 수 없기 때문이다. '이스라엘'은 분명히 문자적인 의미로 사용된 것이 아니다. 1세기에 문자적으로 열두 지파는 없었다. 유대교는 계보에 의해 규정되는 인종적인 집단 이상으로 다양한 민족적인 배경의 사람들로 구성된 종교적인 공동체로서 지속되어 왔다. 그러나 144,000을 규정하기 위한 열쇠가 되는 논점은 교회를 묘사하는 데 있다. 144,000은 이스라엘 민족의 연장선상에서 교회에 대해 신학적으로 이해하는 것이다. 이런 관점은 초기 그리스도교 공동체 안에서 널리 퍼져 있었다(예. 마 10 : 5－6 ; 눅 1 : 68－79 ; 2 : 29－32 ; 요 1 : 47 ; 5 : 43－47 ; 11 : 52 ; 행 2 : 14－21 : 26 : 14－23 ; 약 1 : 1). 그러나 그것은 특별하게 요한이 따르고 있던 바울의 전승 안에서 강했다(1 : 6 ; 5 : 10 ; 참고. 롬 9－11 ; 갈 3 : 29 ; 6 : 16 ; 엡 2 : 11－22 ; 벧전 2 : 9). 요한은 이스라엘 민족의 연장선상에서 교회를 생각했다. 그리고 "유대인이 아니면서 유대인이라고 말하는 사람들"(2 : 9 ; 3 : 9)을 경멸하며 말했을 것이다. 그 이유는 유대인들이 예수를 메시아로 받아들이지 않았기 때문이다.

144,000의 수는 문자적인 숫자가 아닌, 상징적인 신학으로 여겨진 것이다. 우리의 시각으로부터 그것은 배타적으로 한정되며 더 축소된다. 그러나 요한의 청·독자들의 귀에 그 숫자는 굉장히 크다. 'myriad'(문자적으로 만 ; 10,000이다.)과 더불어 'thousand'(천 ; 1000)은 성경 안에서 가장 큰 숫자 단위이다. 성경적인 사용에서 그 둘은 문자적인 정확성을 보이기보다는 모두 본래적으로 '큰 숫자'를 의미한다(출 20 : 6 ; 신 1 : 11 ; 7 : 9 ; 삼상 18 : 7 ; 21 : 11 ; 시 3 : 6 ; 68 : 17 ; 단 7 : 10). 144,000이라는 수는 계산을 넘어서 거대한 무리들이라는 의미를 전달하는 것이다. (바로 7 : 9에서와 같이) 요한은 순수한 그리스도인들인 '신실한 소수'에 대해 독선적으로 생각

하려는 유혹을 거부했다. 이것은 전형적인 묵시적 관점과 대조적인 것이다. 제2에스드라서의 저자는 진실을 다음과 같은 것이라고 이해했다. “가장 높은 분이 다수를 위해 이 세계를 만들었다. 그러나 그 세계는 소수를 위한 것이다”(8 : 1). 그리고 하나님의 사자가 말했다. “나는 구원받을 소수에 대해 즐거워 할 것이다”(7 : 60).

이 장면에서 교회는 클 뿐만 아니라 완전하다. 144,000의 숫자는 완전히 성취된 숫자이다. (144는 분명히 옛 이스라엘의 열두 지파들과 새로운 이스라엘의 열두 사도들의 수인 12에 12를 곱한 것이다〈참고. 21 : 12－14〉.) 유대교는 열두 지파의 본래적인 단위가 앗수르의 강제적 국외추방에 의해 혼란해진 것을 알고 있다(왕하 17장 ; 렘 16 : 10－15 ; 겔 47 : 13－48 : 29 ; 바룩 4－5장 ; 제2바룩 63장 ; 67장 ; 모세의 언약 2 : 3－9). 그리고 회복되지 않았지만, 종말에 하나님께서 모든 이스라엘의 완전한 정수를 다시 모을 것이다(솔로몬의 시편 17 : 28－31, 50 ; 전쟁문서(1QM) 2장 ; 산헤드린의 바벨론 탈무드 13 : 10 ; 제2에스드라 13 : 40－47 ; 제2바룩 78－87장 ; 참고. 마 19 : 28 ; 눅 22 : 30). 요한은 이스라엘이 교회 안에서 인식되도록 종말론적인 희망을 선포했다. 그의 ‘열두 지파 족속들’의 목록은 구약 안에서 숫자적인 목록과 상응하는 것이 없다. 그리고 단은 빠뜨리면서 므낫세와 요셉지파를 열두 지파에 포함시키는 것도 독특하다. 아마도 그의 전승으로부터 나오는 독특한 목록에 대해서 이유가 있을 것이다. 단 지파는 구약성경 속에서 나쁜 평판을 가지고 있었다(레 24 : 11 ; 삿 5 : 17 ; 17－18장 ; 왕상 12 : 29). 그리고 후기 유대적 전승에서는 (다니엘의 언약 5 : 6) 적그리스도가 그 지파에서 나온다고 생각되었다. 하지만 이것에 대해 요한은 중요하게 생각하지 않는다. 그 사례는 신약성경에서 ‘열두 사도들’의 다양한 목록과 함께하기 때문에 중요한 점은 각각의 목록들마다 다른 족속들의 이름과 사도들의 이름이 아닌 숫자 12가 하나님의 모든 백성들을 대표한다는 것이다. 하나님은 그의 신실한 세례받은 많은 수(144,000)의 사람들에게 인치셨다. 그리고 그분은 전체 ‘하나님의 이스라엘’인 그들 모두를 심지어 그들이 죽어야 할지라도 시련을 통과해서 안전하게 인도하신다. 그것이 바로 메시지이다.

'천'은 역시 군대에서 대대를 군사적으로 함축하고 있다. '이스라엘의 수천'이란 표현이 이스라엘의 군대에 대해 사용되었다. 그리고 그것은 '이스라엘 대군들'과 같은 것이다(참고. 민 31 : 14, 48 ; 신 1 : 15 ; 삼상 8 : 12 ; 22 : 7 ; 삼하 18 : 1, 4). 요한은 사자가 양이 되는 상징에 의해 변형되는 다수의 전쟁을 비유적인 표현으로 사용했다. 여기서 그는 지상의 투쟁 속에 있는 '교회의 전사들'을 묘사한다.

승리를 거둔 교회(7 : 9－17)

요한의 환상은 그리스도인들의 실제적인 순교를 전혀 묘사하지 않는다. 진행되는 장면들은 큰 시련에 앞에서 신실한 그리스도인들의 인침을 묘사한다. 다음에 관점은 땅에서 하늘로 옮겨진다. 그곳에서 우리는 하나님에 대한 예배 속에서 기뻐하는 모든 나라와 방언들로부터 백성들의 측량할 수 없는 주인을 보게 된다. 그들은 '큰 박해를 통해 온 백성들'(7 : 14, 예루살렘 성경)이라고 규정된다. 7 : 1~8은 지상에서 전투의 형식 속에서 다가오는 투쟁 전에 인침을 받고 세워진 교회 전사들을 제시하면서, 7 : 9~17은 전투 후에 하늘에서 승리를 거둔 교회를 제시한다. 6 : 9~11에서 '정복해 온' 자들은 승리자들의 흰 옷을 입게 된다. 거기에서 순교는 하늘 저편으로부터의 것으로만 보인다. 다시, 그들은 어린 양의 승리를 재정의하는 신성한 시각으로부터만 '이겨 왔다'. 그러나 지상에서는 죽임을 당해 왔다.

요한이 마음속에서 이미지를 재탄생시키는 작업은 역설적인 병치들과 언어의 변형들 속에서 계속된다. 순교자들의 옷들은 희다. 왜냐하면 그들은 어린 양의 피로 씻겨 졌기 때문이다(7 : 14). 그들 자신의 죽음은 그것으로 자랑할 만한 공적이 아니다. 자랑해야 할 것은 승리자들의 옷을 받은 그들 자신의 용기와 결심이 아닌 그리스도의 죽음이다. 그들의 죽음은 어린 양의 죽음과 함께 하나가 되었다. 그리스도론과 제자도는 각각 서로를 통해 투영된다(참고. 12 : 11). 그리고 다른 이들에게 그의 생명의 피를 주는 어린 양은 또한 보좌의 가운데로부터 통치하는 목자이기도 하다(7 : 17).

단조로운 산문을 진술하는 것에 대해 저항하는 초현실적인 묘사를 통해서 요한은 우리로 다른 이를 위해 죽으시고 보좌에 앉으사 온 우주의 중심에서 다스리시는 고통을 당하는 사랑을 보게 한다.

일곱 번째 봉인 : 침묵(8 : 1)

일곱째 봉인이 열릴 때, 우리는 예기된 종말에 서게 된다. 그러나 우리는 반시간 정도 정지된 침묵을 만난다. "할렐루야 합창"을 정서적으로 고조시킨 후에 헨델은 마지막 "할렐루야"를 연주하기 바로 전에 잠시 휴식을 삽입한다. 이것은 심리적으로 좋은 음악과 마찬가지이다. 요한의 경우에도 이것은 신학적으로 좋은 것이다. 우리는 마지막 봉인까지 다가갔다. 그러나 종말은 아직 기술되지 않았다. 그것은 반드시 나중에 온다. 창조의 첫날 이전에 우세했던 창조 이전의 최초의 침묵처럼(참고. 제2에스드라 7 : 30 ; 솔로몬의 지혜서 18 : 14－15 ; 제2바룩 3 : 7), 주님의 마지막 날은 역시 들리지 않는 침묵에 의해 진행된다. 요한은 마음에 스바냐 1 : 7을 간직하였을 것이다. "주 여호와 앞에서 잠잠할지어다 이는 여호와의 날이 가까웠으므로……."

요한계시록 8 : 2~11 : 19

천상의 예배 : 일곱 나팔들의 울림

천상의 예배에서 교회의 기도(8 : 2－5)

4 : 1로부터, 마지막 날들의 고난의 때에 지상에 남겨진 그의 동료인 그리스도인들로 하여금 그들이 인내하도록 부르심을 받은 고난에 대한 것과 위대한 이의 오심에 대한 천상의 관점을 주기 위해서 요한은 하늘로 집중해 왔다. 그는 일곱 나팔에 의해 재현된 재앙들이 더 확장되는 일련의 내용들

을 제공하려고 한다. 재난에 대한 그의 환상으로 진행되기 이전에 요한은 천상의 예배에 대한 상황 속에서 전체를 배치한다.

앞의 장면에서처럼, 청·독자는 천상의 성전(4 : 1-5 : 14 ; 7 : 9-12 ; 참고. 6 : 9-11)에서 영원히 드려지는 예배를 희미하게 감지한다. 지상 교회의 예배는 직접적으로 묘사되지 않는다. 비록 '예배'(프로스퀴네오, 문자적으로 '-앞에 엎드리다')라는 단어가 요한계시록에서 신약성경의 다른 어떤 책에서보다 더 사용되지만, 그 단어는 항상 하나님에 대한 진실한 천상의 예배를 위해서 사용되거나 지상의 짐승에 대한 거짓된 예배를 의미한다. 단 한 가지의 예외가 14 : 6~7이다. 거기서는 그 단어가 하늘로부터 '지상에 거주하는 자들'이 짐승에 대해서라기보다 진정한 하나님을 예배하는 종말론적인 명령으로서 사용된다. '기도하다'라는 동사는 요한계시록에서 발견되지 않는다. 그리고 '기도'라는 명사는 5 : 8과 8 : 3~4에만 발견되는데, 그때마다 하늘의 예배의 장면과 함께 사용된다. '감사하다'(eucharisteo〈유카리스테오〉)는 11 : 17에서 종말의 때에 천상의 예배의 한 부분으로써 그려진 장면 속에서 이십사 장로들에 의해 사용되는 것이 유일하게 발견된다. 2~3장은 지상의 교회의 삶에 대해 광범위하게 언급하지만, 그것의 예배를 전혀 언급하지 않는다.

하지만, 지상의 교회는 기도한다. 요한계시록이라는 '책'은 기도와 찬양의 예배에서 읽히도록 기록된 것이다. 지상에서 분투하는 교회는 기도하는 것을 알고 있다. 박해의 힘겨운 시간 동안에 교회가 기도하는 것은 매우 놀라운 일이다. 요한의 계시는 우리에게 예배하는 교회가 하늘로 올리는 기도를 보게 한다. 하늘의 보좌 앞에 향이 올라가는 것처럼 지상의 지친 그리스도인들은 기도를 올린다. 이것은 지상의 교회가 천상의 예배 가운데 참여하는 것과 같은 효과를 줌으로써 소아시아의 분투하는 교회들과 천상의 성전이 마주 대하면서 하나의 연속적인 공동체로 창조되는 효과를 보여준다. 이것은 요한의 '성도의 교제'에 대해 묵시적인 회화로 표시되는 것이다. 교회의 예배와 기도를 통해서 교회는 하나님의 세계와 현실의 세계를 친밀하게 연결시킨다.

요한이 여기서 기도의 내용을 자세하게 설명하지 않지만, 여기저기 묘사된 암시들은 요한계시록에서 주관적인 감정을 쏟아 낼 뿐만 아니라 하나님과 그리스도에 대한 감사와 찬양의 환호를 표시한다(4 : 8-11 ; 5 : 9-10, 12-14 ; 7 : 10-12 ; 11 : 17-18 ; 15 : 3-4 ; 19 : 1-8). 기도들은 역시 하나님 나라의 도래와 공의(6 : 9-11), 하나님/그리스도의 종말적인 '도래'를 위한 것이다(22 : 20 ; 참고. 고전 16 : 22).

기도들은 '올려진다'. 그것들은 응답된다. 그 응답은 예배 속에서 주관적인 해방을 줄 뿐만 아니라 성도의 기도들이 지상에서 이루어진다는 것을 의미한다(8 : 4-5 ; 참고. 9 : 13-14). 성도가 드리는 기도들의 결과는 역사적인 재난들로부터의 구원이 아니라 하나님 나라의 종말론적인 출현에 의한 역사와 세계의 구원이었다. 따라서 요한의 교회가 드리는 기도들은 전통적인 유대식 기도인 카디쉬의 절차를 따랐다.

> 세상에 그의 위대한 이름이 존귀하게 여김을 받고 찬양받는 것은 그의 뜻을 따라서 그가 창조해 온 것이다. 그가 당신의 생애 안에서, 당신의 날, 이스라엘의 모든 집의 날 동안에, 심지어 빠르게, 그리고 가까운 시간에 그의 나라를 세울 것이다.

생생한 '세부사항들'은 묵시전승의 상상력이 풍부한 팔레트로부터 채워져 있다. 그러나 본질적으로 요한의 교회들 안에서 박해당한 그리스도인들의 기도는 "나라가 임하시오며"(마 6 : 10 ; 눅 11 : 2)라는 기도의 특징이 발견된다. 그리고 일련의 나팔 재앙에서도 마찬가지이다(11 : 15-19).

요한은 하나님의 나라가 오심을 위해 이 동료 그리스도인들의 기도가 응답받을 것이라고 증언한다. 그러나 그들의 기도에 대한 즉각적인 결과는 하나님 나라의 영광스러운 오심(이것은 궁극적인 결과이다.)이 아니라 일련의 종말적인 재난들이다. 하나님의 나라를 향한 길은 역사의 재난들을 돌아가는 것이 아니라 뚫고 가는 것이다.

처음 네 나팔들 : 그 마지막 환난의 격렬함(8 : 6-12)

이 땅에서 드려지는 제단의 예배의식과 같이 하늘에 있는 제단의 예배는 향을 태우는 것뿐만 아니라 나팔소리들도 포함한다(대하 5 : 12-13). 다른 수많은 이미지들은 유대 전통에서 나팔들과 연합되었다. 그것들은 축제의 집회와 전쟁으로의 부름을 의미했고, 경고와 승리를 알렸고, 새해 첫날과 왕의 대관식 때 불렸다. 그리고 하나님의 현현의 소리와 격렬함의 요소가 되었다(출 19 : 16 ; 민 10 : 2-10 ; 수 6 : 4 ; 겔 33 : 3 ; 욜 2 : 1, 15 ; 암 3 : 6). 따라서 그 예언자는 '마지막 나팔'은 종말적인 신호들의 일반적인 특징이 된다는 결과인 나팔 소리의 이미지를 주의 종말의 날의 그림과 집회와 전쟁과 심판과 새로운 질서에 쉽게 적용시켰다(사 27 : 13 ; 마 24 : 31 ; 고전 15 : 52 ; 살전 4 : 16).

마지막 나팔들은 요한의 일곱 대천사 혹은 유대 묵시문학 전승의 천상의 영들로 해석하는 일곱 천사에 의해 울렸다. 그 형상들은 일곱 눈들과 영들, 별들 혹은 천사들, 하나님께서 교통하시고 세상을 통치하시는 모든 것을 대표하는 자신의 전능한 힘 사이를 빠르게 왕래한다(참고. 1 : 4 ; 8 : 4). 더 나아가 이 형상은 반복되는 하나님께 숨겨진 주제를 보여 주는 수동태 동사 '주어진'(edothe)이라는 단어와 모든 재앙은 하늘에서부터 왔다는 사실에 의해서 지적된다(8 : 7, 10, 12 ; 9 : 1 ; 그리고 9 : 13-14은 순교자의 기도가 올라가는 하늘의 제단은 재앙들의 유효한 자료라는 것을 마지막으로 생각나게 한다는 것과 덧붙여져서). 이 땅 위의 격렬한 재앙에 대한 공포는 그리스도인들을 두렵게 하거나, 달래려고 시도할지도 모르는 자립적인 힘들에 의해서 야기된 것이 아니었다. 모든 것은 한 분인 하나님의 절대 주권자의 손으로부터 궁극적으로 일어난다.

일곱 봉인의 환상들과 같이, 그 일곱 나팔의 환상들은 먼 미래의 사건에 대한 예언은 아니지만, 종말에 하나님의 승리에 반드시 선행하는 '재앙'이라는 요한계시록의 양식에 꼭 맞는다. 그리고 요한은 그의 날에 (계시 안에 '가까운 미래'의 해석을 반영한 것을 본다.) 반복적으로 그 종말이 접근하는 것을 보았다. 이 두 번째 주기는 첫 번째 연대기적인 연속이 아니라 좀 더 격렬한 수준에서 첫 번째 주기의 고쳐진 이야기이다. 첫 번째 주기에서 이 땅의 4분의 1이 파괴되었다(6 : 8) ; 이 주기에서 그 규모는 3분의 1까지(8 : 7, 9, 11, 12) 올라간다. 이것이 최초의 전체의 3분의 1인지, 아니면 4분의 1이 파괴되고 남은 것 중의 3분의 1인지 묻는 것은 잘못된 질문이다. 요한은 계산기로 기록한 것이 아니라 환상으로 기록하는 것이다. 요한은 성경과 전통적인 묵시문학의 많은 자료들을 갖고 있었고, 서로 일치하는 재앙의 다른 연속물을 만들려고 시도하지는 않았다. 따라서 8 : 7에서 모든 수목이 타 버리지만 그것은 여전히 9 : 4에 존재하고, 별들이 6 : 13에서 이미 떨어졌음에도 불구하고, 그 별들은 8 : 12에서 파괴되었다. 이 그림은 마지막 심판의 공포에 대한 초현실적인 인상을 전달하는 기능을 하지만, 심지어 환상에서 단 하나에 일치하는 양식에 어떻게든 꼭 맞는 사건들의 한 연속물로서 전달하는 기능을 하는 것이 아니다.

요한은 하나님께서 하나님께서 이루시는 해방의 의미인 출애굽의 이야기에서 애굽을 파괴하는 재앙과 유사한 그 다가오는 공포들을 본다. 애굽의 재앙들과의 접촉점은 8 : 7(출 9 : 23－25)의 우박과 불에서, 8 : 8~9(출 7 : 20)의 피로 변하는 바다에서, 8 : 12(출 10 : 21)의 암흑에서, 그리고 9 : 1~12(출 10 : 12)의 시작과 같은 메뚜기에서 보인다. 출애굽의 이야기의 틀 안에 환상들을 주조하는 것은 그 환상을 심판의 구조와 또한 하나님의 해방의 행위의 구조 속에 넣는 것과 같다. 심지어 재앙들이 좋은 소식으로 들려질 수 있고 견딜 수도 있다. 왜냐하면 궁극적인 출애굽은 이제 곧 일어날 것이기 때문이다!

그 재앙의 환상은 초월적이며, 신화적인 핵심으로 바꾸어지고, 우주적인 것으로 투영된다. 단지 애굽의 압제자들이 역사 속에서 멸망된 것이 아니라 모든 세상의 억압적인 세력들은 그것 자신이 그 종말을 가져온 역사로서 심판받는다. 세상 그 자체는 인간의 죄악으로 타락해 왔다(참고. 창 3 : 17－18 ; 사 24 : 4－6 ; 롬 8 : 19－23). 그래서 인간의 존재는 이 땅(8 : 7)과 바다(8 : 8–9), 강들(8 : 10－11)의 고통에서 홀로이지 않다. 그리고 천제

(8 : 12)는 하나님의 심판의 습격을 경험한다.

이야기 형식의 변화는 9 : 1에의 네 번째와 다섯 번째 나팔 환상 사이에서 일어난다. 요한의 특별한 양식(위를 보라.), 연속물의 첫 네 가지 환상들은 간결한 단위를 형성한다. 반면 다섯 번째와 여섯 번째는 좀 더 자세하게, 그리고 더 나아가 종말론적인 고통들이 격화되는 것을 통해서 말해진다. 게다가 일련의 나팔에 관한 이야기가 열거되는 것으로 그 마지막 세 '나팔'은 또한 묵시문학적인 용어 '재앙'으로서 특유하게 묘사되고, 그것들의 극적인 도입부를 가진다. 즉, 죽음을 가져오고, 죽은 고기를 먹는 큰 독수리/콘도르(그 단어 aetos는 두 가지 모두에서 사용되었다.)는 불길하게 이 땅의 파헤쳐진 시체와 임박한 종말의 외침 위에 맴돈다(8 : 13).

다섯 번째 나팔 : 첫 번째 저주 - 악의 황충들(9 : 1 - 12)

이 환상은 문자적으로 요한의 과거, 현재 혹은 미래의 그 어느 사건에도 대응하지 않는다. 신화와 전승으로부터 환상들이 혼합되는 것으로, 더욱 더 다른 종말론적인 재앙을 환기하는 환상을 통해서 그는 청·독자들의 상상력을 부추긴다. 이 환상(9 : 1 - 2)은 악한 황충들의 떼가 쏟아져 나오는 무저갱에 떨어진 타락한 천사로서 시작한다. (고대의 이교신앙에서 조물주로서 인격화된 그 별들은 때때로 구약성서와 유대전승에서 천사로 밝혀졌다. 참조. 욥 38 : 7 ; 솔로몬의 언약 8 ; 18 ; Sefer ha - Razim 5.) 그 환상(9 : 11)은 그 악의 황충들이 그들의 '대왕'인 무저갱의 천사로부터 인도받았다는 선언으로 말을 맺는다. 따라서 전체 환상은 이미 묵시문학 전승에서 사용된 다양한 형식의 악한 천사의 타락이라는 신화로부터 그 주제의 뼈대가 형성되었다. 가나안 신화는 어떻게 신들 중에 하나인 아타르 '낮의 별'(비너스)가 바알의 지위를 얻는가를 제안했지만 성공하지 못했고, 지구의 신으로서 그의 통치한 장소인 지구로부터 떠나야 했는지 그 이야기를 보여 주었다. 이사야 14 : 4~20에서 이 신화적 양식은 신적인 왕좌를 얻는 것에 야심이 불타는 것으로 묘사된, 그러나 그 대신에 죽음의 거처인 지옥으로 던져진 바벨론 왕의 요구들을 조롱하듯이 적용되었다. 12절에서 바벨론의 왕은 조롱 당한다. "어떻게 당신은 하늘에서 떨어졌나 오 낮의 별이여(KJV에서 '루시퍼'로 번역된 'Luminous'). 새벽의 아들이여(가나안의 신의 이름인 Shahar)." 이 설화가 원래 이사야 14 : 13에서 사탄과 악의 근원의 개념으로 만들기 위해 해야 할 것이 아무것도 없을지라도, 이 연결은 이후에 유대와 그리스도교 전승에서 만들어졌다. (에녹2서 29 : 4-5 ; 아담과 이브의 삶 12-16장 ; 솔로몬의 지혜서 2 : 24 ; Gos. Bart. 4 : 51-55 ; 이레니우스의 이단 논박 Ⅳ. 40. 3) 히브리와 유대의 신화를 채택하는 문서에서 전체 천사들은 하늘에서부터 왔고 (역사기술과 같은) 다양한 기술을 인류에게 가르침으로서 이 땅을 타락시켰다. 하지만 선한 천사는 그들을 좌절시키고 무저갱의 감옥에 넣었다(참고. 창 6 : 1-4 ; 에녹1서 6-10 ; 54장 ; 바룩2서 56장). 신화의 다양한 번역들에서 악한 천사는 멸망되지 않았고, 훗날 심판을 위해 구덩이에 놓였다(벧후 2 : 4). 게다가 묵시의 주제는 이미 구속된 악한 세력이 종말 직전에 소생하고, 그것이 영원히 멸망되기 전에 한 마지막으로 헛된 발악을 한다는 것이다. 요한은 19 : 11~20 : 15의 마지막 사건을 묘사하는 전체적인 것으로 그의 묵시문학적인 역사 이해를 보여 주면서 특별히 이러한 일반적인 양식을 사용한다.

9 : 1~12의 환상은 이 신화를 적용한 요한의 또 다른 예를 묘사한다. 이제 무저갱 속에 구속된 그 악한 세력들은 종말 직전에 풀려날 것이다. 그들이 마지막 멸망하기 전에 그들은 반역한 세상에 종말적인 재앙들을 주는 것으로써 하나님의 목적을 위해 일한다. 이전의 나팔 환상들처럼 수동태인 edothe라는 표현방식('주어진', '허락된')은 절대 주권자 하나님의 숨겨진 활동들을 묘사한다.

아프리카와 동부 지중해에 여전히 퍼져 있는 황충 재앙의 공포는 요한의 환상에서 그의 종말의 악마의 공포를 묘사하기 위해 이 세상이 멸망하는 밑받침이 된다. 요한은 황충 재앙의 환상이 역사적인 것에서 요엘 1~2장에서 이미 발생되었던 초월적인 신화의 단계로 이동하는 것을 반영한다. 이 세상적인 황충들은 식물들을 게걸스럽게 먹어 치우지만, 사람들에게 해를 끼치지는 않는다. 요한의 환상에서 나타나는 황충들은 식물들을 무시하고 인류를 공격한다. 이 세상의 황충들은 널리 알려진 대로 왕이 없다(잠 30 : 27). 9 : 11에서 그 '지옥의 천사'는 바실리우스(basileus, '왕')라고 불리며, 또한 로마의 황제를 위해서 사용된다(따라서 JB는 '그들의 황제 그 무저갱의 천사'라고 번역한다). 그는 또한 '무저갱의 사자'(Apollyon) 곧 도미시안이 그 자신을 위해 사용하기 좋아했던 신적인 황제의 이름인 '아폴로'(Apollo)로 불려졌다. 게다가 그 황충은 아폴로 신을 위한 상징이었다. 여기서 요한의 전형적인 환상은 로마의 지배를 받는, 그리고 동시에 신적인 심판의 악의 도구라는 속기의 상징 체계에 일치되지 않는다(참고. "바벨론의 멸망과 탄식"〈17 : 1-18 : 24〉). 지금까지의 모든 것에도 불구하고 하나님의 표를 지닌 사람들은 보호된다(9 : 4).

여섯 번째 나팔 : 두 번째 저주 – 악의 마병대(9 : 13 – 21)

인클루시오(이야기의 처음과 끝을 함께 조응하도록 구성)에서 그것은 순교자들의 기도에 대한 하나님의 응답의 문맥 안에서 모든 재앙들의 구조를 만들고, 9 : 13은 8 : 2~5의 장면들로 되돌아가도록 가리킨다. 첫 번째 봉인에서(6 : 1~2〈그곳의 주석을 보라.〉), 요한은 종말 이전의 마지막 멸망에 관한 그의 환상이 보여 주는 원자료로써 제국의 동쪽 경계선인 페르시아의 위협에 대한 로마의 공포를 거의 여과 없이 보여 준다. 요한 세계의 가장자리에서 '뛰어오르는 천사들'은 위에서 논의된 추락한 천사들을 신화적 양식으로 표현된다(9 : 1-12). 이 천사들이 풀려난 결과로써 악의 마병대 곧 상상할 수 없는 광대한 군대(이 억만)가 문명화된 세상 속으로 침입해 들어오는 것으로 묘사되는데, 요한은 다시 종말 신화와 동급으로 역사적인 공포를 고양시킨다. 말들에 대한 그 기괴한 묘사는 파르티안들을 회상시킨다. 하지만 그것들은 다른 세계 곧 사탄적인 세계에 속해 있다.

'회개'는 이 끔찍한 장면에서 핵심적인 단어이다(9 : 20 – 21). 마지막 날들의 공포들에도 불구하고, 반역하는 인류는 회개하지 못한다. 이러한 고통과 그들은 세상에서 변화할 수 없다는 극적인 증언에 직면하여 인류는 출애굽 이야기의 파라오와 애굽 사람과 같이 회개하지 않고 오히려 더 나아가 그들의 반역으로 더 굳어진다. 짐승 같은 마병대에게 공격당했음에도 불구하고, 그들은 계속해서 악마가 지배하는 형상들에게 예배하고, 사악하게 그 결과들을 소중히 여긴다. '회개'라는 단어는 요한의 청·독자들의 마음에 특별한 의미를 불러일으킨다. 만약 그 상황과 플리니우스가 트라야누스에게 보낸 편지에 묘사된 용어는 또한 요한의 시대를 대표하는 것이다(서언을 보라). '회개'는 로마 편에서는 황제 예배에 순종하기 위해서 주님이신 그리스도에게서 돌아가는 것을 의미했다. 단지 충실한 그리스도인들은 로마식 의미인 '회개'를 거절했고, 로마 세계는 창조주를 예배하는 그들의 문화로 되돌아가려는 그리스도교의 의미인 회개를 거절했다.

막간 : 예언자와 순교자의 교회(10 : 1-11 : 13)

7장이 여섯 번째와 일곱 번째 봉인 사이에 삽입된 것처럼, 10 : 1~11 : 13은 여섯 번째, 그리고 일곱 번째 나팔 사이의 삽입구를 형성한다. 7장이 (호전적이고/승리를 거둔) 교회의 이중적인 전망을 제공하는 것처럼, 10 : 1~11 : 13은 (예언자/순교자의) 교회 위의 더 나아간 이중적인 전망을 제공한다. 양측의 경우에서 삽입구는 '채우는 것'에 대한 환상이다. 그것은 마지막 나팔소리 전에 증가하는 걱정의 때와 박해의 시간 동안에 교회가 감당하는 역할에 대해 강력한 비전을 주는 이중적인 기능을 위한다.

입에는 꿀 같으나 먹은 후에는 쓴 주의 말씀을 위한 사명을 예언함(10 : 1-11)

요한은 하늘로부터 내려오는 힘 센 천사를 보는데, 그러한 묘사는 다른 곳에서 하나님과 그리스도에게 사용된 요소들과 합쳐진다. 구약의 야훼와 같이 그리스도는 거룩한 폭풍우로 신성한 옷을 입고 있다(욥 37장 ; 시 18 : 7-15 ; 슥 10 : 1). 그는 또한 포효하는 사자처럼 말한다(암 3 : 8). 4 : 1~3

에서 우주의 유일한 주권자로서 영광을 받으신 하나님과 같이, 그는 창조 언약의 상징인 무지개로 둘러싸여 있고(4 : 3 ‖ 10 : 1), 그의 오른손(5 : 1 ‖ 10 : 2)에는 한 책이 있다. 1 : 12~20의 높여진 그리스도의 묘사처럼, 그의 얼굴은 해와 같이 빛난다(1 : 16 ‖ 10 : 1). 그리스도(빛나는 청동, 불 속에서 정제된)의 모습으로서의 다리의 대한 묘사는 또한 힘 센 천사(불기둥과 같은)의 다리를 반영한 것처럼 보이고, 출애굽 이야기(참고. 계 12 : 6, 14!)에서 광야를 통해 이스라엘을 인도하신 하나님(혹은 하나님의 천사 ; 참고. 출 13 : 21 ‖ 14 : 19)의 모습을 불러일으키는 생동하는 문장처럼 보인다. 따라서 그 천사의 모습은 그에게 말씀하시는 하나님과 그리스도의 모습을 비추는 것이다. 1 : 1~2에서처럼, 그리고 요한계시록을 통해 그와 같은 하나님, 그리스도, 성령/천사의 모습은 각기 나타나면서도 서로 합쳐진다. 최후의 계시자는 하나님이시다. 그분은 정의를 내리시고 그리스도 안에 그 자신을 나타내시고, 천사를 통하여 그 예언을 전달하신다. 그 모습들이 다소 독특하게 유지됨에도 불구하고, 그 환상은 하나의 그림으로써 하나님/그리스도/천사 모두 현존한다는 그러한 방법으로 마음의 눈에 하나의 그림처럼 보인다.

'작은' 책에 대한 묘사에 어떤 강조도 두지 않은 것은 당연하다. 그것은 요한계시록 안에서 '책' 혹은 '두루마리'라는 작고도 (신약 중에서도 본 장에서만 3번 사용되는) 평범한 언어로 묘사되었으며, 그것은 10 : 10에서 교체되어 사용되었다. 사실 이것은 5 : 1에서 하나님의 손에 있는 두루마리로 사용된 것과 같은 단어이다. 차이가 있다면 그것이 '큰 가', '작은 가'에 있는 것이 아니라 '봉인되어 있는가' 아니면 '열려 있는가'에 달려 있는 것이다. 마지막 때를 향한 하나님의 목적이 있는 봉인된 두루마리는 더 이상 봉해져 있지 않다(5 : 1 ; 참고. 단 12 : 4, 9). 어린 양이 그것을 열 권리를 가지셨고, 그렇게 하셨다(5 : 1-10 ; 6 : 1-8). 다니엘서 12 : 1~10과 이 장면의 연결점은 매우 중요하다. 왜냐하면 그것이 바로 구약의 비유에 대해 요한이 재형성하고자 하는 핵심 출처가 되기 때문이다. 거기서 한 힘 있는 천사는 종말까지 봉인되어 있는 요한계시록의 부활과 심판, 명령 후에 다가올 큰 재난에 대해 말한다. 그러자 다른 두 천사가 각각 시내의 기슭 위에 출현했다(요한의 물의 심상은 한 발은 대륙에, 다른 한 발은 대양에 둠으로 우주적 규모의 상징을 갖는다). 구약의 장면에서 다니엘은 고통받는 종말적 공동체에 대하여 "얼마나 오랫동안인가?"라는 통렬한 질문을 묻는다. 그 천사 모습의 사람은 두 손을 하늘을 향하여 들고 영원하신 하나님으로 맹세하여 말하기를 일정한 때가 끝나야 한다고 한다(단 12 : 7 ; 참고. 단 7 : 25 ; 8 : 14, 그리고 12 : 11－12에서 후에 재계산을 한다). 이것은 요한이 그의 성경으로부터 받은 다니엘 식의 그림이다. 즉, 힘 있는 천사가 물과 마른 땅에 서서, 손을 하늘로 들고, 하나님으로 맹세하여, 긴 연기, 봉해진 책이 열리기까지 마지막 때 삼 년 반을 있어야 한다고 말하는 것이 그렇다. 그리스도의 오심에 의해 시작된 종말의 시대에 살고 있다고 요한이 확신하는 관점에서, 그의 영감 있는 예언적 상상력은 이러한 기본적인 것들을 한 손에는 봉인된 책을 들고, 다른 한 손은 하늘을 향해 들고 더욱 지연될 것이라고 창조주로 맹세하는 천사의 드라마틱한 그림으로 바꾼다. 기다림과 희망의 시간은 끝나고, 성취의 시간이 이미 도래했다. 그러나 그것이 도래하기 전에 협상되어야만 하는 다니엘 12 : 1의 '그때까지 없었던 환난' 곧 대환난이 임박한 시점에 어두움이 있다. 요한은 그와 그의 교회가 이미 이 마지막 끔찍한 기간에 들어섰다고 생각한다. 그가 성경으로부터 추론한 1,260일은 불확실한 예언이 아니라 격려였다 : 너의 믿음을 굳게 지키라. 환난은 오래되지 않는다!

우리가 그 열려진 하나님의 계시의 책이 어떻게 기능하는지 알기 전에 그 장면은 일곱 천둥에 의해 방해받는다. 요한은 일곱 봉인과 일곱 나팔에 대한 환상을 쓸 준비가 되었으나, 그는 그렇게 하도록 허락되지 않았다. 이 금지에 대한 어떤 해석도 없으나, 두 개의 보충적 해석이 그 내용과 요한의 신학에 의해 제시되는 듯하다.

1. 바울의 경우와 같이, 하나님의 목적을 향한 신적인 영감이 있는 통찰력을 갖는다는 자격이 그리스도교 예언자가 모든(고전 13 : 12 ; 참조. 고후 12 : 4) 것을 알기를 원한다는 것을 의미하지는 않는다. 요한은 그의 계시가 오직 단편적이라는 사실을 알았다. 하나님께서는 그 앞에서 그의 백성들이

신실하게 살기 위해 알아야 할 것들을 계시하시는 이스라엘의 하나님이시지만, 그분은 불확실한 계시를 다루지 않으심으로 당신의 신적인 비밀을 보전하신다(신 29 : 29). 장면 안과 밖에서 요한은 하늘의 비밀스런 봉인된 책이 이제 열린다는 것을 증거하나, 이 장면에서 그는 결코 깨지지 않는 봉인으로 신적인 진리를 봉인하라는 명령을 듣는다. 예수 그리스도의 계시를 제공한다는 요한의 주장은 모든 것을 안다는 것을 포함하지 않으며, 비록 하늘을 여행한 예언자라 할지라도, 무지와 틀리기 쉬운 상황 속에 처해 있는 인간이기에 신적인 지식을 완전하게 알지는 못한다.

2. 그 전통적인 묵시문학적 도식이 더 많은 재앙을 불러일으킴에도 불구하고, 요한은 일곱이라는 묵시문학적인 도식을 지지하면서 하나님께서 종말이 '더 이상 지연되지 않을 것'이라는 결정을 하신다고 증언한다. 이것은 다른 신약의 묵시문학(막 13 : 20)과 같지만, 선택의 여지없이 그분 스스로 수행하시는 하나님보다, 더 확실한 묵시문학적 구조 속에 있는 외경의 묵시문학적 저작들에 반대된다(제2에스드라서). 요한은 노예와 같이 모순이 없는 논리나 냉혹한 운명을 우리에게 보여 주는 것이 아니다. 요한은 비인격적인 운명이 아닌 도중에라도 그 구조를 바꿀 자유가 있는 하나님과 함께함을 나타낸다. 오히려 그의 피조물들에게 반응하시며, 심지어 후회도 하시는 히브리 성경의 하나님을 보여 준다(렘 9 : 5 ; 18 : 8 ; 욘 3 : 9). 질서정연한 컴퓨터와 같지 않은, 즉 한 인격체가 우주의 왕좌에 자리하고 계시다.

요한은 단순히 이러한 장면의 방관자나 보고자가 아니다. 그 능력 있는 천사의 손에 있는 열려진 책은 그를 주요 등장인물로 만든다. 그는 그것을 취하도록 명령받는데, 읽는 것이 아니라 먹도록 명령받는다. 다시 말해, 별스러운 사건처럼 보이는 것은 요한이 성경적 그림을 다시 이미지화한다는 사실을 보다 잘 보여 주고 있다. 요한은 에스겔을 잘 따르고 있다(참조. "교회의 투사"〈7 : 1-8〉). 예언자로 부름받았던 한 장면처럼, 에스겔은 '비탄, 슬픔 그리고 애도'의 책을 받고, 그것으로 "그의 배를 채우라."라고 들었다(겔 2 : 8-3 : 3). 에스겔은 그 책을 먹었는데, 주님의 말씀인 그 책은 그의 입에 꿀처럼 달았다(3 : 3 ; 참조. 시 19 : 10 ; 119 : 113). 요한은 이러한 전통에서 그 자신을 예언자로 보게 된다. 그는 피조물을 향한 심판과 구원의 쓰고도 단 메시지인 하나님의 계획을 담고 있는 그 책들을 '탐독'하도록 부름받았다. 하나님의 말씀을 전하고 가르치기 위해 애쓰는 모든 사람들이 이 맛, 즉 그 속에서 느끼는 이 만족과 이 아픔을 안다.

모든 믿는 자들의 예언자(11 : 1－13)

예언자로서의 요한은 교회 안에서 특별한 그룹에 속해 있었다(서론에서 "그리스도교 예언자에 의해"를 보라). 그러나 요한은 예언적인 사역이 그와 같이 드라마틱한 계시를 받은 사람들에게만 제한되지 않는다는 사실을 이야기하는 데 관심이 있었다. 히브리 성경에 기록되었듯이, 이스라엘 공동체에서 성령은 종종 예언자들에게 영감을 주는 영으로 간주되었는데, 전체로서의 공동체에게가 아니라 오히려 그 안에 특별한 몇몇 사람들에게 주는 것으로 생각되었다. 그러나 구약은 예언의 은사가 민주적으로 주어지며, 하나님의 백성들이 예언의 은사를 그렇게 받을 수 있기를 희망했다고 표현한다(민 11 : 24－29 ; 욜 2 : 28－29). 초기교회 성도들은 그들이 성취의 시대에 살고 있다고 믿었다 : 그리스도 공동체의 모든 사람들이 그리스도의 몸에 참여하였고, 따라서 그리스도의 몸에 생명을 불어넣는 성령 안에서, 그들이 예언을 포함하여 성령의 은사를 받는다(고전 2 : 12－14 ; 12 : 4－13 ; 14 : 1－5 ; 참조. 롬 8 : 9－11 ; 12 : 6－8). 모든 그리스도인들은 세례 시 성령을 받고(행 2 : 38), 따라서 예언의 은사가 모든 믿는 공동체에 나누어질 것이라는 약속을 상속받는다(욜 2 : 28－29을 인용한 행 2 : 17－18). 예수의 승천 후에, 보혜사 성령이 그리스도의 이름으로 새로운 진리를 계속하여 말할 것이다(요 14－16장). 요한은 예언자에게 영감을 주시는 성령이 그와 같은 어떤 특별한 개인을 통해서가 아니라 모든 그리스도교 공동체에서 기능할 것이라는 것을 굳게 믿는다. 그래서 그는 그리스도인들에게 '종'이라는 예언적인 묘사를 쓸 수 있다(참조. 1 : 1a, 1 : 1b ; 2 : 20 ; 7 : 3 ; 10 : 7 ; 11 : 18 ; 19 : 5 ; 22 : 6). 11 : 1~3의 장면에서 요한은 모든 교회를 하나님의 종말론적 예언자적 백성으로 그린다. 즉, 그는 "모든 믿는 자의 예언자됨."을 확신한다.

이러한 환기시키는 그림이 상징하는 의미는 미묘하고 복잡함에도 불구하고 일반적인 그림은 꽤 명확하다 : 이교도가 1,260일 동안 거룩한 도성을 억압할 것이나, 성전과 그것을 예배하는 자들은 그것을 면하게 된다. 마지막 환난의 1,260일 동안 교회로 대표되는 두 증인들이 그들의 예언 사역을 한다. 그들은 사탄에 의해 죽임을 당했으나, 그러나 그들을 일으키시고, 하늘 성전의 법정에서 그들 불러내신 하나님에 의해 정당함을 입증받았다.

이러한 환상의 최초 단위는 앞선 예언자 전통의 한 조각일지 모른다. 많은 학자들은 66~70년 로마에 대항했던 전쟁의 마지막 날 동안 로마의 군대가 도시를 점령했으나, 예루살렘 성전의 안쪽 법정에 있던 열심당원들의 마지막 피난처까지는 들어오지 못하였다. 이런 끔찍한 날들에 대한 구체적인 묘사가 로마인들과 더불어 살았던 요세푸스에 의해 서술되었다. 그는 열심 있는 로마인들이 어떻게 하나님에 대한 열심당원들의 믿음을 시험했으며, 하늘의 군대가 마지막 때에 급습하여, 신실한 열심당원들을 데려가 그들의 종말론적 믿음의 군국주의적 해석을 증명할 것인지에 대해 자세히 이야기한다. 이와 같은 예언의 기초가 요한의 것이었다고는 생각되기는 어렵다. 왜냐하면 그가 이것을 썼을 때 이미 성전은 파괴되었으며, 그것은 그의 환상에 다소 어색하게 들어맞기 때문이다. 열심당 예언의 조각들의 통합적인 이론이 이런 어색함을 설명해 줄 것이다. 우리는 요한이 그 밖의 곳에서 반복적으로 성경으로부터 옛 예언자들을 택하여 그들을 변형시켜 그의 예언 안으로 그것들을 통합시킨다는 것을 보았다.

그것의 과거가 어떻든 성전을 측정하는 그림은 이제 11 : 1~13(이어서 나오는 42달/1,260일, 모두에 공통적으로)의 모든 환상적인 장면에서 빠뜨릴 수 없는 부분이다. 열심당 예언에서 추정된 것같이 요한에게 있어 성전은 문자적인 의미의 건물이 아니다. 즉, 그것은 하나님을 예배하는 그리스도인 공동체이다(참조. 3 : 12, 그리고 21－22장의 구속받은 공동체 안에 거하시기로 하신 하나님께서 계시는 성전이 없는 거룩한 도성에 대한 묘사). 물론 이 생각은 이미 요한과 그의 교회가 있던 팔레스타인 전통에 나타났다(고전 3 : 16 – 17에서 '너'〈you〉는 복수이다). 성전을 '측정하는 것'은 원래 열심당과 요한의 이해 모두에 있어, 보호를 위해 선을 그어 구획하는 것이다. 성전의 '표시'는 그래서 7 : 1~8에서 교회의 '봉인'을 위한 또 다른 이미지이다. 그러나 여기서 하나님의 보호를 위해 '봉인'되거나, '측정'되는 것은 그리스도인들이 고통과 죽음에서 보호된다는 것이 아니라 오히려 죽어야 한다는 것을 의미한다는 것을 지적할 필요가 있다. 7장에서 교회의 역할에 대한 유사한 환상 때문에, 따라서 요한은 즉각적으로 예언적 교회의 그림을 순교자의 교회로 묘사한다.

두 형상은 '예언을 하는'(11 : 3) 사역을 하는 '예언자들'(11 : 10)이었다. 물론 이것은 그들이 3년 반을 예언을 하면서 지냈다는 것은 아니다. 즉, '예언'이란 '하나님을 위한 말과 행동'을 의미한다. 하나님의 권위 안에서 행하는 예언자들은 또한 즉각적으로(11 : 3) 순교자(martures)로 묘사되었고(순교자/증인, martyria〈증언〉은 같은 단어이다〈11 : 7〉), 그들의 사역은 증언으로 요약되었다. 예언자들처럼, 그들의 사역은 순교이다. 요한의 상황에서 순교는 예언자에게 더해지는 그 무엇이 아니다. 즉, 그것은 그 자체로 예언자 고유의 역할이다. 구약에 보면 어떤 예언자들은 그들의 예언자적 소명의 필수적인 부분으로 고통스러워했으나 — 에스겔이나 예레미야가 바로 떠오른다. — 고통은 그런 예언 사역에 있어 독자적인 것은 아니다. 반대로 어떤 면에서 예언자들은 하나님으로부터 주어진 기적 같은 힘으로 그들의 적을 크게 황폐하게 함으로, 평범한 인간들의 고통의 영역 너머에 있는 것으로 생각되어졌다. 이것은 히브리 성경에 나타난 모세와 엘리야 둘 모두의 모습이다(출 3 – 34장 ; 왕상 17장 – 왕하 1장). 그러나 처음부터 바벨론의 손에서 고통과 약점을 가진 예레미야의 실제적인 경험처럼, 진정한 예언자는 그 진정성에 대한 상징으로 반드시 고통을 받는다는 견고한 생각이 후대 유대인 전통 속에서 발전되었다. 예를 들어 구약의 이야기 속에서 다소 영광스럽게 활보하는 이사야는 1세기의 문학에서는 고통받는 순교자로 그려졌다(Mart. Isa. 5 : 1). 마태복음 23 : 29~35, 사도행전 7 : 2, 그리고 히브리서 11 : 32~38 또한 이러한 발전을 반영한다. 요한의 전통에서 '진정한 예언자'를 말하는 것은 이미 '그의 소명의 검증서로써 고통받는 자'를 말하는 것이다. '예언자'와 '순교자'는 두 개가 아닌 하나의 단어인 것이다.

요한계시록을 해석할 때 그들의 성경적 의미에서 이러한 단어를 이해하는 것은 중요하다. 우리 시대의 '순교자'(희생자)는 정치적인 이유로 광신적인 자폭을 하는 국제 테러의 용어로, 그리고 자해를 상상하고 시도하는 자존감이 낮은 사람들의 심리학 용어로 인기리에 사용된다. '증인'과 '간증'은 개인의 종교적 경험과 관련되어 주님이 나에게 행하신 일을 말하는 것과 같은, 경건한 그리스도인들의 특수용어가 되었다. 요한계시록의 의미는 꽤 다르다. 요한은 순교자/증인이라는 단어의 그룹을 폭넓게 만들었는데, 그것은 법정용어에서 파생시킨 말인 것이다.

'증인', '순교자', 그리고 '증언'은 그들의 법률이 요구하는 의미를 보존하고, 이미 "이방의 법정 앞에서 그리스도교적 확신에 매달림."이라는 함축적 의미를 가지고 있다. 심지어 죽음의 자리에서조차도 그것들에 의해서 그리스도교적 메시지의 진실성에 대한 증거로 주어지게 된다. 단지 비교적 강하고 우리보다 더 낫고 세계 과정 속에 한 부분이며, 자기 스스로 지배받는 하나의 신은 전적인 헌신을 요구할 수 없으며, 또한 우리에게 전적인 신뢰를 줄 수 없다. 이러한 이해 안에서 예수께서는 가장 본래적인 순교자의 예시가 된다(1 : 5 ; 3 : 14 ; 22 : 20). 2 : 17 ‖ 19 : 12, 그리고 3 : 12 ; 2 : 26~28 ; 3 : 21 ; 12 : 13 ‖ 12 : 17에서 예수에 대한 (그리고 예수의 순교에 대한) 언어는 그리스도인들과 그들의 순교에 대한 언어들과 상호교환적으로 사용된다.

전능자이신 하나님에 대한 이론(신론)은 역시 요한계시록이 순교에 대해 요한의 신학이 지니고 있는 안에서 함축적인 의미를 통해 확인된다(1 : 8 ; 4 : 8 ; 11 : 17 ; 15 : 3 ; 16 : 7, 14 ; 19 : 6, 15 ; 21 : 22). 단지 비교적 강하고 우리보다 더 낫고, 세계 과정 속에 한 부분이며, 자기 스스로 지배받는 하나의 신은 전적인 헌신을 요구할 수 없으며, 또한 우리에게 전적인 신뢰를 줄 수 없다. 기꺼이 죽을 수 있을 만큼 절대적인 충성심을 주는 것에 대한, 심지어 오직 관계있는 그것의 형상을 만들게 하는 것이더라도 이 형상을 우리는 '하나님'이라고 한다. 하나님의 전능성은 요한에게 있어서 원리의 하나의 아이템이 아니었다. 그것은 희생된 삶 자체를 의미하는 헌신을 위한 기초였다.

따라서 11 : 1~13의 두 순교자의 예언들은 요한의 비유적 표현 안에서 종말론적인 시대의 전체적 교회를 나타내는 것이다. 그들의 사역은 교회의 시대 동안에 존재한다. 즉, 종말 이전에 마지막 3년 반의 시간 동안이다. 그들의 사역의 위치는 '거룩한 성'(11 : 2), 즉 예루살렘에 위치한다. 그들은 주로 21 : 1~22 : 5의 극적인 마지막 환상들에 포함된 하나님의 백성들로 표현되곤 했다. 교회를 지시하는 신학적인 상징은 요한에 의해 선택되었다. '두 감람나무'와 '두 촛대'는 스가랴 4장에 나오는 제사장 여호수아와 왕 스룹바벨을 반영한다. 요한의 비유적 표현을 위한 주된 자료는 이 환상 안에 있다. 그것들은 하나님의 힘이 효과적이게 하는 것을 통한 채널들로 표현된다. 따라서 그것들은 교회를 위한 적절한 상징들이다. 교회가 제사장과 왕들의 공동체라는 것은 이스라엘의 제사장적-왕적인 역할을 나타내는 하나의 주제이다(1 : 6 ; 5 : 10 ; 참고. 20 : 6). 증인들은 '촛대'(11 : 4)라고 불린다. 그리고 1 : 20에서 '교회'로 설명된다. 제2이사야(42 : 6 ; 49 : 6 ; 51 : 4)로부터 예수의 가르침(마 5 : 14)과 바울(살전 5 : 5 ; 빌 2 : 15)을 통해서 하나님의 백성은 열방을 향해 하나님의 빛을 품는 자들이라고 묘사된다. 그들이 죽임을 당할 때 모든 도시의 백성들은 그 증인들의 시체들을 응시한다(11 : 9). — 이것은 황제에 의해 흩어진 교회의 그림이다.

두 증인들은 교회를 나타낸다. 그러나 어떤 특정한 면에서 그들이 증인이라고 부르는 것으로 종말론적인 박해의 시간을 나타낸다 : 그들은 마치 종말론적인 예언자인 모세와 엘리야처럼 그려진다. 유대 전승의 몇몇 지류들은 두 구약의 예언자들 중에 한 명이나 둘은 죽지 않고 산 채로 천국에 올라가 반드시 돌아와 종말에 나타나게 될 메시아가 오시기 전에 그 길을 예비하는 자로 보았다(말 4 : 5-6 ; 제2에스드라 6 : 28). 게다가 모세의 죽음은 신명기 34 : 5에서 보도된다. 그 지시는 다음 절에서 "하나님께서 그를 비밀스럽게 장사지내셨다."라는 것은 1세기에 모세가 죽었던 것이 아니라 단지 엘리야처럼 직접적으로 하늘로 데려감을 당했었던 것이라는 일반적인 전승의 근원이 되었다. 초기 그리스도교 공동체는 유대적인 관점 — 즉, 종말의 시대가 모세나 엘리야 또는 모세와 엘리야가 그렇게 많은 방법들로 다시 돌아온 후에야 시작될 수 있다는 — 조건들에 도달해야 했다(막 9 : 2-13 ; 눅 1 : 15-17 ; 4 : 25-26 ; 7 : 11-17).

요한은 엘리야와 모세의 역할 안에 신실한 교회를 선택함으로써 그 조건을 만족시켰다. 모세(유대적 전통에서)와 엘리야(왕하 2 : 11)와 마찬가지로 그들은 하늘로 들려 올려짐으로써 하나님에 의해 입증될 것이다. 모세처럼 (1세기 유대주의에 의해 뛰어남을 능가하는 예언자로 고려되던〈참고. 신 18 : 15-18 ; 34 : 10-11 ; 호 12 : 13〉), 두 순교자, 즉 예언자들은 물을 피로 변하게 하였고, 모든 재앙으로 땅을 친다(11 : 6 ; 참고. 출 7 : 17-19). 여기 다시 한 번 마지막 시대의 박해와 고난들이 완고한 '애굽인'(참고. 8절 ; 그리스도인들의 박해가 '애굽'의 자리를 대신한다.)들에 대한 하나님의 종말 때의 '재앙들'로써 해석된다. 엘리야처럼 그들은 하늘을 닫아 비가 오지 않게 할 힘을 가진다(왕상 17 : 1 ; 참고. 약 5 : 17). 그리고 엘리야는 그들의 적을 무너뜨리기 위해 '불'을 앞으로 보낸다(왕하 1 : 10-12). 예수의 제자들은 한 번 실수로 그들을 대적하는 사마리아 사람들이 행하는 것과 같이 하고 싶어했다(눅 9 : 51-56). 그러나 그들은 사마리아 사람들의 거부를 단순히 수용하려고 하고 받아들이신 예수께 질책을 받았다. 요한계시록에서도 마찬가지로 짐승들을 찬양하는 사람들 속에 있는 '거짓된 예언자들'이 있으며, 이것은 엘리야를 하늘로부터 불을 내려 보내게 함으로써 모방한 것이다. 대조적으로 11 : 1~13에서 두 순교자, 즉 예언자들은, 그들이 엘리야의 역할을 맡는 동안 엘리야처럼 불을 하늘로부터 내려오게 하는 것이 아니라 하나님의 예언적 능력으로 일한다. 불은 그들의 입으로부터 나온다. 그것은 예레미야에게 언약의 성취인 그들의 능력 있는 증언이다. "볼지어다 내가 네 입에 있는 나의 말을 불이 되게 하고 이 백성을 나무가 되게 하여 불사르리라"(렘 5 : 14, 이 전승은 이미 엘리야에게 수용되었다. 벤 시락의 집회서 28 : 1). 그들의 주님처럼 정의로운 굉장히 '날선 검'이 그의 입으로부터 그들의 심판과 정결케 하는 말씀(1 : 16 ; 2 : 12 ; 19 : 15)이 되어 나올 것이다. 그래서 '불'은 그의 종들과 함께 그들의 참을 수 없는 말씀을 욕하는 자들을 '고문'(11 : 10)한다. 우리의 사회는 때때로 말씀의 능력을 신뢰하지 못하는 경향이 있다. 그러나 우리는 더 좋은 순간에 말씀이 상처를 입히고 죽일 수 있다는 것과 말씀이 상처를 묶을 수 있고, 삶을 회복할 수 있다는 사실을 안다.

압제받는 그리스도교 공동체의 고난은 여기서 그저 수동적인 행위이거나 고난만을 당하면서 기도만 하고 아무것도 하지 않는 것이 아니다(5 : 8 ; 8 : 3-4 ; 참고. 6 : 9-11, 여기서 기도는 종말과 하나님의 최후 승리에 대해 가지고 오는 활동적인 매개체로 해석된다). 따라서 이러한 예언자적인 증인들은 능력이 있다. 그들은 하나님의 능력 — 이름하여, 그들의 증언, 그들의 삶에 기꺼이 가져다주는 하나님의 능력 — 으로 일하고 있다. 이런 두 가지 것들은 능력에 대한 요한의 그리스도론적인 재정의를 나타낸다. 그것은 그의 사자 메시아가 나사렛의 십자가에 못 박힌 예언자인 양으로의 나타난 것에 대응하는 것이다. 따라서 그들의 적들을 지배하는 '능력'은 거만하거나 복수심에 의한 것이 아니다. 그들의 사역은 '굵은 베옷'(11 : 3)을 입고 수행된다. 교회에 의해 선포된 회개는 다른 사람들만을 위한 것이 아니다. 이러한 순교에 대한 방향에 독선적인 것은 없다.

요한이 서술해 왔던 것은 믿음의 눈에 의해서만 감지될 수 있다. 모든 일상적인 감시에 대해, 증인들은 전혀 힘을 가지고 있지 않다. 11 : 7에서 '짐승'은 그들을 대적한다. 그들을 점령하고, 그들을 죽인다(요한계시록에서 처음 언급된 '짐승'은 12-13장에서 완전하게 다루어질 것으로 생각한다). 신실한 그리스도교 순교자/증인들은 이방의 법정에 의해 쉽고 빠르게 처리된다. 그들은 그들의 증언을 완성하지 못한 채로 죽을 수 없다. 그들의 죽음은 의미 없는 비극이 아니다(참고. 12 : 11). 요한은 로마의 압제에 대해서 어떻게 반응해야 하는지를 결정해야 하는 교회들 앞에 아주 사실적인 그림을 보여 준다. 하나님은 그들을 구원하기 위해서 개입하시지 않을 것이다.

신실함은 죽음으로부터 그들을 구원하지 않지만, 죽음의 원인이 된다. 짐승과 모든 무관심한 관찰자들은 로마가 권세를 가졌고 승리를 가질 것이라는 것에 대한 적당한 증거로써 증인들의 죽음을 생각할 것이다. 여기서 '정복자'는 짐승, 즉 양의 능력을 단지 빈약한 모방일 수밖에 없는 '정복'을 가지는 짐승의 모방적인 용어로써 사용된다.

짐승은 마지막 말을 가지고 있지 않다. 삼 일(days) 반에 일어난다. (삼 일 반은 이미 전통적인 묵시문학적 숫자가 되어 왔었다. 참고로 눅 4 : 25과 약 5 : 17은 왕상 17 : 1-18 : 1의 삼 년이 못된 것에서 계 11 : 9, 11의 전승에 상응하는 삼 일 반이 되었다). 매우 짧은 기간의 종말에 에스겔 37장에서 나타나는 것과 같은 하나님께서 승리한 백성들을 회복시키시고, '마른 뼈들을 일으키시는 골짜기' 사건이 일어난다(요한은 에스겔을 다시 한 번 이용한다!) : "하나님께로부터 생기가 그들 속에 들어가매 그들이 발로 일어서니"(11 : 11 ; 참고. 겔 37 : 5, 10). 그들은 요한이 4 : 1에서 강조한 것과 같은 말씀을 정확하게 듣는다. "이리로 올라오라." 그리고 그들의 모든 적들이 보는 가운데 하늘을 향해 올라간다. 교회를 위해서, 하나님께서 하늘의 세계로 부르시는 경험은 현실도피적인 '납치'(또는 환희)의 경험이 아니다. 요한계시록에서 그리스도인들은 고난과 순교를 통해 그것을 대신하지 않고, 하나님의 임재로 나아간다. 현재에 하나님의 왕국은 감추어져 있고, 모호하지만 종말의 날이 다가오면 그때에는 공공연하게 되며 분명해질 것이다. 다시 한 번 요한은 역사의 마지막 장면을 묘사하기 위해 준비한다. 이미 요한은 마지막 나팔과 왕국의 오심이 나타나는 다음 장면을 만들어 가고 있다. 요한은 이미 순교까지 다가갔다. 그리고 요한이 하나님을 증언하는 것을 통해서 신의 현현과 심판(11 : 3)을 전한 것이다.

일곱 번째 나팔 : 그 나라가 구원과 저주로 임하신다(11 : 14 – 19)

마지막 나팔이 울린다. 그리고 즐거운 선언이 하늘에서 선포된다. 우주에 대한 공의로우신 통치자이시며, 합법적인 왕이신 하나님께서 사실상 지금 왕이 되어 오셨다. 하나님께서 그의 능력으로 통치하셨다. 이 선취적인 환상에서, 하나님은 '현재도 한 분'이시고 '과거에도 한 분'으로 찬양받으신다. 그러나 관용어법의 관례적인 세 번째 '미래의 한 분'(1 : 4, 8 ; 4 : 8)은 빠져 있다. 왜냐하면 그는 환상 속에서 '지금' 오시기 때문이다. '나라'로 번역된 단어는 행동을 묘사함으로써 영토나 대상으로서가 아닌 능동적인 명사로 이해되며, '왕 되심', '왕과 같이 행하심', '통치하심', 그리고 '주권'을 나타낸다. "당신의 나라가 임하소서."라는 기도는 그의 능력을 발동하셔서 반항적인 요구자들을 세계를 통치하시는 주권 아래 복종시키시고, 그의 뜻에 반대하는 모든 것들을 정복하시는, 그리고 그의 모든 피조물에게 은혜로운 정의의 통치를 세우시는 우주적인 통치자이신 하나님을 위한 기도이다. 그것은 장엄한 장면이다. 그리고 요한은 담대하게 실제로 그것이 성취될 것이라고 선포한다. 요한의 미래에 대한 환상에서, 그의 교회들은 감사와 이미 천상의 세계를 통해 울려 퍼진 찬양들을 듣도록 허락받는다. 그리고 그들의 예배에서 "당신의 나라가 임하옵시며"라는 기도를 계속하면서 그들 스스로가 이미 그 축제 안에 참여하고 있다.

선포 안에도 역시 어두운 부분이 있다. 마지막 나라가 임하는 것은 역시 마지막 재앙이 오는 것과 같다(참고. 8 : 13 ; 9 : 12 ; 11 : 14). 사실상, 마지막 '재앙'에는 어떤 논점이 정의되어 있지 않다. 심판이 종말에 대해 요한이 그려 주는 심판과 분리할 수 없다. 더구나 그는 하나님의 징계와 정의는 그의 은혜와 자비와 영원히 함께하는 것이라는 관점을 가지고 있기에 이원론적으로 보지 않았다("숙고 : 우주적 구원과 역설적인 언어"를 보라). 그럼에도 불구하고, 이 시리즈의 마지막 그림은 하나님 나라의 도래에 대한 복음을 묘사할 뿐만 아니라 또한 진노와 열방의 격분, 그리고 땅을 망하게 하는 자들(11 : 8)의 멸망을 선포한다.

일곱의 첫 번째 시리즈의 마지막에서, 마지막 봉인은 전혀 내용을 가지고 있지 않다. 단지 침묵이다(8 : 1). 마지막 나팔 환상과 함께 요한은 종말에 대해서 묘사하는 것을 거의 주저하지 않는다. 그러나 그의 그림은 상당히 막연하게 남아 있다. 그는 아직까지 마지막 장면에 대한 완벽한 세부사항들 19 : 1~22 : 5(이것의 상세한 환상들에 대해 그는 보류하고 있는 세부사항들-역자주)을 주는 것에 준비되어 있지 않다. 단지 하나의 애타게 하는 섬광(상상력을 일으키는 세부사항)만이 그의 환상에서 초점을 맞춘다. 하늘의 성전에서 요한은 언약궤에 대한 형상들을 이해한다! 이것은 바벨론에 의해 파괴된 첫 번째 성전 시대에 사라졌던 것이다. 두 번째 성전은 요한 시대가 아닌, 예수 시대에 세워진 것이다. 그것은 마지막 시대인 '바벨론'에 의해서 무너진 것이다. 그 성전은 언약궤를 위해 고안된 장소로써 지성소를 포함하고 있었다. 그러나 그것은 비어 있었다. 다양한 전설들이 성전의 종말론적인 회상 안에 드러날 것이라고 생각되었지만 본래의 언약궤의 운명을 발전시켜 주었다. 요한이 하나님 나라의 마지막 도래의 장면에서 천상의 성전 안에서 언약궤를 볼 때, 그것은 "당신의 나라가 임하시오며"라는 기도가 최종적으로 응답받되 궁극적인 표시일 뿐만 아니라 모든 시대에 걸친 모든 통곡의 벽에서의 기도가 마지막으로 성취되는 것으로 보았다.

요한계시록 12 : 1~14 : 20

악한 권세들의 폭로

초현실적인 드라마의 영향은 12~14장을 분석함으로써가 아니라 상상력과 통찰력을 가지고 그것을 읽고 듣는 것을 통해서 전달된다. 이것은 문학적인 상황과 구조를 한 단위의 특별한 것으로 이해함으로써 신화적인 그림의 문학적인 배경을 그 안에 함유하고 드라마의 배역들과 행위에 대한 논의에 의해서 이해된 것을 통해 대체되는 것이 아니라 촉진될 수 있다.

드라마의 배후 장면(12 : 1 - 13 : 18)

문학적 틀과 구조

11 : 15~19에 나오는 일곱 번째 나팔 소리로 인하여 우리는 (또 다시!)

종말 사상에 인도된다. 하나님께서 이루실 종말론적 승리에서 나타날 일들은 그 나라가 임하며, 하나님께서 직접 나타나시며, 죽은 자들이 부활하며, 최후의 심판이 일어나며, 선을 행한 자들이 보상을 받으며, 땅을 망하게 하는 자들이 멸망당하는 일 등이 일어날 것이다. 이것은 회복과 성취를 의미한다. 연대기적으로 모든 일들이 더 이상 진행되지 않는다. 곧 마지막 재앙을 (두 차례나!) 지나야 하고, 그러면 종말에 이르는 것이다. 여기서 첫 청·독자들은 요한계시록이 끝나는 것 같은 느낌에 사로잡히게 된다. 그러나 아직은 아니다…….

이제 우리는 앞선 환상이 연대기적으로 계속되는 것도 아니고, 그렇다고 아직 그 결론에 도달하지도 않은 또 하나의 연장된 단원으로 진입하게 된다. 그렇다고 이 단원은 '막간'도 아니다. 단지 이 단원은 요한이 여섯 번째와 일곱 번째 사이에 삽입하는 부분이다. 12 : 1~14 : 20에 나타나 있는 환상들은 요한계시록에서 중심축을 이루면서 논쟁적 장면의 핵심으로 부각되고 있다. 여기서 우리는 초현실적인 회상을 경험하게 되는데, 일곱 봉인과 일곱 나팔의 환상에 나타나 있는 사건들을 회상하면서 예수 시대로 돌아가기도 하고, 태고 시대를 넘어서기도 하며, 하나님의 영원하신 창조의 세계를 넘나들기도 한다(13 : 8). 그리고 나서 시스티나 채플(바티칸 궁에 있는 채플로 교황 식스투스 4세가 15세기에 세웠다. 르네상스 양식의 프레스코화로 유명하며 추기경 회의가 열리는 장소이다. - 역자주)에 그려진 파노라마(문자적으로 '모든 것에 관한 환상')와 같은 환상적인 일들이 종말의 때를 다시 알려 준다. 요한의 환상에서 소아시아의 그리스도인들은 자신들이 내린 결정을 지켜야 할 의무를 지게 되며, 요한은 바로 그러한 일을 보여 준다. 청·독자들이 영생을 누리기 위한 싸움에서 심적으로 승리를 할 것을 요구한 후에, 요한은 다시금 종말이 임하기 전에 닥치게 될 일곱 재앙을 소개한다(15 : 1-16 : 21). 바로 이때가 '종말'의 때를 의미한다.

12~14장은 등장인물과 그 행동이 과장되는 일종의 우주적인 광대한 드라마를 구성하는 이른바 생명체에 임한 재난을 소개하고 있다. 12~13장에서 초월적인 세계가 일상적인 시각에 가려지고, 그 배후에서 악의 세력이

활개를 치는 장면이 소개되지만, 반면에 14장에서 구원과 심판을 이루시는 하나님의 승리가 드라마의 배후에 소개되고 있다.

신화론적 환상들의 문화적 상황

요한이 갇힌 감옥에서 멀지 않는 곳에 델로스 섬이 있다. 그 섬은 그리스 사람들에게 성스러운 섬인데, 거기서 아폴로가 태어났다는 이야기를 요한의 청·독자들도 어린 시절부터 알고 있었다. 아폴로의 어머니 레토는 제우스의 신생아를 먹기 원하였던 피톤이라는 용을 피해서 도망을 쳤던 섬이다. 죽임을 당하지 않은 아폴로는 델피로 돌아가서 그 용을 죽였다. 이러한 이야기의 가장 기본적인 내용은 많은 사람들이 신화적 민담으로 알고 있는 것이다. 이러한 이야기는 어떻게 어둠의 세력, 무질서, 신성한 빛의 왕을 대항하여 범죄를 일삼았던 죽음의 세력, 질서, 새 왕의 탄생, 어둠의 통치자를 결박함 등에 관한 다양한 이야기로 발전해 나갔다. 모든 신화와 마찬가지로 이러한 이야기는 선과 악의 우주적 갈등의 일부분으로써 인간의 역사에서 일어나는 이야기를 표현하고 해석하는 것이며, 항상 밤의 어두움 이후에 밝은 날이 찾아온다고 하는 인간의 공통적인 경험을 표현하는 것이다. 곧 어둠의 용이 태양신을 멸망시키려 하지만, 새날이 밝아 오자 도리어 죽임을 당한다는 것이다.

로마의 황제들은 신화에서 정치적으로 유용한 이야기를 발견하였다. 아폴로는 평화와 번영을 이루어 낸 '황금시대'를 통치하였던 태고의 왕으로서 이해되었다. 초대 황제 아우구스투스는 이러한 전승에서 자신의 통치를 해석해 냄으로써 자신의 통치 시기가 황금시대이며 자신이야말로 새로운 아폴로와 같은 역할을 한 황제라고 생각하였다. 네로는 자신을 아폴로 신으로 숭배하도록 신상을 세웠다. 황제의 머리 위에 빛나는 태양을 새긴 동전이 이 같은 사실을 말해 준다. 로마 시대에 영광스러운 시민은 누구나 쉽게 그 자신이 경험하는 이런 이야기들을 통해서 다음의 인물들로 간주하였다. 곧 로마 시대의 여인들은 여신이자 하늘의 여왕인 로마로, 로마 시대의 아들은 용을 죽이고 새로운 황금시대를 연 황제로, 용은 어둠의 세력인

'우리의 사악한 옛 모습'을 표현하는 것으로 말이다(Vergil, *Eclogue* Ⅳ. 15).

드라마의 등장인물들

요한은 이런 이야기를 취하여 등장인물들에게 새로운 정체성을 부여하면서 문자적으로 잘 활용하였다. 요한은 좀 더 분명하게 우주적 신화의 옷을 입고 있는 이야기를 가지고 실제 역사적 상황과 단계에 맞추어서 등장인물들을 동일시하는 작업을 수행하였다. 요한의 청·독자들은 당대의 통치자들이 누구였는지 조금도 망설임 없이 동일시할 수 있었다. 즉, 요한은 그들이 무엇을 닮았는지에 관해서 초월적인 악의 세력이 구체화된 인물들을 쉽게 보여 주었다. 여기서 두 세계가 함께 어우러지면서 이미지를 만들어 내었다. 곧 사고파는 이미지, 박해, 노동의 수고와 탄생 등이 하늘로부터 떨어진 용의 이미지, 물이 많은 음부로부터 승천한 짐승의 이미지, 그리고 우주적 갈등 속에 있던 땅이 선택되는 이야기와 결합하였다. 예언자적 관점에서 요한은 '두 세계가 하나로 합쳐지는 것'을 알고 있었다. 우리는 요한과 그의 공동체가 씨름하였던 시공간이 희미해진 다른 세계의 사건들에 대한 신화적 이야기도 가지고 있지 않고, 알레고리라는 코드 언어를 사용한 요한은 처한 당대의 이미지와도 상응하지 않는 시대를 살아가고 있다. 옛 신화적 이야기는 요한 자신이 희미한 역사를 재발견하고, 그 사건을 재조명하는 식으로 말해지고 있다. 신화적 이야기는 초월적 상황과 싸우는 요한의 청·독자들이 경험하는 사건과 이미지를 반영해 주고 있다.

등장인물들이 중간 단계가 아니라 두 개의 절대적인 양극단적인 그룹으로 나누어지는 것은 전혀 놀라운 일이 아니다. 오직 한쪽만이 선을 갈망한다.

여인. 복음서에 친숙하지 않은 어떤 그리스도인도 하나님의 간섭하심으로 성자를 사악한 헤롯으로부터 구한 메시아의 어머니인 성모 마리아(마 2 : 1-15)를 생각하지 않고도 요한계시록에서 여인의 이야기를 읽을 수 있다. 이러한 제한된 방식으로 상징적인 언어를 도출해 내는 요한은 속기사가 추구하는 상징 코드로 그것을 그려 내고 있다. 예술가처럼 요한은 좀 더 창의적인 언어를 구사한다. 여인은 마리아도 아니고, 이스라엘도 아니고, 교회도 아니지만, 이 모든 것들과 아주 유사하다. 요한이 그려 주는 이미지는 다양한 요소들을 간직하고 있다. 다시 말해서 이방 신화로부터 하늘의 여왕을, 창세기의 이야기로부터 모든 산 자의 어머니이며 그의 후손이 뱀의 머리를 밟게 될(창 3 : 1-16) 하와를, 용 곧 바로에게서 독수리의 날개를 타고 광야로 탈출한 이스라엘(출 19 : 4 ; 참고. 시 74 : 12-15)을, 시온으로부터 메시아를 탄생시킨 하나님의 백성의 어머니(사 66 : 7-9 ; 제2에스드라 13 : 32-38) 등 다양한 요소를 간직하고 있다. 이렇게 여인은 하나님의 백성들이 모든 시대와 이스라엘, 그리고 교회를 넘어서 역사적으로 경험하고 있는 실체를 반영하고 있다. 그럼에도 불구하고 그 여인은 태양으로 옷을 입고, 그의 발 아래 달을 두고, 열두 별로 왕관을 삼고, 메시아를 잉태한 우주적 여인이다. 사해문서에 나오는 구절(1QH 3 : 4)은 또한 그 여인이 이스라엘의 메시아를 잉태한 것으로 소개되고 있다. 뒤러는 이러한 지상의 어머니와 초월적인 하늘의 여왕을 결합하는 날카로운 관찰을 보여 준다.

메시아. 여인의 아이는 시편 2편이 동일시하고 있는 바와 같이 요한 시대에 이미 유대교와 그리스도교의 모든 메시아를 가리키는 것으로 이해되고 있다. 시편 2 : 7~9는 (새로운 이스라엘의 왕을 언급하면서) "……너는 내 아들이라…… 내가 이방 나라를 네 유업으로 주리니…… 네가 철장으로 그들을 깨뜨림이여……"라고 말씀하시는 하나님을 묘사하고 있다(70인역과 마찬가지로). 요한은 구약의 '깨뜨린다'는 단어를 '다스린다'는 단어로 바꾸고 있다. 이렇게 변형을 시킴으로써 메시아가 통치하신다는 그림을 '사자가 어린 양'으로 바꾸어 줌으로써 그리스도론적 용어로 자리를 잡게 한다(참고. 5 : 1-14의 주석을 보라). "목자가 열방을 철장으로 다스린다."라는 구절은 잔인한 권세를 보여 주는 것이 아니라 미래의 절대적인 우주적 메시아의 통치를 묘사하는 것이다. 이와 같이 요한계시록은 십자가를 통해서 계시된 사랑과 고난의 능력 속에서 임하는 하나님의 나라를 소개하고 있다.

그리스도인들. 드라마에 나타나는 다른 등장인물들은 12 : 10에 언급되고 있는 '형제들'이다. 그들은 여인의 후손이며(창 3 : 15의 또 다른 반향) 단지

한 개인이 아니라 그리스도의 후손이라는 공동체 개념으로 사용되고 있다. 이로써 그들은 그리스도와 마찬가지로 '하나님의 아들들'(2 : 18 ; 21 : 7)이기에, 로마 제국에 의해 박해를 당하고, 용으로부터 승리하게 될 것이며(12 : 11), 마침내 하늘에까지 들려 올리게 될 것이다. 이러한 이미지를 통해서 그리스도는 주님의 교회뿐만 아니라 그리스도인을 위하여 죽으셨다가 다시 살아나셔서 영광의 자리에 오르신 분의 이미지까지 띠게 된다. 그리스도인들은 인내(헬라어로 hypomone)를 가진 사람들로 그 특징이 나타난다(13 : 10). 하나님의 주권 속에서 믿음은 전체 드라마에서 숨어 있는 배우이다(아래를 보라).

"땅." 땅은 단순히 인간과 천사의 역할에서 중성적인 무대가 아니라 드라마에서 배우 그 자체이다(12 : 16).

미가엘과 천사. 하늘에서 배역을 감당하는 천사들의 모습은 12~14장에서 무려 일곱 번에 걸쳐서 그 장면이 나타날 정도로 요한계시록에서 아주 중요한 위치를 점하고 있다(12 : 7 ; 14 : 6, 8, 9, 15, 17, 18). 천사들의 행동이 아주 우세하게 나타나는 것은 하나님께서 이 땅을 직접 다스리는 것이 아니라 천사들에게 그 대표성을 주어서 일하신다는 묵시문학의 다양한 모습을 반영하고 있는 것이다. 곧 각각의 천사는 특정 나라를 책임지고 일하게 된다는 사고이다. 때때로 하나님께서는 자신의 특수한 권세를 가지고 이스라엘을 위해 일하시고(신 32 : 8-9), 천사장인 미가엘은 이스라엘을 위해 주로 일하는 모습이 그려진다. 그런데 미가엘은 다니엘 10 : 21과 12 : 1이 언급하는 바와 같이 하나님의 백성을 위해 하늘의 보호자로 일하며, 요한계시록에만 유일하게 그 이름이 나오는 천사이다.

숨은 배역이신 하나님. 우주적 드라마에서 하나님을 직접 거론하지 않지만, 여러 장에 걸쳐서(참고. 12 : 5-6) 간접적으로 언급하고 있다. 그러나 요한의 환상에서 그 장면들을 묘사하는 드라마는 비록 직접적으로 묘사되지는 않을지라도 배후의 장면에 묘사되고 있다. 모든 것에 숨어 있는 배역은 모든 것을 통치하시는 능력의 주 하나님이시다(19 : 6). 요한은 이것을 다양한 언어의 방식으로 묘사하는데, 곧 유대교의 전통을 따라서 하나님의 이름을 사용하거나 표시하는 대신에 신적인 수동태를 사용하거나(12 : 5), 복수 3인칭 대명사와 같이 '그들'이란 단어를 사용한다(12 : 6). 특히 놀라운 것은 요한이 짐승에 대해 언급하면서 반복적으로 '받고'라는 단어를 사용하여(13 : 5, 7, 14, 15) 오직 하나님만 주권을 가지고 계시다는 사실을 강조하고 있다. 그러한 언어를 사용하는 것은 하나님께서 악한 일에 그 책임을 직접적으로 지신다는 것이 아니라 사탄이 이 땅을 다스릴 능력이 애당초 없으므로 오직 유일한 주님으로부터 재가를 '받아' 그 권세를 누리는 것뿐이라는 요한의 표현방식을 보여 주는 것이다.

이러한 관점에서 13 : 9~10은 '섭리'를 가리키는 본문으로 읽을 수 있다. 이 구절은 예레미야 15 : 2와 43 : 11에서 온 것인데, 운명론을 말하고자 하는 것이 아니라 창조주 하나님의 주권을 확증하는 고백적인 언어 표현이다. 곧 하나님께서는 피조 세계에 현존하시는 분이며, 소아시아의 박해 상황도 잘 알고 계시다는 사실을 일깨워 주고 있다.

이상과 같이 우주적 드라마에서 선한 권세를 가진 배역들에 반대되는 악한 배역들이 다음과 같이 나타난다.

"세 개의 더러운 영." 결코 요한은 삼위일체 교리를 발전시키는 것이 아니지만, 후에 그러한 교리로 발전될 수 있는 신적인 행동에 대해서 여러 요소들을 개념적으로 보여 주고 있다. 곧 유일한 창조주 하나님은 어린 양이신 그리스도를 통하여 이 땅에 그 자신을 나타내시고, 그의 말씀과 능력은 예언자 요한이 성령의 감동을 받아서 성령께서 주시는 말씀을 통하여 교회에 나타난다. 신적인 실체와 관련하여 요한은 '세 영'이란 표현을 사용하는데, 곧 용과, 짐승과 거짓 예언자(아래에 언급된 16 : 13에 대한 주석은 요한이 이들 세 영을 통하여 말하고자 하는 내용을 잘 나타내고 있다.)이다.

용. 바울 전승에서 더러운 영이 가지고 있는 초월적인 능력이 다음의 구절에 잘 나타나 있다. "우리의 씨름은 혈과 육을 상대하는 것이 아니요 통치자들과 권세들과 이 어둠의 세상 주관자들과 하늘에 있는 악한 영들을 상대함이라"(엡 6 : 12). 요한은 이러한 전승에 서 있으며, 아주 극적인 효과를 창출해 내고 있다.

용은 창조주 하나님을 모방한다, 4 : 1~11에 대한 대응. 창조주 하나님처럼, 그의 처소는 하늘에 있었고(12 : 7 ; 참고. 엡 6 : 12 '하늘의 장소들', 그리고 2 : 2 '공중의 권세 잡은 자'), 다른 자들에게 양도할 수 있는 '보좌'를 가지고 있다(13 : 2). 창조 때에 패배하고 궁지에 몰렸던(Leviathan, Lotan, Tiamat) 고대 동양 신화의 혼돈 괴물(chaos monster)과 같이, 그는 아브라함의 신경 17 : 14에 나오는 죽음의 괴물이 그러하였던 것처럼, 일곱 개의 머리를 가졌다. 요한은 이미 용을 그리스 신화의 제우스와 아폴로 신에 대적했던 악령(Python)과 관련지어 생각해 왔다. 그는 또한 구약성서 전통(예를 들면, 예레미야 51 : 34와 에스겔 29 : 3 – 5 ; 32 : 2 – 8 ; 다니엘 7 : 7〈열 뿔의 근원지〉)을 따르는데, 여기에는 이전 예언자들이 하나님의 사람들의 역사적인 적들과 신화적 용을 동일시해 왔다. '용'을 사탄, 악마, 고대의 뱀(12 : 9)과 동일시함을 통해, 그들이 어떻게 불리든지, 요한은 그가 에덴으로부터 하나님을 반대하는 모든 세력들을 상징화하려는 의도를 보여 주었다.

바다로부터 나온 짐승. 요한의 '3인조 악마'(evil trinity) 중 다른 두 일원들은 그의 유대적 전통을 적용한 것인데, 그 전통에 따르면 하나님께서 두 신화적 피조물들인, 바다괴물(리워야단)과 육지 괴물(베헤못)(에녹1서 60 : 7 – 25 ; 에스라2서 6 : 49 – 54 ; Ⅱ Bar. 29 : 4 ; Baba B. 74[a])을 창조하셨다. 일곱 개의 머리, 열 개의 뿔, 불경스러운 이름들, 그리고 다니엘 7 : 1~8의 사자, 곰, 표범의 모양을 가진 바다에서 나온 짐승은 전통적인 바다 괴물들과 다니엘의 환상에서 보인 모든 짐승들의 복합체요 결정체이다. 다니엘서처럼, '짐승'은 '역사적 제국'을 의미한다. 요한의 시대에, 다니엘서의 네 번째 짐승은 종종 유대인들에 의해 로마 제국을 상징하는 것으로 해석되었다(예를 들면, 제2에스라서). 요한은 분명히 짐승에 대한 그의 묘사를 듣는 독자들의 상상력 속에서 로마와 그의 황제들, 특히 교회를 박해한 최초의 황제 네로의 이미지를 불러 일으켜 주기를 원했다(서문 "그리스도인들과 황제숭배"를 보라). 이것은 의심할 여지없이 17 : 9~10에 명시되는데, 여기서 일곱 머리들은 로마의 일곱 개의 언덕뿐만 아니라 일곱 명의 '왕들'(제국들), 그리고 짐승 위에 앉은 여자는 '지상의 왕들을 지배하는 최고의 도시'이다(17 : 18 ; 참고. 13 : 8). 황제들은 자신들의 동전에 새기는 것을 통해 '하나님의 아들', '주님', '구원자', 심지어는 '하나님' 이라는 신성한 제목들로 가장하였기 때문에 그 머리들은 '신성 모독하는 이름들'을 갖고 있는 것이다. "그 머리 중 하나가 치명적인 부상을 입은 듯 했지만, 그 치명적인 부상은 치료되었다"(13 : 3). 이것은 분명히 스스로 목을 찌름으로 그 목숨을 버리려 했지만, 여전히 살아서 피의 복수로 돌아오리라 믿었던 네로에 대한 암시였다(위처럼 서문을 보라).

희생양들은 목이 잘려 죽임을 당했기 때문에, 양에 대한 모방은 확실한 것이다. 용이 창조자를 대적하는 혼돈의 힘을 나타내는 것처럼, 바다로부터 나온 짐승은 그리스도의 모방이다. 그리스도가 하나님을 나타내고 그의 힘과 권력에 의해 일하는 것처럼, 그 짐승은 용으로부터 힘과 권력을 받는다. 양이 도살자의 표시를 받지만 살아난 것처럼, 짐승도 그러하다. 요한은 이것을 세 번이나 반복한다(13 : 3, 12, 14)! '정복자들'(13 : 7)인 짐승, 그러나 칼의 힘과 다른 사람들의 죽음에 의한 그의 '정복'은 오직 그 자신만의 죽음으로 사랑을 표현함으로써 정복한 그리스도의 진정한 힘에 대한 하나의 희미한 모방일 뿐이다. 그리스도의 영원한 세계의 전조인 천년에 비해, 짐승은 매우 짧은 시간(3년 반, 13 : 5) 동안 '지배'한다. 그리스도와의 대조는 13 : 8에서 분명해지는데, 여기서는 오직 두 그룹만이 존재할 뿐이다. 이들은 예수의 추종자들과 짐승을 숭배하는 자들이다. 그러나 짐승은 단지 객관적 환원적 관념에서 '로마'만이 아니다. 그곳뿐만은 아니라 할지라도 그것은 로마로 표현되는 제국의 비인간적이고 반인간적인 오만함인 것이다.

땅에서부터 온 짐승. 요한은 '땅으로부터 일어난' 이 두 번째 짐승을 '거짓 선지자'와 동일시한다(16 : 13 ; 19 : 20 ; 20 : 10). 그것은 사탄적 대응물이며, 교회에서 일하는 성령을 모방한 것인데, 특히 예언에 영감을 불어넣어주는 영으로 생각된다. 진짜 예언적 교회를 모방함으로써, 이 짐승은 하늘로부터 내려오는 불을 만들고 보여 주는 가짜 엘리야가 된다(참고. 열

왕기상 18 : 20 – 39과 위의 11 : 4 – 13의 설명). 성령이 사람들로 하여금 하나님 '그리고' 어린 양(자신을 그리스도로 정의하신 하나님)을 예배하도록 이끄는 것처럼, 거짓선지자는 짐승, '그리고' 용(황제 숭배에서 스스로를 드러내는 사탄, 13 : 12 – 15)을 예배하도록 조장한다. 그리스도교 선지자들을 통해 말씀하시는 성령이 이 세상의 문화적 규범을 가지고 긴장감 속에서 삶을 살도록 이끄는 것처럼, 거짓 선지자는 사람들을 그의 '표'를 받기만 한다면 이 세상의 경제적 구조에 맞게 살 수 있게 해 준다(13 : 16 – 17). 성령이 승천하신 그리스도와 관계가 있고, 그의 소리로 말하는 것처럼(2 : 1 ‖ 2 : 7, 그리고 2 – 3장의 각각의 일곱 메시지들 ; 참고. 5 : 6), 거짓 선지자는 심지어 외면상 그리스도와 같은 모습이다. 그러나 그가 말할 때, 들리는 것은 바로 악마인 용의 목소리이다.

그럼 누가 이런 '짐승/거짓 선지자'인가? 학자들은 이것을 종종 로마 관료나 혹은 코이논(그리스), 코뮤네(라틴), 소아시아의 로마 지방의 주요 도시들로부터 온 지역 관리들의 결합체와 동일시해 왔다. 바다로부터 나온 첫 번째 짐승이 로마의 황제(Ceasar)나 실제로 바다로부터 나와 소아시아의 해변에 도착한 통치자를 나타내는 것처럼, 땅으로부터 나온 짐승은 특히 황제 숭배에서 표현된 것처럼 로마 정부를 성장시켰던 지방 공무원들을 나타낸다. 그래서 논쟁은 계속된다. 이와는 달리, 짐승은 그들의 빛과 불기적, 복술의 속임수들, 그리고 짐승의 이미지(황제의 이미지)로 하여금 '말하게' 하는 고안된 이미지에 의해 대중을 속여 왔음이 보고된 황제 숭배의 성직자들과 동일시되었다(13 : 15 ; 참고. Scherrer). 요한은 참 선지자들에 대하여 아무런 신비적 주장들을 하지 않는데, 그의 본 바는 고통 가운데서 주어진 것이지, 영광스런 신비들이 아니다(11 : 5 – 6은 눈에 보이는 형상들의 일부이고, 요한이 교회에서 일어난 것들로서 보고한 것 어떤 것에도 해당되지 않는다). 거짓 선지자들은 기적들과 거래를 한다(막 13 : 22 ; 살후 2 : 9). 어떤 학자들은 육지로부터 나온 짐승의 예언적 특징들과 교회 안에서 요한의 대적자들(그리스도인들이 스스로 로마 문화, 이데올로기, 그리고 그들의 '진보적' 신학의 단면으로서 숭배에 적응하도록 부추기는 교사들과 카리스마적인 선지자들)을 가리키는 '거짓 예언자들'로서 그들의 특별한 조작을 이해했다(예를 들면, Minear, "나는 새 땅을 보았다" 119 – 127쪽).

요한이 암호나 속기 상징들로 의사소통한 것이 아니기 때문에, 육지로부터 온 짐승이 로마의 통치자들, 코뮤네, 로마 성직자 혹은 그리스도교 예언자들이나 교사들을 '나타내는지 아닌지를' 결정하려고 시도하는 것은 소용없는 일이다. 짐승은 이 모든 특징들을 가지고 있다. 문화적 종교를 지지하고 발전시키는 모든 사람은 교회 안이든 밖이든, 그들이 어린 양과 같이 나타날지라도, 짐승의 행동대원들이다. 인류가 인간의 왕국을 우상화하는 것이 어린 양과 같이 나타나고자 하는 짐승이 가지고 있는 권세의 표현이다.

드라마의 행동

우리는 지금 요한의 첫 번째 청·독자들이 들으려고 했던 것처럼 그들과 의사소통한 내용을 우연히 듣고, 그것의 의미를 우리시대에 맞는 시대와 장소에 맞는 의미로 이해한 것처럼 그 이야기를 들을 준비가 되어 있다.

용의 좌절된 시도(12 : 1 – 6). 하나님의 사람들을 나타낸 여자는 메시아를 낳기 위해 애쓴다. 두 개의 세상이 혼합된 이 장면에서, 하나님의 구원하시는 중재자, 절대적 권위로 모든 민족들을 이끌 한 분은 한 아기의 순결함과 비폭력으로 묘사된다. 용이 새로 태어난 아이를 삼키려고 기다리고 있을 때, 이 세상과 세상을 넘는, 모든 악의 세력들은 하나님의 구원 역사에 대항하여 집중된다. 그 아이는 태어나고 하나님께 올려진다. 너무도 빨리 그 이야기는 메시아의 탄생으로부터 죽음과 부활로 옮겨 간다. 비록 용이 하나님의 보좌에서 안전한 그 아이를 '취하지' 못했다 할지라도 하나님의 존재함을 나타내는 방법이 죽음을 피하는 것에 의해서가 아님은 의심할 여지가 없다. 정확히 말해 예수는 죽으심을 통해 용을 물리치고, 하나님의 오른손으로 높여졌다. 이런 종류의 승리의 의미는 그들 중에 있는 용의 활동을 어떻게 다룰지에 대해 그들 스스로의 결정에 직면해 있는, 요한의 청·독자들에게 일일이 한 자 한 자 말해 줄 필요는 없었다.

하나님의 백성들이 요한이 자주 모델로 사용한 출애굽 사건에서 용/바로로부터 피난처를 찾았던 것처럼, 여자는 광야로 도망을 간다(12 : 6). 그 여자는 '광야에서', 단지 종말 이전의 종말론적 고통의 짧은 기간 동안에 요한이 황제 박해에서 이미 동이 터 오는 것을 본 고통의 시간, 곧 1,260일 동안 머문다(3년 반, 42개월 ; 참조. 다니엘 7 : 25 ; 8 : 14 ; 9 : 27 ; 12 : 7, 11, 12).

용은 실세상에서 패배했다(12 : 7-12). 하늘 밖으로 던져진 용의 그림은 사탄의 기원에 대한 '설명'이 아니다 — 성경은 그런 '설명들'을 다루지 않는다("숙고 : 요한계시록의 '사탄'이란 용어를 해석하기"를 보라). 무대에서 연기를 나타내는 천상의 목소리로 외치는 것처럼(그리스 극장의 합창단처럼), 천국으로부터 사탄의 추방은 지상에서의 예수의 승리의 결과이다(12 : 10-11). 누가복음 10 : 18에서 기록된 비슷한 시각에서, 사탄이 하늘로부터 떨어지는 '시간'은 '지금'이다(12 : 10) : 그 시각의 한 선상에서의 이야기에서 그리스도 사건의 시간이다. 그 이야기는 사실 창조 이전의 신화적 이야기에서 광적인 야망을 가진 천사들의 반란을 진압하는 것과는 아무런 관련이 없다. 그것은 하나님의 군대 장관으로, 지상에서 그리스도와 그의 십자가 사건에서 하나님의 구원사역에 대한 환상적 대응자로서, 선수를 취한 미가엘이다. 이것은 분명 하나님의 창조의 문제였지, 단지 인간 폭동에 대한 반응이 아니었다. 그 어린 양은 '세상의 기초로부터' 죽임을 당했다(13 : 8). 그리스도인들은 수동적 방관자들이 아니다. 그들은 사탄의 패망에 포함되어 있다. 그들의 피는 예수께서 하셨던 것과 그들이 자신의 언약과 순교를 만들었던 것처럼, 어린 양의 피와 함께 흐른다(12 : 10-11).

천국에서 일어나는 행동은 지상에서 일어나는 사건을 반영한다 : 예수의 삶과 죽음, '죽음에 신실한' 그리스도인들의 증거(2 : 10). 비록 요한은 신화적인 언어를 사용했지만, 요한이 신화의 순서를 이방 세계에서 이해되도록 바꾸어 왔다는 점에서 의미가 있다. 지상의 역사는 오직 신들 사이의 천상의 세계에서 일어나는 사건들에 의한 결과물이다. 요한계시록에서 하나님의 구원 사역의 장면은 이 세상, 예수의 삶, 그리고 그리스도인들의 삶에 있다. 성육신, 십자가에 죽으심/부활, 그리고 그리스도인들의 증거가 지상에서 일어나고, 그것은 초월적 세상에서 악의 세력들이 패배하는 결과를 가져왔다.

비록 악마와 그의 천사들은 이미 실제 세상, 즉 하나님께서 현존하시는 초자연적 세계에서 패배했지만, 그들은 이 세상에 던져졌고, 화났으며, 좌절했다. 희망 없이 단지 종료 3분 30초를 남겨놓고 실력 없이 패배하는 미식축구팀처럼, 그들은 이미 졌지만, 그들은 남아 있는 짧은 시간에 그들이 할 수 있는 한 가장 많은 손해를 입히기로 결심한다. 이것은 정확히 요한이 고통당하고 있는 동료 그리스도인들, 그리고 고통을 당할 것인가 아니면 문화적 압력에 굴복할 것인가 결정하려 하는 이들의 상황을 어떻게 인식하고 있는가 하는 것이다. 로마 숭배를 따르는 것은 한 사람의 운명을 이미 패배한 적에게 던지는 것이다. 필요한 모든 것은 그 종말 때까지 거기에서 견디는 것이다(인내〈히포모네, hypomone!〉). 그러한 상황에서 지는 유일한 길은 방향을 바꾸거나 그만두는 것이다.

용은 지상에서 여자를 박해한다(12 : 13－16). '아이'는 용을 만나 왔고, 그의 죽음으로 그것을 정복했다. 그리고 지금 하나님의 보좌로 올려졌다. 하나님의 사람들, 메시아의 어머니와 메시아적 공동체, 교회인 여자는 지상에 남아 있다. 용은 패배해 왔고, 하늘로부터 쫓겨났으며, 여자에 대한 그의 마지막 분노와 좌절감을 드러냈다. 요한 시대의 교회에서 그리스도인들은 이 그림을 통해서 그들 자신과 악마의 세력을 인식했다 : 그것은 결국 악마의 세력에 의해 희생된 동료 인간들, 그들의 박해자들인 로마 제국의 공직자들이 아니라 이미 로마 보좌 배후의 권력인 사탄 자신이다. 물의 심연에서 원시적 반창조적 힘을 지닌 용은 홍수로 그 여자를 쓸어 가기 위해 그 입을 벌렸다(요한의 청·독자는 스스로가 박해의 홍수에 잠겼다고 느끼거나 혹은 요한이 보기에는 그들 스스로가 곧 이 공포스러운 장면을 인식하게 되었을 것이다). 이 드라마에서 중립의 방관자가 아닌 지구는 여자를 구출하기에 이른다. '자연' 그 자체는 하나님의 선한 창조물이고 하나님의 사람들 편에 서 있다 — 그들의 길에 있었던 별들이 시스라와 대항해서 싸웠던 것(삿 5 : 20)과 "……피조물은 미치광이에 대항하여 싸우기 위해 그[하나님]에게 속할 것이다"(솔로몬의 지혜서 5 : 20)처럼 말이다.

이러한 그림을 묘사하면서도 요한은 박해와 죽음 — 안디바의 경우(2 : 13)와 예수의 경우(1 : 5, 18 ; 2 : 8 ; 5 : 6)와 요한계시록의 전체 메시지의 경우(2 : 10! ; 11 : 1－13!) — 에 둘러싸인 소아시아의 그리스도인들을 구출할 기적적인 도움을 기대하지 않는다. 요한은 '자연'이 적대감을 가지고 있다는 사실을 보여 주고자 하는데, 곧 '자연'의 세계가 우리가 살아가는 일상생활의 상황이기에 하나님께서 선하게 창조하신 피조물이 마침내 구원을 받아야 한다는 사실(21 : 1－22 : 6 ; 참고. 롬 8 : 19－28)과 하나님의 백성들의 도움이 절실하다는 사실을 보여 주고자 한다.

바다로부터 올라온 짐승이 성도를 다스린다(12 : 17－13 : 10). 그리스도교 공동체를 멸망시키려는 세력에 대하여 자신의 무기력함을 안타까워할 때, 용이 그리스도인 하나하나에게 분노를 터뜨린다(12 : 17a). 용이 그리스도인을 직접 공격하는 일이 실패로 끝나자 바다로부터 동조세력을 모으고(12 : 17b) 자신의 보좌와 권세를 내어 준다(13 : 12). 우리가 살펴본 바와 같이 요한의 청·독자들은 마음속에서 환상적인 짐승을 확실하게 불러일으키고 있다. 그 짐승은 성도들에게 전쟁을 일으키고 그들을 다스리는 권세(13 : 7)를 '받았다'(이 표현 속에 하나님의 주권이 숨겨져 있다!). 여기서 요한의 현실주의를 나타내는 또 하나의 예가 등장한다. 그는 신실한 자들을 죽음으로부터 구출할 진실한 희망을 붙들고 있다. 요한은 마음속에 다니엘의 이야기를 간직하고 있다(참고. 13 : 15 ; 단 3 : 5－6). 다니엘서에서 신실한 자들이 악한 제국의 손에서 구원을 받았다(용광로에서 구출된 이야기를 전하고 있는 다니엘 3장 ; 사자굴에서 구출된 이야기를 전하고 있는 다니엘 6장). 그럼에도 불구하고, 요한은 다니엘서의 저자가 고통으로부터 구원을 얻게 하는 신실함을 옹호하지 않고 있다는 사실을 알고 있다(단 3 : 17－18!).

땅에서 올라온 짐승과 황제 숭배의 광기(13 : 11－18). 악한 '세 영'은 나름대로 서열을 가지고 있다. 곧 사탄은 바다에서 올라온 로마 제국이라는 짐승에게 권세를 주는데, 그 다음에 그 짐승은 땅에서 올라온 짐승에게 권세를 준다. 첫 번째 짐승이 정치적 특징을 간직하고 있는 것처럼, 땅에서 올라온 짐승은 기적을 행하고, 숭배를 강요하며, 어떤 점에서 어린 양 같기도 한(13 : 11) 종교적 특징을 간직하고 있다. 그래서 사람들에게 짐승의 형상을 만들도록 강요하고, 그것을 숭배하도록 하는데, 이것이 바로 '거짓 예언자'의 모습이다(16 : 13 ; 19 : 20. 위의 설명을 보라). 요한은 결코 짐승에 의해 자행된 아주 인상적인 기적적인 일들의 실체를 거부하지 않는다. 성서신학은 일반적으로 거짓 예언자에게 기적적인 능력이 부족하다고 여기지 않는다(출 7 : 11, 22 ; 8 : 7 ; 신 13 : 1-5 ; 마 7 : 21-23 ; 막 13 : 22 ; 고후 10-13장 ; 살후 2 : 9).

'거짓 예언자'의 가장 악명 높은 행동이 모든 사람 — 부자, 가난한 자, 작은 자, 큰 자, 노예, 자유자 등 — 의 손이나 이마에 짐승의 표를 해 놓는 일이다. 그러한 표를 하지 않으면 아무도 공동체에서 경제생활을 할 수 없다(13 : 16-17). '짐승의 표'에 관한 본문이 수 세기 동안 종교적으로 많은 논란을 불러일으킨 것이 사실이다. 바로 요한이 미래를 예언한 것으로 이해되었기 때문이다. 그러나 그것은 다음과 같이 설교와 가르침에 어떤 원칙을 주고 있는 것으로 이해하여야 한다.

1. 그 구절이 중요하지만, 특히 666이란 표에 대해 그리스도교를 폄하하기 좋아하는 사람들이 그것을 참된 의미를 모른 채 마치 수수께끼를 풀듯이 마음대로 이해한 경우가 너무나도 많았다. 요한이 언급하고 있는 모든 짐승의 표(13 : 16-18 ; 14 : 9-11 ; 16 : 2 ; 19 : 20 ; 20 : 4)에 대해서 정독해 보면, 우리는 그 모든 것이 '결정론과 같은 이원론'에 입각하여 표현되고 있는 것을 알 수 있다. 소유권과 보안을 표시하는 것과 마찬가지로 어린 양의 표는 그를 따르는 자들에게 살아 계신 하나님의 인과 그 이름, 아버지의 이름으로 그 이마에 표를 하게 한다(7 : 1-8 ; 14 : 1-5). 이와 같이 짐승은 어린 양을 모방하여 그를 따르는 자들에게 이마와 오른손에 표를 하게 된 것이다. 요한에 의하면, 오직 이렇게 두 그룹이 있어서 두 가지 선택만 하게 된다. 그래서 모든 사람들이 이 사람은 이 표를, 저 사람은 저 표를 한 것이 눈에 띌 정도로 분명하게 드러나게 된다! 거기에는 익명의 그리스

도인이 없다. 중간 지대나 아무 편에도 속하지 않은 사람은 하나도 없게 된다.

2. '짐승의 표'는 드라마가 보여 주는 환상의 일부분이다. 짐승의 표는 문자적으로 취급할 성격이 아니다. 요한은 자신의 청·독자들이 문자적으로 영적 적대자들을 일곱 머리를 가진 괴물로 상상하기를 원하지 않은 것처럼, 역시 그는 어느 시대나 후대의 그리스도인들이 이마나 손에 어떤 표시를 하지 않으면 물건을 사고 팔 수 없다는 사실을 문자적으로 상상하지 않았다. 그럼에도 불구하고 그 그림은 진지하게 취급되어야 한다. 왜냐하면 그 그림이 당시의 그리스도인이 감당해야 할 경제적인 압박을 요한의 교회들이 느끼고 있었다는 사실을 나타내는 것이기 때문이다. 당시의 길드 조직은 이방인의 참여를 유발하였다. 당시의 경제활동은 로마 행정부의 평화와 번영을 기원하는 '애국심을 유발하는 식으로' 진행되었다. 심지어 왕국의 화폐는 이미지와 종교적 요구를 보여 주었다.

3. 짐승의 표는 '사람의 수'를 나타내는 것인데(13 : 18, NEV와 TEV), 이것은 고대의 게마트리아가 요한에게 상식적인 수준에서 사용된 경우이다. 현대의 어법과는 다르게 요한의 시공간에 사용된 모든 언어는 알파벳을 숫자(참고. '로마 숫자')로 표기하였다. 그러므로 헬라어, 히브리어, 라틴어에서 모든 글자가 숫자이다. 이것은 모든 세계가 글자를 통해서 숫자의 종합으로 이해된다는 사실을 의미한다. 그래서 단어가 숫자로 이해되기에 단어를 쉽게 숫자화하여 단 한 개의 가능성만 지니게 된다. 반대의 경우(숫자를 단어화하는 경우 – 역자주)는 전혀 불가능하다. 숫자가 주어지면, 그 숫자에 글자를 입력하여 다양한 단어를 떠올릴 가능성이 있다. 이것은 게마트리아가 미리 그 단어의 의미를 알고 있는 사람에게만 기능한다는 사실을 의미한다. 숫자가 이름을 동일시하도록 돕는다는 사실이 아니라 그 이름의 중요성에 관해 어느 정도 말하도록 돕는다는 사실이다. 요한계시록이 소아시아 교회의 예배에서 읽혀질 때, 짐승의 수를 세라는 지혜의 소리(13 : 18)는 그 짐승이 누구인지 동일시하라는 도전을 주는 것이 아니라(이미 그리스도인들은 핍박을 가하는 권세자들이 누구인지 알고 있다.), 그 짐승이 무엇인지

인식하라는 도전을 준다. 사실상 그 짐승은 사탄에 의해 권세를 부여받았기 때문에, 단지 눈에 보이는 군주를 의미하는 것이 아니다.

4. 666이란 숫자는 요한이 의도한 대로 특별한 중요성을 지니고 있다. 요한은 일곱 이란 완전수를 통하여 광범위하게 사용되던 묵시문학적 전통을 공유하면서 숫자를 아주 철저하게 사용하였다. 일곱 봉인, 일곱 나팔, 일곱 대접은 항상 마지막에 하나님의 도래와 그 나라의 도래를 나타낸다. 그러나 6은 항상 끝에서 두 번째 번호로서 뭔가 부족하고 미완성의 숫자이다. 또한 6은 심판의 숫자이다. 하나님의 나라가 일곱 번째, 곧 일련의 마지막에 도래할 때, 하나님의 심판은 여섯 번째 봉인과 나팔과 대접에서 나타난다(6 : 12－17 ; 9 : 13－21 ; 16 : 12－16). 그리고 요한 자신과 그의 권속들은 여섯 번째 제국의 때에, 우상과 종말론적 대재난의 때에 살고 있다(17 : 10). 그러므로 '6－6－6'은 제3의 권세자들에 의해 제기된 악, 무성취, 심판, 우상, 미완성을 아주 강력하게 상징적으로 표현하고 있다. 그 숫자는 상징적인 의미를 가질 뿐이지 그 자체를 분석해서는 안 된다.

마음속에 특별히 어떤 것을 떠올리게 하든지 아니든지 상징 속에는 신비함을 불러일으키는 기능이 있다. 그러므로 짐승과 그 신비한 숫자에 대한 상징은 오랫동안 잊혀진 것을 불러오는 능력을 가지고 있다. 요한의 이미지에 대한 상징적인 의미가 요한의 청중에게 상상력을 불러일으키든지 아니든지 미니어(Paul Minear)가 우리에게 경고한 것(그의 책 *I Saw a New Earth*, p. 123)에 반대하여 우리는 '666을 해독하기 위한 강박관념'에 주위를 잘 기울여야 한다. 18절의 '분별할 순간'(Ellul의 번역)에 관한 권면은 현대의 주석가에게 도전을 주어서 역사적 암호 해독이 아니라 정치적 권세자를 우상화하려는 우리 자신의 시대에 나타나는 정치선전을 분별하도록 한다.

5. 그럼에도 불구하고 요한은 특별히 한 사람을 생각하도록 독자들에게 요구한다. 그는 이미 독자들에게 알려진 사람이다. 그래서 요한은 이 숫자로 '사람의 이름'(13 : 18, NEB와 TEV)을 나타냈다. 네로는 대부분의 많은 역사가들에 의해 가장 잘 어울리는 후보로 거론되었다. '네로 황제'(Neron

Caesar)를 뜻하는 숫자가 히브리어 철자에서 분명히 666을 나타내기 때문이다. 곧 Nun(50) + Resh(200) + Waw(6)와 Nun(50) + Qof(100) + Samech(60) + Resh(200) =666이기 때문이다. 이러한 해석에 반대하는 두 개의 의견이 있다. (1) 계산을 히브리어의 철자를 따라 했지만, 요한은 헬라어를 사용하였으며, (2) 그 이름은 네로란 이름의 끝(위의 Neron)에 추가된 문자(Nun = 50)로 철자가 되어야 하기 때문이다. 그러나 아마도 팔레스타인 출신인 요한은 히브리어를 가지고 언어유희를 한 것으로 보인다(9 : 11 ; 16 : 16). 추가적인 문자인 'Nun'을 가지고 있는 네로라는 히브리어 철자는 이제 사해문서에서도 발견된다(*Discoveries in the Judean Desert Ⅱ*, p. 101의 29판 1열을 보라). 요한의 그의 청·독자들로 하여금 네로를 생각하도록 기대하였다는 사실은 그가 요한계시록에서 네로의 귀환에 관한 신화를 사용하였다는 사실(13 : 3 ; 17 : 9-11)에 의해서 입증되며, 또한 고대 해석이 네로를 666에 해당하는 것으로 문서가 남겨진 것에 의해서도 입증된다(일상적으로는 네로는 헬라어에서 추가적인 문자인 'Nun' = 50 없이 철자화된다).

네로는 교회를 박해한 첫 번째 로마 황제이다. 그가 죽지 않았고 대제국을 파괴하기 위하여 동쪽으로부터 귀환할 것이라는 이야기가 당시에 널리 퍼져 있었다. 여기서 요한은 수면에 떠오르는 새로운 양상의 박해를 알고 있고, 새로운 로마 압제자들의 도래를 '네로의 귀환'으로 그려 주고 있다. 요한은 이것을 문자적인 감각으로 묘사하지 않고, 단지 그리스도인이 사명감을 가지고 로마의 우상을 타파해 나갈 것을 원하였다. 요한의 그림 언어는 "주의하라. 네로가 다시 올 것이다."라는 식으로 말하면서 "주의하라. 히틀러가 다시 올 것이다."라는 식으로 새로운 독재자가 출현한다는 반(反)셈족 전통을 경계하고 있다. 전체 구절은 책임적인 주석가들에게 '암호'를 '해독하는 것'이 아니라 악한 세력의 특징을 분별하고, 그리스도인들에게 사명감을 불러일으키는 역할을 한다.

숙 고

요한계시록의 '사탄'이란 용어를 해석하기

'사탄'은 원래 히브리어 성경에서 온 단어인데, 일반적으로 '반역자'를 일컫는 이름이다. 그 단어는 구약성서에서 종종 이러한 일반적인 의미로 사용되었는데, 특히 법정적인 용어로 사용되었다(말하자면, 왕상 11 : 14, 23, 25 ; 시 38 : 20 ; 71 : 13 ; 109 : 4, 20, 29). 시편의 구절들(포로기 이후의)에서 '대적하는 자'는 천상의 법정에서 천사 중의 하나로 동일시되어 하나님을 압박하거나 인간에게 베푸신 하나님의 사역을 조사하는 신적 검사의 역할을 한다(대상 21 : 1 ; 욥 1 : 6-12 ; 슥 3 : 1). 이 모든 경우에 어느 것도 구약성서에 나오지 않는 것은 없으며, 거기서 사탄은 악의 인격체로 나온다. 역대기상 21 : 1에서 '사탄'은 사무엘하 24 : 1과 마찬가지로 하나님처럼 행동한다.

신구약 중간시대에 특히 이란의 이원론적 종교의 영향 하에서 악한 신인 아리만과 최고의 빛의 신인 아후라-마즈다가 유대 전통에서 사탄의 모습인 악의 인격화와 초월적인 하나님을 대적하는 세력이라는 이미지와 병합되었다. 유대적 유일신론은 사탄을 제2의 신으로 추앙하는 것을 금지하지만, 여전히 사탄은 모든 악한 영들의 두목이며 하나님의 나라를 대적하는 어둠의 나라를 가진 세력으로 묘사되고 있다. 사탄의 기원에 관한 다양한 구절 중에 하나가 타락한 천사들에 관한 구절이다(에녹1서 6 : 1-16 : 4 ; 에녹2서 29장). 천사의 반역으로 나타나는 사탄과 악에 관한 아주 풍부한 신화는 밀튼의 고전인 「실락원」이 가장 대중적인 것이다. 그 신화는 후대까지 발전되지는 않았지만, 구약성경보다 후대에 만들어진 사탄에 관한 신화가 이미 신구약 중간시대의 묵시문학에서 발견되고 있다. 사탄은 또한 사타나일, 벨리아르 혹은 벨리알(사해문서의 경우에), 그리고 마스테마로 불리는데, 신약성경 이전에 그가 무엇이며 그가 어느 때에 나타나는지 묘사함으로써 사탄이 인간으로 하여금 불화하게 하고 다투게 하여 영생하게 할 수 있다고 시험을 한다(갓의 신경 4 : 7 ; 벤자민 신경 7 : 1 ; 루우벤 신경

4 : 7 ; 시모온 신경 5 : 3 ; 아세르 신경 3 : 2 ; 희년서 11 : 5 ; 에녹2서 31 : 6). 비록 사탄이란 개념이 창세기 1~3장이 쓰일 때 발전되지 않았을지라도, 후대에 그 이야기를 말하는 유대 묵시문학에서 인간의 원죄는 뱀과 동일시되는 '악마'나 '사타나일'에 의해 불러일으키는 것이다(에녹2서 31 : 1-8). 사탄이 인간의 죄와 불행의 원인으로 간주되는 것처럼, 사탄의 묶임과 멸망은 종말론적 드라마에서 아주 표준적인 희망이다(1QH 3 : 35 ; 6 : 29 ; Test. Levi. 18 : 12 ; Test. Judah 25 : 3).

초기 그리스도교는 악이 하나님을 영원한 대적하는 세력이 아닌 것으로 이해한 것에 반하여, 인간의 개인적인 죄의 축적 환상을 의미한다는 확신을 표현하는 방식으로 이러한 신화를 받아들였다. 세계와 인류를 사로잡고 있는 이러한 악이 개인에게 미치는 영향력은 신약에서 '악마'(32번), '사탄'(33번), '벨리알' 혹은 '벨리아르'(고후 6 : 15), 그리고 '바알세불'(7번) 등을 포함하는 여러 가지 이름으로 나타나 있다.

그러므로 요한계시록의 사탄과 악마에 대한 기록은 환상이 아니라 유대와 초기 그리스도교 종말론적 사상의 주류에 속한다. 요한은 자신의 악에 대한 이해를 표현하는 방법으로써 사탄과 악마에 관한 언어를 사용하는 데 있어서 복음서 기자들, 바울, 그리고 신약 전체 기자들과 일치한다. 요한은 종종 그것을 '사탄'(2 : 9, 13, 24 ; 3 : 9 ; 12 : 9 ; 20 : 2, 7) 혹은 '악마'(2 : 10 ; 12 : 9, 12 ; 20 : 2, 10)라 부른다. 법정의 고소인으로써 '사탄'의 기원을 불길하게 연상시키면서, 요한은 그것을 로마 법정 앞에 고소당한 상태에 있는 소아시아 그리스도인의 상황에 가장 적합한 지칭인 '고소자'(12 : 10)로 언급한다. 요한은 사탄을 창세기 3장의 '타락' 이야기에 나오는 뱀과 동일시함으로 성경이 아니라 유대 전통을 따른다(12 : 9, 14, 15 ; 20 : 2). 더 중요한 것은, 12 : 1~13 : 18 ; 16 : 13 ; 20 : 2에서 그는 이러한 형상들을 창조 때 하나님에 의해 굴복당한 최초의 용, 혼돈 괴물(리워야단, 라합, 탄닌)들과 동일시하였다(욥 7 : 12 ; 9 : 13 ; 26 : 12-13 ; 시 74 : 13-14 ; 89 : 9-10 ; 사 27 : 1 ; 30 : 7 ; 51 : 9-10과 비교하라). 이러한 모든 '개개인을 지배하는 악의 세력들'은 요한과 그의 교회들에게 사변적인 추상적 개념들이 아니고, 요한 자신의 공동체(2 : 9, 13, 24 ; 12 : 1-13 ; 18) 내에서의 종교적 대립 안에서는 물론이고 요한 시대의 사회구조 안에서와 로마 제국의 조직화된 악 안에서 구체화된 것이다.

비록 요한은 사탄과 악마의 기원에 대한 신화적 그림을 이어받는 데 관심이 없지만(12 : 7-12은 창조 이전 천사들의 타락을 의미하지 않는다.), 그는 악마와 그것의 모든 영향력의 파괴를 위해 전통적인 종말론적 시나리오를 각색한다. 결정적인 전투는 이미 싸웠고, 그리스도 사건으로 승리하였다(3 : 21 ; 5 : 1-10 ; 12 : 7-10). 비록 천상 법정에 있는 초월적 세계에서는 승리하였고 형 집행만을 기다리고 있지만, 악마는 여전히 지상에서 권력이 있고, 그의 날이 얼마 남지 않았다는 사실을 알기에 여전히 큰 혼란을 일으켜 파괴하려고 하는데, 특히 그의 대리자들인 짐승과 거짓선지자들을 통해 파괴하려고 한다(12 : 13-13 : 18). 그러나 그것의 운명은 확실하다. 재앙의 마지막에, 곧 세상이 종말론적 성취의 시기(20 : 1-6)를 즐기는 동안에 악마는 수천 년간 사로잡힐 것이다(20 : 1-6). 그리고 사탄은 마지막으로 미혹하기 위해 놓일 것이고, 그 후 둘째 사망인 불 못에 던져질 것이다(20 : 7-10).

이런 것이 요한계시록에 나타난 악의 힘으로서의 사탄에 대한 묘사이다. 이것은 악의 기원에 대한 지적 호기심을 충족시키기 위해 의도된 형이상학적 이론이 아니다. 이것은 묵시문학의 한 부분인데, 요한은 이것을 가지고 불합리한 악으로 고통당하는 신실한 그리스도인들에게 용기를 주기 위해 노력한 것이다.

이러한 언어는 위험과 가치를 함께 지니고 있다. 주요한 위험들 중에는 모든 것보다 더 위험한 것으로 축자적 문자주의를 들 수 있다. 왜냐하면 이것이 단지 "성경을 문자 그대로 받아들이는 것"을 가정하기 때문이다. 즉, 이것은 다른 문화와 시대의 이야기상의 세계 안에 머물게 하고 있는 그대로 객관화하는 표상으로 그 그림을 받아들이게 한다. 사탄, 벨리알, 그리고 마스테마의 정교한 신비적 이야기를 밝은 데로 드러내는 종교학적 비교연구는 우리에게 요한의 어법이 얼마나 제한적인지 보게 하고, 초자연적인 세계 내에서 사물을 있는 방식 그대로 객관화하는 요한계시록을 받아들이지 못하게 한다. 이것은 성경공부로 가장하며 호기심을 자극하는 신비주의의 한 부분으로써 사탄에 대한 이론을 연구, 설계하는 영지주의의 현대적 형태로 퇴보할 수 있다. 자신의 행동에 대한 책임을 사탄이 나에게 그것을 거부하도록 하는 결과를 초래할 수 있다. 또한 악이 구체화되어 사회적으로, 정치적으로 드러나는 것을 직면하면서 우리가 만약 그것에 대항할 효율적인 조치들을 취하는 것을 포기하고 단념하게 만들 수 있다. 신앙적 상징체계 안에 '사탄'을 포함시키는 것은 본질적인 문제로부터 주의를 다른 곳으로 돌리면서 제도화된 악의 손아귀에 놀아날 가능성이 있다. 이러한 실제적 위험에서, 현대의 지적으로 진실한 그리스도인들은 사탄에 대한 언급을 미신 시대의 불행한 흔적으로서 단순하게 거부하면 안 되는 것인가?

불필요하게도 일반적으로 종말론적 언어와 형상과 비슷하게 사탄적 언어와 형상은 심오한 신학적 진리를 추구하는 몇몇 진정한 그리스도인에게 통찰력과 확신을 주기 위해 필요한 전달수단이 될 수 있다. 근본주의자들뿐만 아니라 신정통주의 시대의 주류 신학자들, 사회 복음 시대의 책임있는 자유 신학자들, 그리고 깊은 사회적 자각을 지닌 현대 기독신학자들은, 문자적으로가 아니라 심각하게 받아들였을 때 악마적 힘이 가치 있게 되는 신약의 이미지가 지니고 있는 가치를 발견했다. 개인을 초월하는 힘을 사고하는 상징적 방법으로써 '사탄으로 정의되는 악'은 성서신학이 가치를 두는 차원이다. 악의 힘은 개인의 죄들보다 더 크다. 요한은 사탄의 힘에 대해 말할 때 지속적으로 정치적이고 국가적인 용어로 말한다(13 : 7 ; 18 : 3 ; 23장 ; 20 : 3, 8). 사탄은 사소한 죄들에 관련된 단순히 개인적 유혹자가 아니다. 그는 국가의 사기꾼이다(20 : 7－8). 우리는 이제 이것을 '조직적 악'이라 이름 할 수 있고, 우리의 삶이 말려들어 가고 우리에게 자신의 의지로부터 멀어지는 데 영향을 끼치는 광대한 비개인적 컴퓨터 같은 악의 네트워크로써, 우리 시대에 어울리게 그것을 그려 볼 수 있다. 이러한 이미지가 가치 있다고 보는 것은 우리가 위협을 받고 우리 자신을 이것으로부터 구원할 수 없는 악이라고 하는 저수지의 광활함에 관해 묘사한다. '무한한'이라는 것이 문자적으로 너무 큰 것도 아니고, '용'도 형상적으로 너무 야만적인 것이 아니기 때문이다.

폴 미니어는 이러한 언어의 또 다른 가치 있는 양상을 강조하였다. "인간의 적을 최후의 적으로 다루는 것은 첫 명령의 속임을 야기한다"(신약성경의 묵시문학, 108쪽). 베일 뒤에 가려진 사탄의 힘에 대한 예언자적 계시의 주 기능 중 하나는 소아시아 그리스도인들에게 그들의 진짜 적을 밝히는 것이었다. 적은 그들을 핍박하거나 수감시키고 죽이기까지 하는 유대인이나 로마인이 아니었고 악의 힘이었는데, 그리스도인들은 역시 그 힘의 희생자였다.

구원과 심판에 관한 진리(14 : 1–20)

앞에서 요한은 교회들의 안과 밖에 숨어서 역사적으로 위협해 온 권세를 드러내었다. '구원'은 짐승을 경배하도록 요구하는 것 같았다. '심판'은 문화적 가치들이 최고라고 여기는 것을 거부한 사람들을 위해 로마법정에서 쫓겨나는 것 같았다. 12 : 1 에서 — 13 : 18에서 요한은 현재가 어떤지 보게 한다. 14 : 1~20에서 그는 이렇게 드러난 동전을 반대편으로 뒤집는다. — 그는 마지막이 어떤지 보게 할 것이다. 먼저, 어린 양의 표를 받은 사람들의 구원에 관한 장면이 있다(14 : 1–6). 그 후 짐승의 표를 가진 자들의 심판에 관한 장면이 있다(14 : 7–20).

진정한 구원 : 어린 양, 표, 추종자들(14 : 1–5). 7 : 1~8을 떠오르게 하고, 21 : 1~22 : 6을 기대하게 하는 이 장면에서 요한은, 구원받은 교회의 장면을 보여 준다. 이 교회는 정복하시는 진실한 창조자, 진정한 어린 양 되신 하나님의 임재 안에서 시온 산에 있는 거룩한 도성 안에 있다. 교회의 진정한 본질이 드러난다. 그것은 '값으로 주고 산' 공동체이다. '구매한'은 '구원받은'으로 번역되며(14 : 3, 4), 5 : 9의 '속전', 13 : 17의 '구입한'으로 번역된 것과 같은 단어이다. 짐승의 표를 받지 않았기 때문에 살 수 없었던

자들은 어린 양의 피로 구매당했고, 그 표를 지닌다. 구원받은 공동체는 예배하고 축하하는 새 시대의 새 노래를 배우는 공동체이다. 그들은 부활하신 그리스도처럼(고전 15 : 20－23) 들에서 추수한 곡식의 첫 다발인 '첫 열매'로 그려지고, 다가올 완전한 추수의 증거로 감사함으로 하나님께 드려진다(출 34 : 22 ; 레 23 : 15－22 ; 민 28 : 26 ; 신 16 : 9－12 참고). 거짓 선지자와는 달리, 그들의 입에는 거짓이 없고 결점이 없다. 이러한 진술들은 둘 다 교회적 경건에 관한 도덕적인 설명이 아니다. 그들의 거짓을 거부하는 것은 거짓의 대가인 거짓선지자들의 우상숭배적 선전에 저항하는 것을 의미한다. 순교자들의 죽음이 결백하다고 여겨진 것처럼 '결백'은 희생의 특징이다(6 : 9－11 참고).

'여자로 인해 더럽혀진 어린 양을 따르는 자들의 그림' 때문에(14 : 4－5) 오해받기 쉬운데, 이것은 특별한 설명이 필요하다. 우리는 '더럽혀진'이라는 단어에 대해 지나치게 반응하면 안 된다 ; 요한의 용법은 이 말을 여자나 성이 '더럽다'라는 의미로 말하지 않는다. 원자력 시대에 사는 우리가 강한 방사물에 '오염된' 것처럼 노출된 물건들을 말하는 것으로 사용된다. 요한은 성, 다산, 그리고 그와 관련된 모든 것을 생명의 신비한 힘을 지니고 있는 것으로 여기는 히브리 전통에 서 있다('더럽히는' 월경 혈의 의식적 속박을 위한 규정, 레 15 : 19－31 참고). 왜냐하면 이러한 힘들이 너무나 강력해서 일반 삶으로부터 의식적으로 분리시켜야 했다. '손을 더럽히는 것'에 대해 기록한 성경도 마찬가지이다. 이것은 제사장직이나 하나님의 군대 등의 특별한 직업이나 사명에 관련된 사람들이 그들의 활동 중간에 성관계를 억제해야 했고, 도덕적 이유 때문이 아니라 다른 힘들로부터 성스러운 일을 분리하기 위함이었다(신 20 : 1-9 ; 23 : 9-10 ; 삼상 21 : 5). 요한이 교회를 하나님의 군대 — '수천'이라는 단어는 여기서 군대를 불러내는 것을 의미한다. — 와 제사장들로 그리고 있다. 그래서 이것은 순결한 '처녀들'의 공동체로 그려진다. '처녀들'이라는 용어는 필로에서 하나님의 백성, 남자와 여자라는 은유적 의미로 필로의 *De Cher* 49~50에서 사용된다. 교회를 향한 요한의 또 다른 이미지들은 묵시적인 선지자적 공동체의 이미지이다(11 : 1－13을 보라). 초기 그리스도교에서 선지자들은 집과 가정을 떠나 그리스도의 사역에 필요한 곳 어느 곳이나 여행하며 금욕적 생활을 하였기 때문에 여기서 모든 교회는 어린 양이 가는 곳은 어디든지 따르는 '처녀들'을 의미하고, '처녀'는 우상숭배와 동일시되는 창기에 반하여 그리스도의 순결한 신부를 의미한다. 교회의 본질을 특성화하는 이 모든 집중되고 겹쳐진 상징들은 요한의 환기시키는 언어로 제시된다.

진정한 심판 : 창조자와 심판자 되시는 하나님(14 : 6－20). 이 부분에서는 그리스도인들이 로마 법정에서 유죄 판결을 받을 때 거짓 심판이 행해진 것과는 대조적으로, 하나님의 심판의 실체가 나타난다. 14 : 1~5에서 새 예루살렘의 종말론적 구원을 고대하는 것처럼, 14 : 6~20에서도 다가올 바벨론의 멸망과 짐승의 표를 받은 자들에게 내려질 하나님의 심판을 고대한다.

이 일들은 하나님의 심판을 예정적으로 선포하는 천사들의 무리들에 의해 행해진다. 13 : 1~18에서 심판을 행하는 것처럼 보이는 혼돈의 힘과는 대조적으로, 첫 번째 천사는 진정한 심판이 유일하신 창조주 하나님에 의해 이루어질 것을 강조한다. 하나님의 심판은 황제의 말과 행동을 숭배하던 시대에 사용하던 말인 '복음'으로 일컬어진다. 바벨론/로마가 땅 위에서 흥왕하는 반면, 요한은 그의 말씀을 듣는 독자들이 둘째 천사가 바벨론은 이미 멸망했다고 선포하는 것을 듣게 한다(14 : 8 ; 참고. 17 : 1－18 : 24). 셋째 천사는 짐승의 표를 받은 자들에게 일어날 공포를 설명한다. 그 공포는 너무나 역겨워서 그에 대한 주석을 아래에 추가로 언급해야만 했다.

하늘로부터 주님 안에서 죽은 자들에게 축복을 선포하는 한 소리가 울려 퍼진 후(14 : 13) — 요한은 특히 순교자들을 마음에 두고 있었다. — '인자와 같은' 형상이 땅의 추수할 곡식에 낫을 댄다(14 : 14－16). 우리는 이 형상이 예수인지 아닌지를 결정할 필요는 없다. 요한이 생각나게 하는 언어는 복음 전통 안에서 다가올 심판에 대한 예수의 말씀, 1 : 12~16의 그리스도의 환상, 그리고 다니엘서 7장의 관념을 연상시킨다. '인자' 같은 이의 곡식 추수에 이어 다른 천사들이 행하는 포도 수확 장면이 나온다. 그 무리들은 하나님의 진노의 포도주 틀에 던져지고, 그 술틀로부터 상상할 수 없는 깊이와 넓이로 피가 흘러나온다(14 : 17 – 20).

이런 심판에 관한 환상들이 주고 있는 두 가지의 의미에 관해서 좀 더 자세한 설명이 필요하다. 첫째, 짐승에게 예배하는 사람들에 대한 심판은 '영원히' 밤낮 쉬지 않고 "거룩한 천사들과 어린 양 앞에서 불과 유황으로 고통을 받게 될 것"이라고 묘사되어 있다. 아무튼 아우슈비츠보다 무한히 지독한 그림을 객관적인 실체로서 상상하는 사람들은 하나님과 요한이 너무 지나친 것은 아닌지 질문할 것이다. 이런 그림은 정의와 하나님의 성품에 대한 질문을 불러일으킬 것이다. (이런 언어를 해석하는 일반적인 원리에 관해서 "숙고 : 요한계시록의 폭력적 이미지를 해석하기"를 보라.) 여기서 우리는 그런 언어들이 실제로 하나님의 대적자들, 곧 외부에 있는 자들에게 일어날 일에 대한 객관적인 그림을 주는 기능을 하는 것이 아니라고 말할지 모른다. 요한계시록이 저주를 받은 자들에 대한 영원한 고통을 '가르치는지'를 묻는 것조차도 이 책을 교회의 근거가 되는 책이라고 오해하는 것이며, 이는 요한계시록의 그림을 명제로 오해한 데서 비롯된다. 요한의 언어는 외부에 있는 자들의 운명에 관한 교리를 전달하지 않는다. 요한계시록은 내부에서 "로마의 황제 숭배에 참여하는 것이 그렇게 끔직한 일인가?"라는 질문을 품은 자들에게 경고하는 기능을 한다. 요한은 이러한 황제 숭배를 이 세상에서 창조주와 주님을 대신하는 행동이라고 간주하며 다음과 같이 대답한다. "당신이 상상하는 것보다 훨씬 끔직하다." 그러한 황제숭배를 거부하는 자들은 죽음을 무릅쓰면서 다음과 같이 질문한다. "죽음보다 더 나쁜 것은 무엇인가?" 요한은 대답한다. "그것은 죽음 너머에 있는 하나님의 심판 곧 불 못에 던져지는 두 번째 죽음이다"(20 : 14). 우리의 적들에게 객관적으로 무엇이 일어날 것인가에 대한 표현은 우리의 상상을 넘어설 정도로 잔인하다. 이는 외부에 있는 자들의 운명을 묘사하려는 것이 아니라 내부에 있는 자들이 신실하게 살아갈 수 있도록 격려하는 신앙고백적인 언어로써 복음서에 있는 예수의 언어(마 10 : 28 ; 25 : 30, 46)이다.

둘째, 14 : 6~20을 해석하는 데 있어서 이러한 환상들이 부정적인 의미에서 부당한 심판인지 혹은 그 환상들이 그리스도의 피와 순교자들의 피를 통해서 어느 정도나 하나님의 구속 사역을 표현하는지 하는 문제가 제기된다. 환상이 보여 주는 일련의 전체 이야기는 경감되지 않는 심판에 관한 것으로 해석되는데, 곡식을 추수하는 것과 포도주를 짜는 것 모두 사악한 자들에게 처해질 운명에 관한 이미지인데, 요한은 이러한 이야기를 요엘 3 : 13을 원형으로 간직하게 되었다(예를 들면, A. Y. Collins, *Apocalypse*, pp. 102 – 103). 또 하나의 관점은 심판의 이미지가 구원의 이미지들과 혼합되어 있다는 점이다. 그러므로 예수의 비유와 마찬가지로, 포도주를 짜는 것이 하나님을 진노하는 자들에 관한 그림인 반면에, 곡식을 추수하는 것은 구원받을 자들을 모으는 그림이다(예를 들면, D'Aragon, "The Apocalypse"). 마지막 관점은 드라마 전체를 궁극적인 구원의 관점 곧 전통적인 심판에 대한 그림을 구원에 관한 그림으로 전환시키는 이미지의 재탄생으로 본다. 캐어드(G. B. Caird)는 포도주를 짜는 것을 순교의 피로 해석하면서 이러한 관점을 강력하게 주장한다(*Revelation*, pp. 188 – 195).

이 모든 가능성들은 요한의 환상을 너무 속기록의 상징으로 파악하여 일의적인 진술로만 해석하려는 경향을 보이고 있다. 그의 환상을 긴장감 있는 상징으로 인식하는 접근 방법은 이 문제를 지속적으로 명제적인 언어로 간주하려고 시도하지 않는다. 한편으로는 전체 단원이 하나님의 심판이라는 인상적인 그림을 압도하는 것으로 해석되어야 한다. 어떤 다른 것은 충분치 못한 해석이다. 다른 한편으로는 이러한 심판을 말하는 단원에서도 구원을 제안하는 이미지와 암시가 나타나고 있다. 이미 14 : 4에서 구원받은 교회는 추수 때에 '첫 번째 열매'로 묘사되었다. 그리고 14 : 14~16에서 추수 때에 인류의 나머지가 하나님 나라의 보호 속으로 모이게 된다는 사실을 — 강요하는 것이 아니라 — 제안한다. 14 : 6~20 에 언급된 심판 단원 전체는 창조주(14 : 6–7)의 '복음'의 지시문 위에 서 있다. 14 : 14~16에서는 예수의 비유와 마찬가지로 곡식이 하나님의 나라로 모아지는 것을 말하며, 14 : 18의 '포도주'도 하나님의 백성인 이스라엘을 제안한다(사 5 : 1 – 7 ; 렘 2 : 21 ; 겔 19 : 10 – 14 ; 요 15 : 1 – 7). 포도주를 짜는 틀이 '도시의 바깥에서' 밝히는 것은 십자가 이야기가 지니고 있는 한 요소인 십자가에 달리신 예수께서 피를 흘리시는 장소와 그리스도와 더불어서 그리스도인들이 당하는 고통을 제안한다(참고. 히 13 : 11－13). 19 : 13~15의 이미지들이 재탄생되는 것(그 주제에 관한 주석을 보라.)도 예수의 승리가 궁극적으로 잔인한 힘으로 이루어지는 것이 아니며, 그의 심판도 마침내 사랑의 표현이라는 사실을 보여 준다. 이런 숙고들은 거룩한 하나님의 심판에 대한 공포를 무디게 하는 것이 아니다. 이런 숙고들은 요한계시록을 포함하여 성경 어디에나 나타나 있는 하나님의 궁극적인 구속의 목적을 긍정적으로 생각하는 독자들로 하여금 진지하게 받아들이게 할 것이다.

요한계시록 15 : 1~16 : 21

일곱 개의 마지막 재앙들

15장과 16장은 하나의 단원이다. 이 단원 중에서 어떤 것을 선택하여 설교하거나 가르치는 사람들은 이 단원이 전체적으로 기능을 한다는 사실을 염두에 두고 있어야 한다. 일곱 개의 마지막 재앙들이 15 : 1에 언급되어 있으며, 마지막 재앙은 16 : 21에 언급되어 있다. 그 행동은 '대접/대접'을 땅에 부음으로써 진행되지만, 진노/정의의 하나님은 신학적인 이미지를 간직하고 있다. 마지막 재앙이 일어날 때까지, "결말이 취소되지 않는다". 16 : 17(NEB)은 '끝났다'라는 표현을 소개한다. 이러한 일련의 이야기는 바벨론/로마의 멸망으로 결론을 짓는다. 이러한 마지막 장면은 종말 그 자체를 소개하는 것이다.

천상의 예배에서의 승리를 축하하는 축제(15 : 1－8)

하나님의 진노와 관련된 일곱 개의 마지막 재앙은 첫 절에 언급되어 있다. 그러나 요한은 그것을 묘사하기 전에 이중적인 해석의 틀 속에 놓는다.

극단적으로 격렬한 그림이 성경적 기억으로 전환되어 출애굽의 장면으로 해석되고, 또한 그리스도인의 예배로 전환되어 제의적인 장면으로 해석된다("숙고 : 요한계시록의 폭력적 이미지를 해석하기"를 참고하라).

출애굽 장면-성서적 기억의 전환. 요한의 환상에서 4 : 6의 천상의 바다와 마찬가지로 다시 바다가 등장한다. 더욱이 그 바다는 7 : 1~8과 14 : 1~5에서 (짐승의 표를 거절하고 수금으로 동일시된) 승리한 순교자들의 교회 곧 이긴 자들의 모임을 가리킨다. 그 모임이 새로운 이스라엘인 144,000명인 것처럼, 그 바다는 하나님의 보좌 앞에서 세계를 초월하는 바다이며 성경적 기억 속에 있는 홍해이다. 이스라엘이 출애굽 시절에 홍해에서 구원하시는 하나님의 행동을 노래했던 것처럼, 교회도 천상의 바닷가에서 모세와 어린 양의 노래를 부를 것이다.

요한은 출애굽의 이야기를 압제를 당하던 애굽에서 하나님의 종말론적 구원을 경험하는 이야기의 모델로 자주 사용한다. 이 단원(15 : 1-16 : 21)은 요한계시록에서 요한의 모티프에 가장 잘 어울린다. 애굽은 로마이다. 파라오는 황제이다. 종말론적 저주는 재앙이다(16 : 2의 헌데 ‖ 출 9 : 9-11 ; 16 : 3-4의 바다와 강이 피로 변함. ‖ 출 7 : 17-21 ; 16 : 10의 어두움 ‖ 출 10 : 22 ; 16 : 12의 가뭄 ‖ 출 14 : 21-22 ; 16 : 13의 개구리 ‖ 출 8 : 3 ; 16 : 18, 21의 천둥, 불, 폭풍 ‖ 출 9 : 24). 교회가 반드시 지나가야 할 홍수는 홍해이다. 승리의 노래는 모세(그리고 어린 양)의 노래이다. 시내 산의 연기(15 : 8)와 하나님의 의로우신 법을 간직하고 있는 장막까지도 나타난다(15 : 5, RSV에서 성전을 문자적으로 '천막' 혹은 '성소'로 묘사된다). 홍해(출 14 : 21)와 요단(수 4 : 23)이 출애굽 사건에서 하나님의 구원하시는 행동의 일부분을 보여주면서 말랐던 것처럼, 유프라테스도 마지막 사건을 실행하기 위하여 말랐다(16 : 12).

홍해와 마찬가지로, 이 단원도 두 개의 그룹으로 그림이 그려진다. 곧 로마의 우상숭배에 참여하여 짐승의 표를 받은 자와 제자로 부르심을 따라 살면서 승리하고/순교한 자들이다. 이런 언어에는 뉘앙스의 차이가 없다. 그것은 이기다/지다, 승리/패배, 내부인/외부인, 우리/그들 등과 같이 전적으로 분명한 언어이다. 이것은 다가오는 종말론적 심판을 무서워하는 공포에 대한 묘사가 '그들'에게 일어날 객관적인 사건으로 묘사되는 것이 아니라 '우리'에게 일어날 일에 대한 찬양의 신앙고백으로 나타난다는 사실을 의미한다. 그러므로 15 : 4의 순교자의 노래는 출애굽기 15장과 마찬가지로 아직 적이 패배한 것에 관해 기뻐하는 것이 아니다. 그러나 그것은 모든 나라들이 와서 온전히 예배를 드릴 하나님 한 분에게 초점이 맞추어져 있다. 16장의 폭력은 이러한 개론적 설명의 빛에서 그 장면이 명확하게 이해될 수 있다.

예배 장면-그리스도교적 예배의 전환. 홍해에서 하나님의 사람들은 사건이 일어난 후에 축제를 하였다. 요한계시록에서 최후의 승리는 아직 (이 땅에) 실현되지 않았지만, 이미 궁극적인 실제 세계인 천상에서 이루어졌다. 그러므로 최후의 승리는 이 땅에서 교회가 드리는 예배를 통하여 천상의 성소에 참여하게 될 때 이루어진다. 그러나 끔찍한 장면과 축하의 노래가 병렬되는 것을 즐겁게 바라보고 흡족해 할 수 만은 없다. 그렇다고 단순히 미래의 축하에 대한 약속만 있는 것도 아니다. 그 메시지는 "지금은 곤궁한 시대이나, 머지않아 우리는 축하할 수 있을 것이다."라는 사실이 아니다. 오히려 그리스도교의 예배는 종말론적 미래를 예상하고, 그것을 현재에 축하한다. 특히 그리스도교의 예배는 성만찬적인 관점에서 과거를 향해 '뒤쪽으로' 나아간다. 그리고 현재적 관점에서 ('새로운 출애굽'을 위해) 미래의 승리를 향해 '앞쪽으로' 나아간다. 또한 과거와 미래, 그리고 현재를 통합하는 천상의 성소 예배에 참여하여 신적 세계의 초월적 실체를 향해 '위로' 나아간다.

요한은 이러한 마지막 연속적 재앙이 주고 있는 중요성을 예배구조 속에서 인지하고 있다. 요한의 시종일관된 언어는 예배와 찬양이다. 15 : 1~16 : 21의 전체 환상은 모든 예배와 마찬가지로 전적으로 하나님 중심적이다. 그 행동은 천상의 제의로 진행되고, 하나님의 영광에 대한 위엄을 제의와 관련하여 그려 내고 있다. 천상의 소리로부터 들려오는 소리에 반응하여, 제사장의 복장을 한 천사들의 장엄한 행진이 '대접'을 하나님의 법이 보관된 장소인 장막으로부터 가져온다. 그리고 그것들이 땅에 부어진다. 헬라어에서 대접은 phiale로 문자적으로는 '유리병'을 의미하는데, 특히 제사를 드릴 때 사용하는 대접을 함축한다. 헬라어로 번역된 구약성경은 이 단어를 제단으로부터 재를 실어 나르기 위해 사용하던(출 27 : 3) 장막의 용기(RSV는 냄비)라는 단어를 사용한다. 요한은 5 : 8에서 같은 단어를 천상의 성소에 있는 도구로 사용한다. 제단 자체는 16 : 7에 나오며, 6 : 9~10에서 순교자들이 희생당한 천상의 제단을 상기시킨다. 대접들이 땅에 부어져서 마지막 재앙들이 시작될 때, 땅에 재앙이 임하는 것은 지상의 그리스도인들이 드린 기도가 대접에 담겨서 천상의 예배에 올려진다는 사실로 연결된다(참고. 5 : 8 ; 8 : 3-5). 이 땅에서 환난을 겪은 교회가 "주의 나라가 임하소서.", "주 예수여 오시옵소서."(22 : 20 ; 참고. 22 : 17 ; 그리고 마 6 : 10 ; 고전 16 : 22)라고 기도할 때, 그 기도는 하늘에서도 유효하며 하나님의 나라를 확립하는 종말론적 사건을 개시하게 한다. 그러나 마지막 승리 전에, 승리의 한 부분으로써 이제 강화된 종말론적인 재앙들이 다시 한번 묘사된다.

하나님의 진노의 일곱 대접(16 : 1-21)

여기서 종말론적 재앙들이 마지막으로 기록되는데, 이는 지금까지 진행되어 온 연대기적 연속이 아니다. 그것은 같은 시기를 가리키지만, 다른 관점을 가지고 있다. 그것은 진행되던 환상들과 평행하지만, 더욱 더 강화된 우주적 재난에 관한 환상이다. 처음에 두 칠중주(일곱 개의 두루마리와 나팔-역자주)처럼 4분의 3뿐만 아니라 모든 세계가 태양에 대항하다가 강풍과 어둠에 의해 쓰러지고 바다의 모든 것이 죽게 된다. 지구뿐만 아니라 우주 자체(하늘, 태양, 사막, 바다, 강)가 멸망하게 된다(16 : 1-8). 하나님을 대적하는 인생들의 반란으로 창조된 세계 그 자체도 오염되게 된다(참고. 창 3 : 17 ; 사 24 : 5-6). 인생들이 구속될 것이 때문에(21 : 1-22 : 6 ; 참고. 롬 8 : 18-23), 심판을 통과해야 한다.

출애굽 과정에서 자기 백성을 위해 자유하신 하나님께서 애굽에 재앙을 내리신 위대한 행동과 마찬가지로, 종말론적 재앙이 가져온 공포는 하나님의 의로우신 심판을 명시하는 것으로 요한에 의해 묘사되었다. 요한이 제시하는 관점은 그 재앙이 공정하다는 데 있다. 하나님의 주권을 확립하려는 역사적 목표가 정의의 문제와 연관이 되어 있다. 현 세계는 공정하지 못하지만, 종말에서 불법이 일어나지 않는다. 요한은 공포의 생생한 이미지를 통하여 하나님의 공의에 관한 천상의 목소리를 해석학적으로 기록하였다(16 : 5, 7). 그러한 재앙이 '하나님의 진노'라고 표현되면서(14 : 10, 19에 처음 소개되었고, 그 후 15 : 1, 7 ; 16 : 1, 19 ; 참고. 19 : 15에 반복적으로 나타난다.), 감정적인 차원이 아니라 변증적인 차원에서 이해해야 한다는 사실을 우리에게 일깨워 준다.

초점이 우주로부터 창조주에 대항하여 반역한 세상의 대표자인 로마에게로 좁혀지는데, 요한계시록의 절정에 해당하는 17~18장에서는 바벨론의 멸망까지 언급하고 있다. 처음 네 재앙은 우주적인 차원에 관해서 언급하지만, 다섯 번째 재앙은 특히 짐승의 보좌와 그 왕국인 로마에 관해서 언급한다(16 : 10).

여섯 번째 나팔(9 : 13 – 21)과 평행되는 여섯 번째 대접이 부어지는 환상은 유프라테스 강을 건너서 로마 문명을 공격하기 위해 고삐가 풀린 악마의 군대에 관해서 언급하고 있다. 이것은 로마에 관한 거대한 공포감의 표현인데, 곧 파르티안의 위협에 관해서 신화적인 표현으로 과장되게 기록한 것이다. 이것은 하나님께서 우상을 숭배하는 가나안 사람들을 공격하기 위해 자기 백성들이 요단강을 마른 땅으로 건너게 하신 것처럼(수 3 : 1 - 4 : 18), 이제 하나님께서 교만한 로마의 문명을 멸망시키기 위하여 공포의 대상인 '동방의 왕들'로 하여금 유프라테스 강을 마른 땅처럼 건너게 할 것이라고 언급한다. 이러한 이미지의 재탄생을 통하여 우리가 듣게 되는 것은 파르티안에 관해서가 아니라 그들 배후에 하나님께서 종말론적 심판을 위하여 사용하시는 사탄의 권세인 용과 짐승, 거짓 예언자들이다. 만화경을 약간 회전하기만 해도 '마지막 전쟁'에 등장하는 많은 악한 이미지들이 나타난다. 전통적인 이미지 속에 이 땅의 왕들이 거룩한 도성에 대항하여 모이지만, 마침내 하나님에 의해 패배하게 된다. 요한은 전통적인 방법으로 이러한 이미지를 묘사하고 있다(20 : 7-9를 보라). 요한은 그 이미지를 심판의 이미지로 전환한다. 부르는 소리가 있어 주님의 위대한 날에 치를 전쟁이 소집되지만, 그 전쟁터에 소집된 사람들이 무엇을 공격해야 하는지 그 대상이 분명하지 않다. 그 대상이 예루살렘은 아니다. 그러면 로마 자체가 진노의 대상인가? 여기서 요한이 묘사하려고 한 것이 무엇인지 우리가 확신하기 전에, 아마겟돈 전쟁에 관한 토론을 먼저 할 필요가 있다(16 : 14-16).

아마겟돈 전쟁. 요한계시록에 대해서 내리는 가장 대중적이며 동시에 무비판적인 해석이 아마겟돈 전쟁을 역사의 마지막에 일어날 사건의 일부로 간주하여 북이스라엘에 있는 므깃도에서 일어날 전쟁에 관한 예언으로 보는 것이다. 그러나 이러한 가정은 잘못되었다. 요한이 예언을 기록하고 있는 것을 사실이지만, 그가 긴 미래의 역사적 사건을 예언하고 있다는 것을 의미하는 것만이 아니다. 요한은 당대의 그리스도인들을 위하여 당대의 사건들이 지니고 있는 영감에 관해서 언급하고 있다(참고. 서론). 요한계시록 16 : 14~16이 요한의 시대를 넘어서 일어날 그 어떤 역사적 사건을 예언하고 있는 것이 아니다. 거기에는 그 어떤 전쟁에 관해서도 묘사하지 않는다. 비록 요한이 전통적인 군사적 이미지를 사용하고 있으나, 그는 신학적으로 결정적인 승리가 예수의 십자가와 부활을 통하여 성취되었다는 사실을 말하고자 한다(5 : 1-14 ; 12 : 7-12를 보라). 따라서 요한계시록은 종말론적 전쟁에 관한 묘사를 포함하지 않는다(참고. 19 : 11-21 ; 20 : 7-10).

이스라엘의 실제 지명인 므깃도를 아마겟돈과 동일시하는 것은 아주 위험천만하다. 요한은 그 이름을 히브리어로 표현하고 있는데, 바로 이 사실이 중요하다. 그 단어의 첫 부분('har')은 히브리어로 '산'을 의미한다. 아마겟돈은 '마겟돈의 산'이라는 뜻이다. 그런데 구약성경이나 팔레스타인의 지명에 그런 이름을 가진 산이 없다. 그래서 요한이 의미하는 바가 무엇인지 알아내기 위하여 청·독자들이 많은 애를 먹는다. 그래서 철자를 약간 조정하여 그 이름을 성경적 지명인 므깃도로 간주하여, 성경 역사에 자주 등장하는 북 이스라엘의 요새였던 한 도시에서 일어난 전쟁을 언급하는 것으로 간주한다(삿 4 : 4-5 : 31 ; 참고. 5 : 19 ; 왕하 23 : 28-29). 그러나 그곳을 방문하는 사람들이 놀라는 것은 거기에 산이 없다는 것이다. 많은 고대의 도시들처럼, 그 도시 자체가 인공적으로 흙을 쌓아 올린 작은 언덕이다. 성경도 므깃도에 관해서 물과 평지를 언급하고 있을 뿐(삿 5 : 19 ; 대하 35 : 22), 므깃도 산에 관해서는 말하지 않는다. 만일 요한의 청·독자들이 팔레스타인의 지리에 관해 충분한 지식을 가지고 있었다면, 그들은 그 인근에 가장 가까운 산인 갈멜 산 곧 엘리야가 우상을 숭배한 바알 선지자들을 패배시킨 산을 므깃도로 생각하였을 것이다(왕상 18 : 20-46). 이것이 요한이 염두에 두고 있는 관점이다. 곧 예언자적인 전통 위에 서 있었던 초기 그리스도교 공동체가 로마의 우상숭배(참고. 11 : 4-13)에 대항하기 위해 엘리야의 전통을 굳게 붙들고 있다는 사실이다. 요한이 원래 팔레스타인 출신이었기에 이렇게 연결을 시도하였을 텐데, 그러나 요한은 그의 청·독자들로부터 이러한 이해를 거의 기대하지 못했다.

몇몇 학자들은 논쟁의 또 다른 가능성을 제기하며 그 히브리어를 '집회'를 의미하는 것으로 읽기 위해서 '마겟돈'의 철자를 조정한다. 그러면 '아마겟돈'은 '마겟돈의 산'을 의미할 수 있다(참고. Rissi, *Time and History*, pp. 84-85 ; Eller, pp. 150-151). 이것은 문맥과 적합할 뿐만 아니라(16 : 14) 이 본문을 신화적 용어로 '바벨론 왕'을 묘사하고 있는 이사야 14 : 21~15과 연결되어는 '집회의 산'을 의미한다고 볼 수 있다. 따라서 요한은 바벨론 왕의 패배와 바벨론의 멸망에 대한 종말론적인 그림을 그리기 위하여 이 본문 속에 그러한 이미지를 채택하고 있다. 바벨론 왕이 아이러니하게도 '계명성'으로 불리기 때문에('너 아침의 아들 계명성', 사 14 : 12), 요한이 예수에게 사용한 칭호(22 : 16)는 어린 양을 짐승에 견주는 또 다른 예가 될 것이다.

그러므로 요한이 아마겟돈 전쟁을 통해서 묘사하려는 의도는 우리가 지도 위에 그 장소를 면밀하게 표시한다거나 그 연대를 지정하려는 시도를 하지 않아야 한다는 뜻이다. 곧 아마겟돈 전쟁은 지도와 달력 위에 표시되는 어떤 역사적 전쟁에 관한 예언이 아니라 요한이 묘사하려고 하는 종말론적인 사건에 대한 그의 그림 중의 하나로써 요한 자신과 당대의 교회가 이미 경험하고 있는 것과 관련하여 그가 묘사하려는 종말론적 재앙의 절정에 관한 것이다. 다시 말해서, 전쟁의 의미와 전쟁의 발발이 요한의 관심사항이었지, 시간적으로 혹은 공간적으로 전쟁의 위치가 아니었다. 이 문맥에 의하면, 하나님께서 종말론적인 심판이 절정에 달하는 시기에 '악의 3인방'으로 하여금 유프라테스를 건너서 오는 공포의 파르티안을 포함하여 동방의 임금들을 모으도록 하신다는 사실이다. 이는 요한이 가까운 미래에 일어날 그림을 묘사하면서 반역하는 로마에 대항하게 하는 최후의 일전에 대해서 언급하는 것이다. 곧 이 단원의 결론부에 해당하는 환상에서, 요한은 실제적으로 로마의 멸망에 관해서 묘사하고 있다. 그러나 아무 전쟁도 묘사되지 않고, 그 어느 파르티안도 로마에 접근하지 않는다. 그 이유는 요한이 원칙적으로 이미 그리스도 사건으로 성취된 하나님 스스로의 역사에 의해서 세상적인 악을 상징하는 것들이 최종적으로 멸망하였기 때문이며, 이러한 원리로 요한이 다음 단원인 17 : 1~18 : 24에서 그러한 종말론적인 재앙들을 절정으로 표현하기 위하여 '바벨론의 멸망'에 관해 자세히 설명하기 때문이다.

'일곱 번째 대접'이 쏟아진 후에(16 : 17 - 21), 큰 음성이 마침내 들리며(참고. NEB) '큰 성읍'과 열방의 성들이 하나님의 현현에 두려워한 나머지 무너진다. 일곱 번째 곧 마지막 장면은 하나님의 현현을 가리키고 있다. 곧 하나님께서 거만한 인간의 성인 '위대한 바벨론'(16 : 19)의 부정의를 잊지 않으시며, 이제 하나님께서 그 성을 심판하시는 분으로서 나타나신다는 사실이다. 여기서 요한은 20 : 1~22 : 6에 관한 설명을 보류한다.

이미 시작된 종말론적 미래의 생생한 장면들 가운데 그의 예언자들을 통하여 말씀하시는 그리스도의 직접적인 음성이 들린다. "보라 내가 도둑같이 오리니 누구든지 깨어 자기 옷을 지켜 벌거벗고 다니지 아니하며 자기의 부끄러움을 보이지 아니하는 자는 복이 있도다"(16 : 15). 이미 어떤 것이 전제된 것처럼, 이 구절은 2 : 1~3 : 21(참고. 3 : 3)에 있었던 메시지가 이 곳에 다시 잘못 놓인 것이 아니다. 이는 요한의 청·독자들에게 그 환상이 미래에 대한 특별한 정보를 제공해 주는 것이 아니라 그들로 하여금 다가오는 종말론적인 실체를 향하여 현재 그들의 삶을 향하여 오시는 살아 계신 그리스도께서 주시는 도전을 상기시키는 역할을 한다.

요한계시록 17 : 1~18 : 24

바벨론의 멸망과 탄식

17~18장은 바벨론의 멸망이라는 주제에 집중되어 있는 단원이다. 17장은 바벨론의 정체를 밝히면서 그 멸망을 선언하고 있다. 18장은 멸망한 성에 대한 탄식이다. 이 단원이 비록 많은 환상 가운데 하나만을 세우려고 하지는 않을지라도, 요한의 기록에 있어서 가장 중심적인 단원이다. 이 단원이 결코 서론이나 부록이 아니다(참고. 서론을 보라). "일곱 대접을 가지고 있는 천사들 중의 하나"(17 : 1)에 대한 환상을 이끌어 내고 있는 천사에 대한 묘사는 그 이야기의 절정에 해당하는 '일곱 개의 마지막 재앙'으로 바벨론의 멸망을 연결시키고 있다. 새 예루살렘에 관한 환상을 이끌어 내는 천사가 후에 정확하게 똑같은 말로 다시 묘사될 때(21 : 9), 바벨론의 멸망이 거룩한 성에 견주는 모방과 거울의 이미지로 다시 표현된다. 요한이 새 예루살렘을 구원에 관한 환상으로 묘사하면서 가장 극적으로 처리하는 것처럼, 바벨론은 심판의 가장 강렬한 그림으로 그려진다. 요한은 예수 그리스도의 재림과 새 예루살렘의 출현에 관한 그림을 묘사하기에 앞서서 바벨론과 바벨론의 심판에 관해 상세하게 묘사하였다.

로마는 바벨론이다(17 : 1–18)

천사는 그 성을 보게 하기 위하여 요한을 광야로 이끌었다(17 : 3). 이는 광야가 그곳에 있기 때문이 아니라 그곳이 하나님의 백성들을 위한 피난처이기 때문이다. 이런 통찰력으로부터 하나님의 백성들은 그 성이 무엇인지 알 수 있다(참고. 계시록에 나오는 광야의 이미지를 위해서 12 : 6, 14을 보라). 요한은 그 성을 통하여 여인 곧 음란한 창녀를 본다(17 : 1, 18). 요한이 여자의 이미지로 그 성을 묘사하는 이유는 그가 살아오면서 영향을 받았던 유대 예언적 전통에 서 있기 때문이다. 유대 예언적 전통에 의하면, 예루살렘은 처녀(사 37 : 22 ; 애 2 : 13)로, 현숙한 아내와 어머니(사 66 : 7－14)로, 신실하지 못한 유부녀(겔 16장)로 묘사된다. 반면에 니느웨와 두로는 매춘부로 묘사된다(나 3 : 1－7 ; 사 23장).

그 성의 정체성

매춘이 성행하는 성에 대한 요한의 환상은 "땅의 왕들을 다스리는 큰 성"(17 : 18), 곧 로마를 가리킨다는 데 의심의 여지가 없다. 요한은 로마의 정치 지도자들에게 숨기려 하지 않고 분명하게 말하는데, 그 이미지가 너무나도 분명하여 아주 미련한 로마 사람에게조차도 그 의미를 숨길 수가 없다. 그는 오히려 여러 단계의 의미가 단번에 울려 퍼지게 하는 환각적 상징 언어를 사용하여 청·독자들의 상상력을 자극하고 있다. 그가 사용하는 이미지는 완전히 해독된 알레고리가 아니다. 그 이미지들은 동시에 한 가지 이상의 환상의 의미를 간직하고 있다(참고. 17 : 9－10). 마치 헬라 사람들에게 아테나가 여신이 된 것처럼, 로마 사람들에게 고대 근동에 널리 퍼진 위대한 어머니 여신이 축복의 수여자인 로마라는 여신이 되었다. 고고학은 에베소와 서머나와 버가모에 있는 로마의 여신을 위한 신전들이 널려 있다고 증거한다(참고. 2 : 1, 8, 12). 그러나 요한이 모든 교회에 보낸 편지에는 이런 신전의 이미지에 대해서 반대하고 있다. 곧 로마는 위대한 어머니 여신이 아니라 매춘부라고 지적한다(이번 방식으로 주장했던 그리스도인들을 가리켜서 당시에 애국자라고 여기지 않았을 것이다).

그러나 요한이 로마를 다양한 단계 곧 여신, 로마라는 도시, 지중해에 걸쳐 있는 로마 제국, 황제와 황제 숭배, 그리고 황제와 관련된 신화, 네로와 관련된 전설 등으로 묘사하려 한 것은 분명하다(참고. 12-13장). 17 : 1에 의하면, 그 여인은 많은 물 위에 앉아 있다(이 의미에 관하여 NEB는 "대양의 보좌에 앉아 있다." 혹은 TEV는 "많은 강들 근처에 지었다." 어떤 번역도 그 뉘앙스에서 큰 차이가 난다). 원래 이 의미가 바벨론에 적용되어(렘 51 : 13), 문자적인 의미를 가지고 있다. 곧 바벨론은 많은 수로를 가진 유프라테스 강가에 세워진 도시이다. 그러나 로마는 문자 그대로 많은 물들이 있는 도시나 항구가 아니다. 그러므로 이러한 묘사는 지리적인 묘사가 아니라 신학적이며 성경적인 묘사이다. 곧 로마가 바벨론이라는 사실이다. 로마는 바다를 통치하는 다국적, 상업적 제국이다(17 : 15). 그러나 로마는 리워야단(옛 뱀-역자주) 위에 앉아 있다. 곧 하나님에 의해 마침내 파괴될 운명에 처해 있는 혼돈의 세력을 대표하는 바다짐승 가운데 앉아 있다. 다시 말해서 이 땅의 왕들과 간음하는 모습이 바로 로마의 모습이다. 성경의 어조에 의하면, 로마는 우상숭배를 하고 있는 것이다. 이는 황제를 포함하여 모든 로마 신들에게 제사를 드리는 일뿐만 아니라 당시 삶의 방식에 있어서 로마식을 받아들이고 로마 자체를 신격화시키는 모든 것을 가리킨다. 그러므로 로마는 하나님의 백성을 박해하였다(요한과 그의 청·독자들은 특히 참혹했던 64년에 있었던 네로의 박해를 기억하고 있다). 그리고 로마는 성도들과 예수를 증거한 사람들의 피에 취하였다(17 : 6). 로마는 잘 입고 비싼 포도주를 마시지만, 로마의 옷은 매춘부가 걸친 화려한 장식에 지나지 않으며, 그 포도주는 하나님의 백성들이 흘린 피로 만들어진 것이다.

13 : 1~8에 기록된 대로 여자가 앉아 있는 짐승은 로마이다. 그 짐승이 가지고 있는 일곱 머리들은 로마의 전유물로써 여러 시대를 거쳐 온 신들과 로마 황제들, 또 그 황실 가족들을 상징한다(17 : 9-10). 그들의 이마에 쓰인 하나님의 백성이라는 이름은 또 다른 모방으로서 음탕한 여인인 로마를 상징하고, 그 로마는 그 이마에 신비롭게 장식된 '큰 성읍 바벨론'이란 이름이 적혀 있다(17 : 5). 성경과 바울의 전통에 의하면, 비밀은 수수께끼와 같은 의미를 가지고 있지만, 요한은 예언자적인 전통을 따라서 계시된 통찰력을 의미한다(1 : 20 ; 10 : 7 ; 롬 11 : 25 ; 고전 15 : 51 ; 엡 3 : 3-5 ; 골

1 : 26－27). 유대 전통에서 바벨론은 기원전 586년에 예루살렘을 멸망시킨 그 바벨론을 의미하며(제2에스드라서 3 : 1－3 ; 벧전 5 : 13), 로마는 66~70년에 예루살렘을 파괴한 바로 그 로마를 의미한다.

로마, 짐승, 그리스도인들

로마가 요한의 청·독자들과 가지는 특별한 관계를 가장 잘 표현하고 있는 이야기가 여인이 앉아 있는 짐승에 관한 묘사(17 : 8－12)이며, 특별한 관심을 불러일으키고 있다. 짐승의 이미지는 한 번에 여러 가지 의미를 주고 있다. 곧 혼돈의 권세가 부활하는 이미지가 창조로 억제되었지만, 종말에 가서는 마침내 파괴될 것이라는 사실이다. 그러므로 인자(단 7 : 1－14)의 인간적 나라와는 대조적으로, 다니엘의 꿈에 나타난 짐승의 왕국들은 멸망할 것이다. 최근에 박해를 일삼는 제국의 권세는 그 위엄을 자랑하지만, 황제 숭배와 황제 자신들과 네로는 동쪽으로부터 그 사망의 머리를 들고 들어오는 군대에 의해 멸망당하게 될 것이다(13 : 1－8을 보라).

17 : 8에서 요한은 짐승이 활동하는 양상에 대해 두 번씩이나 언급을 할 정도로 중요시하고 있다. 그 짐승은 과거에 있었지만, 현재는 없으며, 다시 돌아올 것이라고 말한다. 한편으로, 이러한 신비스러운 묘사는 과거에 계셨고, 현재에 계시며, 앞으로 계실(1 : 4, 8 ; 4 : 8) 진정한 하나님에 대한 모방을 보여 주고 있다. 또 다른 한편으로, 이러한 묘사는 청·독자들에게 짐승의 행동 양상에 관해 주위를 환기시키는 역할을 한다. 그 짐승은 한때 있었다. 그러므로 그것은 과거에 나타났던 실체이다. 로마 제국이 그리스도인에게 가한 박해는 64년에 네로 때에 있었지만, 그 순간에 박해의 실체는 드러나지 않았다. 이런 방식으로 요한은 그리스도교에 대한 로마의 박해는 겉으로 드러나지 않았다고 기록한다. 요한은 이것이 그리스도인의 안전에 대한 잘못된 감각을 주어서 로마에 순응하게 하는 결과를 가져온다는 사실을 깨달았다. 그러나 요한이 환상을 통해서 본 바와 같이, 짐승은 심연으로부터 뛰어 올라와서 대환난이 도래하도록 결렬한 모임을 준비하고 있다. 그러나 그 짐승은 음부에 떨어질 것이다. 짐승이 나타난다면, 해

결책이 있다. 요한은 이미 패배한 적들에게 그의 동료들이 항복을 할까 봐 걱정하고 있다. 그러므로 그가 전하는 계시는 겉표지(묵시문학적 문자적 의미)를 제거하는 것이고, 그들이 사물의 실체를 직시하게 하는 것이다.

이와 똑같은 목회자적 기능을 하는 것이 17 : 10~11에서 언급하고 있는 것인데, 다소 복잡한 상징으로 기록되어 있다. 이 구절은 로마 황제들(RSV에서는 왕들이라고 번역한다.)이 대대로 그 지위를 이어 가는 것에 관해서 장황한 설명을 하고 있다. 이 구절을 그들의 통치 시기와 관련하여 다음과 같이 정리할 수 있다.

줄리어스 황제	기원전 44년에 사망
아우구스투스(옥타비아누스)	기원전 31~서기 14년
티베리우스	14~37년
가이우스(칼리쿨라)	37~41년
클라우디우스	41~54년
네로	54~68년
갈바	68~69년
오토	69년
비텔리우스	69년
베스파시안	69~79년
티투스	79~81년
도미시안	81~96년
네르바	96~98년
트라야누스	98~117년
하드리아누스	117~138년

요한은 처음 다섯 명의 황제가 망하고 죽었다고 말한다. 요한계시록이 기록될 당시에 요한과 그의 동료 그리스도인들은 현재 통치하고 있는 여섯 번째 황제의 시대를 살아가고 있었다. 그런데 잠시 존속될 일곱 번째 황제가 나타날 것이다. 그러다가 마지막에 여덟 번째 황제가 나타날 것이다.

이 여덟 번째 황제는 잠시 동안 다스릴 것인데, 그 통치권이 다니엘 7장에 비유적으로 묘사되어 있는데, 요한은 이것을 차용하여 그 모티프를 열 명의 왕들에게 골고루 나누어 주고 있다.

이 본문은 가능한 한 정확하게 요한계시록의 저술 시기를 결정하기 위하여 중요시되고 있다. 첫눈에 그 일은 아주 단순하게 보인다. 곧 요한은 여덟 번째 황제의 통치시기에 요한계시록을 기록하였다(17 : 10). 그러나 즉시 세 가지의 문제점들이 제기된다. (1) 우리가 첫 번째로 계수해야 할 황제가 분명하지 않다. 누가 첫 번째로 계수해야 할 황제인가? 줄리어스 시저나 아우구스투스 중에 한 명이 첫 번째라고 간주될 수 있지만, 우리는 정확하게 요한이 누구를 첫 번째 황제로 간주하였는지 알지 못한다. 누가 첫 번째로 그리스도인을 박해한 황제인가? 이 경우에 우리는 네로를 들 수 있다. 누가 예수의 죽음과 부활 이후에 통치하면서 자기의 조각상을 만들어서 우상화 정책을 펼친 첫 번째 황제인가? 이 경우에 해석자들은 가이우스를 예로 든다. (2) 우리는 계수할 황제들을 알지 못한다. 그들이 전부인가? 고통을 받다가 죽임을 당하고 망한 자가 누구인가? 원로원에서 신으로 선포된 자들은 누구인가? 네로 이후에 혼란스러운 상황에서 권좌에 올랐던 황제들 중에서 갈바, 오토, 비텔리우스 등도 계수하여야 하는가? 이러한 상이한 가능성들 때문에, 학자들은 요한이 계시록을 저술할 당시에 황제들로 권좌에 앉았던 자들에 관해서 네로부터 트라야누스까지 모든 황제들을 떠올린다. 일부 학자들은 그 구절이 후대에 삽입되었다고 결론짓기도 한다. 왜냐하면 그들은 요한이 그 구절을 기록한 목적이 당시 황제의 정체성을 드러내는 것으로 간주하기에는 요한 자신이 당면한 상황과 너무나도 상이하다고 생각하기 때문이다. (3) 그러나 세 번째 문제가 결정적이다. 요한은 도대체 숫자 7을 통해서 무엇을 의도하였는가? 요한이 이와 관련하여 다루고 있는 다른 경우를 보면, 숫자 7이 실제로 무엇을 의미하든지, 로마 황제들의 전체 계보를 상징적인 숫자로 나타내려 하였다는 점이다(마치 2－3장에 나오는 일곱 교회들이 소아시아와 세계의 모든 교회를 상징하듯이).

요한은 그의 청·독자들이 당면한 문제들을 이야기하기 위해서 요한계시록을 통해 수수께끼가 아니라 목회적 편지를 쓰게 되었다. 요한은 그의 청·독자들에게 주는 메시지를 통하여 황제가 무엇을 하였으며 그가 무엇을 뜻하는지에 관해서가 아니라 또한 이미 그들이 알고 있는바 당대의 어느 황제가 다스리고 있었는지에 관해서 알아야 한다고 걱정하지 않았다. 오히려 그는 그의 동료 그리스도인들이 제국적인 권세가 결국 악마적인 권세라는 사실과 박해가 현재는 잠잠하지만 단지 폭풍 전야의 고요함과 같은 것이라는 사실을 분간하지 못하는 것을 안타까워하고 있다. 여덟 번째 황제가 나타났을 때, 그는 (진정한 여덟 번째이신) 예수 그리스도를 의미하는 모방과 네로 시대에 나타났던 짐승의 권세인 또 다른 성육신일 수 있다. 도미시안 시대에 당하는 고통은 다가올 대환난의 일부분이다. 그러므로 더 강한 모습을 띤 짐승이 나타나게 될 때 그것은 최후의 순간이며, 그 짐승은 마침내 지옥으로 떨어질 것이다. 결국 요한은 자신이 전하고 있는 계시를 통해서 모든 것이 궁극적으로 로마로 상징되는 우상이 가득한 상황 속에서 어떻게 그리스도인들이 예수 그리스도 안에 계시된 하나님께 충성을 다할 것인지에 관한 메시지를 분명히 하고 있다. 그는 고의적으로 그의 청·독자들이 로마가 위협을 가하고 있는 진정한 본성에 관해 폭로하는 자들이 되는 것을 허용하기 위해 모호한 방법을 선택하였는지 모른다. 요한이 사용하는 의사소통 방법은 로마나 사탄적인 짐승과 더불어서 다른 어떤 국가를 단순하게 동일시하는 것이 아니라 식별하는 능력을 배양시키는 데 있다.

로마/인간의 문화는 전적으로 부패되었는가?

요한은 이러한 어두운 상황에서 로마 제국이 권세를 가지고 가하는 박해를 묘사하고 있음에도 불구하고, 이 본문에서 당대의 주석가들이 전체적으로 로마를 비난하는 자신에 대해서 머뭇거리는 태도를 갖게 할 정도로 두 가지의 문제를 지적한다.

1. 요한은 자신의 통치 시기에 그를 밧모섬에 유배를 보냈고, 안디바를 죽인(1 : 9 ; 2 : 13) 도미시안 시기에 요한계시록을 기록하였다. 그러나 요한은 도미시안을 짐승이라고 여기지 않았다. 요한은 짐승을 교회가 싸우는

악(사탄 혹은 용)이라는 초월적인 권세로 이해하였다. 그러나 그는 당대의 사람들에 관해서 사실상 역사적으로 유명한 사람들을 사탄적인 문구를 가진 칭호를 붙여서 공격하는 일을 주저하였다("숙고 : 요한계시록의 '사탄'이란 용어를 해석하기"를 참고하라).

2. 즉각적으로 이어지는 바벨론의 멸망에 관한 탄식은 요한이 지니고 있는 두 가지의 관점을 보여 주고 있다. 곧 사탄적인 권세는 세상 사람들에 대한 로마의 터무니없는 압제와 그리스도인들에 대한 박해를 통해서 표현된다는 것과 인간의 문화도 가치가 있고 최후에는 하나님의 속죄에 사랑이 목적이라는 것이다!(21 : 14－16) 그러나 하나님의 목적을 왜곡하는 것에 대한 심판은 필수적이며 그에 대한 탄식이 나올 수밖에 없다. 17장에서 표현되었던 그 여자는 오직 한 가지의 측면만 표현되고 있다. 그것은 거만하고 우상을 숭배하는 세상 왕국 속에서는 문화가 왜곡될 수밖에 없다는 사실이다. 여기서 비난받는 것은 거만한 인간의 왕국이지 요한 시대에 있었던 로마를 구체적으로 지적하는 것은 아니다. 그러나 요한은 인간의 정부와 문화에 다른 차원들이 있다는 사실을 알고 있으며, 다른 구절에서 이것을 진술한다. 이 구절에 대한 가르침과 설교(그리고 일반적으로 요한계시록에 나타나는 '반로마'적 구절들)는 사람들로 하여금 매력적이고, 악마적인 인간의 죄악을 볼 수 있도록 인도한다. 요한계시록의 몇몇 구절을 포함하여, 성경에 있는 다른 구절들은 문화와 정치 속에 있는 긍정적인 가치를 지적해 주고 있다.

악의 자기 파괴적인 권세

요한은 지상의 권좌 배후에 있는 권세들이 이미 힘을 잃었다는 사실을 폭로하기 위하여 그의 청·독자들의 상상력을 자극하며 악의 양상에 관하여 생생하게 묘사한다. 그는 악의 종말에 관하여 두 가지를 말하고 있다. 곧 첫째, 악이 미래의 역사적 사건으로 예언되지 않고, 오히려 하나님의 궁극적인 승리와 연관이 된다는 사실과 둘째, 한 악이 어떤 연대기적 구조에 들어맞는 것이 아니라 서로 모순된 사건 속에 있는 실체라는 사실이다

(서론을 참고하라. 그리고 요한이 하나님의 종말론적 승리에 관한 다양한 그림을 통해 제시한 아래의 토론을 참고하라).

17 : 12~14에서 종말에 나타나는 짐승은 마지막 날에 어린 양의 군대로서 '열 왕'과 더불어서 어린 양에 의해 직접 멸망을 당할 것이다. 이는 요한이 묘사하고 있는 그림이지 역사적 사건이 아니다. 곧 비록 환상이지만, 십자가에서 승리하신 어린 양에게 나타나 있는 하나님의 능력에 의해 악이 멸망을 당할 것이다(5 : 1-14). 다시 말해서, 악은 그리스도 안에 나타나 있는 하나님의 위대한 행동으로 이미 멸망을 당할 운명에 처해졌다는 것이다.

17 : 15~18에서 바벨론과 로마로 상징되는 악은 스스로를 파괴하는 전쟁에서 멸망을 당한다. 여기서 요한의 환상은 새로운 전기를 맞이한다(9 : 1-12를 참고하라). 로마를 짐승으로 구체화하는 묘사를 반복적으로 한 후, 요한은 우리에게 짐승과 그 동맹인 열 왕이 로마와 같은 권세를 가진 실체이지만 끝내 멸망을 당하게 될 것이라고 묘사한다. 곧 악은 하나님에 의해 심판을 받게 되고 멸망을 당하게 된다는 사실이다. 그러므로 악은 스스로 멸망을 당하게 된다. 이때 요한은 청·독자들에게 네로가 하나님의 종말론적 진노의 도구인 로마에 대항하는 파르티안의 무리들을 이끌고 돌아오는 것을 볼 것이라고 한다. 또 하나는 요한이 청·독자들에게 하나님께서 마지막 심판의 도구로서 악의 권세까지도 사용하신다는 성경의 환상에 관해서 말한다. 마치 하나님께서 그의 백성인 이스라엘을 심판하실 때 이방의 통치자들을 들어서 불성실한 예루살렘을 파괴하신 것처럼, 마지막 때에 하나님께서는 이 세상의 보좌 곧 세상 모든 권세의 배후에 살아 계셔서 다스릴 것이다. 악이 스스로 그 권세에서 멸망을 당할 때, 이는 예언자들에 의해 선포되고 또 그 성취된 말씀 속에 선언된 하나님의 목적이 실현된다(17 : 17).

바벨론의 멸망에 대한 축하와 탄식(18 : 1-24)

이 단원을 해석하면서 요한계시록을 가장 치밀하게 구성하고 있는 상황,

자료, 모델, 그리고 형식 등을 주목하는 것은 아주 중요하다.

문학적 역사적 상황. 이것은 진정한 의미에서 우리가 종말 직전에 볼 수 있는 마지막 장면이다. 이것은 하나님 나라의 최종적인 도래보다 먼저 일어나는 종말론적 재앙이 궁극적으로 최고조에 달하게 되는 마지막 장면에 관해서 언급하고 있다. 요한은 여기서 바벨론이 멸망하는 장면을 묘사한다. 이러한 묘사는 로마의 멸망을 축하하고 탄식하는 어조로 바뀌는데, 이는 단순한 지혜의 말이 아니라 예언자의 통찰력을 통해서 묘사되는데, 이로써 로마는 잠시 동안 번창하고 그 권세를 누릴 것이라고 지적한다.

자료와 모델. 바벨론의 멸망에 관해 탄식과 관련하여 요한은 여러 가지의 성경적인 탄식들, 조롱의 노래들, 하나님의 백성을 괴롭힌 대적자들이 무너뜨린 성들에 대한 탄식들을 보여 주고 있다(참고. 사 13 : 21 ; 23 : 1-16 ; 34 : 11-14 ; 47 : 7-9 ; 렘 50 : 39 ; 51 : 37 ; 습 2 : 14-15). 성경적인 탄식에서 직접적으로 인용하거나 간접적으로 암시하는 방식으로 요한은 앞 장에서 확신하였던 내용들, 곧 바벨론 멸망에 의해 초래된 악의 종말론적 파멸이 역사에 있어서 하나님의 목적을 표현하는 예언자적 약속을 성취하는 것이라는 사실을 보여 주고 있다. 그러므로 이것은 하나님의 신실하심에 대한 확인이다. 요한이 성경으로부터 이 모든 이야기를 가져왔으므로, 때때로 그 자신에게 퍼부어지는 냉혹한 복수마저도 완화되는 느낌이다. 바벨론이 '갑절로' 보응을 받으리라는 표현은 불공평한 보복에 대해 언급하는 것이 아니라 성경적 언어가 반영되어 있는 표현인데(렘 16 : 18 ; 사 40 : 2), 이러한 표현은 하나님 자신의 백성뿐만 아니라 이방인 대적자 모두를 반대하는 내용이 담겨 있다.

형식. 우리가 궁극적인 바벨론의 멸망을 직접적으로 보게 하는 대신에, 사악한 도시가 파괴되는 것이 '무대 뒤에서' 일어난다. 곧 청·독자들은 그것을 간접적으로 경험하는데, 그 멸망에 대해서 천상의 목소리가 들린다든지 바벨론이 멸망하는 것을 탄식하는 사람들의 목소리로 묘사되고 있다. 이는 천사의 목소리를 해석하는 것(2-3절)과 천상의 목소리(4-8절)와 지상의 왕들(9-10절)과 지상의 상인들(11-17a절)과 바다에 의존하여 사는 사람들(17b-19절)과 다시 천사에 관한 묘사(21-24절)와 2~3절에서 천사의 목소리를 가진 힘센 음성 등으로 표현되고 있다. 이러한 간접적인 전달 매개체를 통하여 메시지를 전하는 데 전문가인 요한은 다음과 같이 두 개의 장점을 지니고 있다. (1) 청·독자들은 더 이상 수동적일 수 없으며, 그들의 상상력을 동원하여 목격자들의 탄식으로부터 그 장면이 묘사하는 실체를 구성해 내어야 한다. (2) 이것은 청·독자들에게 이 웅대한 드라마 속에 있는 화자와 동일시할 수 있는지 없는지에 관해 선택할 수 있는 자유를 주고 있다. 요한의 그의 청중들에게 그들이 어떻게 반응을 해야 하는지에 관해서 말하지 않는다. 한편으로 바벨론의 멸망을 애도하는 사람들의 탄식은 바로 그것이 찬양의 때라는 사실로 간주될 수 있다. 이는 악이 더 이상 세력을 행사하지 못하는 것에 대한 찬양이 아니라 하나님의 공의가 마침내 승리하였다는 사실을 찬양하는 것이다. 이것은 구약성경에 근거하여 탄식들이 어떻게 표현되어 있는지를 보여 줌으로써, 간접적으로 적들(여기서는 로마와 바벨론)에 반대한 분노와 노여움의 감정이 표출되는 방식을 일깨워 주고 있다. 이러한 간접적인 표출 방식은 또한 요한계시록의 청·독자들로 하여금 그 위대한 도시에 살면서 사랑하는 것을 잃어버리는 탄식에 참여할 수 있는지도 보여 준다. 청·독자들은 아이러니하게도 환상 속에서 화자가 탄식하는 것을 오히려 축하하며, 그러한 탄식에 대해서 찬양할 수 있을 것이다. 그렇다면 청·독자들은 인간의 문화에서 좋은 것, 그러나 현재에는 악용되고 있고 결과적으로 하나님의 심판에 직면하고 있는 것에 대해 사실상 화자와 더불어 탄식함으로써 참여할 수 있다.

바벨론의 잘못은 무엇인가?

로마를 심판하는 이유가 천상에서 들려오는 목소리에 의해서 수정처럼 분명하게 해석되고 있다. 또한 로마를 숭배하면서 그 로마가 사라져 가는 것을 안타까워했던 이 땅에 거하는 사람들의 탄식에 의해서 간접적으로 해석되고 있다. 콜린즈가 요약한 다음의 내용들이 이러한 내용을 이해하는 데 큰 도움을 주고 있다(Collins의 *Revelation*, p. 203을 참고하라).

1. 로마에 의해 숭상숭배와 불경스러운 황제숭배가 자행되었다. 이러한 내용이 요한에 의해 고발되는 목록에서 첫머리를 차지하고 있으며(특히 13 : 1-18을 보라.), 이로써 요한은 바벨론을 음녀로 설명하고 첫 계명을 이행하지 않은 것을 간음이라고 책망하고 있다(18 : 3).

2. 로마에 의해 유대인들과 그리스도인들에 대한 폭력이 자행되었다. 황제 숭배에 저항하였던 그리스도인들은 폭력을 당하였고 순교를 하였다. 그럼에도 불구하고 바벨론이 '예언자들과 성도들의 피'뿐만 아니라 '이 땅에서 살육당한 모든 사람들'(18 : 24)로 인하여 심판을 받게 되었으므로, 이로써 우리는 로마와 바벨론에 내려진 심판이 황제 숭배로 인해 그리스도인들이 받았던 핍박보다 더욱더 극심할 것이라는 사실을 알게 된다. 곧 폭력에 의한 통치는 반드시 보응을 받게 될 것이라는 사실이다. 다시 말해서 그리스도인들을 처형한 것(요한은 네로의 박해와 특히 자기가 살아가는 당대에 다시 재현되고 있는 박해를 보았다.)과 예언자들을 죽인 것(그러므로 로마뿐만 아니라 신실하지 못한 예루살렘도 바벨론과 같이 될 수 있다.)과 '이 땅에서 살육당한 모든 사람들'(18 : 24)에 대해서 보응을 받아야 한다. 여기서 모든 제국에 의해 자행된 무자비한 폭력이 바벨론이 자행한 것이라고 표현되고 있다.

3. 로마는 스스로를 찬양하는 불경스러운 죄를 범하였다. 로마는 하나님보다 "자기 자신을 영화롭게 하였다"(18 : 7). 로마는 스스로 '영원한 로마'라고 칭송함으로써 절대자와 영원한 주권자로 간주하며 이렇게 말하였다. "나는 여왕으로 앉은 자요…… 애통을 당하지 아니하리라." 로마의 이러한 오만은 무례한 언동이요 전능하신 하나님께 대한 도전이다. 18 : 3, 7, 9에 나오는 헬라어인 strenos와 streniao는 '방자'와 '사치'로 번역되기도 하고 '교만'과 '오만'으로 번역되기도 한다(Sweet, p. 268을 보라).

4. 로마는 부유하였다. 아무도 이러한 탄식 속에 대량으로 사용되고 있는 경제적 상업적 언어에 관해서 관심을 기울이지 않는다(18 : 3 ; 11장-19 : 23). 요한의 시대에 그리스도인들에 대하여 실제적인 폭력을 가하는 일은 드문 일이었다. 오히려 경제적인 압력을 행사하는 것이 일반적이

일이었다(13 : 18을 참고하라). 그리스도인들은 이방 문화 속에서 그들의 가치를 공유하는 일에 압력과 제약을 받았으며 그리스도교 신앙이 너무 엄격하여 이방인들의 문화로부터 제외될 수밖에 없었다. 그러나 또 다시 바벨론은 그리스도인들이 믿음을 잃어버리도록 경제적인 압력을 행사함으로써 그들이 받은 고통보다 더 큰 보응을 받게 되었다. 가난한 자들을 착취하여 사치를 구가하였던 로마의 경제정책도 정죄를 받게 되었는데, 이는 종교적인 결과와는 직접적으로 관계가 없는 일이었다.

그럼에도 불구하고 '위대한 도시'의 모든 것이 악한 것은 아니었다. 노래의 가락, 문명을 이끄는 사람들, 신랑과 신부의 목소리가 사라지는 것을 안타깝게 여기는 사람들(18 : 21－23), 죽은 자들과 유령이 나올 듯 한 도시에 대한 탄식(18 : 2) 등에 애절함이 나타나 있다. 요한 자신도 비록 대적된 상태에 대해 분명히 인식하고 있으면서도 그 위대한 도시에 대해서 어느 정도 경탄해마지 않는다(17 : 6－7). "로마가 멸망하였다. 그러나 시인은 그 상실의 무게를 느끼면서 무거운 마음으로 하나님의 승리를 노래하며 그 도시의 폐허 가운데로 걸어간다"(Craddock, p. 277). 모든 좋은 것과 가치가 있는 것은 구속될 것이며, 거룩한 성에 보존될 것이다(21 : 1－22 : 6 ; 참고. 특히 21 : 24－26).

그리스도인들이 할 일은 무엇인가?

여기서 다른 곳과 마찬가지로, 요한은 그리스도인들이 행해야 할 명령을 분명하게 표현하고 있다. 좀 더 혁신적인 생각을 가지고 있는 현대의 그리스도인들은 요한이 그의 청·독자들에게 로마를 물리치고 더욱 더 공의로운 통치를 수립하라고 초청하지 않는 것에 놀라워하거나 실망할 것이다. 요한이 폭력적인 행동을 요청하지 않는 몇 가지 이유가 있다. (1) 요한의 시대에 청·독자들이 로마의 권세에 대할 할 힘이 없었으므로 폭력적인 행동을 하는 것은 불가능한 일이었다. (2) 요한은 66~70년에 있었던 전쟁이 열심당에 의해 팔레스타인의 해방이 아니라 대참사로 이어진 것을 아마도 선두에서 목격하였을 것이다. (3) 우주의 궁극적인 권세인 하나님의 능력이 어린 양(참고. 5 : 1-14)의 자기희생적 능력에 나타나 있다고 하는 요한의 신학은 폭력을 금지하였다. (4) 임박한 말세에 관한 그의 종말론적 신학은 폭력을 불필요하고 무익한 것으로 간주하게 할 뿐만 아니라 바벨론을 멸망시키고 정의를 수립하시는 하나님을 분명하게 보여 주었다. 현대 그리스도인들은 요한이 전제하고 있는 이 모든 내용들을 공유할 수 없다. 그러므로 현대인들은 핍박을 가하는 정권이 보다 더 공의로운 정치 체제로 바뀌도록 폭력을 사용하려는 경향으로 나간다. 그럼에도 불구하고 이러한 노력은 요한계시록을 종말론적 신학과 성경 전체의 메시지에 비추어서 재평가되어야 한다.

그러나 요한조차도 종말론적 정의를 수립하시는 하나님을 기다리며 불공평한 일에 대하여 수동적으로 받아들이는 것에 익숙해 있지는 않다. 이 단원에서 그리스도인들은 다음과 같이 단지 두 개의 명령에 직면하게 된다(18 : 6-7은 그리스도인들이 아니라 하나님의 심판에 직면해 있는 종말론적인 대리자들에 대해서 묘사하고 있다).

1. "내 백성이여, 거기서 나오라." 여기서 요한과 그의 독자들은 다가오는 심판이 임하기 전에 떠나라는 조언을 듣는 사람들 곧 로마에 실제로 살고 있는 그리스도인들을 생각할지도 모른다. 그럼에도 불구하고 이러한 명령은 문자적으로 간주할 수 없다. 그 이유는 계시록이 로마에 있는 그리스도인들이 아니라 소아시아에 있는 요한의 청·독자들에게 들려진 것이기 때문이다. 여기서 '나오라'는 명령은 지리적인 부름이 아니라 내적인 방향 전환을 가리킨다. 그렇다면 이것은 에베소에 살고 있는 그리스도인들에게 아주 영향력 있는 말씀이며, 요한에 의해 진술된 소아시아의 다른 도시의 그리스도인들에게도 적용될 수 있는 말씀이다. 이것은 또한 '위대한 도시'가 지니고 있는 가치에 저항하는 모든 시공간의 독자들이 거룩한 성에서 하나님의 정의를 실현하려고 결심하며, 그 자신을 헌신하는 데 꼭 필요한 말씀이다.

2. "기뻐하라." 요한계시록을 전하고 있는 교회의 그리스도인들은 천상의 법정이 이미 이 세상의 모든 체제를 심판하고 있다는 사실로 인하여

기뻐하도록 천국의 기쁨에 초청받고 있다. 이러한 법정 언어는 요한의 시대에 로마 법정에서 정죄를 받은 그리스도인들에게 특별한 의미를 주었다. 이것은 또한 그들 자신의 헌신이 문화적 가치 체계로 인해 거부되었으나 천국 법정의 판결로 인해 진실성이 입증된 것을 본 모든 시대의 그리스도인들에게 기쁜 소식이 될 수 있다. 교회는 새로운 예루살렘이 올 때까지 찬송하면서 나아가기를 멈추어서는 안 된다. 불공평한 이 세상에서 교회는 결코 포기하지 않고, 성도들과 사도들, 모든 시대의 선지자들과 더불어서 하나님의 공의와 승리를 찬양하면서 하나님의 보좌에서 이미 확증된 곧 모든 피조물을 통해 궁극적으로 실현된 확실한 소망을 간직해야 한다.

INTERPRETATION

제3장
하나님께서 '거룩한 도성'을 구속하신다

요한계시록 19 : 1~22 : 21

제3장
하나님께서 '거룩한 도성'을 구속하신다
요한계시록 19 : 1~22 : 21

요한계시록의 세 개의 큰 단락(제1장, 제2장, 제3장)은 각각 하나님의 영광 그리고/혹은 그리스도의 영광에 관한 초월적인 장면으로 시작하는데, 이러한 장면으로부터 7겹의 환상이 진행된다. 제1장에서 그리스도의 영광에 관한 시작을 보여 주는 환상(1 : 9－20)은 교회에 대한 7개의 메시지로 끝이 난다(2 : 1－3 : 21). 제2장은 하나님과 어린 양의 알현실에 관한 환상(4 : 1－5 : 14)에 의해 소개되는데, 그것은 바벨론의 멸망으로 최고조에 달하는 마지막 전염병에 관한 일곱 겹의 환상을 보여 준다(6 : 1－18 : 24). 제3장에서 재림, 마지막 전투, 사탄의 묶임, 천년, 곡과 마곡의 패배, 최후의 심판, 그리고 새 예루살렘을 묘사하는 최후의 환상(19 : 11－22 : 21)은 하나님의 천상의 영광에 관한 환상과 거의 연결되어 나온다(19 : 1－11).

서두를 여는 장면은 제2장(4 : 1－5 : 14)과 평행을 이룬다. 둘 다 '이 일 후에'라는 구절로 시작하며, 둘 다 이십사 장로의 경배를 보여 주고, 둘 다 신적인 음성과 보좌를 언급한다. 비록 이것이 종말론적 드라마의 새롭고도 궁극적인 행동일지라도, 요한계시록이 연속적으로 진행되어 나가면서 바벨론의 멸망을 넘어서는 애가를 다시 불러일으킨다. 짐승의 거짓 통치로 인해 약탈당한 죽은 자들과 고요한 도시와는 대조적으로 만물의 참된 통치자이신 하나님을 찬양하는 소리가 들린다. 곧 하나님께서는 거대한 제국주의적 압제로 땅을 장악하고 있는 부정의를 심판하신다.

요한계시록 19 : 1~10
할렐루야 합창으로 하나님의 승리를 찬양하다

하나님은 "할렐루야"와 "구원과 영광과 능력이 우리 하나님께 있도다"(19 : 1)라는 환호성으로 찬양을 받으신다. '할렐루야'란 말이 신약성경에서는 오직 이곳에만 등장하는데, 시편에서 종종 보이는 "주님을 찬양하라."라는 말의 영어식 음역이다. "구원이 우리 하나님께로"라는 말은 서술적인 진술문이라기보다 "당신께 만세!" 또는 주기도문을 마무리 짓는 "나라와 권세와 영광이 아버지께 영원히 있사옵나이다"(마 6 : 13, 주석 참조)와 같은 찬양의 환호성이다. 그것은 묘사의 언어가 아니라 고백과 경배의 언어이다. 천상의 예배에서의 할렐루야 합창은 이미 하늘에 있는 신실한 순교자들(7 : 9－10 참조)의 승리를 누린 교회를 회상하는 '허다한 무리'(1절)에 의해서, 이십사 장로들에 의해서, 그리고 네 생물들(4 : 4－8 주석 참조)에 의해서 노래된다. 그리고 나서, 천상과 지상의 예배를 분리하는 경계들은 좁혀지는데, 보좌로부터 음성이 나서 소아시아 교회들의 예배 속에 있는 요한계시록의 청·독자들을 포함하여 모든 하나님의 종들을 하나님께로 찬양을 드리는 것에 합류시키기 위하여 초청하고 명령한다(5절 ; 참조. 5 : 11－14 ; 8 : 3－5).

"구원이 우리 하나님께로"란 승리의 환호성이다. 하나님은 지상 제국의 오만함을 쳐부수고 심판하셨고, 그의 능력을 취하사 사실상 왕으로서 통치하시기 시작했기 때문이다. 하나님은 그의 왕권을 포기하신 적이 없으시고, 지상에서의 통치권에 대한 권리의 요구에도 불구하고 폐위되시지도 않았다. 하지만 권력을 찬탈한 자들은 마치 그들이 의로운 주인인 것처럼 이 세상 속에서 대접받고 통치해 왔다. 그 일이 어떻게 진행되어 왔는지

지금 시작되고 있는 종말론적 사건이 하나님 한 분만이 세상의 참된 통치자이심을 유일하게 드러내고 있는 것이다. 하늘과 땅의 공동체는 이것이 지금 실제적이고 분명하게 되고 있다는 것과 하나님의 영원한 왕권이 이제 실제적으로 되었다는 것, 바벨론의 심판에서 구체적으로 되었다는 것, 그리고 그가 "(옛적부터 지금까지) 통치하시기 시작하셨다."(11 : 17에 나오는 것과 비슷한 상황에서처럼, 헬라어 문법의 기동상의 부정과거법)라는 것을 찬양하고 있다. 따라서 '바벨론'의 심판에 대한 환희(19 : 2)는 단지 만족해 하는 것이 아니라 그의 높은 심판대에서 그리스도인들에 대한 로마 정부의 심판을 하나님께서 바꾸실 것이라는 것과 하나님께서 자신이 진정한 심판자이심을 드러내실 것을 찬양하는 것이다. 하나님의 정의가 결국 이기게 될 것과 이기는 것으로 나타난다는 것이 요한에게 있어서 중요한 것이다.

심판의 모든 언어들로서, 그 장면은 계속해서 하나님을 향한 경배의 모습으로 나타난다. '세세토록' 올라가는 바벨론의 연기는 단지 천상의 경배의 향(5 : 8 ; 8 : 3－4)에 섬뜩하게 대조되고 있을 뿐이다. 경배는 우리의 종교적인 감정이 아니라 '하나님의 전능하신 행하심'을 찬양하는 것이다. 천상의 성소에서 나오는 음성들은 (환상이라는 관점에서) 바벨론에 대한 하나님의 지난 심판을 찬양한다 ; 그들은 또한 어린 양의 혼인잔치라는 장차 임할 즐거운 축제를 알리고 있다. 구약성경(호 2 : 14－20 ; 사 62 : 5 ; 렘 2 : 2)과 복음서(막 2 : 19 ; 요 3 : 29), 요한이 고수하고 있는 바울의 전통(고후 11 : 2 ; 엡 5 : 25－32)처럼, 요한은 하나님/그리스도를 신랑으로, 하나님의 사람들, 즉 이스라엘/교회를 신부로 그려 내고 있다. 연관된 이미지 속에서 구속받은 공동체는 결혼식 손님들이다(마 22 : 1－14 ; 25 : 1－13). 현재는 구애, 청혼, 그리고 약혼의 시기로 간주된다. '신랑'은 현재 '부재중'이지만, 즐거운 결혼식에 돌아와서 신부와 결혼식 손님들과 함께할 것이다. 이것은 재결합과 친밀함, 공동체, 그리고 축제라는 즐거운 모습이다. 9절에서 선언되는 축복의 말은 모든 팔복의 말씀과 같이 '청함을 받다'라고 번역된 완료분사에서 함축된 것처럼, 이미 청함을 받은 자들과 그 초대에 응한 자들을 향한 직설법적 서술문이다. 그것은 또한 "이것은 하나님의 참된 말씀이다."라는 천사의 갑작스런 공표에 의해 강조되는 초청으로, 아직 결정을 내리지 못한 자들에게 간접적으로 초청을 건네는 기능을 하고 있다. 비록 이 초청이 다음번의 환상(19 : 17)에서 철저하게 반어적인 의미에서 이루어지고 있기는 하지만, 진정한 종결은 신랑을 위해 준비된 신부로서 구속받은 공동체를 묘사하고 있는 마지막 환상(21 : 1)에서 이루어진다. 19 : 7에서 혼인잔치의 첫 선언은 세대의 극점에서 종말론적 혼인 잔치를 공유하기 위해 하나님 자신에 의해 인쳐진 청·독자에게 향한 초청인 것이다.

경배는 이 환상을 종결하는 장면의 특징적인 기록이다. 몹시 놀라운 모습에서, 유일하신 하나님 외에 다른 어떤 것이나 다른 어떤 이에게 경배하는 것에 대한 엄격한 경고들을 선포했던 요한은 그 자신이 천사들/예언과 교통하는 영(19 : 10) 앞에 엎드려 경배하려 한다. 이러한 행동의 목적은 즉시 분명하게 드러나는데, 천사는 자신이 신성의 범주에 속했음을 부인하고 하나님의 종, 계시의 수단으로서 자신을 요한과 같은 범주에 두고 있다. 소아시아에 있는 몇몇 교회들 속에서 천상의 존재들(천사)이 찬송을 받았고, 그리스도와 위태롭게 혼동되어 경배되었다(골 2 : 18 ; 고후 11 : 14 참조)는 것을 우리는 알고 있다. 요한이 천상의 존재들과 하나님, 그리스도를 혼동하는 위험에 빠졌던 것은 아니지만, 은사적인 현상들이 살아 있었던 그의 교회들은 그들이 경험했던 영/천사의 현상들(갈 1 : 8 - 9 참조)의 지나친 관점을 발전시켜 왔다.

요한은 예언을 증거하는 영은 '예수의 증언'(10절)이라는 것과 그의 청·독자들로 하여금 그 책망이 그와 그들을 일깨우는 것임을 깨닫게 하기 위하여 이러한 장면을 포함시키고 있다. 여기에서 '예수의'(of Jesus)라는 헬라어 소유격은 분리될 수 없는 3가지의 의미를 지니는데, (1) 예언은 지상의 예수께서 로마 정부와 직면하며 전했던 증언들과 확고하게 연관되고(주격 소유격), (2) 하나님의 말씀이라 밝혀진 부활하신 예수로부터의 증언에(기원의 소유격) 연관되고, (3) 지상의 예수께서 처형당해진 것에 중심으로 하는 교회의 메시지에(목적격 소유격)에 관련되어 있다. 하나님께서 자신을 예수 안에 계시된 유일하신 분으로 증거하시는 것처럼, 예수 또한 하나님의 말씀이다(19 : 13). '예수'는 '인간의 모습이신 하나님'이라는 하나님의 분명한 계시로써 실재의 신성한 면을 바탕으로 하고 있다. 다른 누구도 아닌, '그리스도를 통해서 자신을 계시하시는 하나님'만이 경배되어야 한다.

요한계시록 19 : 11~22 : 5

종말의 일곱 환상

19 : 11로 종말에 이르는 서곡은 끝이 나고 역사의 절대적으로 마지막 사건들이 그리스도의 귀환, 마지막 전투, 사탄의 결박, 천년왕국, 곡과 마곡의 패배, 마지막 심판, 그리고 새 예루살렘의 도래라는 일곱 장면들 속에서 그려진다. 책의 처음 두 주요 부분이 일곱 겹의 구성을 갖는 것과 마찬가지로, 최후의 사건들을 묘사하고 있는 주요 부분 또한 마찬가지이다. "또 내가 보니……"(19 : 11, 17 ; 20 : 1, 4, 11 ; 21 : 1)란 통례적인 구조적 표지로, 단지 20 : 7에서만 빠져 있는데, 그곳은 새로운 장면이 시작되고 있는 것이 분명하다. 책의 처음 두 부분과는 달리, 요한은 마지막 환상들을 계수하고 있지는 않다. 그 때문에 종말론적 사건들에 대한 엄밀한 연대기적인 발달과정을 그가 전달하고 있다는 잘못된 개념으로부터 벗어나고 있다. 이 장면들의 순서는 중복되고 동시적인 심상들로 단지 막연하게 연대기적이다. 본래의 명확한 연표가 둔감한 편집자에 의해 손상당했기 때문에, 현대 해석자에 의해 '본래의' 순서가 반드시 복구되어야 한다(Ⅱ, 144-154)는 찰스(R. H. Charles)의 고전적 주석은 가정할 이유가 없다. 또한 우리가 종말에 대한 이러한 일련의 묘사 속에서 발전된 일관된 사상의 형태를 발견하기 위해 본문과 우리 자신을 무리하게 적용해서는 안 된다(Rissi, 「미래」, 29-38쪽). 오히려 '은유의 변화무쌍함'(Caird, 243쪽)을 통해, 각각의 묘사는 단지 종말 사건의 한 '부분'을 그려 내는 것이 아니라 종말의 특성에 대해

서 무언가를 말해 주고자 의도되었다. 여기서는 종말에 대한 시간적 순서에 입각한 일정표를 만들고자 함이 아니라 역사의 종말에 서 있는 하나님의 승리라는 주제를 지닌 종말론적 작품 전시관을 지나는 여정은 각각이 그 자체로서는 연대기적 관심을 두고 있지는 않지만, 고유의 메시지를 지닌 일곱 개의 다른 작품들 속에서 다루어지고 있다.

재림(19 : 11-16)

요한의 입각점은 앞서 4 : 1에서 그것이 하늘로 불리기 전처럼, 다시금 땅에 있는 것으로 보인다. 그는 하늘이 열리는 것을 보는데, 그가 하늘로 불리는 것 대신, 백마를 탄 강한 전사가 지상으로 내려오는 것을 본다. 유대교 전통과 유사한 몇몇 주제들은 요한의 언어로 재현된다. 출애굽 때에 애굽에 대한 하나님의 심판을 그리고 있는 "솔로몬의 지혜서"는 "하늘의 왕의 보좌로부터 주님의 전능하신 말씀이 멸망한 땅 한가운데로 뛰어 들었다. 엄한 전사는 날카로운 칼과 같은 주님의 확고부동한 명령을 가지고 왔다"(18 : 15)라고 말하고 있다.

이처럼, '백마'는 청·독자들로 하여금 6 : 2의 첫 번째 묵시문학적인 말 탄 자를 상기시키는데, 요컨대 그 두 이미지들은 마지막 재앙의 중간에 개입된 묘사를 일괄적으로 다루고 있는 것이다. 그러나 19 : 11~16의 백마를 탄 자는 6 : 1~2의 그것과는 일치하지 않는다(그 부분의 주석을 참조하라). 여기서, 그 인물이 예수라는 것에는 의심의 여지가 없다 : 1 : 14에서의 보고 있는 그리스도라는 시각에서처럼 그는 불꽃 같은 눈을 가지고 있고, 그의 입에서는 하나님의 말씀의 검을 가지고(1 : 16 ; 2 : 12), 교회들에게 주신 그의 메시지('충실과 진실', 3 : 14 ; 1 : 5 참조)에서와 같은 이름으로 불리고 있고, '하나님의 말씀'이라는 명백한 자기 계시의 이름을 지닌다.

그 사람은 '정복자 예수'라고 불릴 수 있을 것이다. 그리스도의 재림(파루시아)에 대한 신약성경의 기술(막 13장 ; 눅 17 : 21 ; 살전 4장 ; 살후 1장 ; 고전 15장) 속에서 평행 본문 없는 묘사에서, 예수께서는 천상의 군대 수장으로 흰말을 탄다. 그는 철로 만든 지팡이를 가지고(시 2 : 9) 온 나라를 통치하실 분으로 지정된 메시아이시다. 그는 이사야 63 : 1~3의 피 뿌린 옷을 입으신다. 세상에 대한 그의 정당한 통치권에 대한 많은 왕관들이 그의 머리에 있다. 황제에 의해 주장된 호칭을 적절하게 지니시는데, 그것은 바로 '만왕의 왕이요 만주의 주'이다.

이런 호전적인 형상은 몇몇 그리스도인들에게는 너무나 이질적이어서 평화의 왕(사 9 : 6 ; 마 21 : 1－9 참조), 그리고 나사렛 예수라는 이미지에는 적용되기 힘든 것으로 보인다. 하지만, 비록 그의 해석자 모두가 기억하고 있었던 것이 아니었을지라도, 요한은 이미 5 : 1~14에서 주어진 그리스도의 정복의 본성에 대한 분명한 묘사를 잊지 않았다. 그가 정복함으로서 생기는 죽음은 십자가 위에서 단번에 모두를 위한 희생물로 드린 그 자신의 것이다. 요한은 전통적인 메시아의 이미지 모두를 사용하고 있는데, 그는 그의 청·독자들에게 그 자신이 그랬던 것처럼, 심지어 피가 낭자하는 이러한 장면 속에서도 그 '사자'를 '양'으로서 해석할 것을 일관되게 요청하고 있다. 이 정복은 문자적 의미의 검에 의해서가 아니라 그의 입에서 나오는 검으로써 그의 원수들을 파괴하시는 것이다. 그의 유일한 무기는 그의 말씀인데, 그것은 그 자신이신 '하나님의 말씀'(19 : 13)이다. '다스리다'라는 단어(poimainei, 19 : 15)는 또한 '목자'라는 의미를 지니는데, 시편 23편과 요한계시록 7 : 17에서 표현되는 "어린 양이 그들의 목자가 되사"라는 말과 정확하게 같은 단어를 사용한다. 그 정복하시는 말을 탄 자는 피 뿌린 옷을 입고 도착하신다. 심지어 '마지막 전투'가 시작되기도 전에, 그의 의상은 그 자신의 희생으로 인해 이미 피로 물들어 있다(1 : 5 ; 5 : 9). 이 이미지의 근거가 되는 이사야 63 : 1~3에서의 신성한 전사와는 달리, 이 피는 그의 원수들의 피가 아니라 그와 마찬가지로 로마의 손에 의해 고난받고, 증거되었던 그의 추종자들의 순교의 피와 그 자신의 희생의 피의 연합인 것이다. 이것은 그가 하나님의 분노의 포도주 틀(14 : 17－20 주석 참조)을 걷고 있다는 사실을 의미한다(여기서 사용된 헬라어 patei는 현재시제이지, RSV에서의 미래는 아니다). 이것은 종말론적 '신성한 전사'는 그의 원수들의 피라기보다는 그 자신의 피로 인해 붉게 물들었다는 것으로 보고 있는데, 교회 교부들에 의해서 그 주장이 옹호되기는 하지만, 몇몇 현대 학자들에 의해 계속해서 도전받고 있고, 누군가로부터 '불합리한' 것이라고 듣게 되는 것이다(Mueller, p. 327). 하지만, 그것은 '승리하는'(conquering)을 '죽임을 당하는'(dying)으로, 그리고 '사자'(Lion)를 '어린 양'(Lamb)으로(5 : 1－7) 정의하는 사람에게는 결코 불합리한 것이 아니다. 이것은 그리스도인들은 그들의 의복을 씻어 깨끗이 하고, 어린 양의 피에 그 옷을 씻어 희게 한다(7 : 14)는 생각과 유사한 것이다. 전체로서의 요한의 신학은 이러한 해석을 요구한다. 그는 하나님을 반항하는 자는 죽임을 당하는 거대한 전투에서 승리하는 것처럼 하나님의 궁극적인 승리를 묘사하는 고대의 '형식'을 사용한다. 그러나 그는 이것을 새로운 '내용'에 담아내고 있다. 간단하게 이것은 승리하신 군대의 왕 그리스도는 그의 승리에 앞서 죽임을 당한 것이 아니라 그의 승리로서 '십자가에 달리신 나사렛 출신의 십자가에 못 박혔던 예수'라는 그리스도인의 고백 속에서 발생되는 것이다.

'하늘에 있는 군대'(19 : 14)는 단순히 천사의 무리일지 모르는데, 유대인들과 그리스도교의 묵시문학전통에서는 그 천사의 무리들을 기대해 왔다(레위의 신경 3 : 3 ; 1QM 12 : 1－5 ; 191 ; 마 25 : 31 ; 막 13 : 27 ; 살후 1 : 7－8). 그러나 그 모습은 또한 하늘에 있는 승리한 교회를 적절히 연상하게 할지도 모른다. 이들은 또한 '정복자들'이지만, 그들의 지도자같이 그들이 최후까지 충성했기 때문에 그들이 정복자가 된 것이다. 그들은 하늘에서와 같이 따라서 재림(parousia) 때 예수와 함께 돌아온 것으로 그려질 수 있다. 이것은 그들이 더 일찍 열광적이어서(현대 세대주의 이론 〈dispensationalist theory〉에 대조해서), 종말론적 환난을 피하기 위해 하늘로 들려졌기 때문이 아니라 그들이 주님과 같은 방식으로, 즉 죽음을 통해서 하늘로 들려졌기 때문이다. 그들은 따라서 앞서 이미 하늘에서 승리한 것으로 묘사된(7 : 9－17 ; 14 : 4 ; 17 : 14) 순교한 교회와 동일시되고, 그들은 똑같은 흰색의 세마포 옷을 입는다. 그 옷은 충성스럽게 순교한 교회를 의미한다(19 : 14 ; 참고. 6 : 11 ; 7 : 14 ; 19 : 8 ; 22 : 14). 요한이 본 형상에서는 역설적이게도 그들의 옷은 흰색인데, 어린 양의 피로 씻겼기 때문이고, 주님의 옷은 빨간색으로 그가 모두를 위해 죽었기 때문이다. 그들까지도 그가 종말론적 '전투'에서 정복한다. 종말론적 전투의 어떤 묘사들과는 달리(예를 들어, 쿰란 공동체의 전쟁문서), 요한계시록에서는 성인들(순교자들)이 최후의 전투에 참여하지 않는다. 승리는 하나님, 즉 그리스도에게만 속하고, 이미 그리스도의 사건 즉 성탄(성육신)과 십자가에 이르는 그 사건에서 성취되었다.

이분이 바로 우리가 역사의 종말에 만나는 분이다. 사실 우리는 그리스도의 재림이 요한의 종말론에서 큰 역할을 하지 않는다는 점에 주의해야 한다. 그것은 단지 몇몇 장면 중의 하나로, 새 예루살렘보다 훨씬 더 간단하게 묘사되어 있다. 그러나 그것은 역사의 목적을 묘사하는 데 중요한 상징적 방법이다. 요한의 함축적 질문 — "종말은 무엇과 같은가?" — 에 대한 최초의 응답은 우리에게 그리스도의 재림이라는 그림을 주는 것이다. 하나님의 명확한 계시는 추상적 원칙이나 법, 책, 또는 사물이 아니라 한 인격(a person)이기 때문에, 그래서 종말에 우리는 어떤 사물(something)이 아니라, 어떤 사람(someone)을 만나게 된다. 궁극적 태초에 대한 성경의 묘사는 인격적인 것처럼(대폭발〈Big Bang〉이 아니라 "태초에 하나님께서……"), 그렇게 또한 종말에 대한 묘사들은 폭발이나 작은 소리가 아니라 그리스도 안에서 계시되는 하나님이시다. 초월적이고 묵시문학적 형상에서 묘사되었지만, 요한이 말하려고 하는 것은 모든 사물의 종말 때에 우리는 이방인이나 처음 방문자를 만나는 것이 아니라 우리가 아는 그분을 만나게 된다는 점이다. 그것은 복귀와 재회, 그리고 오랜 약혼 기간 뒤에 있는 결혼식이지, 낯선 분이 오는 것은 아니다. 역사의 종말에 우리는 완전히 모르는 신비나, 없음(無, nothingness)의 심연, 또는 묵시문학적 환상과 같은 모습에 직면하는 것이 아니다. 우리를 기다리는 그분은 이미 그 자신을 나사렛 예수의 삶과 죽음에서 알게 하셨고, 그의 출현으로 모든 것을 다르게 만드신 분이다. 재림에 대한 신학적 상징을 통해 궁극적 미래는 모든 사람에게 실제, 즉 이미 예수의 인격 속에서 역사상 나타났고 현재는 오직 믿음을 통해서만 볼 수 있는 실재를 영향력 있고 명확하게 만든다.

그리스도의 재림에 대한 아이디어는 일련의 긴장감 있는 상징에 대한 묘사들 중 한 면으로, 이성적으로 생각하는 것이나 조화를 이루는 것은 아니다. 요한은 신약신학과 일반적으로 일치하는데, 그리스도의 재림에 관한 그림을 붙잡고 동시에 그것들을 잘못된 개념적 일치 속으로 강제로 넣는 것이 없기 때문에 그렇다.

1. 그리스도는 하나님의 계시로서 오셨고, 결코 떠난 적이 없으시다. 그리스도는 이 세상에 남으셨고, 그의 교회를 위해서, 그리고 교회와 함께, 뿐만 아니라 그를 알지 못하는 사람들의 삶 속에서도 현존하신다(마 1 : 23 ; 18 : 20 ; 25 : 31－46 ; 28 : 20). 교회와 세계 속에서 성령에 대한 현존을 가리키는 모든 생각은 그리스도의 지속적인 현존과도 동일한 것이기 때문에, 이런 사고방식에 속한다(막 13 : 11 ; 요 14 : 15－17, 25－26 ; 15 : 26 ; 16 : 7－15 ; 롬 8 : 9－10). 요한은 이런 관점을 요한계시록에서 단언하고 있다(1 : 13, 20 ; 2 : 1).

2. 종종 이런 관점과 나란히 같은 작가와 문서 속에서, 그리스도가 사실은 떠나 있었지만, 때때로 그 자신을 나타내 보인다는 관점이 존재한다. 그가 심판(judgment)과 은혜 가운데 다시 '오신다'. 그때는 역사의 사건과 교회, 개인들의 경험 안에서이다(요 14 : 1－3). 이러한 관점은 조건적이다. 즉, 만일 교회나 개인들이 회개하지 않으면, 그리스도는 심판 가운데 오시기 때문이다. 그리스도는 교회의 예배 가운데 그 자신을 알리기 위해 은혜 가운데 오시기도 한다(눅 24 : 35). 요한은 이런 관점을 요한계시록에서 증언하고 있다(2 : 5, 16 ; 3 : 3, 3 : 20).

3. 처음 두 관점의 대안으로뿐만 아니라 또 그것들로 환원할 수도 없지만, 그리스도가 하늘에서 부재하고, 그러나 이 시대를 완성하고 하나님의 새로운 질서를 세우기 위해 조건 없이 역사의 끝에 돌아온다는 관점이 있다. 요한은 이런 관점을 우리 앞에 있는 텍스트에서 지지한다. 역사 끝에 있을 예수의 '재림'(coming)은 역사 안에서 되풀이 되는 조건적 '재림들'(comings)로 환원될 수 없다. 요한은 이 모든 묘사들을 사용하지만, 그들을 조화시키려 시도하지는 않는다. 그가 본 환상들은 사물들이 궁극적으

로 어떻게 존재하는지를 드러내지도 않고, 그럴 수도 없다고 그는 파악한다. 또 그가 본 환상들은 하나님의 신비를 잡아내기 위한 주장에 아주 가깝다는 것을 그는 알고 있다(서론과 앞에 있는 10 : 4에 대한 주석 참고). 그가 묘사하는 출애굽의 하나님처럼, 되돌아오는 메시아는 그의 특성과 기능을 드러내는 이름을 가질 뿐만 아니라(충신과 진실, 하나님의 말씀, 만왕의 왕), 그는 또한 자기만 아는 이름을 가지고 있다(19 : 12).

최후의 전투(19 : 17 – 21)

재림에 대한 묘사는 최후의 전투에 대한 그림과 함께 융합된다. 이것은 길고 유서 깊은 역사를 지닌 이미지이다. 고대 근동 종교에 나타나는 신화적 장면들로부터, 이스라엘은 신과 혼돈의 괴물 사이에 있는 원시시대 전투 장면을 채택해서 개작했다. 창조 행위에 의해서 일시적으로 패배했음에도 불구하고, 투쟁은 지속된다. 그리고 혼돈 세력은 하나님의 백성이 겪는 역사적 환난 가운데 나타난다. 그러나 하나님은 그의 백성들 가운데서 전사의 지도자가 되고, 그분은 그들의 역사적 적들과 전투 속에서 인도하는 것으로 묘사된다. 그분은 어느 날 혼돈 괴물과의 결정적 전투에서 승리할 것이고, 따라서 모든 사람을 위해 악의 지배를 한번에 끝장낼 것이다. 묵시문학에서 역사적 적들로부터 하나님께서 이스라엘을 구원하신 것, 평화의 시간(the good time)으로 복귀를 간절히 바라는 전쟁 기간, 그리고 분쟁이 마침내 끝났을 때 승리에 대한 기쁜 축하는 모두 우주적이고 종말론적인 스크린에 투영된다. 그 화면에서 하나님은 최후의 적을 마지막 전투에서 물리친다(겔 38 – 39장 ; 제2에스드라 12장 ; 제2바룩 70 – 74장 ; 1QM 18장). 이러한 묵시문학적 묘사에 대한 요한의 변형은 19 : 17~21에서 제시된다.

그리스도와 그의 하늘 군대는 한편에 있고, 반대편에는 두 개의 결합된 무리가 대적하고 있다. (1) 반역하는 인간의 무리 — '왕과 장사와 장군'(high and mighty)뿐만 아니라 비천한 자들, 특히 종들까지도 그리스도에 대적한다(19 : 18 ; 그리고 6 : 15와 13 : 16에서 똑같은 모티프로 비교하라).

요한계시록이 주장하는 것은 압제자들에게 분개하는 억압받는 사람들의 사회학적 실재 환상이다. 요한과 그의 공동체가 변경에 속해 있기 때문에 상대적으로 힘이 없어 권력을 가진 자의 손에서 불의에 희생당한 사람들이 있지만, 그가 묘사하고 있는 충돌은 가진 자와 못 가진 자들, 또는 핵보유국과 비보유국 사이, 또는 제1, 2세계와 제3세계, 또는 압제자와 억압받는 자 사이에 있는 충돌이 아니라 반역적인 인류와 그 창조자이신 주님과의 대립이다. (2) 최초의 대립은 역사적이고 제한되어 있는 세속적인 인간 공동체가 아니라 그들을 고무하고 미혹하던 초인격적 악의 세력들이다. 이들은 짐승과 거짓 예언자로 상징화되어 있다. 정복자이신 예수에 의해 이 두 무리는 다른 방법으로 물리쳐진다.

전쟁은 묘사되어 있지 않다. 요한의 신학에서 아무것도 없을지 모른다. 오래 전에 결정적인 전투에서 승리했다. 종말만이 그 승리에 효력을 가져오고 그 승리를 명백하게 한다. 이사야 11 : 1~5에서 메시아적 왕을 연상시키듯이, 전투가 없이 초월적 악의 세력들은 잡혀서 초월적인 멸망의 장소인 '유황불 붙는 못'(19 : 20, the lake of fire)으로 던져진다. 역사적으로 반역하는 인간 무리들, 즉 '땅의 임금들'과 그들을 따르는 '군대들'(peoples)은 '큰 자든 작은 자든'(great and small) '검'으로 '죽고', 하나님께 반역한 무리들에게 합당한 끔찍한 심판을 받는다. 그들은 또한 하나님의 마지막 만찬에 참여한다. 메시아의 향연, 다시 말해 어린 양의 혼인잔치(19 : 9)에 초대된다는 모티프는 19 : 17로 옮겨진다. 이번에는 끔찍하고 역설적인 분위기로 그려진다. 요한은 자신이 전하는 메시지를 듣는 자들과 읽는 자들을 종말론적 식사 자리에 초대한다. 그리고 그곳이 어린 양의 혼인축하잔치 자리가 될지 또는 패배한 자들의 학살의 식사 자리가 될지를 우리에게 선택하게 한다. 스바냐 1 : 7~9의 종말론적 반전(그리고 에스겔 39 : 4, 17–20의 언어와 이미지를 사용해서)에서와 같이, 손님이 될 것이라고 생각했던 사람들이 메뉴(19 : 21)가 되어 버린다. 이것은 끔찍하게도 혐오스러운 장면이다. 그러나 이것은 우리가 바라보는 유일하거나 최종적인 장면이 아니다("숙고 : 우주적 구원과 역설적인 언어"뿐만 아니라 20 : 3, 8 ; 21 :

24－26 ; 22 : 2 주석을 참고하라). 요한이 묘사한 그림은 강력하게 흥미를 끄는데, 그 묘사는 창조자를 거부한 공포(terror)와 그의 은혜를 받음으로 따르는 축제(celebration) 사이의 교차적인 상황을 나타낸다. 그러나 그것들을 하나의 개념적 그림에 통합시키는 것은 불가능한데, 오히려 그것이 하나님의 심판과 하나님의 은혜는 우리가 상상하는 것 이상이라는 사실을 분명히 보여 준다.

결박된 사탄(20 : 1－3)

만일 우리가 가진 상상력을 문자주의의 결박으로부터 놓아준다면, 용을 결박하는 과정에서 우리는 아주 극적인 장면을 보게 된다! 쇠사슬과 열쇠를 가진 천사가 하늘로부터 단숨에 내려와서 싸움 없이, 물론 때가 된 것이지만(12 : 12 ; 참고. 마 8 : 29), 사탄은 묶이고 무저갱에 던져진다. 20 : 3에 나오는 세 개의 단어, '던져', '잠그고', '인봉하여'는 최후의 똑같은 고리로써 우리가 '서명하고, 인봉되고, 전달되는' 것과 같다.

앞에 나온 환상에서 우리는 사탄의 대리자들이 패배한 것을 보았다. 짐승과 거짓 선지자가 유황불 붙는 못 속으로 사라졌듯이(19 : 20) 말이다. 반역적이고 자기를 신성화하는 인간 제국의 상징들과 그것을 경배하라고 장려하는 사람들은 영원히 사라진다. 그러나 악이라는 궁극적 권력이 의인화된 용 또는 사탄은 아직 붙잡히지 않았다. 그는 방법을 찾아 다시 인류를 속이고, 그 순환 전체를 또 시작할 것인가? 약간 불쾌한 목소리가 모든 승리를 축하하는 가운데 존재한다 : "그래, 그런데 ……은 어때?" 어쨌든 악의 권세가 자유로운 한, 이런 비아냥거리는 목소리는 언제나 타당성과 청중을 가진다. 요한은 악의 궁극적 파괴에 대해 이중적 환상으로 질문에 대답한다. 한 장면에서, 세상은 아직 인내하고 있는 동안에 악은 제압되고 감옥에 갇힌다(20 : 1－3). 다른 장면에서 악은 결국 파멸되고 위협은 영원히 제거된다(20 : 10).

사탄이 결박당하는 이 장면에서 그가 말한 것과 가르치는 것 때문에 그러한 취급은 받을 만하다. 왜냐하면 그것은 당연히 천년의 서곡일 뿐만 아니라 종말의 장면을 담은 분리된 환상이기 때문이다. 이런 연속적 환상들에서 다른 장면들과 마찬가지로, 그것은 그 자신의 도입 형식인, "내가 보매."(I saw.)라는 문구로 시작한다. 20 : 4에서 이 형식을 반복하는데, 이는 20 : 1~3을 한 단락으로 구분해 준다. 이 장면은 20 : 3에서 사탄이 놓이면서 종말을 향하지만, 20 : 7에 가서야 언급된다. 그것이 다루는 테마는 묵시문학적 전통 속에서 천년 사상과는 별도로 다루는 하나의 독립된 모티프라 할 수 있다.

요한이 여기서 취한 모티프는 전통적으로 함축적인 의미를 충분히 가지고 있다. 이란 종교는 많은 묵시문학적 이미지들의 궁극적 배경을 형성하고, 또한 악한 뱀인 아지 – 다하카(Azi – Dahaka)가 종말 때까지 묶여 있는 장면을 가지고 있다. 후에 구약성경에 나타난 종말적 부분들은 이사야 24 : 22에서처럼 이미 이런 모티프를 채택한 것이다 : 하늘의 무리(the host of heaven)와 땅의 임금들에 의해 대표되는 악의 권세는 "구덩이에서 죄수로서 함께 모일 것이다. 그들은 감옥에 갇힐 것이다". 이렇게 악에 권세에 대한 종말론적인 '결박' 또는 '투옥'이라는 모티프는 후에 종말론적 사고, 유대교적이든 그리스도교적이든, 그 사고는 여러 다양한 방식으로 발전되었다 : 제1에녹서 10 : 4~10 ; 18 : 12~19 : 1 ; 21 : 1~6 ; 레위의 신경 18 : 12 ; 참고. 마가복음 3 : 26~27 ; 5 : 3 ; 베드로후서 2 : 4 ; 유다서 6절.

요한은 우리에게 악마가 자유롭게 활동하는 세계가 어떠한지를 다음 장면에서 인상적으로 보여 준다(20 : 4 – 6). 여기서 그는 이 세계에서 사탄이 하는 일로서 '만국을 미혹하는 것'을 뽑아낸다. 악마의 사역이 단순히 개인들을 유혹해 죄를 짓게 하는 것만은 아니다("숙고 : 요한계시록의 '사탄'이란 용어를 해석하기"을 보라). '만국'은 요한의 언어로 '이방인'(the Gentile), '이교도'(the pagan), '야만인'(the heathen)과 같은 의미이다. 그들은 '치유될' 운명이었고, 하나님의 백성으로 간주되었다(21 : 3 ; 22 : 2을 보라). 단지 개인들은 하나님께서 선하게 창조한 세상의 부분이기 때문에, 선천적으로 악하거나 반항적인 것이 아니라 그들의 생명이 빠져 있는 악한 구조에 의해 희생되었고, 그래서 만국은 스스로 악의 범죄자일 뿐만 아니라 그것의 희생자이기도 하다. '사탄의 결박'과 함께 이런 사기적인 행위는 끝장이 난다. 그리고 개인뿐만 아니라 무엇보다도 민족적이고 사회적인 구조는 악마화되지(an demonized existence) 않은 자유로운 공기 속에서 숨을 쉬게 된다.

종말에 사탄을 결박한다는 장면은 미래를 향한 희망의 그림 환상이다. 그것은 현재에 관해 무엇인가 말한다 : 궁극적으로 이원론은 없다. 악의 권세가 대단히 실제적일지라도, 그것은 일시적이고, 마침내 한 분이신 하나님의 승인 아래에서 작동한다. 하나님의 승리는 이미 그리스도 사건에서 완성되는데, 그것은 실제적일지라도 현재는 숨겨져 있다. 이렇게 숨겨진 실재는, 믿음의 눈을 가진 사람들에게, 그러나 오직 그들에게만 이미 명백한데, 그것은 마침내 모든 사람들에게 명백해질 것이다.

이 모든 것이 직설법으로 묘사되어 있다. 그러나 성서신학에서 언제나 그렇듯이, 직설법(the indicative)에는 명령법(the imperative)이 감추어져 있다. 소아시아에 있는 여러 도시에서 요한의 편지를 읽는 사람들은 간접적으로 다음과 같은 질문을 받는다. 그들의 생명이 '위대한 도시'라는 명백한 실재에 방향 지워졌는지를, 경험적 관찰에 열려 있는지, 또는 '거룩한 도성'이라는 참 실재에 열려 있는지를 말이다. 그래서 미래의 모든 사람들에게는 밝혀질 것이지만, 지금은 선지자를 통해 "성령이 교회들에게 하시는 말씀"(2 : 7) 속에서 모든 교회들에게 알려진다.

천년(20 : 4–6)

요한은 우리의 상상력을 자극하면서 하나님의 기름 부음받은 왕이신 그리스도께서 땅 위의 지역과 그와 함께한 사람들을 부르신다는 사실을 강조한다. 비록 그리스도인이 가진 신앙이 믿는 자들에게 믿음의 요소로써 영원한 생명을 위한 확실한 희망을 제공했다고 할지라도, 그것은 무덤 저편에 있는 개인적인 생존이 아니라 초기 그리스도인이 가지고 있는 비전 중심에 있었던 이 땅에 그리스도의 나라를 세우기 위한 사회적이고 역사적인 희망이다. 사탄이 결박된 이후(20 : 1-3), 순교당한 그리스도인들은 죽은 자들에게서 부활하게 되며, 그리스도와 함께 천년 동안 제사장과 왕으로서 지상에서 통치한다. 비록 천년이 해석자들로부터 많은 관심을 끌었을지라도, 그것은 요한의 종말론적인 레퍼토리가 아닌데, 그의 전체적인 구성은 신약의 어디에도 찾을 수 없는데, 이 짧은 단락에서 발생한다. 그는 더 많은 공간, 예를 들어, 제2장(6 : 1-18 : 24)에 나타나 있는 일련의 종말론적인 재앙을 의미한다. 요한의 연대기에서, 그는 6 : 1~18 : 24을 3년 반 동안, 그리고 천년 동안을 한 때, 두 때, 반 때라는 세 구절로 묘사한다. '천년'을 그의 전체 계시의 해석학적 열쇠로 만드는 것은 요한 자신이 보여 주고 있는 구조이다. 상대적으로 거의 장소가 언급되지 않은 재림에 관한 그림과 같이, 천년에 관한 그림도 오직 종말에 관한 요한이 생각하는 방법 중의 하나이다.

그렇다. 그것은 하나의 방법이다. 우리는 우리의 상상의 눈을 떠서 종말론적인 그림을 전시한 요한의 미술관 안에 있는 이 한 장면을 주시해야 할 것이다. 이 장면은 바로 이 땅이다. 새로운 하늘과 새 땅은 다른 장면(21 : 1-22 : 5)에서 나타나지만, 이 세상에서 역사의 완성과 끝으로서 이 땅 위에 일어난다. 이것은 이 세상을 하나님의 좋은 창조로 확고히 하는 요한의 방식인데, 이러한 것은 낯선 권세에 속박된 상태에서 궁극적으로 그 자신에게도 영원한 것은 아니다. 그러나 마침내 그것의 소유가 될 것이다(참고. 마 5 : 5-6 ; 6 : 10 ; 롬 8 : 19-23). 그러나 전통적인 유대 묵시문학에서 종말론적으로 새롭게 된 지구의 그림과 대조적으로, 천년 지구에 대한 요한의 서술은 매우 제한적이다. 바룩 제2서 29장의 그림과 같은 것은 아무것도 없다. "지구는 역시 만 배의 열매를 맺을 것이다. 그리고 한 포도나무는 천개의 가지가 될 것이며, 그리고 한 가지는 천개의 송이를 낳을 것이고, 한 송이는 천개의 포도를 생산할 것이며, 한 포도는 40갤런의 와인이 될 것이다." 오히려 요한의 모든 관심사는 천년의 성취를 경험한 사람에게 그 초점이 있다.

설명하지 않는다면, 보좌가 초점이 된다. 인물이 보좌에 앉지만, 요한은 곧바로 그들을 확인하지 않는다. 다음 구절은 심판이 그들에게 주어졌다고 번역될 수 있거나 (다시 말해, 그들을 심판하는 권세가 주어졌는데, RSV, NEB와 대부분의 영어 번역에서 그렇다.) 또는 심판이 그들을 위해 주어진다(다시 말해서, 그 경우는 그들이 임의로 결정한다. 다니엘 7 : 9에서 그렇고, 이 본문의 상상이 그것에 의존한다). 우리가 보듯이, 요한은 우리가 상상하기 전에 오직 한 그룹으로 불리도록 의도되기 때문에, 우리는 믿는 그리스도인들로부터 어떤 다른 보좌에 앉은 자들을 묘사할 수 없다. 이것은 하나님의 백성들이 왕과 재판관으로서 종말론적 왕국에 참여할 것이라는 전통적인 묵시문학적 이미지와 일치한다(마 19 : 28 ; 눅 22 : 30 ; 고전 6 : 2-3 ; 그리고 참고. 계 1 : 6 ; 5 : 10). 이 종말론적인 왕과 재판관은 하나님의 말씀과 예수의 증거 때문에 참수형을 당한 자들로 확인되는데, 요한의 교회 안에서 충성스런 그리스도인이라는 증거를 위해 표준화된 형식에 의해 확인된다(1 : 2, 9 ; 6 : 9 ; 12 : 11, 17 ; 19 : 10). 우리가 이 장면에서 보는 유일한 사람들은 신실한 순교자로서, 그들은 천년 동안 종말론적인 규칙 안에서 그리스도와 함께 참여하기 위하여 죽은 자들로부터 부활한 사람들인데, 그들은 오히려 은혜로 제사장으로서 일하는 자들로 묘사된다(20 : 6). 이들은 특별히 짐승이나 또는 그것의 우상을 경배하지 않은 자들, 그리고 그것의 표를 받지 않은 자들로 확인되는데, 황제숭배와 같은 우상제사에 참여하지 않은 사람들이다. 따라서 그 장면은 강하게 오직 한 그림을 묘사하는 것으로 집중된다 : 순교자 교회의 종말론적인 왕국이다.

이것은 요한에게 모든 믿음의 그리스도인들이 순교당하도록 기대하는 것을 의미하는가? 이 질문에 대한 확실한 반응은 몇몇에게는 극단적이기 때문에 20 : 4의 문장 구조는 요한이 천년에 참여하는 두 그룹을 보았다는 것을 의미하는 것으로 제한되어 있다 : 황제숭배와 같은 우상에 저항했던 이들이 순교자와 그리스도인들이지만, 죽임을 당하지는 않았다. 그것은 아마도 모든 믿는 그리스도인들이 접근할 것으로 믿었던 박해 속에서 참수형을 당할 것인지 아닌지 질문하는 것에 대한 사색적인 대답을 제공하는 것에 요한이 관심이 없었던 것으로 보는 것이 나을 것이다. 오히려, 7 : 1~17과 11 : 4~13에 있는 교회의 유비적인 이미지로써, 그 비유적 표현은 한 그룹을 표현하는 것이므로, 순교자 그룹이나 순교자가 아닌 그룹을 표현하는 것이다. 전체로써의 교회는 순교자들의 교회로 그려진다. 글자 그대로 요한이 모든 믿는 그리스도인들이 순교하도록 기대했든 아니든, 그는 죽음을 향한 신앙을 그리스도인의 삶의 본질로 보았는데, 승리한 교회를 충실하게 묘사한 점에서 그러하다.

모든 사람들에게 선포했던 것에 충실한 요한(1 : 6 ; 5 : 9-10 ; 11 : 4)은 여기서 믿는 하나님의 사람들이 그들의 완성을 '제사장'과 '왕'으로 깨달을 것이라는 종말론적인 승리의 기간을 묘사한다. 새로운 이스라엘로서 교회는 하나님의 사람들의 역할을 '왕적 제사장'(출 19 : 6)으로 가정한다. 여기서 요한은 제사장과 왕으로서 특징되는 그들의 본성을 기술한 것이지, 천년 동안 그들이 수행해야 할 기능을 기술한 것이 아니다. 그들을 그리스도인들을 제사장과 왕으로 묘사하는 것은, 그들이 제사장이기에 통치할 필요가 없다는 추론을 가능하게 한다(아래를 보라).

요한은 완성된 그리스도인의 삶 그 자체에 대한 본성을 제사장적인 존재로 묘사하려 한다. 하나님의 진실한 사람들로서 제사장들의 교회는 하나님의 현존 속에 살아 계신 하나님에 의해 선택된 경배의 공동체인데, 다른 사람들에게 허락되지 아니한 거룩한 땅을 경영한다. 그가 전체적으로 교회의 본성을 표현하기 위해서 순교자의 이미지를 사용함에 따라, 그는 그러한 하나님의 사람에게 속한 것의 의미를 특징화하는 제사장적인 이미지를 사용한다. 제사장이 되는 것은 하나님의 한 구성원이 되는 것을 의미하는 필수적인 측면이다. 그렇지만, 이 이미지에 의해서 발생된 두 번째 함축이 있다. 하나님의 사람은 그 자신의 목적을 위하여 세상에 존재하지 않고, 세상의 목적을 위하여 존재한다는 것이다. 이것은 이스라엘을 위한 경우이자 그것이 교회에서 계속된 것처럼 이스라엘을 위한 방법이다(사 42 : 1-4, 6 ; 49 : 1-6 ; 51 : 4 ; 60 : 3). 진실한 이스라엘로서 교회는 하나님과 세상 사이를 묵상한다. 교회의 제사장적인 본성은 그것이 자신을 중심으로

하는 것이 아니라 그것은 다른 자들을 위해 존재하며, 그것은 인간 공동체를 위한 희망을 대표한다.

요한은 완성된 그리스도인의 삶의 본성 자체를 왕적인 존재로 묘사하려고 한다. 하나님의 진실한 사람으로서 왕의 교회는 다른 사람들을 지배하면서 스스로 만족하지 않으시나 (이 그림 안에 다른 이는 없다.) 인간의 삶으로부터 그것의 고유한 자유를 강탈하고 노예화하던 힘으로부터 결국 놓이게 되는 자유의 경험이다(바울은 롬 8 : 18-25에서 이 같은 점을 발전시킨다). 따라서 그 그림은 요한의 글을 듣고 읽는 자가 충성하도록 격려하고, 이미 순교당한 자들의 변호를 공포하도록 용기를 주며, 순교자의 승리를 결정하는 것으로써 이 창조의 선함을 확고하게 한다. 종말의 예정에 대한 궁금증을 만족시키는 것은 그것의 기능이 아니다.

요한의 그림언어를 객관적이며 명제적이고, 연대기적인 것으로 오해했던 이후의 해석자들은(서론의 "묵시적인 언어와 이미지로"를 보라.) 전천년(그리스도께서 천년 전에 재림함.)설, 후천년(재림이 단지 천년 동안 하나님나라의 승리 이후에 나타남.)설, 그리고 무천년설(그리스도의 다시 오심의 이전도, 이후도 아닌 문자적인 천년은 없음.)이란 용어를 발전시켰다. 만약 요한 자신이 이 계획을 강요당했다면, 그는 전천년설의 꼬리표가 붙었을 것이다. 왜냐하면 재림이 19 : 11~16에서 일어나고, 20 : 4~6에서는 천년이 일어나지 않았기 때문이다. 만약 이러한 도식이 강요된다면, 이러한 주석에서 제공된 해석은 무천년설이다. 그러나 두 개의 꼬리표는 요한의 종말론적인 언어의 본성에 대한 주요한 오해를 나타낸다. 천년을 종말론적인 사건 속에서 달력이나 차트에 명시된 한 부분으로 이해하는 것은 그림 자체의 수단에 의하여 전달된 신학적인 메시지를 놓치는 것이다. 만약 누군가가 이 언어를 객관화시키는 차원에서 이해한다면, 그는 예컨대 천년 동안 그리스도인들이 통치하는, 그리고 그들의 제사장이 되는 백성을 확인하려 시도한다. 이 질문에 대한 가능한 대답으로서, '그 나라들'은 다른 장면(19 : 15 ; 21 : 24, 26)에서 비롯될 수 있다. 만약 누군가가 이런 다른 장면으로부터 참고사항을 결합함으로써 일치되는 그림을 얻기를 시도한다면,

그는 (거짓으로) 천년 동안 이교도의 나라들이 믿음의 교회에 계속해서 존재한다고 추론할 수 있는데, 이 교회는 새 예루살렘에 적합한 시민이 되기 위해(21 : 26) 전에 그들이 가지고 있던 적대감을 없애면서 그들에게 복음을 전파하거나 그들을 다스린다(19 : 15). 이러한 의미에서 천년 동안에 일어났던 그림은 완성된다 ; 그것은 추론적인 체계 속에 '논리적인' 의미를 만들고, 끝에 해석자의 재건설된 달력의 '논리적인 연결성'을 유지한다. 그러나 그러한 달력은 전혀 요한에 의하여 묘사되지 않고, 누군가가 오직 요한의 묘사적인 언어에 의해 전달된 메시지를 효과적으로 잃어버리는 대가로 그것을 '재건'한다. 이것은 창세기 1~4장까지 최초의 논리적인 그림을 객관화시키는 것과 유사한데, 4 : 17~26 안에 있는 가인의 이야기가 의미하는 것에 초점을 맞추는 대신 누군가가 가인이 어디서 그의 아내를 취했는지와 같은 질문을 제기하도록 강요하는 것과 유사하다. 종말에 대한 요한의 그림을 해석할 때, 텍스트의 수단과 조화된 가르침과 설교는 전천년설인지 후천년설인지 무천년설인지 종말에 관한 요한의 가르침을 제시하기 위해 함께 첨가되었을지도 모르는 종말론적인 사건에 관한 정보를 가정하는 데 이용하지 않는다. 오히려, 종말에 관한 어떤 그림이라도 요한이 이야기했던 종말론적인 메시지에 정당할 수 없다는 것을 기억할 때, 이 그림의 메시지는 그 자체로 해석자의 상상에 영향을 끼치게 될 것이다. 효과적인 설교와 가르침은 모든 상징적인 힘 안에서 현대의 청·독자의 상상력에 의하여 요한이 그린 환상적인 그림을 이해하는 일을 용이하게 할 것이다.

그림을 얻은 현대의 해석자를 위하여, 역사의 종말에 천년이란 기간에 대한 개념이 원래 요한의 것이 아니라고 이해할 수 있지만, 그것은 그가 물려받은 전통의 한 부분이다. 요한이 강조하기 원했던 분명한 요소는 우리가 그의 그림을 전통의 것들과 비교하고 대조할 수 있다는 사실이다. 천년에 대한 개념(그 기간이 어떠하든)은 두 개의 다른 종말론이 결합된 결과이다. 예언자적인 종말론은 하나님의 목적을 이렇게 세계적으로 완수하는 경향이 있었다. 역사의 끝에, 세상의 악은 극복될 것이며, 생명은 그 자신을 회복할 것인데, 그것은 하나님의 선한 창조(사 65 : 17-25 ; 겔 34 : 25-31) 안에서 그렇게 되도록 의도되었다. 예언자적인 종말은 이 세상과 그의 역사와 함께 연속선상에서 구원을 이해했다. 곧 이 세상은 종말론적인 행복을 위하여 세워진다.

반대로 묵시문학적 종말론은 이 세계가 이미 너무 악으로 충만하여 구속을 기다린다고 본다. 현재 세계는 종말론적 성취를 통한 새 하늘과 새 땅을 이루기 위하여 사라져야 한다(사 65 : 17 ; 66 : 22 ; 에녹1서 91 : 15 - 16 ; 벧후 3 : 12 - 13). 이런 구절에서 메시아는 더 이상 하나님에 의해 능력을 힘입은 이 세상의 왕과 같은 모습이 아니라 다른 세계로부터 구원을 가져오시는 초월적인 모습으로 나타난다. 묵시문학적 종말론에서 하나님의 최후 왕국은 이 세계로부터 성장하는 것이 아니라 이 세계 넘어서, 이 세계를 무너뜨리고 세워진다. 요한의 시대에 이미 이런 두 가지 관점이 하나의 도식으로 합쳐지기 시작하였는데, 곧 이 세상의 메시아가 초월적인 왕국 시기에 이 세상에 구원을 가져온다는 사실이다. '두 시기'라는 개념은 중간시대에 '이 시대'-'메시아의 날'-'오는 시대'라는 개념을 연결하는 다리 역할을 하였다. 메시아가 통치하는 중간시대는 그 기간이 다양하게 묘사되어 있다. 곧 40년(엘리야의 묵시록), 400년(제2에스드라서 7 : 28), 1,000년(제2에녹서 32 - 33장) 등 랍비의 해석에서 '천년'을 다양한 해로 산출하게 한다(365, 365,000, 7,000 ; 참고 Beasley - Murray, p. 288).

요한은 부분적으로 중간시대의 그림을 채택하는데, 그가 그 전통에 서 있기 때문이다. 그러나 그는 에스겔의 전통에 서 있기도 하다(참고. 7 : 1 - 8의 주석). '첫째 부활'과 천년의 시기(20 : 4 - 6)는 에스겔 37장에 상응하는 것이며, 곡과 마곡의 패배(20 : 7 - 10)는 에스겔 38~39장에 상응하는 것이며, 거룩한 도성의 도래(21 : 1 - 22 : 5)는 에스겔 40~48장에 상응하는 것이다. 이에 추가하여 요한은 자신의 유대적 배경으로부터 의로운 자들이 일어날 것이라는 전통을 물려받는다(사 26 : 19 ; 솔로몬의 시편 3 : 13 - 14 ; 에녹1서 83 - 90장). 또한 선인이든 악인이든 모든 죽은 자들이 일어날 것이라는 전통을 물려받는다(겔 37장 ; 단 12 : 2 - 3 ; 베냐민 신경 10 : 8 ; 모세의 승천 41 : 2 – 3 ; 제2에스드라서 7 : 37 ; 바나바2서 50 – 51장 ; 에녹1서 46 : 6 ; 58 : 3 – 5). 중간시대의 종말론적 도식을 채택함으로써 요한은 두 가지 전승을 확립하는 개념적인 의미를 간직하게 되었다. 유대 전통이 요한의 그림에서 가장 기본적인 요소를 제공하지만, 그가 서 있는 그리스도교의 전통, 특히 바울 전통은 종말론적 사나리오의 한 부분으로써 그리스도교적 특징을 세워 주고 있다(고전 4 : 8 ; 6 : 2 – 3).

요한은 천년을 함께 나누기 위해 되살아나는 사람들이 '첫째 부활'에 참여한다고 강조한다. 첫째 부활은 앞으로 다가 올 '둘째 부활'과 종종 대조되곤 한다. 또 다른 장면에서(20 : 12) 죽은 자들이 모두 살아나 심판을 받기 위해 하나님 앞에 서게 되는 것은 사실이지만, 이 장면이 '둘째 부활'이라는 언급은 없다. 종말론적 미래에 일어나는 이 부활을 첫째 부활이라 명시하면서 요한은 그 후에 일어날 '둘째' 부활을 염두에 두기보다, 요한과 바울의 전통을 따르는 선지자이자 신학자들에 의해 교회에서 생겨난 주장, 즉 부활이 이미 일어났다는 주장을 중점적으로 다루는 듯 보인다(참고. 요 11 : 1 – 44, 특히 25 – 26절 ; 엡 2 : 1 – 7 ; 골 2 : 12 ; 3 : 1 ; 대조. 딤후 2 : 18). 실현된 종말론과는 대조적으로 요한은 현재 경험되는 부활은 없다고 말한다. 종말에 첫째 부활이 일어날 것이기 때문이다(참고. 빌 3 : 7 – 16).

곡과 마곡의 패배 : 사탄의 마지막 저항(20 : 7 – 10)

요한은 이미 그의 청 · 독자들에게 사탄이 천년 동안 묶인 후 '반드시' 잠깐 놓이리라고 공표하였다(20 : 3). 그렇다면 이 본문을 읽는 모든 독자들에게 이런 의문이 생긴다. "사탄이 묶이고 지구가 마귀 없는 새 천년을 누리는데, 왜 사탄이 '반드시' 다시 풀려나야 하는가?" '반드시'라는 단어를 있는 그대로 받아들여 실재 세상에서 하나님께서 몇 가지 외적 제약에 종속되는 것처럼 설명하는 해설은 분명 잘못되었다. 하지만 몇몇 묵시문학적 전승에서는 이 문제를 이와 똑같은 방법으로 이해하였다. 예를 들어 제2에스드라서에서는 하나님께서 피조물을 더 많이 살리시려 하지만, 엄격한 신학 체계에서 벗어날까 실행하지 못하는 분으로 나타난다. 에스드라서의 기자는 신학 체계를 하나님보다 훨씬 궁극적 존재로 인식한다. 이러한 관념의 덫은 여전히 몇몇 현대신학, 즉 하나님은 신학 체계의 요구에 따라 특정한 방법으로만 행동 '하실 수 있다'고 하는 신학의 발목을 잡고 있다. 하지만 성서신학에 따르면 하나님은 모든 신학 체계를 통치하신다. 마가복음 13장의 '소묵시록'을 예로 들면, 하나님은 택하신 백성을 위해 종말 시간표를 조정하신다(13 : 20). 10 : 4를 풀이한 한 해석에 따르면, 요한 역시 같은 주장을 명확히 하고 있다. 어떤 경우든 20 : 3의 '반드시'라는 단어는 하나님을 구애하지 못하는 '역사의 법칙'이 아니라 1 : 1, 11 : 5, 13 : 10, 22 : 6에서 말하는 것처럼 다니엘 2 : 28의 구절을 반영하며 '하나님의 뜻'과 늘 동일하게 쓰인다.

요한의 작품 안에서 사탄은 전통적, 문학적, 신학적 이유가 복합되어 '반드시' 놓이게 된다. 요한은 사탄의 최종 패배에 관한 장면을 하나 더 그리고 있었는데, 그는 이 장면과 곡과 마곡의 패배라는 전통적 장면을 연관시켜 통합하고 싶어했다. 그가 만들어 낸 느슨한 '연대기적' 구도도 그 전통적 장면과 통합을 이루기 위해서는 사탄이 매이는 장면(20 : 1-3)이 필요했다. 이와 동일한 이야기 구조상의 제약 때문에도 사탄은 천년 동안 묶여 '있어야' 했다. 요한이 부활과 천년 통치 시대를 에스겔서 37장의 '부활' 장면과 동일시하였고, 새 예루살렘을 에스겔 40~48장에 나타나는 회복된 성도(聖都, 거룩한 도시-역자주) 장면과 동일시할 것이기 때문에, '부활'과 '성도 회복' 장면 사이에 에스겔서 38~39장의 곡/마곡에 대한 묘사가 삽입된 것처럼 요한 역시 20 : 4~6에 나타난 천년왕국 장면과 21 : 1~22 : 5의 새 예루살렘 장면 사이에 곡과 마곡의 파괴 장면을 삽입해야 했다. 왜냐하면 이미 언급한 대로 요한은 에스겔서의 이야기 전개를 따르고 있기 때문이다. 또한 요한은 곡과 마곡이 사탄으로 상징되는 악의 최고 권력 통치 아래 움직인다고 보기 때문에, 땅의 사방 백성을 미혹하고 모아 '최후의 싸움'을 일으키기 위해서는 사탄이 놓일 '필요가 있는' 것이다.

에스겔 38~39장에서는 마지막 날 하나님께서 악의 최종 대표자로서 일으켜 세우셨다가 자신의 주권과 영광에 대한 증거로서 파괴하시게 될 '마곡의 왕, 즉 곡'을 생생하게 그려 보여 주고 있다. 에스겔서에서 나타나는 장면은 온전히 신 중심적이다. '곡'은 출애굽 기사의 바로와 같이 무대장식에 불과한 존재이자, 하나님의 종말적 권세(38 : 16, 23 ; 39 : 7, 13)를 돋보이게 해 주는 존재에 불과하다. 요한 당대의 유대인들에게는 '마곡의 곡'을 '곡과 마곡'으로 변형시켜 곡과 마곡을 종말적 전쟁 때에 파괴될 하나님의 적으로 받아들이는 오랜 전통이 있었다. 민수기 11 : 27에 대한 예루살렘 타르굼을 보면 "마지막 날에, 곡과 마곡, 그리고 그들의 주인이 예루살렘에 대항해 올 것이다."라고 말한다. 70인 역의 아모스 7 : 1에서는 '곡'을 마치 분명한 존재인 것처럼 종말의 메뚜기 재앙 환상에 삽입하고 있다. 요한 역시 역사적 개인이나 국가들에서 구체화된 악을 궁극적인 적으로 받아들이지 않았다. '곡과 마곡'을 앞서 그려진 천년 동안 존재하는 역사적 국가로 보아서도, 성경 예언에 '예시된' 이 시대의 국가로 보아서도 안 된다. 요한은 우리의 상상력을 통해 악이 최종 파괴되는 장면과 이 장편이 필요한 까닭을 하나님에게 대항하는, 실제보다 과장된 존재에게 보여 줄 준비를 하고 있다. 악은 최대한 확장된 후 영원히 파괴될 것이다. 이러한 상상 속 장면에 함께하기 위해서는 악이 '반드시' 풀려나 '열방을 미혹'하는 자신만의 활동을 해야 한다.

11 : 17~19와 19 : 17~21에서 나타난 '최후의 전쟁'은 결코 전쟁이 아니다. 오래 전 그리스도의 십자가에서 승리하신 하나님께서 쟁취한 승리 외에 다른 승리는 없다. 우리 역시 전투태세에 임한 하나님의 백성 '진영'을 포위하고 있는 사탄을 필두로 한 악의 세력들을 보여 주는 예시적 장면만 볼 수 있을 뿐이다. 이는 특정 지역에서 문자 그대로 일어날 어떤 사건을 있는 그대로 예언하는 장면이라기보다, 전투태세에 임한 교회의 본질적 특성을 보여 주는 장면이다. 이 본문에서 '진영'은 하나님의 백성들이 이 세상을 순례자로 살아간다는 것을 암시하는 말로, '도성'(city)과 바꾸어 쓸 수 있다. 히브리서 13 : 14에서는 "영구한 도성이 없다."라고 말한다. 단 한번의 싸움도 치르지 않았지만 하늘에서 불이 떨어져 하나님의 백성의

적을 소멸하고, 마귀는 불의 못에 던진다. 이는 반드시 책임감 있게 악에 맞서야 하는 것은 우리의 몫이지만, '악에서 우리를 구하시기'를 바라는 기도의 응답은 결국 하나님의 몫이라는 계시자의 관점을 또 다른 면에서 확증하는 것이다.

최후의 심판(20 : 11 – 15)

요한계시록 20 : 11~15는 요한이 아는 유일한 심판 장면이자 모든 이들이 참여하는 장면이다. 요한 자신이 각 환상 장면을 모아 최고의 장면이자, 변함없고 광범위한 종말 예정표를 만들 때 만큼의 열정 없이, 각 환상 장면 하나하나가 종말론적 승리를 그리고 있다고 다루는 우리의 해석 방법이 이 장면에서 시험대에 오르게 된다. 예를 들어 현대 세대주의자들이 해석한 대로(스코필드 관주 성서의 종말 계획에는 일곱 가지 심판이 열거되어 있다.) 이 장면은 성경의 각 부분에서 끌어온 종말 심판 장면들을 모아 재구성할 수 있는 일련의 심판들 중 일부가 아니다(예를 들어 사 2 : 12 – 22 ; 13장 ; 단 7 : 9 – 14 ; 12 : 2 ; 솔로몬의 지혜서 3 : 1 – 9 ; 마 19 : 28 ; 25 : 31 – 46 ; 요 5 : 28 – 29 ; 12 : 31 ; 롬 14 : 10 ; 고전 6 : 2 ; 15장 ; 고후 5 : 10 ; 벧후 3 : 7 ; 유 1 : 6).

또한 이 장면은 요한계시록 자체에서 구성된 종말론적 연대와도 합치되지 않는다. 20 : 5를 전제로 하면, 신실한 그리스도인들은 천년왕국이 시작될 때에 다시 살아 그리스도와 함께 통치하기 때문에, 20 : 12에서처럼 다시 살아 하나님 앞에 서는 자들은 '반드시' 비그리스도인들이어야 한다는 추론이 가능하다. 그렇다면, 그들 모두 그리스도를 믿는 자들이 아니므로 모두 죽게 된다는 결론에 이르거나(혹은 모두 행위에 따라 심판을 받게 되는데, 그 누구도 하나님 앞에서는 행위로 의롭다 하심을 받을 수 없으므로 죽게 된다는 결론〈롬 3 : 27 – 28 ; 갈 2 : 16 ; 3 : 10 ; 엡 2 : 8〉), 혹은 하나님께서 신자, 불신자의 구별 없이 결국 모든 이들을 구원하시기 때문에 모두 구원을 얻는다는 결론, 혹은 로마서 2 : 6~11에서와 같은 논리에 근거하여 선한 자들은 구원을 받고 악한 자들은 저주를 받는다는 결론에 이르게 될 수 있다. 하지만 이런 사변적 해석은 요한을 문자 그대로 받아들여야 한다고 곡해할 수 있으며, 그의 사상을 그가 의도한 것보다 훨씬 체계적이고 직선적이며, 일관되게 만들 수도 있다. 20 : 5에 나타난 순교자들의 부활 장면은 "순교한 교회는 종말 때에 그리스도와 함께 다스린다"라고 말할 뿐, 종말 시나리오를 구성하는 정보를 주지는 않는다. 다른 장면에서와 마찬가지로 이 장면에서도 요한은 장면들이 '일관되는지'에 상관 없이 당당히 한 번에 단 한 장면만 제시할 뿐이다. 20 : 11~15의 최후의 심판 장면에서는 '큰 자나 작은 자나'(20 : 12), 생명책에 이름이 기록된 사람과 그렇지 못한 사람(20 : 12, 15), '모두'(20 : 13) 희고 거대한 심판 보좌 앞에 선다.

이 보좌는 요한계시록에서 반복되는 모티프로, 보좌에 대한 용과 짐승의 거짓 주장에 대해 이 세상의 권력과 권위의 참된 근원이 어디에 있는지 드러내는, 정치적 함의가 담긴 상징이다. 이 세상에서나 종말 환상에서나 심판이 시작되는 곳은 보좌이다. 요한 교회의 그리스도인들은 그리스도 신앙고백에 충실하면, 죽음이라는 판결을 받게 될 로마 법정을 마주하고 있거나 마주할 상황이었다. 환상 속에서 요한은 그 판결이 더 높은 법정으로 상소되었음을 본다. 하지만 그리스도인들에게는 무죄가 선고되고, 로마압제자들은 죽게 되는 뻔한 장면이 제시되지 않는다. '무론 대소하고' 모두 보좌 앞에 서게 되고, 심판은 치우침 없이 이루어진다.

4 : 1에서 처음으로 제시된 보좌 알현실 장면에서와 마찬가지로, 왕좌에 앉은 이가 누구인지는 밝혀지지 않는다. 전통적인 유대 이미지에서 최후의 심판주는 물론 하나님이시지만, 후기 묵시문학적 전승들에서는 하늘에 계신 '인자'가 하나님을 대신하는 심판주로서의 권위를 하나님으로부터 부여받는다. 여기서 보좌에 오른 이가 누구인지 명확히 하지 않음으로 요한은 하나님과 그리스도를 구분할 필요성을 계속 묻어 두게 된다. 그에게 "하나님이냐, 그리스도냐?"는 생각할 수 없는 사상이었다. 그의 또 다른 이미지나 신학에서 이 '두' 존재가 어떻게 서로 공존하는지 이미 보았다. 어린 양은 절대 독립적 존재가 아닌, 어린 양이자 하나님의 대리인이다. 하나님은

절대 그리스도와 분리되어 정의될 수 없는, 언제나 그리스도 자신으로 정의되는 하나님이시다. 그러므로 요한은 '냉혹한' 심판을 수행하시는 하나님께서 '인정 많은' 그리스도에 의해 마음을 돌리신다고는 생각하지도, 생각할 수도 없다. 요한은 하나님을 심판관으로, 어린 양을 구원자로 구분하기를 거부한다. 하지만 심판관이라는 무시무시한 존재 앞에서는 만유가 도망할 곳을 찾아 도망한다는 요한의 강력한 이미지에 마주하면, 이러한 우리의 논의도 지적인 논의에 불과함을 부인하기 어렵다.

심판은 하늘의 법정에서 펼쳐질 책들을 기반으로 이루어진다. '책들'이라는 복수로 쓰였다는 점이 중요하다. 전통적인 종말 이미지와 마찬가지로, 인간의 행위가 기록된 책들이 펼쳐지면 사람들은 자신들이 행한 행위에 따라 심판받는다. 이 장면은 인간의 자유와 책임이 무엇보다 중요함을 말해 주고 있다. 우리가 행하는 일들은 중요하다, 그것도 궁극적으로 중요하다. 하지만 같은 장면에서 또 다른 책이 펼쳐진다. 바로 은혜의 책이자, 어린 양의 생명의 책이다. 세상이 창조되기 전부터 책에는 순전히 하나님의 은혜에 따라 이름이 기록되어 있었다(13 : 8 ; 17 : 8). 이 장면에서는 은혜를 매우 심각하게 인식한다. 영원한 '둘째 죽음'에서 구원을 받은 자들은 오로지 하나님의 은혜로 구원을 받았다. 자신들의 행위가 아니라 하나님의 행위로 구원을 받은 것이다. 이 두 책에는 바울의 전통에서 익숙한 행위와 은혜라는 모순을 담고 있다(엡 2 : 8－10 ; 빌 2 : 12－13). 우리는 우리의 행위에 대해 궁극적인 책임을 진다. 왜냐하면 그 행위가 영원한 결과를 낳고, 그 행위에 의해 심판받기 때문이다. 하지만 궁극적으로 우리의 구원에 대한 책임을 지시는 분은 하나님으로, 우리를 구원하는 것은 그분의 행위이지, 우리의 행위가 아니다. 우리는 은혜로 구원을 얻는다. 서술적 언어로 이런 궁극적 문제를 논의하면 언제나 모순처럼 들릴 뿐이지만, 그림같이 생생한 요한의 언어는 두 가지 측면 모두 하나의 장면에 담을 수 있다.

이 장면의 일부가 하나님의 절대적 은혜를 증언한다 해도, 이 장면 전체는 모든 심판 장면처럼 역사의 마지막 날, 인류를 구별하실 대사건을 경고하는 역할을 한다. 이제 선과 악이 혼재하고, 잘못된 결정은 하나도 없는 이런 모호한 세상에서, 우리는 흑색 그림자나 백색 그림자보다는 회색 그림자를 택하게 된다. 하지만 대심판날에는 전지전능하신 그분께서 모든 이를 구별하실 것이다. 요한 역시 신실하지 않은 자들이 죽음을 당하는 모습을 보여 주는 장면을 몇 가지 그리고 있음이 분명하다. '첫 번째' 육체적 죽음을 넘어서는 고통을 당하게 될 '둘째 죽음'이 초월적 악의 존재(용, 짐승, 거짓 선지자, 죽음〈고전 15 : 28!〉과 지옥)뿐만 아니라 신실하지 않은 인간들까지 기다리고 있기 때문이다. 기뻐할 수는 없지만 명명백백하게 드러난 침울한 말씀, 즉 "누구든지 생명책에 기록되지 못한 자는 불 못에 던져지더라"로 이 장면은 마무리된다(20 : 15). 기록되지 못한 자에 해당되는 사람들의 유형을 적은 요한의 목록을 보면 이 말씀은 일어날지, 일어나지 않을지 모르는 근거 없는 협박이 아니다. 하지만 이 장면 전체는 반드시 하나님의 우주적 구원 장면, 즉 메시지를 있는 그대로 적절히 보여 주는 장면과 함께 배치 되어야 한다("숙고 : 우주적 구원과 역설적인 언어"를 보라).

불못에서 고통을 받는 것이 문자적일 수 없는 보다 선명한 증거는 그 고통이 단지 죽어 멸망할 수밖에 없는 존재들에 대하여 일어나는 것이 아니라 초월적인 권세, 즉 맨 마지막에 멸망받을 원수에 대하여 일어난다는 사실에 나타나 있다(고전 15 : 26). 최후의 심판에서 죽음과 지옥은 불 못에 던져진다. 그것이 둘째 사망이다. 여기에 죽음을 초월한 개인적 생존에 대한 이기적인 요청 이상의 것이 있다. 그것은 우리의 평균 연수인 60~70년 동안 우리를 노예 삼고 있는 죽음의 권세가 마침내 멸망받을 것이라는 약속이다. 이 세상에서 모든 생명체는 다른 생명체를 괴롭히면서 살아간다. 이에 대해 종말적 환상은 생명의 수여자가 사망을 주는 분일뿐만 아니라 약탈로 삶을 멸망시키는 분으로 그리고 있다(비교. 사 11 : 1-9).

새 예루살렘(21 : 1-22 : 5)

요한은 인간의 상상력이 이해될 수 없는 것과 마찬가지로 인간의 언어가 실제로 존재하는 영원한 세계에 대한 실체를 표현할 수 없다는 것을 알고 있다. 이로 인해 요한은 종말의 모습을 인간 실존의 유한성에 묶어 두는 것이 아니라 도리어 영원한 세계에 대한 특성을 이 세상적인 묘사들의 다양성 속에서 은유적 표현으로 돌파하도록 허용한다. 그리하여 우리는 전능한 정복자의 영광스러운 회복, 최후의 전쟁과 사탄의 결박, 악한 존재가 없는 세상에서 그의 추종자들과 함께하는 그리스도의 천년왕국, 최후 심판, 신화적인 원수들인 곡과 마곡의 패배, 그들을 미혹했던 마귀의 멸망을 보게 된다. 2부에서 하나님의 둘째 심판에 대해 요한이 묘사한 최고의 절정이 큰 성 바벨론의 멸망이었던 것처럼, 요한이 종말적으로 묘사한 성취와 그 절정은 거룩한 성, 새 예루살렘에 대한 환상이다. 이것은 그가 지금까지 형성해 왔던 그의 종말론적 묘사에 대한 가장 방대하고도 상세한 수집을 훨씬 뛰어넘는 종말에 대한 마지막 묘사이다. 그의 신학에 있어서 이것의 중요성은 새 예루살렘의 마지막 위치, 진행되는 환상 안에서 새 예루살렘 환상의 반복되는 기대, 새 예루살렘에 대한 상세한 묘사 등에 의하여 나타난다.

하나님의 백성에게 궁극적인 본향이 될 하늘의 예루살렘에 대한 개념은 요한의 창작이 아니다. 그와 동시대에 살거나 그보다 앞섰던 신약성경의 다른 저자들과 마찬가지로(갈 4 : 24 – 31 ; 빌 3 : 20 ; 히 11 : 10 ; 12 : 22 ; 13 : 14), 요한은 그가 접한 묵시문학적 전통 속에 이미 이 개념이 현존하고 있음을 발견했다. 이 전통은 마지막 날 이 땅에서 거룩한 도성이 몰락할 것이라는 서술까지도 포함했다(즉, 다시 말하면 인간들의 노력에 의하여 설립된 것이 아니라 하나님에 의하여 설립된 도시이다. 〈비교. 솔로몬의 시편 46, 48편 ; 사 2 : 1 – 4 ; 65 : 17 – 25 ; 시빌의 신탁 5 : 420 – 25 ; 에녹1서 90 : 29〉 하나님의 왕좌의 형상〈시편 47 : 8 ; 에녹1서 24 : 4 – 5〉, 하나님의 얼굴 대면〈에스드라2서 7 : 98〉, 생명나무〈레위 성서 18 : 11 ; 에녹1서 25 : 5〉, 황금과 보석의 건축물〈출 25 : 5 – 14, 17 – 29 ; 사 54 : 11 – 14 ; 겔 28 : 11 – 17 ; 토비트 13 : 16 – 18〉, 황금거리와 진주문〈사 60 : 11 – 14 ; 토비트 13 : 16 – 18 ; 산헤드린 100[a]〉). 이러한 모든 것들은 구약성경과 요한이 서 있고, 그가 새 예루살렘의 웅장한 묘사를 위해 색들을 취하는 유대 묵시문학적 전통의 팔레트 속에서 반복적으로 발견된다. 예를 들면 21 : 19~20의 벽의 기초에 대한 보석의 목록은 출애굽기 28 : 17~21 ; 39 : 10~14, 그리고 에스겔 28 : 13과 (히브리 성경이 아닌 단지 9항목만을 기록한 70인역의 근거로) 관련된다. 비슷한 서술이 요세푸스와 필로 속에서 발견되는 것을 볼 때, 요한이 상징적 태도 안에서 대제사장의 흉패의 돌들에 관한 해석의 전통을 따르고 있다는 것이 명백하다. 쿰란의 두루마리(4Q 이사야의 묵시 해석서)는 새 예루살렘은 공동체 자체였다는 이사야 54 : 11~17의 우화적 해석을 제공한다. 그 문들은 이스라엘 종족의 족장들의 머리이다. 청옥 기초석들은 공동체의 기초를 형성하고 있다. 루비들의 뾰족탑들은 공동체의 12지도자들이다. 제2에스드라서 10 : 27~28의 예언자는 천상으로부터 내려온 도성에 있는 한 여인과 이야기한다. 제2바룩서 4 : 3~6에서 새 예루살렘은 언제나 천상에 선재한 장소이다. 랍비 전통(Baba B 75a)에서 새 예루살렘의 문들은 장이 45광이 30피트로 잘려진 귀중한 돌들과 진주로 다듬어져 있다.

새 예루살렘에 대한 요한의 환상은 유대 전통의 많은 요소들을 포함하고 있을 뿐 아니라 헬라와 로마의 환상적 도시에 대한 많은 열망들, 헤로도투스의 실제 바벨론에 대한 묘사와 요한의 살던 시대에 로마의 동전들 위에 표기되었던 영원한 도성이 될 것을 요청하는 로마의 자부심 등을 반영하고 있다. 요한의 관점에서 새 예루살렘은 공동체와 환상적 도시에서의 안정된 삶을 바라는 인간의 모든 꿈들을 성취한다. 사람들에 의하여 건설된 도시들, 심지어 바벨론, 즉 로마와 같은 대규모의 도시들은 기껏해야 거룩한 실체를 부분적으로 구현하는 것에 불과하고, 설상가상으로 인간적 교만을 우상숭배로 표현할 뿐이다.

요한의 사고에서 종교적이고 문화적인 전례에 대한 그러한 관찰들은 우리로 하여금 예언자적 경험과 작품들의 본질에 대한 통찰력을 얻게 하는데 도움을 주는 역사적 관심에서 나온 것이다. 종교적 작품들과 관련된 유사점들은 요한이 환상적 경험들을 가졌던 것이라는 우리의 이해에 일치하지만, 새 예루살렘에 대한 요한의 묘사는 그가 실제로 보았던 것에 대한 보고자의 기록은 아니다. 그것은 표현의 방법에 있어서 그의 문학작품이고, 상징적이고 신학적인 용어로 집필된 것이며, 이 세상에 대한 하나님의 궁극적 목적이 나타난 본질에 대한 그의 계시적 의도이다. 다시 한번 말하지만, 요한이 주고 있는 메시지의 요점은 그가 취한 선택과 배열과 변형, 전통적 요소 자체가 아닌, 그가 전통적 요소 안에 부여한 추가물 속에 보인다. 이러한 신학적 취지는 무엇인가?

"종말에, 하나님께서……"

요한은 이미 우리가 종말에 사건을 만나는 것이 아니라 한 사람을 만난다는 그리스도교적 확신에 대한 주목할 만한 표현을 하였다(19 : 11-16). 종말에 관한 모든 요한계시록의 진술들은 실제로 하나님에 관한 진술이다. 종말론은 하나님의 교리에 대한 양상을 띤다. "그와 같을 것이라."는 다양한 환상들을 통하여 비춰지는 광채는 요한이 바울과 함께 공유하는 확신인데, 그것은 역사적 행로의 종말에 하나님은 모든 것 안에 모든 것(고전 15 : 28, 헬라어로 펜타 엔 파신〈panta en pasin〉, RSV "everything to everyone")이 될 것이라는 확신이다. 요한에게 있어서 하나님은 새 예루살렘에서 그가 말하고자 하는 최종적인 대상은 아니다. 하나님께서는 모든 만물을 영접하시는 종말론적 실체 자체이다. 21 : 3에서 한 목소리는 하늘에서 내려온 도성 곧 새 예루살렘을 하나님께서 인간들과 함께 거주하는 것으로 해석한다. 그리고 하나님께서 그들과 함께 거하실 것이라고 선포한다(비교. 회복된 예루살렘에 대한 에스겔의 기록의 마지막 부분. "……그날 후로는 그 성읍의 이름을 여호와 삼마라 하리라"〈48 : 35〉). 하나님께서 청·독자들에게 직접적으로 말씀하시는 두 본문 속에서(21 : 6 ; 비교. 1 : 8) 하나님께서 "나는 알파와 오메가라. 처음이요 나중이다."라고 선언하신다. 하나님께서는 단지 종말을 가져오는 분이 아니라 끝이시다. 정입방체로서의(21 : 15-16) 전체가 황금으로 된 도성은 신의 현존을 직접적이고 상세하게 표시하는 데 이용되는 지성소에 관한 표현이다(왕상 6 : 20 ; 대하 3 : 8-9). 모든 종교적인 기대와 요한이 따르고 있는 에스겔 40~48장의 모형을 대조해 볼 때, 이 도성에는 성전이 없다. 이는 어린 양으로서 규정되는 하나님께서 인간과 신이 만나는 장소인 성전 자체이기 때문이다(21 : 22). 도성을 둘러싸고 있는 벽옥은 단지 다른 보석을 지칭하는 것이 아니라 하나님의 자신의 영광이다. (비교. 4 : 3 벽옥은 하나님의 영광을 대표한다. 그리고 요한이 인용하고 있는 슥 2 : 4 – 5) 실제로 그 도성은 하나님의 영광의 빛이 벽옥과 같은 빛으로 비추인다(21 : 11). 하나님과 가장 친밀하였던 모세(출 34 : 29 – 35)도 하나님의 얼굴을 대면하여 보지 못했고, 단지 그의 '등'만을 보았다(출 33 : 17 – 23). 그러나 새 예루살렘에서 하나님의 백성들은 그의 얼굴을 대면하여 볼 것이다(22 : 4 ; 비교. 고전 13 : 12). 그리고 하나님은 백성을 '나의 아들'이라고 칭할 것이다. 성서적 어법 속에서 '아들'이란 말은 아이란 말로 바꿀 수 없는 단어이다. 또한 당대의 그 단어에 대한 이해관계들이 포괄적인 언어, 즉 그 단어에 대한 이해관계가 어떤 존경을 표현한다는 기존의 해석 테두리 안에서 희생되어서도 안 된다. '아들'은 유치한 의존심을 내포하는 것이 아니라 성인기의 자유를 내포하고 있다(요 8 : 31 – 36 ; 롬 8 : 15 – 17 ; 갈 4 : 1 – 7). 또한 '아들'은 '하나님의 아들'이라는 그리스도론적인 주제를 내포하고 있다. 모든 것의 종말에 신자와 세상이 기다리는 것은 무엇인가? 요한에게 처음과 마지막 단어는 '하나님'이다.

부정을 통하여(Via Negativa)

만약에 궁극적인 미래에 대한 언급과 현재의 의미에 대한 언급이 하나님에 관하여 언급하는 것이라는 사실을 의미한다면, 우리는 어떻게 하나님에 대하여 말할 수 있을까? 요한은 이런 추상적 질문에 대하여 전혀 철학적인 관심을 기울이지 않는다. 그는 하나님과 궁극적인 것들에 관한 우리의 모든 말들이 은유적이고 단편적이라는 사실을 알기 때문에, 궁극적 실체인 신성을 간파하여 자유롭게 말하는 것을 용납한다. 그는 이를 위해 철학적 전통을 어느 정도 사용하지만, 우리는 여전히 하나님의 초월적 세계가 무엇인가에 대하여 말할 수 없다. 우리는 단지 무엇이 아닌가를 말하는 것으로 어느 정도 그것을 사실적으로 상상할 수 있을 것이다. 그리하여 요한은 거기에 무엇이 없는가에 대한 확언을 가지고 새 예루살렘에 대한 그의 서술을 펼쳐보인다.

바다가 없음(21 : 1). 이것이 인간적이고 존재론적인 요소가 될 것이다. 사실상 고립된 요한과 근심 걱정하는 그의 사랑하는 그리스도교 공동체 사이에는 바다가 있었다. 그러나 바다 때문에 그는 편지에 위로의 말들을 전하고 그들이 견뎌야 하는 대환난의 기간 동안 함께 있을 것이라는 개인적인 말들을 하고 싶었다. 다가오는 새 세상은 인간적 관계성을 가로막는 모든 현존하는 장애물들이 제거되는 것을 의미할 것이다. 그러나 '바다'는 요한 개인이 처한 상황보다도 그의 신학에 있어서 보다 깊은 의미를 갖는다. 요한계시록을 통해 볼 때 '바다'는 창조주 하나님을 대적하는 것으로 창조되지 않고, 창조 전의 혼돈의 세력과 용이 이 땅에 고통을 주기 위해 일어난 심연의 깊음을 대표한다(비교. 13 : 1과 4 : 6의 주석). 창조 시에 등을 돌리고 역사의 영원한 시간 동안에 몰아넣고 놓치지 않았던 그 바다가 새 창조의 때에는 영원히 사라질 것이다. 창조의 잠재적 방해자로서 악은 회복할 수 없을 정도로 패배당할 것이다.

눈물, 사망, 애통, 곡, 고통이 없음(21 : 4). 비록 인간의 삶이 고통들로 야기되는 것들에 대한 인격 형성 가치에 대한 철학적 논쟁들이 야기되지만, 요한은 철학적인 내용을 기록하지 않는다. 그는 전에 것들은 (이는 요한이 모든 세대를 통하여 세상을 불행하게 하는 것들을 총망라한 구절이다.) 사라질 것이라고 선언했던 자의 말에 대한 예언자적 중재자이다. 왜냐하면 그는 모든 것들을 새롭게 하실 것이기 때문이다. 여기서 전능자는 우리의 현재적 삶으로부터 성취와 기쁨과 약동적인 삶을 앗아 가는 모든 것들이 그가 역사를 이끄는 초월적으로 실체하는 나라에는 없을 것이라고 약속한다.

두려워하는 자들, 믿지 않는 자들, 타락한자들, 살인자들, 행음자들, 술객들, 우상숭배자들, 거짓말하는 자들이 없음(21 : 8). 새 예루살렘은 추상적 미덕으로서의 공평과 정의가 아닌 하나님의 뜻으로써의 공평과 정의가 편만한 도성이 될 것이다. 도성에 대하여 그리고 있는 요한의 그림에는 현존 세계를 감염시키는 죄가 없다. 요한은 그리스도교적인 윤리를 심어 주기 위한 방편으로써 다른 신약성경의 저자들이 사용하였던 것, 특별히 요한과 그의 교회들이 가담하고 있는 바울의 전통 속에 있는 저자들과 어느 정도 유사한 '악덕 목록'을 사용한다(롬 1 : 28－32 ; 13 : 13 ; 고전 5 : 9－11 ; 6 : 9－10 ; 고후 12 : 20 ; 갈 5 : 19－21 ; 엡 4 : 31 ; 5 : 3－5 ; 골 3 : 5 ; 8－9 ; 딤전 1 : 9－10 ; 6 : 4－5 ; 딤후 3 : 2－5 ; 딛 3 : 3 ; 벧전 4 : 3 ; 막 7 : 21－23 ; 눅 18 : 11 ; 비교. 계 9 : 21 ; 22 : 15). 그러나 그는 전통적 목록을 훨씬 뛰어 넘는다. 그는 그 목록에 대하여 그가 처한 상황에 대한 대략적인 뉘앙스를 풍긴다. 시작 부분에서 두려워하는 자들과 끝 부분에서 거짓말하는 자들은 겁쟁이나 거짓에 대한 일반적인 진술이 아니라 박해와 위협의 압박감, 즉 로마 법정 앞에 서는 용기의 부족, 곧 결과들과 무관하게 성도의 믿음을 선언하게 만드는 신실성의 부족과 같은 그리스도인의 실패에 관해서 말하고 있다. 이 목록에서 다른 용어들은 인간의 죄성에 대해 일반적으로 널리 알려진 것이 아니라 요한의 눈에 특별히 제국 종교의 참배에 동화되고 이교 사회의 압박에 굴복하는 죄들이다. 이런 자들에 대한 요한의 선언은 현재적으로 신실한 신자들에 대한 권고로써 그들은 종말론적 구원의 축제가 열리는 도성에 있지 않을 것이라고 말한다. 그러나 요한은 이런 실수의 죄를 범한 자들이 거룩한 성에 들어오는 것이 금지되었다고 말하지는 않는다. 단지 이런 죄악된 행동들을 범한 사람들은 남녀를 불문하고 거룩한 도성에 초대될 수 없는 사람들이라는 것이다. 그 목록은 종국에 그곳에 있게 될 사람들에 관한 제한이 아니라 하나님의 도성 안에서 특성화된 삶을 잘 나타내고 있다.

성전이 없음(21 : 22). 19 : 1부터 제3장 전체를 통해서 요한은 자신이 보여 주고 싶은 모델로 에스겔 37~48장을 채택한다. 요한이 에스겔 40~48장에서 회복된 예루살렘을 묘사하는 것으로부터 새 예루살렘에 관한 상세한 내용을 얻었는데, 제사장 에스겔은 거룩한 것과 더럽힌 세속의 것을 구별하는 제사장적 원칙에 큰 관심을 기울인 점에서 근본적인 차이가 난다. 그래서 회복된 예루살렘에서 얻은 환상에서 성전은 도성의 다른 부분으로부터 완전히 독립되는 성벽을 가진 새로운 도성의 형태를 띠었으며, 이로써 거룩한 것과 세속적인 것이 효과적으로 구별되었다. 에스겔 44 : 5는 성소에 들어갈 수 있는 사람과 그렇지 못한 사람을 선정하기 위한 지시나 명령이 나타나 있고, 44 : 7은 성소 안으로 이방인들을 데려오는 이스라엘을 비난하고 있다. 제사장들은 거룩한 것과 세속적인 것을 구별하도록 사람들을 가르친다. 그 결과 사독 계열의 사람들은 이것을 해냈기 때문에 칭송을 받았고, 레위 사람들은 그렇지 못했기 때문에 비난을 받았다(44 : 10, 15, 23).

에스겔처럼 요한도 거룩한 도성인 예루살렘을 묘사하는 것에 관심이 있다(아래를 보라). 그러나 하나님에 관한 요한의 그리스도교적 이해는 그에게 궁극적인 도성에 대한 또 다른 환상을 주었다. 요한에게 그 도성은 전체가 거룩하기 때문에 성전을 별도로 가지지 않는다. 하나님께서는 직접적으로 어떤 지명된 거룩한 장소뿐만 아니라 거리 전체를 통해서 모두에게 나타나신다. 모든 생물은 거룩하고 특별한 장소들과 어느 특정한 때에만 국한되는 것이 아니라 매일 매일의 삶 속에 현존하시는 하나님의 백성들이기에, 하나님의 모든 백성들이 곧 '제사장들'이다.

해와 달과 밤이 없고 문도 닫히지 않음(21 : 23, 25 ; 22 : 5). 하나님께서는 초월해 계신 분이고, 죄를 결코 묵과하지 않으시는 영화로운 빛이시다. 도성 안에 거하시는 하나님의 임재는 곧바로 밤과 모든 불안을 몰아내고, 빛과 무관한 모든 것을 다른 것으로 바꾸어 놓는다.

저주가 없음(22 : 3). 태초부터 인류는 창조주를 대항하는 근본적인 반역으로 인해서 타락하였으며, 그 스스로 하나님과 같이 되기를 원하였다(창 3 : 1-6 ; 사 24 : 4-6 ; 참고. 롬 5 : 12-21). 죄가 선하게 창조된 세계에 들어오게 되었을 때 이 세계는 스스로 큰 불행을 느꼈으며, 이로써 저주가 이 땅에 임하게 되어(창 3 : 17) 모든 인류의 역사는 타락한 세계에서 살게 되었다(창 3 : 17 ; 참고. 롬 8 : 18-25). 요한이 본 새 예루살렘에 대한 환상은 순결하고 구속된 인류와 '더 이상 저주가 없는' 창조의 모든 것들뿐만 아니라 경건한 개인들로 변화시키는 하나님의 은혜에 의해 악의 속박으로부터 벗어난 영원한 세계를 묘사한다.

하나님의 도성

한 도성. 요한의 경험과 신학 속에서 만들어진 바벨론의 역할은 인류의 궁극적인 운명에 대한 요한의 마지막 환상이 그리스도인들의 한가로운 엘리지움(Elysium, 그리스 신화에 나오는 엘리지움은 선한 사람들이 죽은 후에 사는 곳을 의미한다. – 역자주)과 같은 벌판도, 토착 미국인들의 행복한 사냥터도 아니고, 심지어 모든 인간의 악이 집중된 도시를 고려하여 낭만적으로 묘사된 전원생활도 아니라 바로 한 평범한 도시라는 사실에 우리는 놀라게 된다. 초기 그리스도교는 빠르게 도시화되었으며, 신앙은 성문 안에서 정의를 세우고 사회적, 정치적, 경제적 생활이 어우러진 복합적인 공동체의 한가운데에 있는 시장과 같은 곳에서 신앙을 증거하는 것과 관계가 있었다. 요한은 공적인 삶에서 물러난 개인적인 그리스도인들에게, 또는 은신처에 있는 그리스도인들에게 요한계시록을 쓴 것이 아니라 7개의 큰 도시에 있는 교회에게 썼다.

도시는 인간 삶의 필수적인 본성으로서 상호의존성을 벗어나서 구체적으로 살아가는 인간 공동체의 실현이다. 개인적인 이상 속에서 각 개인은 독립적으로, 자기 의존적이며, 자신의 혼자 힘으로 모든 것을 해 나간다. 도시에서의 삶은 일에 따라 나뉘고, 각 개인은 그 일의 일부분이 되어 행동하고, 삶의 아름다움은 혼자가 아니라 교향곡처럼 화음을 만들어 낸다. 공동체로서 도시는 거리와 건물이 아니라 사람들의 집합체이다. 기둥들, 문들, 벽들, 그리고 기초들에 대한 요한의 이미지는 다른 것이 아니라 하나님께서 최종적으로 거하실 곳인 그의 백성이라는 사실을 드러내는 것이다. 그래서 신실한 그리스도인은 새 예루살렘에서 하나님의 성전에서 기둥이 될 것이라는 3 : 12의 약속에는 어떤 모순도 없고, 도시 전체가 믿는 사람들의 공동체이기 때문에 하나님께서 거하시는 성전이 거룩한 도성에는 어떤 성전도 없게 될 것이라는 21 : 22의 진술에 모순되는 것이 없다(참고. 13 : 6 ; 고전 3 : 16 – 17에서 '너희'는 6 : 19에서처럼 개인이 아니라 신자들의 몸 전체를 가리키는 복수이다). '문들'과 '벽들'은 하나님의 백성이 지니고 있는 대표적인 이름들(열두 지파들)로 그 특징이 마련되어 있다(21 : 12 – 14). 그래서 그 도성은 열두 지파의 이름을 가지게 있다(21 : 15－17). 모든 측량치수들은 이스라엘의 열두 지파, 교회의 열두 사도와 같은 하나님의 백성을 의미하는 12이란 숫자로 되어 있다(그러나 TEV와 같은 현대의 번역 성경들은 이런 상징을 현대의 측량치수로 바꾸어 놓았다).

특별한 도성, "예루살렘". 요한이 기록한 대로, 이 땅의 예루살렘은 폐허위에 놓여 있다. 이런 장면은 하나님께서 인류에게 말씀하신 이야기 그대로이다. 신적인 저자는 지상의 이야기를 중단하지 않고 새롭게 계속 해나간다. 마지막 장은 에덴에서 시작됐고, 우르와 애굽을 지나 정착한 후에 다윗부터 예수까지 이르는 예루살렘에서 잘못된 사람들의 옛이야기이자 그 속편이다. 아직 하나님께서는 그의 손바닥에 새긴 예루살렘을 잊을 수 없어서(사 49 : 16) 그 이야기를 계속해 나간다.

새로워진 도성. 첫째 땅과 첫째 하늘이 지나갔을지라도, 그 장면은 이 세계의 장면들과 꽤 오래 계속된다. 이것은 부분적으로 다른 세계가 이 세계로부터 파생된 언어와 이미지로부터만 이야기될 수 있다는 사실을 보여 주는 것이다. 새 하늘과 새 땅이 도래한 이후에도 과거에 이 세계와 역사가 가졌던 의의는 여전히 중요하다. 하나님께서는 창조주시라는 4장의 환상이 성취되었다. 여전히 꺼져 가는 심지를 끄지 않거나 상한 갈대를 꺾지 않으시는 분(사 42 : 3 ; 마 12 : 20)은 만물을 쓰레기처럼 버리지 않으시고 새로 시작하신다. 그는 옛것을 새롭게 하고, 그것을 성취하신다.

천상도시의 출현은 공평한 지상의 문명을 세우기 위한 모든 인간의 노력을 폐지하지 않고, 오히려 그 모든 노력을 성취한다. 하나님께서는 모든 새로운 것을 만들지 않고, 모든 것을 새롭게 하실 뿐이다(21 : 5). 역사의 종말은 60년대의 낭만적인 우스스톡 축제(1969년 미국 뉴욕의 교외인 Woodstock에서 열린 록 음악 축제－역자주)의 노래처럼 '에덴동산으로 돌아가는 것', 곧 태초로 회귀하는 것이 아니다. 어떤 이는 성경이 묘사하는 드라마를 인간의 도시 건설로 인해 에덴의 이상향으로부터 타락한 것이라고 하여(첫 번째 도시가 첫 번째 살인자인 가인에 의해 지어졌다. 창 4 : 17), 마침내 인간의 문명을 제거하고 깨끗한 에덴동산으로 돌아가는 구원을 생각하지만, 이것은 요한이 묘사하려고 했던 것이 아니다. 에덴동산의 이미지는 새 예루살렘의 이미지에 들어 있다(생명나무, 22 : 2 ; 참고. 2 : 9 ; 생명수의 강, 22 : 1 ; 참고. 창 2 : 10). 이러한 설명은 인간의 문명을 제거하는 것이 아니라 구속 역사의 전체 과정에서 원래 선하게 창조된 역사를 회복하는 것이다. 그래서 지상의 왕들은 만국의 영광과 존귀를 가지고 그 도성으로 들어간다(21 : 24, 26). 일반적인 묵시문학사상과 마찬가지로 요한은 이 세계와 그것의 가치를 선언하고 있으며, 세계와 역사 자체가 구원을 받게 되는 영원한 구원을 묘사하고 있다. 요한에 의하면, 구원은 역사의 실존적 비극으로부터 탈출하는 것을 제공하지 않는다. 단테의 신곡처럼 요한은 인간이 선택되고 변형된 모든 세계의 구원 곧 인간이 잃은 것은 정말이지 아무것도 없는 세계의 초월적인 구원을 상상하였다. 그러므로 구원은 이 세상적인 것을 넘어서는 것이다. 구체적으로 언급하자면, 이것은 '신앙심이 깊은' 인류의 행동이 영원한 도성에서 결코 유지되는 것이 아니라는 사실이다. 이러한 '성전이 없는' 세속화된 도시는 연속성이 있고 궁극적으로 구속되는 것이기에 우리가 이 세상에서 이 도시를 정의롭게 만들어 나가기 위한 작은 노력들은 가치가 있다. 신부와 같은 도시는 경건할 뿐만 아니라 정의의 행동을 하기에 '성도들의 의로운 행위들로' 옷을 갈아입는다(19 : 8). 모든 도랑은 파헤쳐졌고, 모든 벽돌은 놓였고, 모든 표는 던져졌고, 인간의 삶을 품위 있게 하는 데 공헌했던 모든 천상회의의 결정은 보존되었기에 영원한 도성은 세워지게 된다. 그런데 그 도성은 인간이 성취한 것이 아니고, 바벨론과 같이 지상에서 올라가는 것도 아니며, 인간의 노력으로 축적되는 것이 아니다. 인간의 책임을 조금이라고 최소화하지 않고(요한은 항상 인간의 행동을 초래되는 영원한 결과를 주장하였다.) 요한은 "하나님께로부터 하늘에서 내려오니"(21 : 2) 새 예루살렘을 묘사하고 있다. 요한에게 중요한 '사역'은 하늘의 도시에 참여하는 것이므로, 그것은 마침내 값없이 주시는 은혜의 문제이다(21 : 6).

크고 포괄적인 도성. 의심스럽고 주변적인 소수자들이 갖고 있는 유혹은 명백한 적대자들과 명목상으로 그들의 친구가 된 자들이 충성되지 못하게 행동한 것에 대해 공정한 대가를 받는 동안, 오직 충성스러운 소수만이 구원을 받게 된다는 굉장한 반전을 상상하게 한다. 요한계시록이 보여 주는 신적인 영감은 이런 유혹에 굴복하지 않는다는 점에서 아주 탁월하다. 요한계시록 전체에 걸쳐서 요한은 구속받은 사람들의 숫자를 묘사하고 있다(7 : 9-17). 그에게 있어서 새 예루살렘은 '충성스러운 소수자'를 위한 작은 마을이 아니라 12,000 스다디온에 해당하는 거대한 도시이다(21 : 16).

우리가 기대하였을지도 모르는 모든 것들에 대항하여 요한은 철저하게 포괄적인 도성을 그리기 위하여 전통적인 것을 변형시키고 있다. 21 : 3에서 요한은 "내 처소가 그들 가운데에 있을 것이며 나는 그들의 하나님이 되고 그들은 내 백성이 되리라"는 에스겔 37 : 27을 인용하고 있다. 여기서 마지막 단어인 복수는 '백성들'로 수정되고 있다(RSV의 관주는 헬라어 복수를 가장 잘 읽고 있다). 새 예루살렘은 단지 '선택된 백성'만 살게 되는 것이 아니다. 지상의 많은 백성들, 곧 하나님의 통치를 반대했고, 교회를 억압했던 많은 나라들과 그들의 왕들까지도(21 : 24) 거룩한 도성의 구속함을 받은 시민들로 묘사되고 있다. 다시 구약성경으로 돌아가서 에스겔 47 : 12는 치료에 사용될 잎들을 가진 나무들을 소유한 회복된 예루살렘을 묘사하고 있다. 요한은 여기서 개인적인 용례를 지정학적인 용례로 수정한다. 그러므로 생명나무는 모든 나라를 치료하기 위하여 새 예루살렘에 있게 된다(22 : 2). 지상의 나라들은 영광스러운 도시의 빛 속을 걷게 될 것이고, 그 나라들도 영광과 존귀를 가지고 그 도시로 들어갈 것이다(21 : 24-26).

에스겔에서 도시는 출입문이 지상으로 향해 나가는 12개의 문을 가졌다(겔 48 : 30-35). 지상의 예루살렘은 남자들과 여자들, 유대인들과 이방인들을 구별하는 벽을 가진 성전을 가지고 있다(참고. 행 21 : 27-29 ; 엡 2 : 14-16). 그러나 새 예루살렘에는 성전이 없고, 오직 벽은 항상 열려 있고, 오직 밖에서 안으로 일방적으로 통행하는 12개의 문으로 연결되어 있다(21 : 24, 26-27). 예전에 묵시문학적 전통에서 12문은 점성학적 의미를 가지고 있었고(예를 들면, 에녹1서 33-36), 대제사장의 가슴장식에 박힌 보석들과 연결이 되어서 필로와 요세푸스가 증언하는 것처럼 점성학과 밀접한 관련을 맺고 있었다. 그러므로 요한은 점성학적 계산에 입각하여 그것에 정확하게 반대되는 입장에서 열두 문의 목록을 동서남북으로 만든다. 이로써 편협한 분리나 점성학의 결정론을 대신하여 요한은 영원히 열린 문들이 이시야 19 : 24~25에서 말하는 희망이 마침내 이루어진 포괄적인 도성의 힘을 상징하도록 묘사하였다. '모든 만물'은 '모든 만물을 새롭게 하시는' 하나님의 능력과 은혜 때문에 가능하다(21 : 5). — 다시 말해서 모든 만물에 관한 구약의 자료(사 43 : 19)에 관해 요한이 의미를 추가하게 된다.

사랑스럽고 아름다운 신부의 도성. 구약과 묵시문학의 전통으로부터 요한은 신부와 같은 여성의 이미지를 간직한 종말론적 도성을 묘사하기에 이른다(참고. 사 49 : 14－23 ; 54장 ; 슥 9 : 9－10 ; 제2에스드라 10 : 25－59). 이렇게 하나님의 백성을 위한 행복한 이미지는 축하, 축제, 성취, 가장 친밀한 관계와 연합에 대해 언급한다(요 3 : 29－30 ; 고후 11 : 2 ; 엡 5 : 25－32). 또한 신부는 아름답게 묘사되고, 그 도성의 모든 것이 영원히 아름답다고 묘사되고 있다. 이 세상의 아름다움(금, 값비싼 보석들, 진주들, 눈부신 빛)은 영원한 도성의 아름다움을 표현하는 수단이 되고, 투명한 금으로(21 : 18) 혹은 수정같이 맑은 벽옥(21 : 11)으로 변형되어야 한다고 말한다. 영원한 나라는 결코 향기 없고, 색깔 없고 맛없는 빈 공간이 아니라(18 : 22), 지상에 있었던 바벨론의 죽음과 적막한 거리와는 대조적으로 빛과 색깔을 가지고 있는 살아 있는 도성이다.

거룩한 도성. '거룩함'은 도덕적으로 선함을 의미하는 것이 아니라 다름을 의미한다. 곧 하나님께서 거룩하시다는 것은 먼저 하나님께서 창조주이시며 피조물이 아니라는 사실을 의미하는 것이다. 곧 하나님께서는 완전히 다르시며, 하나님께서는 하나님이시라는 사실을 의미한다(계 4 : 8 ; 6 : 10). 하나님의 거룩함은 그의 백성들이 더욱 더 경건한 행동을 하도록 순종을 요구한다. 반면에 하나님께서는 '이 세상에 순응하며 사는 존재'라기보다는 자신의 의지에 방향이 맞추어 다르고 구별된 삶을 살도록 요구하시는 분이다(롬 12 : 1－2 ; 고후 6 : 6－18). 헬라어로 교회는 거룩한 성도들 — 요한이 말하고 있는 단어 — 의 공동체이다(5 : 8 ; 8 : 3 ; 11 : 18 ; 13 : 7,

10 ; 16 : 6 ; 17 : 6 ; 18 : 20, 24 ; 19 : 8 ; 20 : 6, 9 ; 22 : 11).

이 세계에서 하나님의 뜻과 관련된 싸움은 항상 거룩한 것과 속된 것의 싸움이다. '거룩함'은 언제나 분리, 곧 초 극단을 나타내기도 한다. 거룩함의 개념은 '안'과 '밖', '거룩함'과 '속됨' 사이의 대조를 요구한다. '지다'와 관련된 단어인 '이기다'란 단어처럼, '거룩함'은 '속됨'에 대조된다. 그러므로 하나님의 백성들이 일컫는 거룩한 삶에 대한 하나님의 영원한 보장인 새 예루살렘에 관한 요한의 그림도 '밖'에 있는 자들의 목록을 포함하고 있다. 다시 말해서 거룩한 도성은 불 못에 있는 자들이 있는 곳과는 대조적인 곳이다(21 : 8, 27). 거룩함에 관한 내적, 외적 특징이 여전히 새 예루살렘에 실재하고 있다. 역설적이게도 모두가 내부인이라는 위에서 표현된 모든 포괄적인 개념과 나란히 외부인을 여전히 내부인과 구분하려는 성벽이 실재하고 있다. 여기서 성벽이 뜻하는 일차적인 의미는 도성과 같은 개념 곧 안정된 공동체를 함축한다. 그러나 거기에는 방어할 아무런 대적들이 없기 때문에, 성벽도 거룩한 공동체와 '외부인들'을 구분하는 정도에 지나지 않는다(21 : 8, 27 ; 22 : 15). 그렇지만 그 성벽은 영원히 열린 문으로 뚫려 있다. 여기서 역설적인 두 가지 의미가 나타난다. 하나는 더 이상 외부인들이 없다는 사실이고, 또 하나는 외부인들이 있지만 문들이 항상 열려 있다는 사실이다.

요한이 '이기다'라는 단어를 언어 게임으로부터 취하고 변형하여 "모든 사람이 승리한다."라고 말한 것처럼 — 여기서 패자는 없음. — 그는 거룩함이라는 단어를 취하여 현실의 모든 영역에까지 포함하여 확대시킨다. 하나님 그 자신의 본성인 절대적인 신성은 물질계를 초월한 하나님께서 도성 안에서 널리 퍼질 것이다. 왜냐하면 그 도시는 거룩한 도성이 될 것이기 때문이다(21 : 1, 10). 이것이 완전한 입방체로서 그려지는 도성의 의미이다. 비록 그곳에 성전이 없을지라도 모든 도성은 성전의 가장 거룩한 장소처럼 금으로 싸인 지성소이다(왕상 6 : 14 – 22). 그 도성은 성직자답다는 의미에서 거룩하다는 뜻을 가지고 있다. 왜냐하면 다시 찾은 하나님의 사람들은 성직자들이기 때문이다.

역동적인 도성. 요한의 비전 안에서 영원한 도성은 영원히 쉬는 곳이 아니라 끊임없이 활동하는 공간이다. "천국에서 우리는 무엇을 할까?"에 대한 우리의 호기심을 만족시키기 위하여 신화적으로 자세한 것을 제공하지 않는다. 그는 단 두 가지 그림으로 하나님과 함께하는 영원한 생명을 그린다. "그의 종들이 하나님을 섬기며 경배할 것이다."(22 : 3), 그리고 "그들이 세세토록 통치할 것이다"(22 : 5). 이 세계 — 역사적으로 존재했던 학정의 횡포에서 자유롭게 되어 창조주에게 감사의 예배를 드리는 세계 — 에서 삶의 높이와 깊이는 무한한 권능자로까지 고양되며, 모든 하나님의 백성의 궁극적인 운명의 모습으로 만들어진다. "오래 오래 행복하게 살았다."는 표현은 이 도시의 모습과 비교해 보면 오히려 그 의미가 퇴색한다.

명령법. 요한은 그의 그림이 스스로 말하게 한다. 그의 언어는 이 환상을 통하여 다음과 같이 제시하고 있다. "이것은 어떻게 할 것인가?" 그럼에도 불구하고 언제나 성경적 신학의 서술형은 함축적인 서술형을 포함하며, 선물은 할당된 몫이 된다. 만약 이것이 하나님의 은혜의 주권자 아래 놓인 세계가 종말론적으로 진행 중이라면, 그 다음에 어떤 다른 방향 안에서 모든 생각과 운동, 행동이 현실과 함께 일탈하고 최종적으로 버려질 것이다. 그 그림은 미래에 관한 호기심 어린 질문을 대답하려는 시도를 하지 않는다. 왜냐하면 그림은 현재 생명을 위한 방향으로 제시되기 때문이다.

요한계시록 22 : 6~20a

환상이 끝나다

22 : 6~21에서는 '후기'가 없다. 그것은 예배에서 요한계시록을 읽는 것을 강조하는 중요한 기능을 가지고 있기 때문이다(1 : 3을 비교하라). 천상의 비전은 '할렐루야 합창'의 장엄한 긴장으로 끝난다(22 : 5). 이러한 단어들과 함께 요한은 예배자에게 여기와 지금의 세계로 돌아가고, 소아시아에 정착한 친숙한 교회로 돌아가는 것을 요구하고 있다. 이 장에서는 22 :

18~19의 공식을 제외하고 새로운 것이 없으며, 종종 그 당시의 저작권법 이전의 고대 문서의 결론에 기초하고 있다(신명기 4 : 2, 에녹1서 104 : 10, Ps. 아리스테아스의 시편 311편을 보라). 그럼에도 불구하고 그의 비전을 통하여 요한은 반복적으로 강조해 온 주제를 강력하게 요약한다.

"하나님을 경배함." 19 : 10에서 반복된 이 장면에서 요한은 황제 문화에 기초한 것으로써 외적 우상숭배에 정당하게 대응할 수 있고, 아직 교회 내부에서 요한계시록의 의미가 우상화되는 경향에 의해 희생될 수 있음을 그 자신의 예로 다시 설명하고 있다. 요한은 그의 성도들에게 영적 현상과 함께 거짓 미혹에 대항할 것을 경고하고 있다. 하나님을 사상의 중심으로 하는 요한계시록은 처음부터 끝까지 하나님만을 경배하라는 명령으로 결론을 내리고 있다.

"나는 곧 올 것이다." 경배를 받으시는 하나님께서 예수 안에 자신을 나타냄으로써 그의 말씀들이 상호 교환할 수 있는 하나님이시다(22 : 13 ; 21 : 6을 비교). 이분은 종말 그 자체이며, 그분에게 모든 피조물과 믿는 자들이 나아간다. 그는 처음이요 마지막이다. 마지막으로 요한은 종말이 곧 올 것이라고 선포함으로써 메시지의 긴급함을 강조한다(22 : 6, 10, 12, 20). 익명으로 기록된 다니엘과 일반적인 묵시문학과 달리, 요한계시록은 마치 그의 메시지가 미래 세대를 위하여 있는 것처럼 봉인되지 않았다. 그것은 특별히 요한 자신의 세대를 위한 것이다("숙고 : 요한계시록에 나타난 '종말이 가까움'을 해석하기"를 보라).

계시. 요한은 같은 어조로 그가 열었던 것(1 : 1－2)과 그가 전달한 것이 그리스도와 계시적 천사를 통하여 전달된 하나님의 예언적 언어라고 주장하는 것으로 거래를 결정짓는다(22 : 6). 이스라엘과 교회의 예언자들처럼, 요한은 그 자신의 목소리로 말한다("나 요한이니", 22 : 8). 그러나 이러한 요한의 목소리는 예수의 목소리로 조정된다 ("나 예수는", 22 : 16). 그리고 그것은 하나님의 목소리로 전달된다. 하나님의 예언자적 언어로써, 요한의 언어들은 '신뢰할 수 있고 진실한' 하나님의 인격적인 말씀이고, 그 자체로 그리스도의 말씀인 것이다(19 : 11－13). 그러므로 그들은 마치 신성한 것처럼 말씀도 그 자체로 신성하고, 전할 때에 말씀으로부터 더하거나 빼는 것이 없도록 같은 주의를 요구한다(22 : 18-19 ; 신 4 : 2, 12 : 32을 비교).

신실한 응답의 요청. 요한계시록은 처음부터 끝까지 행동을 요구한다. 요한계시록은 즉, 각 사람의 행동에 따라서 보응하시는 하나님의 뜻에 따라 살고 있는 의미로 안식일을 '지키라'는 뜻으로 '유지되다'라는 예언의 언어들을 제시한다(22 : 12과 20 : 11-15을 비교). 그 요한은 인류가 나뉘어져 속한 두 개의 그룹을 다시 묘사함으로써 누구를 경배하고 섬겨할 지를 예리하게 기억시키거나 결단하도록 함으로써 요한계시록을 마무리한다(22 : 14-15).

개인적인 책임을 요청하는 이러한 비사변적인 요구는 초기교회의 성만찬 예배에서 중요한 역할을 하였던 단어인 "오라!"(22 : 17-20 ; 참고. 고전 16 : 22)와 마찬가지로 요한이 삶의 변화를 위해 종소리를 울리는 공개적인 초청의 말이 되고 있다. 이것은 신부인 교회가 예배를 통해서 "오라!"는 소리를 듣게 되는 것이므로, 예언자적 영의 목소리와 같은 것이다. 기도에 동참하는 예배자들은 "오라!"는 소리도 듣게 된다. 이 점에서 기도는 종말론적 사건의 일부분이 되며 행동으로 옮겨지게 되는데, 이로써 성도의 기도가 신령한 예배를 통해서 효과적으로 응답되는 것이며(5 : 8 ; 8 : 3), 종말의 서막을 알리는 하나님의 보좌 앞에 있는 네 생물들의 목소리로 나오게 된다(6 : 1, 3, 5, 7). 이제 고양된 그리스도는 위협과 약속에 대한 엄숙한 말씀, 곧 "내가 진실로 속히 오리라"(22 : 20)는 역사의 심판주와 구속주로서 실제적으로 역사 속에 나타나시는 마지막 말씀으로 응답하신다.

요한계시록 22 : 20b~21

편지를 마치다

요한계시록은 소아시아 교회들의 예배에서 낭독되도록 쓰인 추방당한 목자이자 선지자의 편지로 끝난다. 신적으로 찬란하게 비추어졌던 환상은 다 사라지고 그들은 다시 현실 세계로 와서 그들의 작은 회중 안에 모여 마주하고 있다. 바울의 서신들과도 같이 이 서신은 예배의식 속에서 낭독되도록 고안되었으며, 놀라우리만큼 긴장성을 가진 모호함을 가지고 성찬식에 앞서 읽혔을 것이다. 요한은 이미 전통이 되어 버린 예배의식의 기도 속에서의 예배 공동체와 그리스도께서 종말에 오셔서 하나님의 왕국을 건설해 주실 것을 고대하는 기도와 교회의 성만찬 예배에서 그리스도의 임재를 요청하는 기도로 마감하고 있다. 그 기도는 "주 예수여 오시옵소서." 이다.

이 '책'의 마지막 말씀은 '모든 이'에게 주시는 하나님의 은혜의 말씀이다. 이것은 헬라어 최고의 문헌을 낭독하는 것이다. 어떤 사본은 '성자들'이란 단어를 추가하여 우주적인 은총을 지니고 있으며, 교회를 향한 하나님의 은혜의 선포를 제한하고 있다. 요한 서신의 마지막이 무엇이든 이 마지막 말의 모호성은 우리를 제한된 희망이라는 절망적 상태와 값싼 은혜로 만족하는 것으로부터 우리를 지켜 주는 요한계시록이 주고 있는 긴장이며 상징이다.

숙 고

우주적 구원과 역설적인 언어

여기서 '구원'이라는 말은 하나님과의 종말론적인 관계의 회복이며, 하나님의 임재 안에서의 영생이라는 축복이다. '우주적 구원'이라는 말은 모든 인간이 궁극적으로 예수 그리스도를 통하여 나타난 하나님의 무조건적인 은총에 의해 구원받을 것이라는 관점이며, 단순히 모든 이에게 기회를 준다거나 모든 열방 중에서 선택하여 구원할 것이라는 뜻은 아니다. '제한된 구원'이라는 말은 죽음 이전의 그리스도에게로 회심한 자만이 구원을 받을 것이라는 의미이다.

물론 이 용어들은 요한계시록에는 나타나지 않는다. '우주적인'이나 '제한된'은 요한의 어휘가 아니다. 그는 '구원하다' 또는 '구원자'라는 단어를 쓰지 않으며 '구속'이라는 단어를 세 번 사용하는데, 모두 인간의 운명을 말하는 단어가 아니라 하나님을 칭송할 때 사용하는 단어이다(7 : 10 ; 12 : 10 ; 19 : 1). 요한은 신학적인 개념이 아니라 그림으로 다루며, 우주적이면서도 제한된 구원에 관한 말씀의 그림을 우리에게 제시해 준다(각 구절에 관한 주석을 보라).

요한계시록에서 우주적 구원을 묘사하거나 암시하는 구절은 1 : 7 ; 4 : 3 ; 5 : 13 ; 15 : 4 ; 21 : 5 ; 21 : 22~22 : 3이다. 요한계시록에서 제한된 구원을 묘사하거나 암시하는 구절들은 14 : 9~10 ; 20 : 11~15이다. 각 구절들은 성서신학의 의미심장한 흐름에 속해 있다. 궁극적인 구원이 제한되어 있다는 큰 성경적 흐름은 아래 구절들에서 나타난다(사 26 : 20 - 21 ; 27 : 12 - 13 ; 51 : 22 - 23 ; 66 : 15 - 16, 24 ; 마 25 : 31 - 46 ; 요 3 : 16, 36 ; 살후 1 : 6 - 10). 또 다른 성경적 흐름은 우주적인 구원을 명백하게 주장하며 그 구절은 다음과 같다(창 12 : 1 - 3 ; 시 86 : 9 ; 사 2 : 2 - 4 ; 19 : 24 - 25 ; 25 : 6 - 10a ; 40 : 5 ; 43 : 25 ; 44 : 2 - 5 ; 45 : 22 - 23 ; 49 : 6 ; 51 : 4 - 6 ; 52 : 7 - 10 ; 66 : 18 - 23 ; 겔 16 : 49 - 63 ; 마 20 : 1 - 16 ; 요 3 : 17 ; 12 : 32 ; 롬 5 : 15 - 21 ; 11 : 32 - 36 ; 고전 15 : 20 - 28 ; 엡 1 : 3 - 22 ; 3 : 20 ; 빌 2 : 6 - 11 ; 골 1 : 15 - 20 ; 2 : 15 ; 딤전 2 : 3 - 4 ; 4 : 10 ; 딛 2 : 11).

우리가 요한계시록으로부터 얻은 정보를 어떻게 이해해야 하는가? 다음의 3가지 선택사항이 있다.

1. 첫 번째 선택은 요한의 진정한 관점이 보편적 구원이라는 사실이다. 제한(조건적 구원-역자주)을 의미하는 것처럼 보이는 본문들도 보편적 본문들의 관점에서 사실상 이해될 수 있다.

2. 두 번째 선택은 요한의 진정한 관점이 제한적 구원이라는 사실이다. 보편적 구원을 의미하는 것처럼 보이는 본문들은 제한적 본문들의 관점에서 사실상 이해될 수 있다. 하나님께서 모든 사람들을 구원하실 것이라는

많은 '복음주의적' 문서들 중에서 걱정스러운 문서의 대표적인 것으로 우리는 마운스(R. H. Mounce)의 요한계시록에 관한 주석을 꼽을 수 있다. 그는 보편적 구원에 관한 구절들을 상징적으로 취급하지만, 지옥에 관한 구절들은 문자 그대로 취급한다(참고. pp. 277, 282, 287-289, 304, 387). 그가 정당화한 격언 — "도덕적 세계에서 악이 처벌될 것이다."(p. 304) — 은 다음과 같은 질문들을 고려하지 않는다. 곧 (a) 하나님의 용서, (b) 도덕적 세계가 유한한 죄에 대한 영원한 처벌을 허용할 수 있는지, (c) 모두를 구원하실(딤전 2 : 4) 한 분 하나님의 주권 위에, 그리고 외부에 어떤 도덕적인 세계가 있는지를 고려하지 않는다.

3. 세 번째 선택은 요한이 일관된 견해를 가지고 있지 않다는 사실이다. 어떠한 본문들도 다른 것에 종속될 수 없다. 여기서 확정된 견해는 이것이다. 곧 비록 일관되지 않는 것이 결점이고, 요한이 자료나 전승을 훌륭하게 다루는 탁월한 논객이 아니지만, 이것은 논점의 대상이 아니다. 사실상 요한은 심오한 사상가였으며, 두 가지 측면의 그림을 보여 주기로 작정한 탁월한 변증법적인 신학자였다. 그래서 그는 그토록 역설적인 언어를 사용하였다. 요한계시록은 탁월하고 은혜로우신 한 분 하나님께서 마침내 승리하실 것이며, 그의 모든 피조물들을 자신의 의도대로 행복하게 회복시키실 것이며, 자신의 모든 피조물들을 구속하실 것이라는 그림(하나님께서 그들을 받아들이기로 결정하실 때, 모든 피조물들이 조건 없이 구원을 받게 되는 그림)을 보여 주고자 한다. 요한은 또한 자기가 결정한 것에 대해 책임을 지고 창조주를 거절하고 거짓 신들에게 충성한 인간의 삶이 얼마나 고통스러운 것인지에 대한 그림(신실한 자는 구원을 받고 불신자는 하나님을 거부한 것으로 인해 저주를 받는 그림)을 보여 주고자 한다. 보편적 구원과 조건적 구원 양측의 그림을 제공함으로써, 그리고 그렇게 변증법적인 양극을 확정함으로써 요한은 일반적인 성서신학과 조화를 이루면서 어떤 문제의 한 측면만을 확인함으로 인해 획득된 피상적 일관성 속에 있는 독특한 위험성을 지적한다.

해석자의 과제는 본문에 나타나 있는 긴장을 해소시키는 방법을 추구해서는 안 된다. 그의 과제는 이러한 긴장감 속에서 요한계시록이 추구하고 있는 메시지를 찾아내야 한다. "마침내 어떻게 될 것인가?"에 대한 궁극적인 진리에 관한 우리의 모든 지식, 심지어 계시된 지식까지도 대조되는 그림을 나란히 비교함으로써 우리가 내리는 결론이 단편적일 수밖에 없다는 사실을 고백해야 한다. 요한은 너무 많이 알아야 한다고 주장하는 — 심지어 천국을 다녀왔다고 주장하는 — 사람들을 알고 있었다(참고. 이러한 전통에 서 있던 바울. 고전 13 : 12 ; 고후 12 : 1-5). 요한은 그리스도인들에게 보편적인 혹은 제한적인 구원에 관한 질문은 추상적이고 이론적인 질문이 아니라, '얼마나 많이'라는 질문을 던지는 것이라는 사실을 알고 있다. 이러한 태도는 오히려 그리스도 안에 있는 하나님의 행위가 지니고 있는 의미를 고백하는 신앙이다. 하나님께서는 우리에게 의존하지 않고 승리하시는 분이며, 우리가 그분을 사랑하지 않을 때도 우리를 사랑하시는 분이며, 우리가 우리 자신과 그분을 용서하지 않을 때도 우리를 용서하시는 분이며, 우리가 우리 자신과 그분을 믿지 않을 때도 우리를 믿어 주시는 분이며, 우리가 구원이 필요하다고 믿지 않거나 구원의 가치를 믿지 않을 때도 우리를 구원하시는 분이다.

이러한 하나님의 구원하시는 행위에 대한 고백은 일련의 의미심장한 그림 이상을 우리에게 가져다준다. 양측이 그려 주는 그림 모두를 확정해 줌으로써 요한의 구원론은 종말론적 구원교리를 표현하기 위해 다음과 같은 지침을 우리에게 제공한다. 보편구원의 교리에 관해서 우리가 가질 수 있는 4가지 오해의 가능성이 있다.

1. 보편구원의 교리는 예수 그리스도에 나타나 있는 궁극적 계시인 구원사건을 상대화하는 비변증법적 방식 안에 머물러서는 안 된다. '보편구원'은 예수 그리스도를 하나님께로 가는 길에서 유일한 방식이라는 차원을 인식하는 것에서 확정될 수 있다. 요한이 말하고자 한 것은 이것이다. 많은 신들이 아니라 유일한 하나님께서 계시고, 이러한 하나님이야말로 비록 그들이 알고 혹은 인정하든지 아니든지 모든 사람들을 위해 예수 그리스도를 통해서 나타나신 하나님이시라는 사실이다. 요한에 의하면, 창조 세계가 그리스도교로 개종한다고 구원받는 것이 아니다. 하나님께서는 인류를

구원하신다. 그러나 요한에 의하면, 인류를 구원하시는 하나님께서는 예수 그리스도의 종말론적 사건을 통해서 모든 인류를 구원하시려고 자신을 결정적으로 계시하신 하나님이시다.

2. 보편구원의 교리는 인간의 책임을 경감시키는 방식에 머물러서는 안 된다. '보편구원'은 구원이 선물이 아니라 운명이라고 인식하는 교회, 다시 말해서 복음전도의 사명을 책임 있게 감당하는 교회가 확증하는 성격이 있다. 요한의 변증법은 바로 이러한 사실을 강조한다. 요한은 우리가 우리 자신의 운명에 대해 모든 책임을 지고 있다는 그림을 보여 주고 있다.

3. 보편구원은 인간의 죄에 대한 하나님의 심판을 최소화하는 방식에 머물러서는 안 된다. 보편구원을 비변증법적으로 확정하는 일은 하나님의 공의가 지니고 있는 엄격한 측면인 의를 행하는 것과 하나님을 대항하는 자들이 가지고 있는 두려움을 묘사하는 데 어려움이 있다. 보편구원이라는 그림을 통해서 요한은 하나님의 심판이 지니고 있는 두려움에 관한 그림도 제공해 주고 있다. 요한계시록에서 보편구원은 석의가 진행되면서 큰 문제에 봉착하게 된다. 곧 요한은 심판과 처벌에 관한 그림을 충분하게 묘사하고 있지 않다는 사실이다.

4. 보편구원의 교리는 신앙의 중요성과 복음전도의 긴박성을 최소화하는 방식에 머물러서는 안 된다. 요한계시록과 신약성경이 일반적으로 확인하고 있는 바와 같이, 보편구원의 교리는 모든 창조 세계가 어떤 방식으로든지 구원을 받을 것이기 때문에 교회가 해야 할 일이 아무것도 없다는 사실을 함축하는 것이 아니다. 오히려 최종의 구원을 가져오시며 모든 요구들에 응답하시는 유일한 하나님에 관한 좋은 소식은 현재에도 유효하고 여전히 필요한 것이며, 불신자들에 대한 하나님의 심판과 인간이 결단함으로써 하나님을 찾아야 한다는 사실은 복음전도의 사명과 실천을 제거하려는 것이기에 결과적으로는 보편구원을 보호해 주는 역할을 한다. 이 모든 것은 보편구원의 교리가 심판의 교리와 무관한 것이 아니라는 사실을 의미한다. 천국에 관한 그림 곧 모든 사람을 위한 천국의 그림은 제한된 구원 곧 지옥의 그림을 보여 주고 있다.

그러나 이와 상응하여 조건적 제한적 구원교리를 확정하는 데 다음과 같은 위험 요소들이 도사리고 있다.

1. 심판과 처벌에 관한 제한적 구원에 관한 그림은 하나님의 보복적이고 좌절하는 모습을 묘사하는 데 머물러서는 안 된다. 죄인들에 대한 하나님의 심판과 마지막 처벌에 대한 어떤 비변증법적 논리를 확정하는 것은 (터무니없이 영원한 징벌만을 일삼는) 어떤 신이 자신의 적들로부터 당한 고통을 되갚아 주려고 불을 지름으로써 자신의 복수를 드러내는, 이른바 보복적인 신의 이미지를 드러낸다(계 14 : 9-10). 이러한 신은 요한계시록에 묘사된 예수 그리스도 안에 계시된 하나님이 아니다. 이와 마찬가지로 요한의 변증법적 그림은 모든 피조물을 구원하기 원하였지만, 겨우 소수만을 구원할 수밖에 없었던 좌절된 하나님을 묘사하는 일도 피하고자 한다. 요한계시록은 구원하기 원하였지만 하나님을 배반한 대부분의 피조물을 향해서 "좋아, 네 맘대로 해 봐!"라고 말하면서 자신의 광대한 손을 들어 보이는 신을 묘사하는 것이 아니다. 이러한 그림 역시 요한계시록에 묘사된 찬양을 받으시는 전능하신 주 하나님의 이미지에 어울리지 않는다(19 : 6).

2. 심판과 처벌에 관한 제한적 구원에 관한 그림은 심판과 처벌을 감축할 목적으로 순수하게 치료하는 방식으로 설명되어서는 안 된다. 지옥에 관한 어떤 성경의 그림은 오직 정화하는 것 곧 보편구원으로 가는 길에서 구속적 단계만 묘사한다. 이것은 위에서 설명한 복수심을 품은 괴물보다는 좀 더 나아 보이는 성서적인 하나님에 관한 묘사에 가깝지만, 여전히 남은 자가 없이 궁극적인 진리만을 묘사하려는 주장일 뿐이다.

3. 심판과 처벌에 관한 제한적 구원에 관한 그림은 제한 구원에 관한 교리가 필요하다는 방식에 머물러서는 안 된다. 복음전도의 긴박성과 필요성, 그리고 믿음을 가진 성도들의 응답은 다른 그리스도교적 진리를 가진 사람들도 순복할 수밖에 없는 하나의 원리로 만들어질 수 있다. 제한 구원의 교리는 어떤 사람의 신학적 체계나 그가 견지하고 있는 구원관에 대하여 일관성을 유지하도록 하기 위해 필요하다는 이유로 확증될 수 있다. "어쨌든 모든 사람이 구원을 받는다면 복음을 전도할 이유와 믿음을 가질 이유가

있겠는가?" 복음전도와 신앙을 인간에게서 제거하는 것은 그리스도 안에 나타난 하나님의 위대한 행동이 지니고 있는 중요성을 알지 못하는 것과 같다. 이것은 이단적(신인협동적인) 구원에 관한 이해로 이끌 수 있는데, 곧 하나님께서 그리스도교 복음전도자들과 성도들의 도움 없이 세상을 구원하시기 위해 그리스도를 보내셨으며, 또한 그리스도인의 복음전도와 신앙도 그리스도 안에 나타나 있는 하나님의 행동과 동일한 위치를 가진다는 식으로 이해될 수 있기 때문이다. 요한의 변증법적인 그림은 양측의 이러한 오만한 그림을 피하게 해 준다. (어떤 사람이 생각하기에는 오직 선택받은 소수의 사람만이 잔치에 초대되었다는 사실에 실망하는 것처럼) 대부분의 사람들이 처벌을 받을 것이라고 확신하는 것으로 구원에 대한 의미와 가치를 추구하는 것도 아주 하찮고 위태로운 이해이다.

그러나 역설적인 그림을 평행되게 묘사하는 요한의 그림도 위험성이 있다. 역설이 모든 어려운 신학적 문제를 해결하는 만병통치약이 아니기 때문이다. 역설은 복음의 진리를 소통하도록 하는 데 아주 유용한 것이고, 또한 모든 것을 논리적으로 일관성 있게 만들어 놓은 것도 아니지만, 흐릿한 사고와 반면에 열정적으로 신학적 사고를 하게 하는 방식을 변명하는 것이 아니다. 요한이 주창한 방식에 의해서 누군가 이스라엘과 그리스도 사건이 속에 나타나 있는 하나님의 구원행동에 관해 신앙을 가질 수 있으며, 생각하지 않는 것을 변명하고 역설과 그림언어를 사용하여 그 안에 포함되어야 하는 역설적인 그림에 관해 생각할 수 있다(보다 상세한 정보를 위해 참고문헌 1c를 보라).

참고문헌

1. 더 깊은 연구를 위해

a. 그리스도교 예언

AUNE, DAVID E. *Prophecy in Early Christianity and the Ancient Mediterranean World* (Grand Rapids : Wm. B. Eerdmans Publishing Co., 1983).

BORING, M. EUGENE. *Sayings of the Risen Jesus : Christian Prophecy in the Synoptic Tradition* (Cambridge/London/New York : Cambridge University Press, 1982).

HILL, DAVID. *New Testament Prophecy* (Atlanta : John Knox Press, 1979).

b. 종말론과 묵시문학

COLLINS, JOHN J. *The Apocalyptic Imagination : An Introduction to the Jewish Matrix of Christianity* (New York : Crossroad Publishing Co., 1984).

MINEAR, PAUL S. *New Testament Apocalyptic*. INTERPRETING BIBLICAL TEXTS SERIES (Nashville : Abingdon Press, 1981).

ROBINSON, JOHN A. T. *In the End God.* RELIGIOUS PERSPECTIVES, Vol. 20 (New York/Evanston/London : Harper & Row, 1968), esp. chaps. 10–12.

RUSSELL, D. S. *The Method and Message of Jewish Apocalyptic, 200 BC–AD 100.* THE OLD TESTAMENT LIBRARY (Philadelphia : The Westminster Press 1964).

c. 보편구원

AULEN, GUSTAF. *Christus Victor : An Historical Study of the Three Main Types of the Idea of the Atonement.* Trans. by A. G. Hebert (London : SPCK, 1970).

BORING, M. EUGENE. "The Language of Universal Salvation in Paul," *Journal of Biblical Literature* 1105 : 269–91 (1986).

BRAATEN, CARL. *The Flaming Center : A Theology of the Christian Mission* (Philadelphia : Fortress Press, 1977), pp. 93–120.

DEAK, ESTEBAN. *Apokatastasis* (Toronto : Deak, 1979).

ELLER, VERNARD. *The Most Revealing Book of the Bible* (Grand Rapids : Wm. B. Eerdmans Publishing Co., 1974), pp. 181–205.

FERRÉ, NELS F. S. *The Christian Understanding of God* (New York : Harper & Brothers, 1951), chap. 9

MOULE, C. F. D. *The Meaning of Hope.* FACET BOOKS BIBLICAL SERIES 5 (Philadelphia : Fortress Press, 1963).

RISSI, MATHIAS. *The Future of the World. An Exegetical Study of Revelation 19. 11–22. 15.* STUDIES IN BIBLICAL THEOLOGY, Second Series, 23 (London : SCM Press, Ltd., 1972).

________. "The Kerygma of Revelation," *Interpretation* 22 : 3–17 (1968).

________. *Time and History : A Study on the Revelation* (Richmond : John Knox Press, 1966).

ROBINSON, JOHN A. T. See 1. b.

d. 요한계시록

CAIRD, G. B. *A Commentary on the Revelation of St. John the Divine.* HARPER'S NEW TESTAMENT COMMENTARIES (New York/Evanston : Harper & Row, 1966).

CHARLES, R. H. *The Revelation of St. John.* 2 vols. THE INTERNATIONAL CRITICAL COMMENTARY (Edinburgh : T. & T. Clark, 1920).

COLLINS, ADELA YARBRO. *The Apocalypse.* NEW TESTAMENT MESSAGE, Vol 22 (Wilmington, Del. : Michael Glazier, 1979).

________. *Crisis and Catharsis : The Power of the Apocalypse* (Philadelphia : The Westminster Press, 1984).

ELLER, VERNARD. See 1. c.

FIORENZA, ELISABETH SCHÜSSLER. *The Book of Revelation : Justice and Judgment* (Philadelphia : Fortress Press, 1985).

________. *Invitation to the Book of Revelation : A Commentary on the Apocalypse with Complete Text from The Jerusalem Bible*(Garden City : Image Books, 1981).

GLASSON, T. F., editor. *The Revelation of John.* THE CAMBRIDGE BIBLE COMMENTARY ON THE NEW ENGLISH BIBlE (Cambridge : The University Press, 1965).

MINEAR, PAUL S. *I Saw a New Earth : An Introduction to the Vision of the Apocalypse* (Washington/Cleveland : Corpus Books, 1968).

RISSI, MATHIAS. *The Future of the World.* See 1. c.

SWEET, J. P. M. *Revelation.* WESTMINSTER PELICAN COMMENTARIES (Philadelphia : The Wesminister Press, 1979).

2. 인용한 문헌

AHLSTROM, SIDNEY E. *The Religious History of the American People* (New Haven/London : Yale University Press, 1972).

AUNE, DAVID. "The Apocalypse of John and Greco-Roman Magic," *New Testament Studies* 33 : 484-489 (1987).

________. "The Influence of Roman Imperial Court Ceremonial on the Apocalypse of John," *Biblical Research* 18 : 5-26 (1983).

BARR, DAVIDL. "The Apocalypse of John as Oral Enactment," *Interpretation* 40 : 243-56 (1986).

BEASLEY-MURRAY, G. R. *The Book of Revelation.* NEW CENTURY BIBLE (London : Marshall, Morgan & Scott Publishers, and Grand Rapids : Wm. B. Eerdmans Publishing Co., 1974).

BECKWITH, I. T. *The Apocalypse of John* (New York : The Macmillan CO., 1919).

BOUSSET, WILHELM. *Die Offenbarung Johannes* (Göttingen : Vandenhoeck & Ruprecht, 1906).

BOWMAN, JOHN W. "Revelation, Book of", in George A. Buttrick et. al., editors, *The Interpreter's Dictionary of the Bible* (Nashville : Abingdon Press, 1962).

BRUCE, F. F. "The Revelation of John," in G. C. G. Howley, editor, *A New Testament Commentary* (London : Pickering & Inglis, 1969).

CAIRD, G. B. See 1. d.

CHARLES, R. H. See 1. d.

CHARLESWORTH, JAMES H. *The Old Testament Pseudepigrapha*, 2 vols. (Garden City, N. Y. : Doubleday & Co., 1983, 1985).

COLLINS, ADELA YARBRO. "Revelation 18 : Taunt Song or Dirge," in Jan Lambrecht, editor, *L'Apocalypse Johannique et l'Apocalyptique dans le Nouveau Testament* (Gemblous : J.Dubulot and Louvain : Louvain University Press, 1980).

COLLINS, JOHN J. "Introduction : Towards the Morphology of a Genre," in JOHN J. Collins, editor, *Apocalypse : The Morphology of a Genre* (Missoula, Mont. : Scholars Press 1979).

________. "Sibylline Oracles," in Charlesworth, editor, *The Old Testament Pseudepigrapha*, Vol. 1.

CRADDOCK, FRED B. "Preaching the Book of Revelation," *Interpretation* 40 : 270 – 282 (1986).

D'ARAGON, JEAN – LOUIS. "The Apocalypse," in Brown, Fitzmyer, Murphy, editors, *THE JEROME BIBLCAL COMMENTARY* (Englewood Cliffs, N. J. : Prentice Hall, 1968).

DODD, C. H. *The Interpretation of the Fourth Gospel* (Cambridge : Cambridge University Press, 1963).

ELLUL, JACQUES. *Apocalypse* (New York : Seabury Press, 1977).

FIORENZA, ELISABETH SCHÜSSLER. See 1.d.

FUNK, ROBERT. "Myth and Literal Non – Literal," *Parables and Presence* (Philadelphia : Fortress Press, 1982).

HALSELL, GRACE. *Prophecy and Politics : Militant Evangelists on the Road to Nuclear War* (Westport, Conn. : Lawrence Hill & CO., 1986).

HANSON, PAUL D. *The Dawn of Apocalyptic* (Philadelphia : Fortress Press, 1975).

HENNECKE, EDGAR, and WILHELM SCHNEEMELCHER. *New Testament Apocrypha*, 2 vols., R. McL. Wilson, editor and translator (Philadelphia: The Westminster Press, 1963 – 1964).

JAMES, M. R. *The Apocryphal New Testament* (Oxford : Clarendon Press, 1924).

LINDSEY, HAL. *There Is a New World Coming* (Ventura, Calif.: Vision House, 1973).

LOHMEYER, ERNST. *Die Offenbarung Johannes* (Tübingen : J. C. B. Mohr, 1926).

MINEAR, PAUL S. *New Testament Apocalyptic,* 1. b. *I Saw a New Earth,* I. d.

MOUNCE, ROBERT H. *The Book of Revelation* (Grand Rapids : Wm. B. Eerdmans Publishing Co., 1977).

MÜLLER, ULRICH B. *Die Offenbarung des Johannes* (Gütersloh : G tersloher Verlagshaus Gerd Mohn and Würzburg : Echter-Verlag, 1984).

NAPIER, B. D. *Song of the Vineyard* (New York : Harper & Row, 1962).

OGDEN, SCHUBERT. *The Point of Christology* (New York : Harper & Row, 1982).

RISSI, MATHIAS. See 1. c.

ROWLEY, H. H. *The Relevance of Apocalyptic* (New York : Association Press, 1963).

RUSSELLL, D. S. See 1. b

SAGAN, CARL. *Cosmos* (New York : Random House, 1980).

SATAKE, AKIRA. *Die Gemeindeordnung in der Johannesapokalpse* (Neukirchen : Neukirchener-Vluyn, 1966).

SCHELL, JONATHAN. *The Fate of the Earth* (New York : Alfred A. Knopf, 1982).

SCHERRER, STEVEN J. "Signs and Wonders in the Imperial Cult," *Journal of Biblical Literature* 103 : 599-610 (1984).

STRINGFELLOW, WILLIAM. *An Ethic for Christians and Other Aliens in a Strange Land* (Waco, Tex. : Word Books, 1973).

SWEET, J. P. M. See 1. d.

THOMPSON, LEONARD J. "The Mythic Unity of the Apocalypse," in Kent H. Richards, editor, *Society of Biblical Literature 1985 Seminar Papers* (Atlanta : Scholars Press, 1985).

TILLICH, PAUL. *Dynamics of Faith* (New York : Harper & Brothers, 1957).

WHEELWRIGHT, PHILIP. *The Burning Fountain* (Bloomington: Indiana University Press, 1968).

역자 후기

새로운 밀레니엄을 맞이한 지 10여 년이 흘렀다. 전쟁으로 시작된 21세기는 과연 새로운 밀레니엄인지 다시금 곰곰이 되새겨 본다. 신약성경의 가장 마지막 책인 요한계시록은 이해하기 어려운 책이다. 요한계시록을 이해하기 위해서는 해석학상의 문제와 묵시문학에 관한 새로운 이해, 그리고 전승사적 문제에 관해서 깊은 통찰이 선행되어야 한다.

묵시문학이 대체로 익명 혹은 위명으로 되어 있는 것이 대부분인데, 요한계시록은 저자의 이름이 분명히 밝혀져 있다(계 1 : 2, 9). 전통적인 견해에 따르면, 요한은 세배대의 아들로서 예수의 열두 제자들 가운데 하나이다. 초기 교부들 가운데 순교자 유스티누스(Justin)은 「트리포와의 대화」(*Dialogue with the Tryho,* 81)에서, 요한계시록을 사도 요한의 작품으로 인식하였다. 이레니우스(Irenaeus)도 '주님의 제자 요한'으로 인식하였다. 알렉산드리아의 클레멘트(Clement), 테르툴리아누스(Tertullian), 오리게누스(Origen), 그리고 무라토리 정경(the Muratorian Canon) 등 모두가 요한의 저작권을 증거하고 있다. 그런데 이러한 사도적 저작권이 초기 교부들에 의해서 널리 받아들여진 이유는, 요한이 에베소에서 나이가 늙도록 살았다는 전설이 널리 유포되었기 때문이다.

그러나 학자들은 요한계시록 1 : 2, 9에서 요한이 자신을 스스로 사도로 명기하지 않았다는 사실을 중시한다. 요한계시록 21 : 14에서도 저자는 하나의 집단으로서 '사도'를 진술하고 있을 뿐이지, 저자 자신이 사도들과 같은 활동영역에 참여하였다는 어떠한 암시도 주고 있지 않다. 오히려 저자는 자신이 예언자가 되기를 주장하고 있으며(22 : 9), 자신의 책을 예언으로 불렀다(1 : 3 ; 22 : 7, 10, 18-19). 학자들의 주장처럼, 만일 저자가 사도가 아니라면, 그는 소아시아 교회에 잘 알려진 예언자였을 것이다. 혹은 '또 다른 요한'일 가능성이 충분한데, 그는 '에베소 학파'(Ephesian School)에 강하게 영향을 받은 인물이었을 것이다. 맥도웰(Edward A. Mcdowell)은 저자에 대해서 말하면서, 요한이 누구든지 그는 당시의 묵시문학가들 가운데 가장 뛰어난 자이며, 당시의 위대한 종교적 천재라고 평가하고 있다. 더욱이 요한계시록과 요한복음을 같은 저자로 보는 견해에도 많은 어려움이 따른다. 비록 두 책 사이에 유사점이 있지만, 요한의 묵시와 요한의 복음서를 동일한 저자의 작품으로 간주하는 데는 적지 않은 어려움이 따른다. 그러므로 학자들은 대체로 요한계시록의 저자를 '요한'이라는 이름을 가진 사람에 의한 것이라고 결론을 짓고 있다. 분명한 것은 저자는 유대적 배경과 그리스도교적 배경을 가지고 있는 많은 자료들을 활용하면서, 단지 기억에 의존하여 그것들을 활용하였다는 사실이다.

어떤 학자들은 요한계시록에 나타난 박해의 시기를 주후 54~68년으로 잡는다. 주후 68년 6월 8일, 네로의 죽음 이후에 로마의 황제로 재임하였던 베스파시안(Vespasian) 통치시기로 보는 견해도 있다. 베스파시안 황제는 네로의 죽음 이듬해인 69년 7월 1일부터 79년까지 통치하였다. 이 주장에 따르면, 요한계시록 17 : 9~11에서 여섯 번째 왕을 베스파시안으로 간주하고, '전에 있다가 지금은 없는 여덟 번째 왕'을 네로로 간주하고, '아직 나타나지 않은 왕'을 도미시안으로 간주한다. 이렇게 계산을 하는 것은 아우구스투스(Augustus)로부터 갈라(Galla)까지 일곱 왕 중에서 가운데 세 명의 왕을 뺀 것으로 베스파시안 황제를 여섯 번째 왕으로 보는 데서 유래한다. 그러나 요한계시록에 묘사된 박해의 상황이 네로 치하에 그리스도인들이 받았던 박해보다 훨씬 더 강렬하였다는 점을 미루어 볼 때, 도미시안

(Domitian) 통치 말기로 보는 것이 타당할 것 같다. 왜냐하면, 초기의 전승 가운데, 이레니우스와 빅토리누스(Victorinus)는 "요한은 도미시안 황제 말기에 묵시를 보았다."라고 증언하고 있기 때문이다. 도미시안은 주후 81~96년에 통치하였는데, 그의 통치 말기를 감안할 때, 거의 1세기 말을 요한계시록의 기록 연대로 간주할 수 있다. 몇 가지 점에서 도미시안 황제로 보는 것이 유력하다. 첫째, 저자는 마태복음과 누가복음을 알고 있었던 것이 분명하다(계 1 : 1 = 마 24 : 6 ; 눅 21 : 6, 계 2 : 7 = 마 11 : 15 ; 눅 8 : 8, 계 6 : 2 – 7 = 눅 21 : 8 – 12). 그렇다면 요한계시록의 기록 연대는 마태복음과 누가복음보다 더 후대로 간주될 수 있다. 둘째, 2장과 3장에 나타난 소아시아 일곱 교회의 형편은 네로 이후의 상황을 보여 준다. 즉, 서머나 교회는 실제로 주후 60~64년에 창설되었고, 에베소의 니골라당(2 : 6)은 바울 이후에 생긴 것이다. 셋째, 소아시아 교회에 보내는 서한은 그리스도교가 당대에 상당히 널리 퍼져 있었음을 보여 주는 것이며, 이것은 주후 70년 이전의 경우에는 가능하지 않은 현상이다. '차지도 덥지도 않은' 교회가 있었다는 것은 이미 이들 교회들이 상당히 오랜 역사를 경과하였다는 사실을 입증해 주고 있다. 넷째, 저자는 이 세상에 도래할 큰 시련의 때를 예견하고 있는데, 13장에서는 박해의 성격을 강화하고 있다. 자기 자신을 신성시하는 로마의 정치권력은 그리스도교와의 투쟁을 야기하는데, 이미 그리스도인들이 경험한 박해가 다시 시작될 것이고(6 : 9 – 11 ; 17 : 6), 더 악화될 것이다. 이때에 아시아 지역에 있는 교회는 소멸되고 말 것이다. 이러한 박해는 도미시안 시대의 박해 상황과 부합한다.

그러므로 요한계시록은 도미시안 황제 때에 일어난 대박해와 배교의 유혹을 당하고 있는 그리스도인들에게 보내는 위로와 격려의 글이란 성격을 지니고 있다. 저자는 요한계시록을 그리스도인들이 박해의 상황 속에서 어떻게 희망의 성취를 볼 수 있을 것인지에 관해서 관심을 갖도록 이해시키려는 목적으로 기록되었다. 칼라스(James Kallas)는 요한계시록의 해석상의 4가지 다른 방식을 소개하면서, (1) 이 책은 당시의 정황과는 아무런 상관도 없는 단지 미래적이고 환상적인 책이라는 말세론적 견해(The "End of History" View), (2) 이 책에는 예수로부터 시작하여 지구의 마지막 역사에 이르기까지 모든 사건들이 숨어 있다는 역사적 견해(The "All of History" View), (3) 이 책에서 우리는 어느 시대 어느 순간에서나 통용될 수 있는 영구적인 개념들과 주제들을 발견할 수 있다는 초역사적 견해(The "Above History" View), (4) 이 책은 그 당시의 사람들을 위해서 기록된 책이라는 과거적 견해(The "In That History" View)를 정리해 주고 있다. 마지막에 소개된 과거적 견해를 좀 더 살펴보면, 계시록은 그 시대의 특정한 독자와 특정한 목적을 가지고 있다. 이것이 가장 올바른 해석이다. 그러므로 그 책의 진의를 이해하고자 할 때, 그 시대의 역사부터 연구를 시작해야 한다. 또한 저자가 처한 상황을 알아야 하며, 독자들이 당면한 문제도 알아야 한다. 이러한 해석 방법을 통해서, 요한계시록은 어떤 구체적 시간과 장소를 향해서 주는 특수한 메시지이며, 급박하고도 압도적인 문제들 때문에 곤란을 당하는 어떤 실재적인 사람들에게 주는 메시지이다.

요한계시록의 구성은 아주 독특한데, 모든 묵시문학 중에서 가장 정교하고 예술적으로 구성되어 있다. 그러므로 우리는 저자가 요한계시록에서 아주 교묘하게 본문을 배열하여 편집하고 작품화하였다는 사실을 의심할 수 없다.

요한계시록에 있어서 본문의 위치는 아마겟돈 전쟁과 둘째 사망 사이에 있으면서, 가장 핵심적인 내용으로 그리스도와 함께 왕좌에 앉은 교회(20 : 4-6)를 보여 주고 있다. 대환난 = 아마겟돈 전쟁 = (복된 소식 : 악한 소식의) 이념전쟁이라는 일련의 등식은 요한의 생각을 대신한다. 이 긴 전쟁의 결과로 그 짐승(세속권력 혹은 거짓 예언자 = 악한 소식을 전하는 자)은 불 못에 던져진다. 즉, 그들은 둘째 사망(20 : 14)을 경험하게 되는데, 하나님과의 교제에서 영원히 끊어져 유배되는 것을 경험하게 된다. 다시 말해서, 바로 앞 장면에서 그 짐승과 그 거짓 예언자의 종국을 목격하였는데, 이는 세속권력과 그것에 종교적인 재가를 주었던 종말이 어떠한가를 보여 주었다. 그러나 이제 사람들 가운데서 하나님께서 통치하시는 것을 반대하라고 선동해 온 그 용에게 내리는 심판이 어떠한 것인지를 목도하게 될 것이다

(20 : 1-3). 그리고 사탄의 제한된 권위에 대한 예언이 삽입된다(20 : 7-10). 그리고 난 후에 핵심 부분인 20 : 4~6에서 새로운 밀레니엄(천년)이 열린다. 이것은 교회가 천년 동안 그리스도와 함께 왕 노릇하는 시대이다. 여기에서 반란의 주모자는 용이다. 그 용의 힘을 분쇄하고, 그에 대한 징벌이 20 : 1~3, 7~10에서 단계적으로 기술되고 있다. 비록 본문이 외형적으로 세 개의 환상과 20 : 7~10로 구분되는 것같이 보이지만, 내용상으로 20 : 7~10은 20 : 1~3의 결론이다. 그러므로 천년에 관한 말씀은 두 번째 부분인 20 : 4~6이다. 또한 본문 다음에 계속되는 심판에 대한 환상인 20 : 11~15에서 첫 번째 부활과 두 번째 사망이란 표현으로 평행을 이루고 있다.

계시와 묵시는 숨은 비밀을 공개한다는 의미에서 동의어로 사용되고 있다. 둘 다 어원은 아포칼립시스(Ἀποκάλυψις)이다. 그런데 계시는 좀 더 넓은 의미로 사용된다. 다만 세상 종말에 일어날 현상을 보여 준다는 의미에서 묵시와 공통된다. 사실상 묵시란 말은 문학의 장르를 나타내는 말이다. 바벨론 이후의 유대인의 삶의 정황 속에서 애용되던 것이 바로 묵시 장르라고 말할 수 있다. 넓은 의미로 묵시란 단어는 대리자(human agent)를 통하여 타인에게 감추어져 있는 하나님의 현존과 행동을 드러내는 것을 의미한다. 흔히 영어에서는 하나의 단어가 명사이면서 동사인 경우가 많다. 바로 묵시, 즉 'apocalyptic'이란 단어도 그런 경우이다. 미니어(Paul S. Minear)는 다음과 같은 명사들을 동원하여 'apocalyptic'이란 단어를 설명하고 있다. 첫째, 영어의 'revelation'이란 단어는 헬라어인 아포칼립시스에 근거한다. 그래서 요한계시록을 묵시록(the Apocalyptic)이라고 부른다(계 1 : 1). 둘째, 요한은 그의 작품을 예언서로 생각하였다(1 : 3 ; 10 : 11 ; 22 : 6-19). 따라서 묵시란 단어가 영어의 'prophesy'란 단어의 특징을 지니고 있다. 즉, 후대에 독자들이 'apocalypse'라고 말하였지, 분명히 저자는 'prophesy'로 생각하였다. 그는 세 번째로 'movement'라는 단어가 형용사인 'apocalyptic'이란 단어를 수정하고 있다고 보는데, 이로써 그리스도교는 하나의 묵시문학적 운동과 같다고 지적하고 있다.

핸슨(Paul D. Hanson)은 예언자와 묵시가 사이의 역사 이해의 차이점에 관해서 지적하면서, 특별히 종말론적인 관점에 큰 비중을 두었다. 예언적 종말론에서는 환상이 역사 속에 실현되는 것을 보여 주며(왕상 22 : 20－28 ; 렘 22 : 22 ; 사 6 : 8 ; 40 : 1 ; 겔 1－2장), 묵시적 종말론에서는 환상으로 끝나게 되어 역사와는 아무런 상관도 없는 것을 보여 준다(단 8 : 26 ; 12 : 4). 그러면 묵시적 사고와 예언적 사고가 전적으로 차이가 난다는 점을 미니어(Paul S. Minear)의 견해를 따라서 정리해 보자. 즉, 예언은 역사적 영역에 집중하지만, 묵시는 역사 저 너머에 있는 영역을 취급한다. 예언은 시간을 구원하시는 하나님의 능력에 관련되어 근본적으로 낙관적이지만, 묵시는 전적으로 비관적이다. 예언은 사회의 현재적 구조들을 변화시키는 데 참여하지만, 묵시는 상상할 수도 없는 우주적 대파국에 관여한다. 그러므로 예언자들은 하나님과의 계약 조건에 근거하여 이스라엘의 배교와 불신앙을 책망하고 하나님의 심판을 선포한다. 즉, 예언자들은 이 심판을 넘어서면 미래의 희망을 내다보면서 기존 질서가 완전히 깨어지고 하나님께서 다시 세우실 완전히 새로운 질서가 도래하는 모습을 보여 주고 있다. 반면에, 묵시가에게 있어서 가장 중요한 것은 현재 사건의 종말, 심판, 구원의 때를 묘사한다. 그것은 아주 철저히 종말 지향적인 성격을 지니고 있다. 이는 하나님의 결정적인 계획 안에서 이미 확정된 구원의 사건이 실현되는 역사의 대절정에 관한 것이다.

이런 점에서 요한계시록은 보통의 묵시 텍스트와 다르다. 우선 그것은 익명이 아니고, 아주 특징적이게도 소아시아에 위치한 교회들에게 보낸 서신들을 포함하고 있다. 그러나 분명히 요한계시록은 문학양식으로 볼 때, 유대 묵시문학의 전통을 따르며 그리스도교적인 종말 사상의 색채를 가미한 종합적인 묵시문학이다. 게이저(John G. Gazer)에 의하면, 요한계시록은 단순한 묵시문학이 아니라 초기 그리스도교 공동체의 종말 성취의 매개수단이라고 평가하고 있다. 그에 따르면, 이 책의 상황은 그리스도인들이 로마의 손에서 고통과 죽음을 당하는 상황을 전제하고, 저자는 이러한 위기 상황에서 가까운 미래에 순교자를 위해서 행복한 운명이 약속되어 있다고 위로할 뿐만 아니라 이 미래가 현재에 신화적으로 연출되고 있음을 보여 주고 있다고 주장하고 있다. 게이저는 이것을 레비 스트라우스(Levy Strauss)의 시간의 진압(the suppression of time)이라는 개념을 빌어 설명한다. 즉, 요한계시록은 프로이트(Freud)의 정신분석학과 유사하게 현실적 현재와 신화적 미래 사이의 시간(간격)을 초월하는 것을 그 궁극적 목표로 하는 정신 치료법의 일종이라고, 게이저는 평가한다.

페린(Perrin)에 의하면, 저자의 환상들에 있어서 중요한 요소는 그것이 초기의 그리스도교 예배와 관련되어 있다. 즉, 고백이나 기도나 찬송의 단편들이 교회의 예배형식에서 온 것이거나 제의에 의해 형성된 것이라고 한다(계 1 : 5－6 ; 4 : 8, 11 ; 5 : 9－10 ; 7 : 10, 12 ; 11 : 15, 17－18 ; 12 : 10－12 ; 15 : 3－4 ; 19 : 1－2, 5－8 ; 22 : 13). 그러한 환상들은 일반적인 종교사에 잘 알려져 있는 것으로써, 페린에 의하면, 요한계시록에 나타난 특별한 형태는 저자가 물려받은 문화, 그가 인계받은 경전, 그리고 그의 삶에 있어서 중심적인 국면이었던 교회의 예배로부터 온 것이라는 사실이다. 이렇게 주장하면서도, 페린은 그러한 환상이 독특한 묵시문학의 범주에 있는 것이라고 평가하면서, 동시에 그것이 고전적인 히브리 예언의 특징에 의해 형성된 것이라는 사실을 강조하고 있다. 이러한 구약성경과 관련된 문제는 다음에 논의할 전승사적 주제들과 긴밀히 연결될 수밖에 없다.

구약성경에서 '용'이란 용어는 이방 세계의 힘들과 관련하여, 사실상 애굽의 바로와 바벨론의 느브갓네살이 용으로 비교되고 있음을 볼 수 있다(겔 29 : 3 ; 렘 51 : 34). 유다 왕국의 멸망이라는 가혹한 시련을 겪으면서 인간의 의지로는 도무지 설명되지 않는 악의 문제에 직면하여, 예언적 전통이 서서히 묵시문학적 면모로 기울어지면서, 악의 실재가 있다는 결론을 내리게 된다. 그러므로 아직은 완전히 이원론이 나타난 것은 아니지만, 서서히 이원론적 경향성을 지니게 된다. 그러나 이러한 경향의 배후에 마지막에 가서 하나님께서 악의 세력을 정복하실 것이라는 신앙이 굳게 서 있다.

그런데 이것이 신약성경으로 넘어 오게 되면, 분명한 실재를 띠게 되는데, 특별히 요한계시록에서 '용'이란 용어는 사탄을 대신하는 특수한 용어가 되고 있다(계 12 : 3, 4, 7, 9, 13, 16, 17 ; 13 : 2, 4 ; 16 : 13 ; 20 : 2). 말하자면, 드라콘(δράκων)은 악한 존재를 나타내는 용어로 사용되고 있다. 요한계시록에서 드라콘에 대한 이미지는 12장에 나오는 환상에서 뿐만 아니라 전체 책에서 사탄을 대신하는 이미지로 나타나고 있다는 사실은 아주 독특한 것이다. 요한계시록 13 : 11에서 드라콘은 악마나 사탄을 대신하고 있는 이미지이다.

사실상 성경에서 드라콘은 신적 존재와 혼돈의 용 사이의 투쟁에 대한 신화적 이미지에서 비롯된다(욥 3 : 8 ; 7 : 12 ; 26 : 13). 결국 하나님께서 신적 무사(Divine Warrior)로서 나타나서 악의 세력을 이기신다는 표상이다. 이러한 신적 무사의 표상은 천사를 통하여 '용'을 제어하는 하나님의 능력으로 나타나 있다.

밀레니엄(Millennium)이란 단어의 사전적 의미는 1,000을 뜻하는 라틴어 mille와 연도를 뜻하는 ennium에서 나온 것이다. 그러므로 밀레니엄은 1,000년을 의미한다. 그러나 창조의 하루를 천년으로 계산하여(벧후 3 : 8), 세계의 창조 기간이 6,000년이라는 이론도 생겼는데, 이 세상의 존속 기간이 창조의 기간과 같을 것이라고 여기기도 하였다. 그러므로 메시아는 여섯째 6,000년 기간에 오실 것이라고 보았는데, 일곱째 천년은 창조 이야기의 안식일에 해당하여 그 기간이 메시아의 통치 기간일 것이라고 생각하였다. 지상에서의 메시아의 통치가 1,000년이 된다는 것은 이러한 계산에서 나온다. 이는 성경의 숫자가 지니고 있는 상징적인 의미를 간과한 지극히 산술적인 해석이기 때문에 오히려 올바른 성경 이해에 방해가 되고, 세상 사람들로부터 웃음거리를 스스로 만들어 내는 결과를 낳았다고 볼 수 있다.

천년왕국설(Millenarianism)은 세상이 끝나기 전에 천년 동안 예수께서 성도와 함께 왕 노릇하고 최후의 싸움, 일반적 부활, 최후의 심판, 최후의 완성이 올 것이라는 이론으로서 4가지의 주장이 끊임없이 제기되고 있다.

첫째, 후천년왕국설(Postmillennialism)은 그리스도의 재림이 하나님의 나라가 인간 역사 안에 있는 교회에 의해 설립될 때까지 나타나지 않는다는 주장이다. 둘째, 무천년왕국설(Amillennialism)은 재림 후나 재림 전에 있는 그리스도인들이 천년 통치를 고대하지 않는다는 주장이다. 셋째, 전천년왕국설(Premillennialism)에서 재림은 사탄의 속박과 예수의 지상 통치, 성도들의 일시적인 부활 이후에 뒤따를 것이라고 주장한다. 넷째, 세대주의(Dispensationalism)는 이스라엘에 대한 하나님의 신정적인 약속들과 관련되어 있는데, 요한계시록을 섭리론적 전제하에 해석하여 마지막 날에 회복될 이스라엘의 운명과 관련을 짓고 있는 주장이다.

이러한 4가지의 천년왕국설은 지난 2,000년 동안에 계속되어 온 교회사에서 제기된 것인데, 그 뿌리는 과거로 거슬러 올라갈 수 있다. 과거에 유대인들은 그리스도교 이전에 벌써 메시아가 다스리는 세상 곧 의가 승리하여 보좌에 앉고 정신적으로 물질적으로 풍요로운 세계를 소망하였다. 그러나 유대인의 메시아 신앙은 주전 100년경부터 변화에 직면하였는데, 그 이유는 세상에서 점점 커져 가는 비관론 때문이었다. 즉, 이 세상은 근본적으로 악하기 때문에, 하나님의 나라가 임할 수 없다고 생각되어, 메시아는 이 세상에서 제한된 기간 동안 통치를 하고, 그 이후에는 이 지구에 최후의 종말이 올 것이라는 생각이 일어났다. 그러므로 메시아에 대한 신념에서 천년왕국설의 이론이 대두되었다고 볼 수 있다. 이러한 점을 중시할 때, 천년왕국설은 예수의 교훈이나 가르침에 근거한 것은 아니다. 천년왕국설은 초기 교부들에게 있어서 정통주의 신앙의 주요한 한 부분으로 신뢰한 사람도 있지만, 부정한 사람도 많다. 이레니우스, 테르툴리아누스, 유스티누스, 파피아스 등은 믿었다. 반면에 유세비우스, 제롬, 오리게누스는 믿지 않았다. 천년왕국설이 비판을 초래하게 된 것은 여기에 약속되어 있는 축복에 정신적인 것과 물질적인 것이 뒤섞여 있는데, 점차 그 해석이 물질적인 것에 기울어지는 경향이 있었기 때문이다. 아우구스티누스는 천년왕국설을 영적인 것으로 간주하였다.

곡과 마곡은 통속적인 인간설화로서 에스겔서에 나온다(겔 38 : 1). 이것은 이스라엘 북편에 있는 나라 가운데 코카사스 산악지대의 족속들을 가리킨다고 볼 수 있다. 이 명칭이 어디에서 기원되었는지는 확실치 않다. 그러나 이 단어는 시간이 지남에 따라서 유대 사상에서는 상징적으로 하나님께 반대하는 모든 것을 뜻하게 되었다. 즉, 하나님을 반대하는 반란자나 그의 백성들에게 적의를 품은 국가들을 가리키는 용어가 되었다. 요한계시록에서도 그 단어는 적의를 품고 있는 나라들을 가리키는데 사용되고 있다.

유진 보링의 요한계시록을 번역하면서, 이상과 같이 요한계시록의 해석학적 문제들을 다시 한번 정리하게 된 것을 기쁘게 생각한다. 이 주석서는 한국에서 가장 학문적인 기초 위에서 요한계시록을 연구할 수 있는 토대를 마련해 줄 것이라 확신한다. 요한계시록은 쓰일 당시부터 공적 예배에서 읽히도록 기록된 책이다. 그것도 1장부터 마지막 장까지 단숨에 읽도록 고안된 책이다. 요한계시록을 읽기만 하니, 재미없고 어려운 것이다. 그런데 아이들에게 요한계시록을 읽어 주니, 참으로 재미있게 듣는다. 왜 그런가? 원래 요한계시록이 예배와 예전에서 낭독되도록 기록된 책이기 때문이다. 그런데 우리는 요한계시록을 듣지 않고 읽으려고만 하니, 눈앞에 캄캄해지는 것이다. 자, 누가 요한계시록 1장을 조용히 읽어 주는 것을 들어 보자. 낭독할 때, 각자 머릿속에서 그림을 그려 보자. 눈을 감고 요한계시록을 들으면 저절로 요한의 묵시에 공감을 하게 된다.

이 점에서 유진 보링의 요한계시록은 청·독자라는 새로운 관점을 우리에게 일깨워 주고 있다. 청·독자는 들으면서 읽는 독자라는 뜻이다. 눈을 뜨고 살아가는 우리가 더 멀리 보는가, 아니면 시각장애인이 더 멀리 보는가? 이렇게 해 보자. 밝은 날 우리가 어디까지 볼 수 있는가? 우리 은하계의 중심인 태양이나 똑바로 쳐다볼 수 있는가? 아니다. 그러나 캄캄한 밤에 우리는 은하수가 흐르는 저 멀리 우주를 바라볼 수 있다. 눈을 뜨고 있다고 다 보는 것이 아니다. 차라리 눈을 감을 때, 영적인 진리를 쉽게 깨달을 수 있다. 요한복음 9 : 39~41이 이렇게 말씀하고 있다. "예수께서 이르시되 내가 심판하러 이 세상에 왔으니 보지 못하는 자들은 보게 하고 보는 자들은 맹인이 되게 하려 함이라 하시니 바리새인 중에 예수와 함께 있던 자들이 이 말씀을 듣고 이르되 우리도 맹인인가 예수께서 이르시되 너희가 맹인이 되었더라면 죄가 없으려니와 본다고 하니 너희 죄가 그대로 있느니라" 그러므로 더 이상 요한계시록을 읽으려하지 말고 들으려고 해야 한다. 귀를 열고 들으면 하나님의 영감에 넘치는 세계가 우리 심령에 환하게 펼쳐질 것이다.

이 책을 번역하면서 고마운 분들이 많다. 장신대 클래스에서 요한계시록을 함께 공부하며 강독을 하던 지나간 날들이 참으로 아름답게 주마등처럼 떠오른다. 너무나도 귀한 학우들과 동료 교수들에게 감사를 드린다. 무엇보다도 번역 원고를 차일피일 미루면서 현대성서주석의 신약 시리즈를 완간하려는 스태프들의 애를 태웠는데, 끝까지 기다려 주신 채형욱 사장님과 일일이 원문을 대조하면서 어려운 교열작업을 해 주신 이슬기 전도사님과 직원 여러분, 김세염 전도사님에게 감사를 드린다. 끝으로 이 번역서를 가까이에서 기다리고 계신 모든 분들과 주 안에서 기쁨을 나누고 싶다. 특히 사랑하는 아내 홍진주 권사와 장신대 신학대학원 졸업 25주년을 맞이하여 2010년 5월에 홈커밍데이를 맞이한바 있는 78학위기의 목회연구과와 신학과의 모든 동기들과 기쁨을 나누고 싶다. 부족한 번역이지만, 한국에서 요한계시록에 관한 연구가 너무나도 미약한 점을 감안할 때 앞으로 많은 분들이 이 책을 자주 사용함으로써 사랑받는 주석서가 되기를 소망한다.

2011년 7월

여름의 정취가 가득한 광나루 언덕에서
역자 소기천 올림